REINHOLD SCHNEIDER
GESAMMELTE WERKE
BAND 8

Im Auftrag der Reinhold Schneider-Gesellschaft
herausgegeben von
Edwin Maria Landau

REINHOLD SCHNEIDER

SCHWERT UND FRIEDE

Auswahl und Nachwort des Bandes
von Rita Meile

INSEL

Erste Auflage 1977

Druck: Laupp & Göbel, Tübingen
Printed in Germany

INHALT

EINFÜHRUNG

DIE HEILIGTÜMER IM HERZEN

Anliegen meiner Arbeit ist die Darstellung einer einzigen Erfahrung und der Notwendigkeiten, die sich aus ihr ergeben. Es ist der Wandel der Welt, der sich mit der Katastrophe des Jahres 1914 vollzogen hat. Für einen Augenblick bitte ich, von Persönlichem sprechen zu dürfen. Ich habe gerade noch zehn Jahre der Zeit vor dem ersten Weltkriege erlebt, und zwar in Baden-Baden, wo die letzte europäische Gesellschaft sich traf, mehr und mehr mit der amerikanischen sich vermischte. Zur Zeit der Rennen, der »Großen Woche«, konnte man – auch als Knabe, der ich war – die Einheit Europas, ja der Welt empfinden. Die Fahnen aller großen Nationen wehten vor meinem Elternhause, einem Hotel. Alle Sprachen klangen zusammen und blieben doch, was sie waren und bleiben sollen. Nach den ersten, uns heute kaum mehr verständlichen patriotischen Exzessen überkam mich eine unstillbare Trauer um eine Welt, ein Lebensgefühl, von denen ich mit Bestimmtheit wußte, daß sie nicht mehr wiederkehren würde – so wenig wie die letzten Familien der russischen Aristokratie, die auf Umwegen ihre Heimat erreichten, die Stätte ihres Untergangs. Auf das Ende des Jahres 1918 war ich vorbereitet. Wenn auch in katholischen Formen erzogen, hatte ich doch keinen echten Glauben: die Naturwissenschaften, die deutsche Philosophie, auch die deutsche Dichtung zerstörten ihn, nahmen ihm das Klima, in dem er hätte atmen können. In den Nachkriegsjahren vollzog sich vor meinen Augen in Baden-Baden, in den Spielsälen, der Verfall der bürgerlichen Ordnung, der Familie überhaupt.

Das führte mich langsam, auf schweren und wohl auch gefährlichen Wegen, die ich hier nicht beschreiben will, zu der Einsicht, daß der Mensch und sein Geschick innerhalb der Geschichte verstanden werden müssen, daß er sich nie und nirgends von ihr losmachen kann. Geschichte: eine unaufhaltsame Folge von Veränderungen, deren Opfer und Vollzieher wir in gleicher Weise sind. Es ist ihr Gesetz, daß Ideen den Ereignissen vorausgehen, daß der Geist die Formationen und Umwandlungen der Macht vorbereitet, daß er sie aber niemals in seinem Sinne erreicht: keine Revolution wird so durchgeführt, wie sie gedacht wurde, kein Staat so erbaut, wie er geplant war. Ich habe in frühen Jahren einen Untergang erlebt, nicht allein im vaterländischen Sinne, sondern im europäischen: man kann wohl sagen, daß bis zum Jahre 1914 das 19. Jahrhundert währte, so wie in Rußland das Mittelalter bis zum 18. Jahrhundert, und daß dann etwas Neues heraufkam: diese unsere Lebenszeit und Epoche, die Geschichtswelt, in der wir stehen und die heute schon wieder in Frage steht, weil sie in sich Kräfte und Ideen entwickelt hat, die zu regieren sie nicht imstande ist. Solche Veränderungen erscheinen den von ihnen Betroffenen als Untergänge: in Wahrheit müssen sie es nicht sein. Geschichte stellt immer dieselbe Frage: Wie retten wir die Penaten? Wo gründen wir für sie die neue Stadt? Haben wir die Heiligtümer im Herzen, so daß wir sie gar nicht verlieren können? Sind wir, kraft solcher Gewißheit, völlig frei, in diese unsere Zeit zu gehen, sie zu fragen, was sie von uns will, und ihr handelnd und leidend und opfernd zu antworten? An dem dunklen Vorabend der zweiten europäischen Katastrophe, unter der ich unsäglich gelitten habe, erkannte ich das Kreuz über den Taten, Leiden, Verbrechen der Völker: einer so maßlos verschuldeten, so maßlos gepeinigten Welt ist die Antwort des Gottes vorbehalten, der sich kreuzigen läßt von seinen Geschöpfen; dem immer tiefer erniedrigten Menschen die Verkündung unbegreiflicher Erhöhung: Gott ist, in des Menschen Gestalt, für ihn gestorben. Nun erst begriff ich das Böse als geschichtliche Macht, aber ebenso das Gebet, den Gedanken, die Kunst. Gedanken und Kunst können Welten aufbauen und können sie, wenn die Dämonie sie inspiriert, zerstören.

Auf diesen Erfahrungen und Überzeugungen gründete ich meine Darstellungen: in dem Buche über Untergang und Vollendung der protugiesischen Macht, meiner ersten Arbeit, schilderte ich die Katastrophe des portugiesischen Weltreichs am Ende des 16. Jahrhunderts und deren Überwindung in dem Werke des Dichters Camoes, der Größe und Schuld seines Volkes ins Gedicht erhob. Ich suchte die Vollendung der spanischen Macht darzustellen in meinem Buche über Philipp II.: Vollendung war nicht der Sieg, eher die Niederlage, das Opfer des Königs – dessen Schuld nicht geleugnet werden sollte –, das Gebet der ihn umgebenden Heiligen. Ich stellte, immer von europäischen Gegensätzen bewegt, dem Süden den Norden gegenüber in einer Darstellung der preußischen Tradition, ihrer Leistung und ihrer Verhängnisse, suchte mit einer 1938 erschienenen Erzählung aus der Konquistadorenzeit, unter dem Schleier der Historie, das Gewissen in Deutschland zu wecken, und wollte, wenigstens mit einer Schrift über Corneille und die Ära Ludwigs XIV., die in den ersten Tagen des zweiten Krieges gedruckt wurde, meine dankbare Verehrung französischer Vermächtnisse ausdrücken. Die vielen seither erschienen Arbeiten, Erzählungen, Dramen, Essays, bemühen sich um eine immer tiefer, fester gegründete Erkenntnis unseres persönlichen Daseins als eines Daseins in der Geschichte, in großen Zusammenhängen; um die Vergegenwärtigung europäischer Traditionen, die ja nur dann miteinander verbunden werden können, wenn sie fest und stark sind in sich selbst; wenn sie ihre innerste Stärke – nicht die äußere Gestalt, die von dieser Stärke neu geschaffen werden muß – behauptet haben.

Das Reden der Völker geht mir nicht aus den Ohren, und immer bin ich auf ihren Straßen: zwischen Helsinki und

Turku, am Mälar, an den Ufern des Oslofjordes in Trondheim und unter den mächtigen Bäumen von Roeskilde, in der Krypta von Lund und von Canterbury – welche Brunnen ohne Grund –, an den Kanälen Amsterdams, in St-Roch in Paris, an Corneilles Grab und vor den Türmen von Rouen, in Portiuncula und am Rand der unerschöpflich rauschenden Brunnen Berns; im Winter, im schneeüberwehten Escorial und vor der Gottesburg Ávila, in Salzburg, wenn der Glokkenschlag der Kollegienkirche zittert über Mozarts Vaterhaus; in meiner Traumstadt Lissabon und im nördlichen Portugal, wo die königlichen Ochsen unter Rebengirlanden schreiten; in der tragischen Camargue und vor den leidgezeichneten Domen von Paderborn und Lübeck; und nie werde ich es verschmerzen, daß der Bann, der über Rußland und seinen Denkmalen liegt, mir den Zugang verwehrt hat. Dies alles ist noch da, will bestehen, will Samen auswerfen in den Wind, von dem niemand weiß, wohin er weht. Das eigene Leben geht unter in diesem Zusammenklang. Ich weiß, daß ich nicht imstande bin, ihn auszudrücken. Ich möchte nur Zeuge sein dieses geschichtlichen Augenblicks, in dem alles, was die europäischen Völker vollbracht, erlitten haben, mit unheimlicher Deutlichkeit vor uns steht, wie vor den Bergen meiner Heimat am Abend das glühende Schweizer Hochgebirge – ehe das Wetter umschlägt. (30. 5. 1956)

DAS LICHT

Vielleicht haben die Berge ihre schönste Zeit, wenn der Schnee noch nicht von ihnen gewichen ist, aber der Kraft der Sonne schon wehrlos unterliegt. Dann wallt der Dunst unter wolkenlosem Himmel aus den weit verzweigten Tälern empor; im Übermaß der Helligkeit scheint er sich ganz in Licht zu verwandeln, und dieses Licht durchdringt die

Gebirgsmassen so, daß sie durchsichtig zu werden scheinen. Doch ist es nicht die gläserne Durchsichtigkeit, die zuweilen den Bergen des Südens eigen ist; die Durchsichtigkeit der vom tauenden Schnee bekleideten Berge gleicht der des Himmels; es ist eine grundlose Bläue, die von den klaren Umrissen gerade noch zu körperhaften Formen verdichtet wird. So steigen die Berge vor dem in die Ferne und Tiefe Blickenden hintereinander empor in der unaufhaltsam fließenden, schwebenden Helligkeit; jenseits des Stromtales zieht sich ein Wolkenkranz durch die Lüfte, der beharrlich stehenbleibt. Es sind die Schneehäupter des verwandten Gebirges jenseits der Grenze; schwingt sich die Sonne noch höher, so sinkt es unter im Licht, bis es gegen Abend oder am anderen Morgen wieder hervortritt. Aber der Schnee verliert von Tag zu Tag an Boden; und während unten im Tale der Saum der Berglehnen schon vom Grün überweht wird und dann der Blütenschnee aufleuchtet zwischen den Dörfern, bewahren sich nur noch die letzten Gipfel ihren Schmuck. Die schimmernden Flächen diesseits und jenseits des Stromes schrumpfen ein; doch auch der Schnee auf den Obstbäumen unten im Tale taut unter der heißeren Sonne des steigenden Jahres: das große, allumfassende, alldurchdringende Licht der Osterzeit schwindet wieder hinauf in den Himmel. Wohl behalten die Berge ihren höchsten Schatz, der eben das Licht ist, durch das ganze Jahr; ein Abglanz jenes unfaßbaren Leuchtens und Sichauflösens schimmert in der magischen Helle der Sommernacht; der Herbst scheint noch einmal die Massen mit brechendem Farbenglanz zu entschweren, und wenn die Sonne die übereisten Schneeflächen bestreicht, so ist es, als wollten Lichtgewalten aus ihnen hervorbrechen und sich in den abgründig blauen, ja blauroten Himmel stürzen. Aber alle Brunnen des Lichtes fließen doch nur dies eine Mal im Jahre, wenn die Eis- und Schneelast sich auflöst und auch aus dem verborgensten, dunkelsten Waldtale, in das kein Blick hinabdringt, die durchleuchteten Schleier heraufwehen.

Stürme und Wolken sind zu Haus in den Bergen; und auch an den Schicksalen der Menschen haben sie zu tragen: Heere erstiegen ihre Hänge und Pässe, oder sie kämpften tagelang am Eingang der Schluchten, um ins Innere des Landes zu dringen; Burgmauern wurden an den Hängen über den Rebstöcken und noch auf den Gipfeln des Hochwaldes aufgetürmt, Schanzen aufgeworfen, Heerstraßen gebaut; Jahr um Jahr bebte der Widerhall der Schlachten über die Kämme. Aber unstörbar, unversieglich ist das Spiel des Lichts, das keine Grenze kennt; das Schwestergebirge jenseits der Grenze ist von demselben Leuchten umwoben, und die Türme, die sich diesseits und jenseits aus dem Dunst der vielumkämpften Ebene heben, tragen den Widerschein derselben Helligkeit. Die hier oben errichteten Mauern barsten, der Schutt rann nieder, so mancher mit unsäglicher Mühe eingerammte Grenzstein der Macht und Hoheit ward übermoost: Die Bau herren, Feldherren und Soldaten haben schlecht und recht ihr Tagwerk getan, und die Berge haben Wache gehalten und werden fort und fort die Grenze hüten; aber ihre Gipfel heben sich hoch über alle Geschichte empor. Sie dienen nicht wie die Felder und Äcker, wie die Weinhügel unten; sie empfangen das Licht und tragen es und halten es bereit; sie warten, nicht weil sie angewiesen wären auf die Menschen, sondern weil die Menschen angewiesen sind auf sie. Denn das Licht ist immer Eigentum der Berge gewesen; und einmal muß für einen jeden der Tag kommen, da er es sucht in seiner zeitlosen Einsamkeit. Auf einem Berge ward einst das Gesetz gegeben; von einem Berge sprach der Herr zu den Seinen; auf einem andern ward er verklärt; auf einem Berge hat er vollendet.

Hier ward und wird die Geschichte überwunden. Und wie wollten Völker und Menschen bestehen, wenn sie nicht einen Weg fänden, der in diesen Bereich der Überwindung führt und immer wieder führt, solange unten die Gewalten miteinander ringen! Denn das unerbittliche Widerspiel zwischen

Tiefe und Höhe, in das der Mensch von Anfang an verflochten ist, wird ihn freilich nicht entlassen, aber es wird auch die Sehnsucht nicht in ihm auslöschen nach dem vollkommenen Frieden des Überwinders. Der Überwinder verneint nicht mehr; er überschaut und erkennt; er hat den Bereich der Mächte verlassen und sich dem Gesetz der einen lautern, unversieglichen Wahrheit unterstellt. Freilich, auch er kann überwunden werden; er soll ja nicht nur leben im Licht und kann es auch nicht; denn das Licht allein ist dem Menschen so wenig gemäß wie der Schatten der Gewalten. Aber er soll zeugen für das Licht und soll es zu tragen und weiter zu tragen versuchen; und er soll es wieder in sich sammeln, wenn es am Verlöschen ist. Das echte Licht ist untrüglich und unverkennbar; es ist das Licht der geläuterten, von oben, das heißt von der Wahrheit durchstrahlten Seele.

Wer wollte die Gipfel der Geschichte, auf denen die großen Schatten wohnen, nicht verehren! Wer nicht mit Ehrfurcht sich die Umrisse vergegenwärtigen, die hintereinander aufdämmern: den laubwaldumkränzten Hohenstaufen mit seinen wenigen Trümmern und die Bergkuppen des Harzes, auf die sich die Kaiser flüchteten, wo sie ordneten, beteten und starben, den Kyffhäuser, in dessen Schatten der Löwe und Staufe einander begegneten, die Berge des Unstruttales, die den verschwiegenen Quellgrund großer Geschichte noch immer umschließen, südliche Gipfel, die gleichsam versengt sind von den Blitzen der Geschichte, und so viele Höhen und Hügel dahinter, Limburg und Trifels und die kühnen Berge Schwabens, auf denen die Herrschergeschlechter entsprangen! Aber es gibt Berge, die sind erinnerunslos; oder die Gestalten sind über sie hingeflohen wie Wolken. Sie haben kein Malzeichen empfangen gleich den Burgbergen oder den Gipfeln, auf denen einmal Feuer zu Ehren der Götter loderten; sie haben der Geschichte nicht gedient, und die Geschichte hat ihnen darum auch keinen Namen gegeben. Wie, wenn die Geschichte gerade solcher Berge bedürfte? Denn dort oben weilt das Licht; und vielleicht bedarf die Geschichte gerade des Menschen, der dem Licht begegnet ist. Doch erscheint er in ihr selten als Täter, weit öfter als Zeuge und Träger einer unaufhaltsam gestaltenden Kraft, die in die Seelen eindringt und diese, weil sie nicht von Menschen kommt, leise verwandelt.

Solches Licht, das jenseits der Geschichte quillt, lag auf den Stirnen so mancher Gerühmter und unzähliger Unbekannter, die in der Geschichte strebten oder von ihr fortgerissen und verschlungen wurden; und es lag auf den Stirnen einiger weniger Menschen höchster Art, die den Glauben und die Kraft besaßen, aus der Erfahrung des Lichtes heraus zu handeln und zu gestalten. Es ist das Licht der Berge, jenes Berges vor allem, auf dem die acht Seligkeiten verkündet wurden, wo das Wort gesprochen ward vom Licht der Welt und der Stadt auf dem Berge, die nicht verborgen bleiben kann. Dieses Berges Gipfel ragt hoch aus aller Geschichte, und doch ist er mitten in ihr gegründet; von ihm fließt die Helligkeit nieder, die den Erdentag durchlichtet und auf die dunklen Wege der Menschen und Völker einen Schimmer wirft. Denn endlich kommt alles an auf die Stirnen, die dieses Licht gestreift, die Herzen, die es berührt hat, und auf diejenigen, die bereit sind, es aufzusuchen in seinem aller Not und allem Zwang entrückten Reiche, um es herabzubringen.

Das Gleichnis dieses einzigen wahren Lichts, seines Ursprungs und seiner Wirkung behüten die Berge, und in seiner reinsten Gestalt behüten es vielleicht die Berge des Grenzlands, die am meisten von Geschichte wissen. Elend und Gewalttat, Not und Größe ohne Maß sind zu ihren Füßen dahingestoben, weit mehr, als die alten Städte der Ebene vermelden können. Denn auch die Städte haben die Lasten nicht mehr ertragen; sie haben einen guten Teil abgeworfen und sich Mühe gegeben, sich zu erneuern und die Spuren ihres Schicksals zu verwischen; überwinden konnten sie es nicht. Die Überwindung kann nur oben geschehen in der

Einsamkeit des Lichtes. Tage kommen und gehen, wo sich nichts begibt als der Wechsel der Helligkeiten, das Wandern der Lichtbahnen, das Steigen und Zerrinnen der leuchtenden Dunstwolken, das Aufdämmern und Wiederentschwinden der Schneehäupter jenseits des Stromes, den die Berge voreinander verbergen. Erst dem Niedersteigenden, der aus den Wäldern tritt, wirft er einen grellen Blitz entgegen, als wollte die alte Schlachtenebene dem Glanz der Gipfel antworten; die Ebene scheint den reinen Widerschein zu tragen, bis Wolken und Dämmernis wieder heraufziehen und die vollkommene Klarheit der Höhen allein in den Herzen der Menschen fortleuchtet, denen sie oben um die Zeit der Schneeschmelze geschenkt worden ist. (4. 4. 1938)

MACHT

DIE RECHTFERTIGUNG DER MACHT

Die Behauptung, daß die Macht einer Rechtfertigung bedürfe, kann zunächst nicht bewiesen werden. Denn sie gilt nur dann, wenn für den Menschen jenseits des Irdischen Maßstäbe bestehen, und fällt, wenn ihm das Irdische und seine Erfüllung als höchstes Ziel erscheinen; vor dieser Fragestellung hat der Satz Fichtes: ›Was für eine Philosophie man wähle, hängt sonach davon ab, was für ein Mensch man ist‹, seine Gültigkeit. Der Geist wirkt zunächst nur auf den Geist, und er wird nur vom Geistigen gefordert; Ethik ist für den nur Bedürfnis, in dem ein Ethos lebt. Aber der Beweis, der anscheinend nicht erbracht werden kann, entscheidet nicht über das Problem. Denn Tatsache ist, daß dieser Versuch der Rechtfertigung selbst zu einer historischen Macht geworden ist, der den Ablauf der Geschichte mit bestimmte. Ebenso wirklich wie die Ausbreitung der Macht war auch dieses Bestreben, ihr einen Sinn zu geben, mindestens innerhalb der christlichen Zeitrechnung.

Europa bietet in einem Zeitraum von anderthalb Jahrtausenden den Anblick mit ungeheurer Schnelligkeit erblühender und welkender Reiche; die Aura der Macht, die eines nach dem andern über den Erdkreis wirft, scheint kaum mehr zu sein als ein Blitz; nach dem Zerfall des Reichs, das den auseinander strebenden Kräften europäischer Völker wenigstens zuweilen sammelnde und ordnende Mitte war, vollzieht sich der Wechsel der Vormacht in immer gefährlicherer Schnelle; die höchste Macht: das Imperium, das heißt das Erbe Roms, wird als Antrieb in allen Völkern lebendig; es ist, als habe das längst hingeschwundene römische Weltreich noch in seinem Untergange tödlichen Samen gestreut: alle

Völker, selbst diejenigen, deren natürlicher Lebensraum einer solchen Nachfolge spottet, erstreben cäsarische Macht. Es wird immer merkwürdig bleiben, daß Lissabon zur Zeit des portugiesischen Imperiums mit der Stimme seines Dichters Camoes den Anspruch erhob, Rom, das zugleich als Stadt der Cäsaren wie des Papstes erschien, zu übertreffen. Die architektonischen Formen Roms, die in fast allen Machtzentren Europas und selbst Amerikas erscheinen, bekunden eine Nachfolge nicht nur im künstlerischen Sinne: sie drücken die Übernahme einer gefährlichen Erbschaft aus, deren dämonischem Zwang die Völker, sobald ihr Machtbewußtsein wuchs, nicht widerstehen konnten. Und wenn es auch nicht erwiesen ist, daß Cäsar an der Stätte weilte, auf der sich heute London erhebt, so schreibt ihm doch Shakespeare, der vielleicht unter allen Sprechern europäischer Völker die Verkettung von Schuld und Macht am tiefsten erfahren hatte, den Tower zu, das düsterste Symbol der Schuld und der Macht in ihrer Einheit, das heißt der Macht und des für sie zu entrichtenden Preises. Und Rom, so dürftig auch die Mauerreste sind, die es im Gebiete Londons hinterließ, durchwuchs in der Tat die englische Hauptstadt, die Formen wieder emportreibend, die einstmals die Weltherrschaft ausdrückten; freilich, was damals groß und sicher war in seinen Maßen und ruhig in südliches Licht emporstrebte, das erscheint nun verzerrt und verbildet, wie die atemlose Hast einer geschichtlichen Entwicklung, die zu keiner Vollendung mehr Zeit läßt, es sei denn zur Vollendung der Katastrophe, es will.

Aber seltsam! Als die Reiche emportauchten und die Herrschaft als solche Mitte des Lebens hätte sein müssen, da erhob sich die Frage nach ihrem Ziel, ihrem Sinn. Über das Reich der Ottonen gingen die Todesschauer des Jahres 1000, nicht etwa, um das Ende der Kaisermacht anzuzeigen; denn wenige Jahrzehnte darauf schenkte Konrad II., der das Arelat eroberte und sich in Genf krönen ließ, der deutschen

Krone unerhörten Glanz; die hochgespannte Untergangsvision des Abtes Joachim von Kalabrien stand über dem höchsten Gipfel der staufischen Macht Heinrichs VI., der päpstlichen Innozenzens III. Und schon in den Aufgang der nachfolgenden Reiche hallt die Frage: Wozu?, die vielleicht dem einen oder andern Betrachter christlich-abendländischer Geschichte wie die ergreifende Stimme des ganzen Erdteils und seines Schicksals tönen mag. Denn in diesem Wozu ist ja auch ein Wohin und endlich ein Auf-wie-lange. Auch wo Aufstieg und Abstieg nicht in der epigrammatischen Kürze zusammengefaßt sind, die, seiner Basis entsprechend, das portugiesische Schicksal auszeichnet, geht die Verkündung des Nichts und damit die furchtbare Frage nach dem Sinn der erreichten oder sich bildenden Macht der Kulmination und dem tatsächlichen politischen Zusammenbruch voraus: so in den Werken der spanischen Mystik, die zur Zeit höchster Geltung des spanischen Namens auch den Ausdruck für die völlige Verachtung alles Irdischen fand, einer Verachtung, die im folgenden Jahrhundert Lebenswirklichkeit wurde und das Volk der Konquistadoren und Ekstatiker wieder abzog vom irdischen Schauplatz.

Als aber das Kolonialreich noch ins Ungemessene wuchs, da wurde schon das Nichts, das ›nada‹, gefeiert; das Nichts in einem Sinne, der nach der Meinung Unamunos anderen Völkern kaum zugänglich ist; denn dieser vielleicht stärkste neuere Vertreter spanischer Art hält dieses ›nada‹ für ein unübersetzbares Wort (etwa in der Art des portugiesischen ›saudade‹, in dem, weit über Persönliches hinaus, das Seefahrervolk anscheinend alles zusammengefaßt hat, was ihm – jenseits des verlorenen Reiches – an unerfüllbarem Verlangen noch blieb).

Doch Lebensgesetze dieser Art wurden in Schicksalen Erscheinung; und ein Volksschicksal verwirklicht sich, indem es den einzelnen zu seinem Kampfplatz macht. Bartolomeo de Las Casas, der Bischof von Chiapa, der den Ehrennamen eines Verteidigers und Vaters der Indios trägt, kämpfte während seines ganzen Lebens um den Sinn der spanischen Macht: um die Rechtfertigung des Irdischen und um jene Verknüpfung des Irdischen mit dem Dauernden, die als christliche Forderung betrachtet werden muß. Der Vater des Las Casas war unter denen, die Kolumbus auf seiner zweiten Reise begleiteten; die Schiffe trugen nicht nur beutegierige Abenteurer in den Westen, sondern auch Haustiere und Samen europäischer Pflanzen: es wurde der in Anbetracht der folgenden Geschehnisse fast rührende Versuch gemacht, dem neu entdeckten Lande nicht nur zu nehmen, sondern auch etwas zu bringen, das heißt, der Expedition neben dem Zweck auch einen Sinn zu geben. Bartolomeo de Las Casas fuhr im Jahre 1502 mit Ovando über den Ozean, die Interessen zu wahren, die inzwischen seine Familie in Westindien erworben hatte; besser als Berichte über die folgenden Jahre verrät die Lebenswende des Jahres 1510, was Las Casas inzwischen erlebt haben mag: erschüttert von der Predigt eines Dominikaners, gibt er seine Besitzungen und Geschäfte auf, schenkt er den ihm unterstellten Eingeborenen die Freiheit, soweit das in seiner Macht steht; er wird Priester und Anwalt der Mißhandelten und Unterdrückten, deren furchtbares Leiden er bezeugen kann: der Unglücklichen, die unter dem Gebot der neuen Herren so lange in die Meerestiefen nach Perlen tauchen, bis das Meer sie behält, der Kinder, die den Kriegshunden der Eroberer zum Fraße dienen. Es ist damit ein Kampf begonnen, der wenigstens ebenso kühn ist wie die Taten des Cortes und Pizarro und der bald von Las Casas und seinen Anhängern und Gegnern auf beiden Erdteilen geführt wurde; wiederholt trat der ›Verteidiger der Indios‹ am spanischen Hofe seinen Feinden entgegen; und es wird immer zur Ehre Karls V. gereichen, daß Las Casas nicht vergeblich vor ihm erschien. In der Kontroverse mit Juan Gines de Sepulveda, dem spanischen Kosmographen und Geschichtsschreiber, die im Jahre 1550, während der Hof in

Valladolid weilte, dort stattfand, stießen der Verteidiger der unbedingten Macht und der Priester, der um einen Sinn dieser Macht rang, zusammen. Sind die Spanier, wie Sepulveda behauptet, zur Herrschaft berufen als ein Volk höherer Art, eine Casta dominante, ist der Krieg gegen ›Völker niederer Art‹ als solcher gerecht und selbst heilig; oder gilt auch ihnen gegenüber der Auftrag Christi an die Apostel, den Frieden zu predigen, die Sünden zu vergeben, sollen die Indios zu Christen gemacht und damit den Eroberern gleichgestellt, oder sollen sie unter dem Vorwurf der Abgötterei, der längst schon zum Vorwand geworden ist, ›bestraft‹, vergewaltigt und vernichtet werden?

Las Casas siegte; wenigstens suchte das Gesetz den Eingeborenen zu helfen; aber weder der Kaiser, den damals schon die Last der Welt niederbeugte, noch der greise Priester übten die Herrschaft über das Kolonialreich aus, das sich selbst verbrauchte und vernichtete, bis es endlich in andere Hände fiel; in San Gregorio zu Valladolid, dem Kolleg seines Ordens, lebte Las Casas noch über sein neunzigstes Jahr hinaus, noch immer schreibend und kämpfend, und es ist zu hoffen, daß er dort auf seine Weise und für sich selbst die furchtbaren Bilder überwand, die sich mit der Ausbreitung der europäischen Macht über den westlichen Kontinent vor ihm entfaltet hatten. Dieses Schicksal wiederholt sich in den folgenden Jahrhunderten unter allen Völkern; ein ähnliches Leiden mag Camoes befallen haben, als er in Ostindien kämpfte und die Berufung zur Verherrlichung eines Reiches fühlte, dessen historische Wirklichkeit er verachten mußte; von den Pilgervätern, die in den Westen fuhren, dort den Frieden zu begründen, wissen wir schon durch den Bischof Baxter, daß sie den Frieden nicht gefunden haben; was Las Casas in der ersten Hälfte des sechzehnten Jahrhunderts an der Küste von Paria versuchte, das erstrebte der edelste der englischen Denker, Berkeley, um 1730 auf den Bermuda-Inseln und in Rhode Island; dem irischen Bischof war es so wenig wie dem spanischen vergönnt, die Idealkolonie zu gründen, die dem transozeanischen Reich nach ihrer Meinung erst endgültigen Wert verliehen hätte.

In der Kolonialgeschichte treten die Gegensätze, um die es sich hier handelt, am deutlichsten hervor. Europa hatte keine andere Idee über die Meere zu tragen als die christliche, mochte nun diese Idee sich jenseits der Meere einpflanzen lassen oder nicht. Weder Gewinngier noch Abenteurer- und Entdeckerlust hätten genügt, überseeische Reiche zu schaffen: es bedurfte des Kreuzes auf der Fahne; und es gab wohl keinen Konquistador, der sich nicht, ungeachtet der Greuel, die er verübte, dem Kreuz verpflichtet fühlte. Sie alle standen unter dem Schatten eines unlösbaren Widerspruchs; sie mochten ihren letzten Mut dem Glauben verdanken, aber dieser Glaube war der Macht feindlich, die sie begehrten; vor ihm galten nicht die Menschen, sondern die Seelen; und die Seelen waren einander gleich, sobald sie den Weg zu Christus gefunden hatten. Es gab in der Perspektive der Religion keine Herren und Knechte, sondern nur Gläubige und solche, die zum Glauben geführt werden sollten. Hierauf beruht vielleicht zu einem Teil das abendländische Verhängnis, daß der Glaube des Abendlandes in seiner letzten Auswirkung die Macht wieder aufheben mußte, während das Abendland zugleich auf die Ausbreitung dieses Glaubens nicht verzichten wollte und konnte.

Als Las Casas in seinem Bistum Chiapa als Beichtvater denen die Absolution verweigerte, die geraubtes Gut nicht zurückgegeben hatten, erhob sich ein heftiger Sturm; denn keiner der Konquistadoren hätte es gewagt, sich endgültig außerhalb der kirchlichen Gemeinschaft zu stellen (so wenig, wie die Feinde des Papsttums im Mittelalter auf die Dauer im Bann zu leben oder in ihm zu sterben vermochten).

So wurde die Kolonialgeschichte zur politischen und zugleich zur religiösen Tragödie. Die demokratischen Kräfte, die endlich zum Abfall vom Mutterland führten, haben ihren Ursprung in religiösen Gemeinschaften – so wie bereits unter den Independenten und Quäkern die Frauen Abstimmungsrecht hatten; und nicht als politische, sondern als religiöse Lebensform hatte die englische Demokratie des siebzehnten Jahrhunderts ihre fortreißende und zersprengende Wirkung. Vom religiösen Erlebnis her und getragen von seinem Feuer, bemächtigte sich die Idee von der völligen Freiheit des gläubigen Einzelnen, die in England ausgebildet worden war, des amerikanischen Kontinents; das Prinzip, das die Macht allein hätte rechtfertigen können, spaltete sie auf. Damit schwinden die großartigsten Versuche, der Macht eine Rechtfertigung religiöser Art zu erringen, aus der Geschichte. Zwar gaben die Auswirkungen der Reformation, indem sie statt einer Wahrheit mehrere Wahrheiten bestehen ließen, noch bis ins achtzehnte Jahrhundert hinein die Möglichkeit der Expansion oder doch der Selbstbehauptung unter der Fahne des Glaubens, des Bekenntnisses; in den Begründern der neuen Macht dieser Zeit, der preußischen, war das Bewußtsein der religiösen Verpflichtung noch mächtig; aber was für den Großen Kurfürsten und Friedrich Wilhelm I. Lebenswirklichkeit war, hatte nur noch den Wert einer Form für Friedrich den Großen; er und sein Staat stellen einen neuen, vom Vater schon vorbereiteten Versuch der Rechtfertigung dar: den aus dem sittlichen Bewußtsein unternommenen.

Die Hingabe des Königs an sein Amt, die seiner Diener an das ihre, geben dem preußischen Staat sein Leben, seinen Gehalt; denn die Macht als solche zeigt sich auch jetzt als nicht ausreichend; sie wird nach dem Siebenjährigen Krieg mit der größten Anstrengung und Wachsamkeit auf der einmal erreichten Höhe erhalten; an die Stelle des Glaubens tritt die Pflicht, die, wie der Glaube, schwerste Opfer fordert, wenn auch diese nicht mehr vor Gott gebracht werden, sondern vor einem Gesetz, das der höchste Vertreter des Staates vorlebt und das darum Gültigkeit hat für alle. Denn dieses Gesetz ist durchaus an das Beispiel einiger weniger gebunden und schwindet aus der geschichtlichen Wirklichkeit, sobald diese wenigen nicht mehr sind, bis es dann wieder von einigen gelebt und erneuert wird; diese Form, wie sehr sie auch auf den Dienst an der Gesamtheit eingestellt sein mag, ruht auf einem aristokratischen Prinzip, fällt mit den aristokratischen Werten und kann sich nur wieder zusammenfügen nach ihrer Wiederkehr. Das preußische Ethos findet seinen Ausdruck in wenigen Werken des Geistes, deren menschenformende Macht gleichfalls begrenzt bleibt; sie vermögen in ihrer Strenge nur den zu erhöhen und zu formen, dem Rang eingeboren ist; die Mehrheit muß sich ihrer Härte entziehen. Die Kritik Kants war in aller Munde und wirkte weit über sein Jahrhundert fort; das Ethos büßte rasch seine Gefolgschaft ein; Fichtes letzte sittliche Forderung blieb fast unverstanden – und ungelebt; sie war im Grunde unerfüllbar, und hierauf, nicht etwa auf dem mangelnden Verständnis der Obrigkeit, beruhte die bei allem Ruhme doch geringe Wirkung seiner Philosophie; während doch nicht vergessen werden darf, daß Fichte, von seinem Erlebnis des Unendlichen bewegt, den streng umgrenzten Bezirk des Preußentums schon weit überschritt. Dennoch stellt die Ära Friedrich Wilhelms III., eines Mannes, den man zum mindesten als ein Gewissen gelten lassen muß, eine Verbindung des Pflichtbewußtseins mit dem Glauben dar, die sich vielleicht in einer weniger gefährdeten Epoche, als es das beginnende neunzehnte Jahrhundert war, für längere Zeit behauptet hätte; Pflicht und Glaube wurden freilich damals nicht mehr im entschiedensten Sinne verstanden. Aber schon Friedrich Wilhelm IV. fühlte unter dem Zwange seiner eigenen Natur wie des mächtig der Zerstörung entgegentreibenden Jahrhunderts das Bedürfnis, eine Ergänzung der Lebenssubstanz durch mystische Elemente vorzunehmen; ohne sich Rom zu ergeben, gewann er römischen Formen in einer oftmals glücklichen Abwandlung Boden im Havelland. Da er aber auf der Suche nach einer großen Synthese über das Preußentum hinausstrebte, mußte er als preußischer König scheitern; was unter der Regierung seines begünstigteren Bruders noch lebte an religiösem Ethos, reichte schon nicht mehr aus, die Form zu durchdringen; das nach dem Tode Wilhelms I. verbliebene Vermächtnis genügte nicht mehr, ihr einen Inhalt zu geben.

Als die Heere der Französischen Republik über den Rhein zogen, taten sie es im Namen der Kultur, die in rückständige, finstere Länder zu tragen sie sich berufen glaubten; der Anspruch war seltsam genug und selbst ein wenig lächerlich einem Lande gegenüber, das eben in seiner alten Hauptstadt auf dem Gebiete der Musik den höchsten künstlerischen Ausdruck fand, der ihm und dem ganzen Zeitalter erreichbar war; doch blieb dieser Versuch, die Macht im Namen der Kultur zu rechtfertigen, der erfolgreichste, ja der einzige, der heute noch ernsthaft unternommen wird, obwohl er doch der problematischste ist und, von den jeweils geltenden Werten und Maßstäben abhängend, am wenigsten das erreichen kann, was die Rechtfertigungen der Macht sich zum Ziel gesetzt haben: die Verbindung irdischer Kraftentfaltung mit dem Dauernden und Endgültigen. Er ist denn auch der einzige, der keine Märtyrer aufweist, weil er nicht in einen Konflikt mit der Macht, die er stürzen will, gerät; die Gefahr, nur Vorwand zu sein, liegt ihm zu nahe, als daß er in einem höheren Sinne Gültigkeit haben könnte.

Aber dies ist nur die eine Seite des Problems: seine Erscheinung im Gebiete äußeren Geschehens; von der Religion zur Sitte, von der Sitte zur Kultur entwickelt sich die Rechtfertigung fort, mehr und mehr ihren Gehalt und die Bindung an das Absolute verlierend; sie könnte, je mehr sich die Betrachtung auf das Tatsächliche beschränkt, nur als eine Begleiterscheinung aufgefaßt werden, die auf den eigentlichen Verlauf der Geschichte geringen oder gar keinen Einfluß hat. Aber die Geschichte, sofern sie die Gesamtheit der Lebensphänomene und ihrer Beziehungen umfaßt, hat nicht nur vom Mechanismus der Macht zu berichten, der eingesetzt wird, sich heiß läuft und endlich zerbricht; sie hat zugleich das Innerste zum Gegenstand, das nicht immer von Dokumenten bezeugt wird, jene Spähre, aus der sich die Versuche der Rechtfertigung erheben. Denn sind die leidenschaftlichen Schriften des Bischofs von Chiapa nur Worte, die der Wind verweht; sind die Verse, mit denen Camoes das schattenhafte portugiesische Imperium zu einem ewigen Gebilde machte, nur die schöne, aber nebensächliche Begleiterscheinung grauenhaften Geschehens; war der Sieg der preußischen Form nur der Triumph mit höchster Anstrengung zusammengeraffter militärischer Gewalt? Waren nicht die Versuche, das Endgültige zu entdecken und zu begründen, gleichfalls Machtentfaltungen der Völker, aus denen sie hervorgingen: ja Zeichen eines noch höheren und kühneren Verlangens, größerer Kraft? Denn mehr noch als zur Eroberung der Erde ist nötig, um über die Erde hinaus zu dringen: in die Spähre des bleibenden Vermächtnisses, der geistigen Form. Jene an sich unzulänglichen, die Macht nicht gestaltenden oder sichernden, ja ihr endlich unterliegenden Bestrebungen, ihr einen Sinn zu schenken: sind sie nicht der letzte Inhalt der Geschichte?

Es kommt nicht auf die erkennbare Wirkung dieser Bestrebungen an; vielleicht wäre das Kolonialreich noch schneller gesunken ohne den Protest des Bischofs; vielleicht erweckte das Ethos des Dichters den einen oder den anderen verantwortungsbewußten Gouverneur, beherrschten Soldaten; gewiß ist, daß die Form, die von den Rechtfertigern erträumt und erstrebt wurde, niemals Wirklichkeit war; ebenso wie ja auch das preußische Ethos eine Forderung darstellte und als solche wirkte, oder etwa das, was in Cromwell als Glaube und Sehnsucht lebte, notwendig verdrängt wurde vom historischen Amt; es soll hier nicht an der Erde gemessen werden, was einen andern Maßstab beansprucht. Die Macht reicht nicht aus, und die Rechtfertigung reicht nicht aus; dennoch kann weder die eine noch die andere entbehrt werden, sowenig die beiden Kräfte einander selbst entbehren können. Denn in der Geschichte wird der Widerspruch zwischen Irdischem und Jenseitigem ausgetragen; und wenn es die Tragik der Macht war, daß sie der Rechtfertigung bedurfte und diese der Macht doch gefährlich wurde, so ist es die Tragik derer, die irdisches Geschehen auf das Dauernde beziehen wollen, daß sie ihr höchstes Verdienst und ihren reinsten Wert nur im Kampfe mit diesem Geschehen erringen. Das Große erscheint nicht frei auf der Erde; es erhebt sich aus dem Widerspruch; und da es durchaus nicht werden sollte, so wird es. Als Cromwell das kurze Parlament verabschiedete, von dem doch die lange erstrebte Herrschaft der ›Heiligen‹ erwartet worden war, wandte sich das religiöse Leben Englands wieder vom Geschichtlichen ab, in das Innere und Verborgene; das Quäkertum entfaltete sich erst, nachdem die Aussicht auf die Macht geschwunden war, aber es suchte, nach einem grellen Aufflammen revolutionärer Tendenzen, langsam die Macht zu erfüllen, und wenn es auch nicht das ganze Volk durchdrang, so erreichte es doch einzelne, die nun die großen Werte empfingen, bewahrten und weitergaben und zu Rechtfertigern des Staates wurden, und zwar einige selbst, ohne sich um diesen Staat zu kümmern. Denn einmal wird doch die Frage gestellt nach dem letzten Wert: dem, der imstande ist, über die Bedingungen seines Entstehens hinaus Menschen zu bilden und zu ihrer Bestimmung zu führen; und in dieser Perspektive ist der Kampf des Bischofs von Chiapa mehr als die Vollendung der flüchtigen spanischen Seemacht. Freilich ist er nicht von dieser zu trennen; und es mußte Ungeheures und Unüberwindliches geschehen, damit diese Stimme sich erheben konnte und nein sagte. Der dieses Nein sprach, unterlag, so wie alle, die in den ihnen zugemessenen Zeiten sein Schicksal traf, unterlagen, doch nur, um jenseits dieser Niederlage zu bestehen – zugleich mit der nun gerechtfertigten Macht.

Aber endlich, vor dem zur Ruhe gekommenen Schicksal der Staaten und der einzelnen gelingt die Versöhnung, die im Kampfe nicht möglich ist und sich doch aus ihm ergibt: beide Kräfte erlangten ihr Ziel nicht, aber sie trugen einander empor; das Volk, dessen Ausdruck sie waren, erschöpfte sich weder in den Eroberern und Staatslenkern noch in den Rechtfertigern; es war in beiden Parteien ganz der Macht verfallen und doch von einem Verlangen erfüllt, das höher reichte als sie. In dem Widerstreit selbst drückte es sich aus. Während aber die Kämpfer für den höchsten, unerreichbaren Wert durch sich selbst bestehen, empfing die Macht doch von ihnen ihren Gehalt; ihre Grenzen erloschen fast spurlos in dem atemlosen Wechsel zwischen Herrschaft und Untergang, den die Völker, in ihrem Verlangen nach Ausdruck und Gestalt einander verdrängend, erzeugten; der Kampf um den Sinn dieser Grenzen wirkt fort. Und so ist endlich die Macht gerechtfertigt, nicht weil die Rechtfertigung tatsächlich gelang: sondern weil unter dem Bann der Macht allein der schwerste Kampf notwendig werden konnte, in dem Menschen, sich opfernd und scheiternd, für das Endgültige zeugten und zugleich für das Volk, zu dessen Sprechern sie im Verlauf unerbittlichen Schicksals berufen waren.

(30. 9. 1934)

DAS SCHWEIGEN

Schweigt jetzt, nicht leitend, Gott? und kannst du,
Furchtbares Schweigen, nur du uns bessern?
Klopstock

Vom Glauben sprechen müßte heißen von der Zuversicht dessen sprechen, was man hofft, aber auch von der Freude der Geborgenheit, der Erwartung; von der sich immer aufs neue herstellenden Sicherheit des Überwindenden, von der

Verklärung der Welt und des Lebens im Lichte ihres letzten Ziels. Aber diese Sprache, die gewiß die allein gültige und die überzeugende ist, steht heute nur wenigen zu Gebote; für die andern, denen der Glaube noch ein Herzensanliegen ist, handelt es sich um eine Not. Nun könnte man wohl meinen, wo eine tief erlebte Not ist, da sei auch eine Hoffnung; es muß aber im voraus gesagt werden, daß es sehr viel Höheres gibt als diese Not; und daß dieses Höhere seinen Rang behalten muß, obgleich es noch weiter zu entschwinden droht und obgleich auch die Not um den Glauben sehr selten geworden ist und in der Tat fast die einzige noch deutlich vernehmbare Verheißung auszusprechen scheint.

Damit soll nur Tatsächliches gekennzeichnet werden; von den Zuständen ist kein Rückschluß auf die Lehre und die sie bewahrende Form erlaubt, von den Amtsträgern kein Schluß auf das Amt, wie unbekümmert auch Empörer jeder Art sich mit solchem Rüstzeug versehen. Einfach ist die Antwort auf die unvoreingenommene Frage nach der geschichtlichen Bedeutung dieses Glaubens: Der Glaube hat als alles durchdringende, einigende, steigernde Kraft die Geschichte des Abendlandes bewirkt, diesem seine Gestalt und seinen Inhalt gegeben; er hat die Seele erweckt, vielleicht sogar geschaffen in der ihr fortan eigenen Gestalt und sie mit einem Anspruch beschenkt, auf den sie nicht verzichten wird, auch wenn der Mensch längst nicht mehr wissen sollte, was er selber ist und was seine Seele will. Vergebens haben die Gegner des Glaubens versucht, außerhalb seines Reiches eine feste Stellung zu besetzen; sie werden auch nie einen anderen Namen erwerben als den der Antichristen, gleichgültig, ob sie das Vermächtnis der Antike oder der Vorgeschichte – wobei es sich um sehr willkürlich aufgefaßte Vermächtnisse handelt –, oder die zweischneidigen Waffen modernen Denkens gegen ihn einsetzen. Darin, daß der Mann, dem der ›Fluch auf das Christentum‹ aus verzweifeltem Herzen quoll, sein Grab fand an der Mauer der alten Pfarrkirche zu Röcken, in der deutschen Schlachtenebene, kann vielleicht eine symbolische Antwort erblickt werden: das Leben und Wirken der Glaubensgegner spielt sich im Kraftfeld des Christentums ab; und es ist freilich eine übermenschliche, unausbleiblich in Verkrampfung ausartende Anstrengung nötig, um innerhalb dieses Kraftfeldes Feind zu bleiben. Es ist auch ein Gedicht vom ›Leben‹ dazu nötig, das Traum bleiben muß und allzubald verhallt in den Gewittern der Geschichte. Und es bedarf endlich einer merkwürdigen Art von Blindheit, um zu übersehen, daß ein jeder Hasser Knecht des Gehaßten ist. Die Feinde legen ein Zeugnis ab, das nicht minder gewichtig ist als das der Anhänger; und wie die Märtyrer des zwanzigsten Jahrhunderts in Rußland und Spanien, so triumphiert auch der Glaube auf dem Scheiterhaufen des Spottes.

Doch auch jenseits der Tragödie des modernen Denkens ist durch die gelebten Schicksale der Völker das Zeugnis für die allbestimmende Macht des Glaubens längst erbracht worden. Unter der Fahne des Kreuzes traten die abendländischen Völker den Weg in die große Geschichte an; und wenn es in den letzten Jahrhunderten immer dunkler geworden ist, die Völker unsicher wurden, den Weg verließen, ihn wieder suchten und aufs neue verfehlten, so aus keinem andern Grunde, als weil das Gesetz des Anfangs in ihnen seine Macht zu verlieren drohte; weil sie sich ihm entzogen. Die Geschichte verzeichnet das Beben der Seele wie der Seismograph das Beben der Erde; und durch eine wachsende Erschütterung, die Welle um Welle über die ganze Erde sendet, eine Not ohne Ende, die eine stille, wahrhaft schöpferische Tätigkeit der Seele nicht mehr aufkommen lassen will, bekundet der nun fehlende Glaube noch einmal die Macht, die er zuvor als Erfüller bekundet hat. Es kann hier nicht untersucht werden, ob der Herd dieser Erschütterung nicht eine im Innern fortbrennende Schuld ist; gewiß ist aber das eine: daß es die Aufgabe des Abendlandes war und ist, der Welt das Kreuz zu bringen; daß es aus diesem Auftrag heraus lebte, wenn es ihn auch nur unzulänglich erfüllte in der verhängnisvollen Stunde, da es sich die Vormacht über die Welt errang, und daß es von ihm eingefordert werden wird.

Auch wird man an die Geschichte des christlichen Abendlandes keine widerchristliche Geschichte anfügen können, ohne das gesamte Vermächtnis der abendländischen Kultur: Architektur, Musik, Dichtung, Denken und alle Ausdrucksformen, in denen wir uns heute als Christen wie als Antichristen allein zu äußern vermögen, bis zur völligen Unverständlichkeit den Menschen zu entfremden. Wohl gab es nach einem höheren, nicht von Menschen erdachten Plane einen Weg von der Antike zum Christentum im Sinne der Entfaltung erworbener Werte; aber es gibt keinen Weg von diesem in sein Gegenteil. Zwischen beiden klafft der Abgrund, und es ist noch heute, wo wir auch als Irrende, Zweifelnde, Abgefallene vom Brote leben, das der Herr ausgeteilt, schlechterdings nicht möglich, eine Welt oder gar eine Kultur zu sichten, die nun nicht mehr antichristlich wäre, sondern kraft eigener, neuer Werte sich jenseits des Christentums aufbauen und zu einem Ganzen zusammenschließen würde. Und nur in einer solchen nicht mehr im gegnerischen Sinne unchristlichen Welt wäre das Christentum tatsächlich überwunden.

Freilich läßt sich der Glaube der Völker kaum mit der nötigen Bestimmtheit umschreiben; faßbar ist bestenfalls der Glaube des einzelnen, dessen Standort und Lebensinhalt von der Geschichte bestimmt werden, wie frei auch dieser einzelne sich dünken mag. Es hat in vergangenen Jahrhunderten gewiß Geschlechter gegeben, denen der Glaube angeboren war; sie mußten nicht ringen wie ihre Urväter nach der ersten Verkündung der frohen Botschaft, wie die Apostel gerungen haben um den Glauben an die Gottessohnschaft Christi; sie durften Erben einer Gewißheit sein, von der sie kaum wußten, wie teuer sie erkauft worden war. Aber wie vielen unter den heutigen Menschen ist der Glaube auf diese Weise vererbt worden als ein Schatz, der sich in der Stille vermehrt aus der Kraft, dem Leben, dem Gebet der Geschlechter! Längst hütete die Ehrfurcht diesen Schatz nicht mehr; er wurde ans Licht gezerrt und vertan. Mächtig ist er fast nur noch als Mangel, nicht als Besitz. Wie das Absterben der Kunst nur verstanden werden kann als das gleichzeitige Versiegen der gestaltenden wie der aufnehmenden Kräfte, der zum Spenden und zum Empfangen bestimmten, so auch die Erschöpfung des Glaubens: vielleicht fehlt den Dienern Gottes oftmals die innere und innerste Kraft; vielleicht aber wird diese Kraft von der Gemeinde nicht erfleht.

Ist es nun so, wie Klopstock unter der Erschütterung geschichtlichen Geschehens fragte: schweigt Gott, indem er die Welt nicht mehr leitet? Der Dichter stellte diese Frage im Jahre 1799, nachdem seine idealistische Hoffnung auf die Französische Revolution zusammengebrochen war und er erkannt hatte, daß Saat gesät wurde, ›deren Ernte Verwilderung ist‹. Er sah, daß diejenigen siegten, die des Menschen Rechte und Gott leugneten; über dem ungeheuren Erdenlärm, der um die Jahrhundertwende über Europa hinwegtoste, meinte er ein furchtbares Schweigen wahrzunehmen: Gott schwieg; er ließ diejenigen handeln, die ihm entgegen waren, ja Gott schien diesen die Welt zu überlassen. Aber auch um die düsterste aller Fragen zu erheben – die Frage nach der geschichtlichen Aufgabe derer, die Gott entgegen sind –, bedurfte es der ›Wißbegierde‹, wie der greise Dichter seine Ode nannte –; es bedurfte des Aufhorchens, Wartens, der Stille im Menschen selbst. Klopstock wußte, daß er am Gestade des Ozeans wandelte, ›auf dem wir alle einst schweben‹; wie hätte er Dichter sein können, wenn er das nicht gewußt hätte? Aber wer weiß es, fühlt es noch täglich? Wem ist das Hinüberlauschen noch Bedürfnis? Es ist so leicht, zu sagen, der Glaube ist tot, so schwer, zu erkennen, daß diese Worte meist nur bedeuten: die Liebe ist abgestorben, die Seele zerschlissen; sie ist der Stille nicht mehr fähig, in der allein ihre Liebes- und Glaubenskraft sich sammelt, ihre höchste Hoffnung gedeiht. Wenn Gott schwiege und der Mensch noch immer nicht zu schweigen vermöchte, ja der Mensch sich immer lauter gebärdete, eben weil er fühlt – nicht weiß und nicht wissen will –, daß Gott schweigt: was dann? Es würde sich mit den Völkern verhalten wie mit den Bewohnern einer großen Stadt, deren übergrelles Licht die Tiefe des nächtlichen Himmels verdeckt, so daß kein Blick hinaufdringt; eingesponnen im mißfarbigen Lichtgewebe, gefangen im selbsterzeugten Lärm, liegt die Stadt in der ungeheuren Nacht, deren Gestirne über sie herrschen.

Der Glaube, der allein die Menschen zu verbinden vermag mit der einzigen tatsächlichen Macht, ist wohl eine Gnade; aber es wird keine Gabe in eine verschlossene Hand gezwungen. Wie sollten diejenigen, deren Hand sich nicht öffnen will, urteilen können über den Wert der Gabe? Das Gespräch über die Religion droht seit langem zum Streit über einen Unbekannten zu werden, den niemand gesehen; wo die einfachste religiöse Erfahrung fehlt: die Begegnung mit der Allmacht, an der menschlicher Wille scheitert, um sich verehrend zu beugen und in der Überwindung zum Frieden zu gelangen – wie kann da von Religion gehandelt, geschrieben werden? Und wieder zeigt es sich, daß man den Glauben leicht für tot erklären kann – mit totem Herzen; hier liegt denn auch die Wahrheit: nicht der Glaube, das Herz ist tot. Das Herz der Europäer wird bitter; und die Menschheit ist seit Jahrhunderten empört und in solchem Maße geschäftig geworden in dieser Empörung, daß sie das Absterben ihres Herzens nicht bemerkte. Wenn aber einmal das künstliche Licht – wie alles Künstliche – versagt, die Stadt in der Finsternis liegt und der Lärm, der sie bisher vor Besinnung schützte, mit einer furchtbaren Plötzlichkeit abbricht: was dann? Es wird ein jeder auf sich selbst verwiesen sein; er wird sein lange mißhandeltes, übergangenes Herz befragen müssen, ob es etwa noch lebe, ob es nicht doch einen Funken der Verheißung bewahrt habe, die ihn schützt vor der Nacht, indem sie ihm hilft, die Nacht anzuschauen und im Glauben zu durchdringen. Denn der Mensch wird immer sein, was er ist und war: Bürger eines andern, fremden Reichs, der hier auf der Erde sein Tagwerk vollbringen, sich bewähren und die Anwartschaft auf die ewige Gnade verdienen soll. Wohl hat er nicht nur Schichten, sondern ganze Dimensionen seines Wesens, die Geschichte, die in ihm lebt, vergessen; er lebt doch nur kraft dieses Wesens, das er nicht kennt. Er läßt sich in keinem Werk, keiner Pflicht gefangen halten, sosehr er beider bedarf, und am wenigsten in der Vorstellung rein diesseitigen Glücks oder Genügens; die Stunde kommt unabwendbar, wo Werk und Pflicht zerfallen wie die Gräber am Jüngsten Tag und der Mensch, der in ihnen gefangen war, hinausgestoßen wird in die ihm angestammte Ewigkeit, die ihm fremd gewordene, furchtbare Heimat. Der große Schmerz, die große Stille, die Einsamkeit und Geduld, das Warten und Lauschen, die Liebe, die aus der Brust des Ringenden, Harrenden endlich einmal emporschlagen muß, um Gott zu erreichen und die Menschen zu umfassen: sie allein könnten vor dieser schwersten Erfahrung bewahren.

Daß der Mensch seinen Glauben verloren hat, bedeutet ja nichts anderes, als daß er sich selbst verloren, daß er, der zwischen dem Diesseits und dem Jenseits steht, mit der Ewigkeit nicht mehr verbunden ist und darum auch zur Erde das ihm gemäße Verhältnis nicht mehr finden kann. Aber Glaube ist und wirkt nur als Gestalt; er überlebt innerhalb der Geschichte die Kirche nicht, die ihn vertritt, wenn auch selbst die leere christliche Kirche in der Verwirrung der Glaubenslosigkeit noch immer der einzige geschlossene Raum sein würde: der einzige, der als Ausdruck sich vollenden konnte und mußte, weil der Inhalt stark genug war. Und wenn sie in Trümmer fiele, so nähmen doch diese die einzige klar bestimmte Stellung ein, während da und dort die Fahnen aufgezogen und wieder niedergeholt würden. Ist aber der Glaube wieder so stark in einem Menschen, daß er seine Schritte lenkt, so wird er ihn auf dem ersten Wege zu den Pforten der Kirche führen, daß der Gläubige sich vor ihr entscheide; hier erst wird sich dessen Schicksal wenden, wird sich zugleich Geschichte ereignen. Denn was wäre der fortbestehende Kirchenraum ohne Begegnung mit dem Sakrament? Nicht mehr als ein Stein, den die Vergangenheit in die Gegenwart spülte. Viele haben sich den christlichen Namen wieder zugelegt, weil sie die Forderung der Zeit nach Klarheit fühlten und weil dieser Name der einzige ist, der nach ihrer festen Überzeugung den vererbten höchsten Werten entspricht; und ein Bekenntnis zum Erbe in seiner reinsten Gestalt schien ihnen ja die Aufgabe des Menschen zu sein, der in der Zeit bestehen, in ihr wirken und gerechtfertigt werden will. Dürfen sie den christlichen Namen tragen, ohne sich im allein gültigen Sinne ausweisen zu können: durch den Glauben an den Sohn Gottes und den Entschluß, ihm nachzufolgen? Und wenn sie sich diesen Glauben errungen haben – der Entschluß zur Nachfolge ist wohl leichter zu fassen, als der Glaube zu erwerben ist –, aber im Bewußtsein, daß kein Schritt geschehen dürfe ohne die Zustimmung des Innern, noch immer zögern, die Kirche zu betreten: haben sie dann ein Recht auf den Namen, den sie führen?

Sie haben dieses Recht gewiß nicht; dennoch werden sie das Recht haben, das Heilige zu verteidigen, dem sie dienen wollen, das sie verehren. Langsam haben sich Vater und Ahne vom Glauben entfernt; es war eine vielhundertjährige Geschichte nötig, bis das Herz sich unter der Geißel des Verstandes losriß vom Glauben; wie, wenn sich nun das Herz ihm wieder zuwenden wollte: hätte es nicht auch ein Anrecht auf Zeit, auf einen langen Weg? Ist nicht schon viel geschehen mit der Wende, dem Wandel der Werte, mit dieser unter drohenden Zeichen begonnenen Wiedererrichtung des Kreuzes? Alles kommt an auf die Eindeutigkeit und Wahrhaftigkeit der Stellung wie der Tat; ein jedes vorgreifende Wort kann schaden; was ist, das soll erscheinen, nicht mehr, nicht weniger. Und vielleicht ist dann denjenigen, die sich der Kirche genähert haben, doch der Trost erlaubt, daß auch sie ihr zugehören, wenn auch in einem weiteren Sinne: als Verehrende, Hoffende, Wartende. Denn es ist keine andere Gemeinde und Gefolgschaft, die gleiche Macht über sie hat wie die Kirche der Väter.

Die Kirche wird den nur überzeugen, den sie ansprechen kann mit ihrer eigensten Stimme, dem Wort der Priester, dem Gesang und Gebet der Gläubigen. Aber sie hat noch andere Werber, deren Stimmen vernehmlich werden, während die Geschichte des Abendlandes, in immer heftigerem Gefälle fortschießend, sich der Menschen bemächtigt: es sind die Toten, die Vorfahren, die irgendwo an uns bekannten oder wieder vergessenen Orten in der Kirche knieten und beteten und im Schatten alter Mauern begraben liegen. Wie Geschichte Lebende und Tote umfaßt und dem nur ihre Zeichensprache verrät, der die gesegneten oder mit Fluch behafteten Hände der Toten wirken sieht am Gewebe der Zeit, so auch die Kirche; es ist ihre geheimnisvolle Stärke als einer geschichtlichen Macht, daß sie Lebende und Tote vereinigt und in ihrer Halle gleichsam die Unsichtbaren neben den Sichtbaren knien, daß sie weit genug ist, das ungeheure Heer der Gewesenen mit den Lebenden unter demselben Dache zu beherbergen. Heute gehören wir der einen Schar noch an, morgen der andern, aber heute und morgen werden wir denselben Raum bewohnen. In der Vorhalle von Sankt Peter ruhten einst die Könige der Angelsachsen, die nach Rom gewandert und dort im Frieden Gottes gestorben waren, neben den Päpsten; nun sind die Gräber verschwunden, und die alten Könige des Inselreichs sind spurlos eingegangen in den Bau, doch die weiten, dämmrigen Hallen der Grotten bergen noch immer die Gebeine der letzten Stuarts, der Schwedenkönigin, der Päpste und Kaiser Ottos II.; hier, am Quellort, wo der mächtigste Strom geschichtlichen Lebens entsprang, haben auch die Toten ihre Stätte, mögen sie nun unter sichtbaren Standbildern und Platten ruhen, die noch für eine Weile der Zeit widerstehen, oder mag ihr Staub sich vermischt haben mit dem Mauerwerk der tief in die Erde gegrabenen Brunnenstube. Wenn aber Geschichte sich von den Gräbern wenden würde: welchen Weg sollte sie dann nehmen? Tempel und Grabmäler sind die letzten Zeugen gewesenen geschichtlichen Lebens: sie ragen dort noch lange auf, wo der Strom abirrte und sich in der Wüste verlor.

Es ist das Wesen der Kirche, zu beharren, so wie ein Baum beharrt, um über festem Grunde sich auszubreiten; darum wird ihre Stärke ebensooft unter- wie überschätzt. Ihre beste Kraft wird erweckt, wenn sie sich bewähren, behaupten soll. Dann wird sie Märtyrer stellen, und eine Kirche, die Märtyrer aufbringt, ist nicht verloren. In der letzten Tiefe des Abgrunds liegt ein Schatz vergraben; das Geschlecht, dem es bestimmt sein wird, ihn zu heben in der Stunde der Not, wird finden, daß die alten Gefäße das kostbarste Gut der Menschheit noch unversehrt bewahren: das Uralt-Heilige, unter dessen Berührung die Völker sich verjüngen.

Jeder Tag der Geschichte ist Gerichtstag; an einem jeden geschehen Tat und Schuld; ein jeder fordert Entscheidungen. Der Mensch ist in die Geschichte hineingeboren, deren eigentlicher Inhalt nicht der Aufgang und Untergang der Staaten ist, sondern der Aufgang des Reiches Gottes und das Gericht an den Feinden dieses Reichs. Darum ist die Seele des Menschen in einem höheren Sinne Schauplatz der Geschichte, als es die Schlachtfelder sind. Wie kämpfte die Seele um Gott? Wie erlebte sie seine Macht? War ihr Glaube stark genug, der geoffenbarten Wahrheit zu dienen? Dies sind die wesentlichsten Fragen an die Epochen der Vergangenheit, es sind die entscheidenden Fragen an die Gegenwart. Wer ihre Bedeutung ahnt, der wird mit einem Male die furchtbare Stille wahrnehmen, die auf allem Geschehen lastet. Könnte dieses

Schweigen bessern? Es ist nun mehr als ein Jahrhundert vergangen, seit diese Frage ohne Antwort blieb. Und wie anders sollte sich eine Besserung vollziehen, als indem die Seele still wird und wieder lernt zu lauschen, das Herz sich wieder erschüttern läßt und wagt, einsam zu sein? So könnte doch, nach vielen Vergeblichkeiten, eine Wendung erfolgen, die nicht vergeblich ist; und die Strebenden würden, weil sie nicht zurückweichen, sondern hindurchschreiten mit gesammelter, innerlicher Kraft, auf einen Platz in der großen Gemeinde hoffen dürfen, zu der wohl der Glaube hinaufführt, in die vielleicht aber auch ewige Gnade diejenigen einmal berufen wird, die um den Glauben gerungen haben in der Zeit, unter dem Gesetz und der Not der Geschichte.

(29. 6. 1936)

GOTTESREICH IN DER ZEIT

Mit der äußeren Not der Soldaten steigerte sich die geistige und seelische im Ablauf des Krieges. Es war das Bestreben meiner Freunde wie meiner eigenen Arbeit, ihr in irgendeiner Weise zu begegnen. Wir wußten wohl, wie unzulänglich unsere Bemühungen gegenüber der Aufgabe waren, die noch von Jahr zu Jahr durch immer härtere Vorschriften erschwert wurde. War es doch nicht einmal möglich, das eigentliche Wort, das der Offenbarung, zu drucken. Nur an einer einzigen Stelle gelang es noch, in Colmar: Es war das unvergängliche Verdienst des mutigen Verlegers Joseph Rossé, der im Oktober 51 in einem französischen Gefängnis in den Pyrenäen gestorben ist. Aus solcher Not stellte sich ein Zusammenhang her, der von den entlegensten Kriegsschauplätzen des Nordens und Ostens bis in den Süden reichte und gewiß zu den schönsten Erfahrungen gehört, die einem Menschen geschenkt werden können. Das religiöse Ringen unter der Gewalt verhaßten Befehls, das Fragen und Suchen nach dem Zeichen der Zeit, nach dem Sinn unfaßbarer Ereignisse, Leiden, Verbrechen: Erwachen, Besinnung, Läuterung, die im Verborgenen geschahen, sind wohl der höchste Inhalt dieser Jahre; es ist eine Wirklichkeit, die, wie so viele Wirklichkeiten der Geschichte, im wesentlichen unerforschbar bleibt und sich nur in Zeichen andeutet. Wie viele ahnten, erblickten das Kreuz, die es beim Auszug noch nicht erkannt hatten! Wie viele bestanden in äußerster Verlassenheit die Probe ihres Glaubens und erreichten die Höhe einer Opfer- und Todesbereitschaft, von der es keine Rückkehr mehr gab! So redeten Stimmen, die lange nicht mehr sind. Ich weiß nicht, wo sie verstummten, nicht unter welchen Schrecken. Ich weiß nur, daß Gnade mächtig war im Entsetzlichen; daß neben Schuld und Verhängnis ein religiöser Ernst sich erhob, der, nach vielen Anzeichen, unserem Volke wieder verlorengegangen ist.

In diesem lebendigen Zusammenhange wurde ein jedes Wort, das nur irgend helfen, weisen oder trösten konnte, mit einer wunderbaren Schnelligkeit weitergetragen: von der Front in die Bombenkeller der Großstädte und in die Gefängnisse. Mehr und mehr herrschte unwidersprechlich die Not; mehr und mehr wurde sie als Anruf Gottes verstanden. Dieses Zusammenwirken hatte, wenn es etwas Gefährliches hatte, auch etwas Beschützendes: als die erste Macht dieser Zeit erwies sich das Gebet.

Über die Heeresgeistlichen und die jungen Theologen war die Truppe zuerst zu erreichen. Je erbitterter aber die Feindschaft der Staatsmacht gegen den Glauben wurde, um so verlassener waren die Geistlichen draußen. Etwa im Herbst 43 teilt uns ein in Krakau stehender Priester mit, daß er begonnen habe, eine Auswahl aus meinen Sonetten und Aufsätzen drucken zu lassen, um sie selbst zu verwenden und an andere Geistliche zu versenden. Er machte sich nun Gedanken über das Urheberrecht (das doch damals jede Bedeutung verloren hatte). Wir antworteten mit zwei Briefen: einem offiziellen im empörten Tone; denn wir mußten ja annehmen, daß der Brief des Geistlichen unterwegs oder in Freiburg gelesen worden war; und einem durch Boten überbrachten, der den Geistlichen bat, sofort nach Freiburg zu kommen. Er kam; wir bestürmten ihn, die Arbeit doch jetzt nicht aufzugeben; in der Nacht las er Korrektur, am folgenden Tage reiste er wieder ab.

So entstand der Band »Das Gottesreich in der Zeit«, im gelben Umschlag, in Taschenformat mit dem Druckort »Reichshof«. Die verständnisvolle Gliederung und Anordnung war die Arbeit des Geistlichen; es verschlug nichts, daß zahlreiche Druckfehler unterlaufen und zwei oder drei Stükke hineingeraten waren, die nicht von mir stammten. Das Buch hatte eine Geschichte, die nie erzählt werden kann; es lebte weit über den Krieg hinaus in den Gefangenenlagern des Ostens und Westens; Heimkehrer berichteten, daß es das einzige gedruckte Wort war, das sie einander reichten; es wurde zerteilt und in Blättern durch die Sperren gebracht, abgeschrieben auf Packpapier oder Papiersäcke; Verurteilte lasen noch darin unmittelbar vor dem Tode und hinterließen es denen, die ihnen folgten. Nie werde ich denen danken können, die auf diese Weise mit mir verbunden waren und vielleicht meiner gedachten; sie haben mir geholfen über mein Begreifen, sicherlich auch, als das Buch im April 45 zur schwersten der gegen mich erhobenen Anklagen führte: eine Anklage, die nicht mehr von Berlin nach Freiburg durchdringen konnte. In allem war, wenn das gesagt werden darf, Unsichtbares fühlbar: die Wirkung einer Fügung über jegliches Verdienst und über alles Begreifen.

So sind die Verse an das Gedächtnis der Toten gebunden und der Freunde, die sie weitertrugen. Die Aussage selbst aber gilt der Geschichte überhaupt, wie sie immer war und sein wird bis zum Ende. Die Schrecken des Endes enthüllten sich in jenen Jahren: sie werden immer wieder vergessen, verleugnet werden und werden sich immer wieder melden. Wie besteht der Christ in der Geschichte, vor der Macht? Aber das Wort »Macht« ist nicht eindeutig: ein gewaltiges Stück Macht ist vom Bösen ergriffen, losgerissen worden; je deutlicher das Ziel sich ankündigt, um so deutlicher enthüllt sich das Gesicht des Bösen, um so rücksichtloser wird sein Anspruch, um so wahrscheinlicher sein Sieg; um so vernehmlicher aber wird auch das Flügelrauschen streitender Engel, um so bestürzender das Blitzen himmlischen Lichts. Das ungeheure Drama zwischen oben und unten weist uns ins Innerste: wir werden es nicht bestehen können, wenn wir uns nicht unserer ganz persönlichen Schuld stellen an allem, was sich begeben hat und begibt, wenn wir nicht versuchen, zu sühnen für uns und alle; wenn wir als Christen nicht die Verantwortung zu ergreifen wagen für die Nicht-Christen, wenn die Gläubigen sich nicht zum Opfer bieten für die Nicht-Glaubenden: wenn nicht ein jeder sich mitverantwortlich weiß für die Rettung der Welt. Der Christ soll dahin gehen, wo kein Licht ist; er soll dort Licht sein. Der Christ siegt, indem er, sich opfernd, unterliegt.

In einer jeden geschichtlichen Ära ist Wahrheit aller Geschichte. Aber diese Wahrheit ist verschlossen im Abgrund; sie kann dem nur aufgehen, der, auf die Gefahr äußerster Anfechtung hinabblickt, hinabsteigt. So ist kein Unterschied zwischen Vergangenheit und Zukunft; es sei denn der, daß der große Abfall fortschreitet und daß zugleich der Richter näherkommt; daß der Streit der Gewalten sich verschärft, bis wir unseres Verlorenseins völlig inne sind und das »Komme bald« der Apostel sprechen: die Bitte, die zur unbekannten Stunde – vielleicht vor unseren Augen, vielleicht vor uns ganz fremden Geschlechtern – Erfüllung finden wird mit der Herabkunft der Schnitter, mit der Offenbarwerdung des durch die Geschichtszeit herangewachsenen verborgenen Reichs. (24. 8. 1952)

DIE VERWALTUNG DER MACHT

Die Frage nach dem Wesen und Wert der Macht, nach dem Menschen, der sie verwalten soll, gehört noch immer zu den Fragen, die am meisten die Gemüter erregen. Es ist eine der Fragen, an denen die Zeit krank ist, nachdem sie einmal von irrenden, suchenden Geistern auf die schrecklichste Weise verwirrt worden sind. Man wünschte auf solche Fragen eine einfache Antwort, ein Bild gewissermaßen, das als solches immer von neuem spricht und nicht ausgeschöpft werden kann. Es war die große Gnade des Mittelalters, daß es die Wahrheit des Lebens, der irdischen und ewigen Geschichte in Bilder zu fassen vermochte, in deren Anschauung die Weisen wie die Unmündigen einig waren; die Bilderwelt der Kathedralen stellte die Wahrheit vom Diesseits und Jenseits, in lebendiger Beziehung zum Sakrament und Altar, vor jedermanns Augen. In unsrer Not nehmen wir unsre Zuflucht zu Shakespeare, der, wie kaum ein zweiter, das Ringen um die Macht und den Menschen, der in diesem Ringen und in der Verwaltung der Macht steht, gestaltet hat. Shakespeare hat ja zu einer Zeit gesprochen, da die Macht des einzelnen, des Machtsüchtigen, auf das rücksichtsloseste hervortrat; Bindungen, die zuvor noch, wenigstens grundsätzlich, anerkannt wurden, waren nun in Gefahr, grundsätzlich verleugnet zu werden. Der Dichter aber hatte sich die Einsicht in die wahre Ordnung errungen, deren Bestimmung es ist, die schwankende Erde zu befrieden; wie weit er selber etwa vom Glauben an Christus losgerissen wurde, bleibt wohl ein Geheimnis; wenigstens besitzen wir kein Wort, das als ein Bekenntnis des großen Dichters verehrt werden könnte. Aber von echter Ordnung wußte er dennoch; in den Königsdramen ist alles Geschehen auf diese Ordnung bezogen: nicht allein seinem Volke, sondern dem ganzen Abendland hat der Dichter vom Boden furchtbar bewegter, entsetzensvoll-großartiger Geschichte diese Bilder geboten.

Wir erinnern an die große Sterbeszene im zweiten Teil des vierten Aufzugs der Tragödie »Heinrich IV.« Der sterbende König läßt sich auf sein Lager tragen; Musik, die so oft vom Dichter angerufen wird, wenn es gilt, das Erdenleid zu versöhnen, soll ihn trösten, aber von der Krone läßt er nicht: man soll sie neben ihm auf das Kissen setzen. Heinrich, sein Erbe, betritt das Gemach; er hat in überschäumender Jugendlust, in nicht zu bändigendem Trotz dem Vater und seinen Ratgebern schwere Sorgen bereitet, doch in diesem Augenblick wird der Jüngling ernst. Er sieht die Krone neben dem Schlafenden:

O glänzende Zerrüttung! goldne Sorge!
Die weit des Schlummers Pforten offen hält
In mancher wachen Nacht! – nun damit schlafen!

Der Schlaf des Vaters ist nicht verstört wie sonst: ein Federchen auf seiner Lippe bewegt sich nicht. Offenbar hat der Tod ihm diesen ersten tiefen Schlaf geschenkt. Die Krone ist frei – und darf doch nicht einen Augenblick ohne den rechten Herrn sein. Der Prinz setzt sie sich aufs Haupt:

Der Himmel schütze sie; – und legt die Stärke
Der ganzen Welt in einen Riesenarm,
Er soll mir diese angestammte Ehre
Nicht mit Gewalt enreißen.

So entfernt sich der Sohn, der sich selbst gekrönt hat, doch der Vater erwacht noch einmal. Sofort vermißt er die Krone, er weiß: der Sohn hat sie genommen, und bricht in bittre Klagen aus über die Ungeduld des Erben, die Torheit der Väter, die für solche Erben sich mühen. Die Größe, die er suche, werde ihn erdrücken, ruft er dem Sohne zu, da er mit der Krone zurückkehrt; nun möge der Unbeherrschte erprobte Diener absetzen, verwerfen, was der Vater verfügt; die Königswürde werde sinken, das Laster triumphieren, Verwirrung ausbrechen und das Land an alter Zwietracht verderben: Heinrich V. ist gekrönt. Aber der Prinz kniet nieder und reicht dem Vater die Krone:

Hier ist die Krone.
Und Er, der seine Kron' unsterblich trägt,
Erhalte lang sie Euch!

Nicht um ihres Glanzes willen habe er sich die Krone aufs Haupt gesetzt, sondern als dessen »Feind«, der des Königs Leben verzehrt hat; wenn in ihm die Lust der Hoffart, irgend ein rebellisch-eitler Geist nur mit der geringsten Regung die Macht der Krone willkommen geheißen, so möge Gott sie für immer von ihm ferne halten. Es ist, als habe die erste Berührung des Goldreifs den Prinzen verwandelt; der Sterbende sieht in ihm den König, den echten, ernsten und klugen Verwalter der Macht, und bekennt, unter welcher Schuld er, der sich einstmals gegen Richard II. empört und den Enthronten in seinen dunklen Tod gestoßen, die Herrschaft an sich gerissen hat. Darum kannte er keinen Schlaf, keine Ruhe, solange er König war; der Sohn aber wird König nach dem Rechte und hat den Fluch nicht mehr zu tragen:

Denn jeder Flecken der Erlangung geht
Mit mir ins Grab.

Der Erbe wird sich, kraft des Rechtes und seiner Klugheit, auch der ungemessenen Ansprüche derer erwehren, denen sich der Vater als Helfern an seiner Untat verpflichtet hat:

Wie ich zur Krone kam, o Gott, vergebe,
Daß sie bei dir in wahrem Frieden lebe!

Der Prinz weiß sich sicher in seinem Amte: »wider alle Welt« wird er die Krone verteidigen. Er ist König geworden; damit ändert sich sein Leben völlig. Selber gebunden an das Recht, wird er das Recht in seinem Lande wahren und sich auf das unbarmherzigste von denen scheiden, die, als Genossen seiner wilden Jugend, das Recht mißachtet haben. Da

sein Gewissen nicht verletzt ist wie das des Vaters, so steigt er zu einem hellen, machtvollen und ruhmreichen, ungebrochenen Königtum auf, die einzige lichte Gestalt im langen Zuge der Shakespeareschen Königstragödien.
Hier ist die Wahrheit von der Macht und ihrer Verwaltung Bild geworden; würden diese Szenen in ihrer Kraft vor den Augen der Menschen, der Völker stehen, so würde viel Streit geschlichtet, manche Frage nicht mehr aufgeworfen werden. An der Krone, der in bestimmte Formen erhobenen, geweihten, erblichen Macht scheitert, bewährt sich der Mensch. Sie darf nicht herrenlos sein, aber das Gleißen einer ungeheuren Versuchung geht von ihr aus; sie entschädigt, befriedet den nicht, der dieser Versuchung gegen sein Gewissen erliegt, und doch kann er nicht von ihr lassen, ist auch der unrechtmäßige König verpflichtet, die Ordnung zu festigen, an die Zukunft des Landes zu denken. Er muß den Erben vorbereiten, und da er Vater ist, so wird er auch Landesvater. Das Recht, das er selber gebrochen hat, kann er keineswegs unbewacht lassen: es muß stark werden, – stärker als es war, da er sich dawider empörte; sonst hat er alle Qualen seines Gewissens umsonst erlitten, umsonst Tag für Tag die Ansprüche derer niedergeschlagen, die ihn im Unrecht wußten. Und mehr als solche Not hat ihm die Krone nicht eingetragen:

Denn all mein Regiment war nur ein Auftritt,
Der diesen Inhalt spielte,

gesteht Heinrich IV. Die Krone, die Macht, die er sich angeeignet hat, ist mehr gewesen als er. Hinter ihr erscheint das Antlitz Gottes, von dem sie ausgeht: Er, der seine Krone unsterblich trägt und allein die Könige zu erhalten vermag, der König, durch den die Könige herrschen. Wer die Macht in Wahrheit erhalten will, der muß ordnen; über der Erdenkrone leuchtet die himmlische, das Bild ewiger Ordnung. Die Krone des Erdenkönigs ist nur ein Widerschein, ein winziger Splitter unermeßlicher, über die Schöpfung ausstrahlender

Macht; und wie der König diesen Widerschein trägt und von ihm erhoben, gezeichnet wird, so tragen des Königs Diener einen Widerschein königlicher Macht, der Richter zumal als Schützer des Rechts. In der folgenden Szene tritt der Oberrichter, der einst im Auftrag Heinrichs IV. den Prinzen, als er das Recht gekränkt, in Haft nahm, dem jungen König furchtlos gegenüber:

Da übt' ich die Person von Eurem Vater,
Ich trug an mir das Abbild seiner Macht.
– – – –
War die Handlung schlecht,
So wünscht Euch, da Ihr nun die Krone tragt,
Auch einen Sohn, der Eurer Schlüsse spottet.

Und der junge König, den seine Krone verwandelt hat, verleiht dem Richter Schwert und Waagschale aufs neue; er möge das reine Schwert »so kühn, gerecht und unpartei'schen Sinns« gebrauchen wie damals wider ihn selbst:

Wild ist mein Vater in sein Grab gegangen,
In seiner Gruft ruhn meine Leidenschaften.
Und in mir überlebt sein ernster Geist.

Was ist die Macht? Gottes Auftrag, teilzunehmen an der Regierung der Erde; sie kann nicht Eigentum sein, sie ist vielmehr ein Lehen und zugleich ein furchtbarer Prüfstein. Gott fordert den gerechten Verwalter: der Mächtige wird vor seinem Gericht erscheinen müssen. Wer davon weiß, der muß zum Rechte streben, auch wenn er mit einem Verbrechen begonnen hat. Ein leiser Schimmer der Gnade umleuchtet Heinrich IV. im Tode: er wollte ins Heilige Land, seine Schuld zu sühnen, zugleich aber, – wie bezeichnend ist diese Verbindung des frommen Werkes mit einem politischen Zweck! – die immer verdächtigen, gefährlichen Vasallen aus dem Lande zu führen. In Jerusalem, war ihm einmal prophezeit worden, werde er sterben; nun erfährt er, daß das Zimmer, in dem er sich befindet, Jerusalem genannt wird: der irdische König gelangt vor seinen Herrn, – und vielleicht ist der Herr ihm doch gnädig. Heinrich IV. stirbt in Jerusalem. So führt die Macht, die von Gott ausgeht, zu Gott zurück; sie verweist ihren Träger auf seinem ganzen Erdenwege an Gott, in dessen Allmacht der dem Menschen überlassene Teil beschlossen bleibt. In Jerusalem sterben: das heißt Rechenschaft ablegen vor Christus, dem der Vater alle Macht und das Gericht übergeben hat. Ohne Schuld seines Vorgängers, der die Krone leichten Sinnes trug und erst im Leide um sie sein Königtum in sich selber fand, war Heinrich IV. nicht schuldig geworden. Mit seinem leidvollen Leben, seiner zehrenden Unruhe, seinem schweren Tod nimmt er das Unheil mit hinab; die Krone ist gleichsam gereinigt auf Heinrichs V. Stirn, ja sie macht ihn, der sich in tollen, gefährlichen Streichen gefiel, sogar rein, weil sie ihn dem Überpersönlichen, dem Leben für sein Land, der Verantwortung vor Gott verpflichtet:

Denk nicht, ich sei das Ding noch, das ich war,

sagt er zu Fallstaff, dem bitter enttäuschten Gefährten wilder Jahre,

Der Himmel weiß, und merken soll's die Welt,
Daß ich mein voriges Selbst hinweggetan,
Wie nun auch die, so mir Gesellschaft hielten.
Vernimmst du, daß ich sei, wie ich gewesen,
Dann komm, und du sollst sein, was du mir warst.

Der in ihrem ganzen Ernste, im Wissen von ihrem Ursprung ergriffenen Macht ist eine sittliche Kraft eigen. Sie läutert den Menschen, der sie ohne Lust und Gier, nicht »mit des Willkomms kleinster Regung«, sondern als eine Last, die getragen werden muß, ein Gut, das gleicherweise zu kostbar und zu gefährlich ist, als daß es herrenlos bleiben und damit Unberufenen zur Versuchung, dem Lande aber zum Verderben gereichen würde, in Verwahrung genommen hat. Nicht allein der Vorgänger und Vater, alle Könige, die sie getragen, erwarten es so. Unter dem Gebote, dem von der Vergangenheit geprägten Zeichen der gerechte Verwalter heischenden Macht dringt das geschichtliche Leben des Volkes durch die Zeiten: sie zerschmettert den, der sie zum Eigentum will; sie zieht den hinab, der sie nicht zu tragen weiß; sie erhebt den, der ihr dient. Sie ist nicht verderblich nach ihrem Wesen; vielmehr ist sie als Gnade gemeint, aber sie verdirbt einen jeden, der sich in ihren Bereich drängt oder in diesem Bereiche zu leben sucht, ohne zu wissen, daß er auf die Gnade angewiesen ist. Solange er die Krone trägt, muß er mit ganzer Seele darum ringen, daß die Gnade sich zu ihm herniederneige, ihn vor Versuchung zu bewahren und als gerechten Pfleger seines Amtes zu schirmen und zu stärken. Macht ausüben bedeutet eine besondere geheimnisvolle Bindung an Gott, die zu keiner Stunde ruhende Verpflichtung, sich in Bereitschaft für die Gnade zu halten. Die Macht verwalten wollen, müssen in gewissem Sinne gestorben sein, ihr »voriges Selbst hinweggetan« haben. Sie müssen geboren sein für ihr Amt und wieder geboren, berufen und auserwählt. Sie müssen in der läuternden, das Persönliche überwindenden Kraft des von oben gekommenen, nach oben drängenden Amtes stehen. Vermöge der Macht, die er verleiht, verpflichtet sich der Herr der Geschichte seine ersten Diener auf Erden.

Macht ist über alle Räume, Höhen und Tiefen des geschichtlichen Daseins verteilt: wo sie zur Form wird, verdichtet sich geschichtliches Leben, ist der Mensch in die Verantwortung gerufen. Macht kann nicht besessen werden, und ebensowenig darf sie den Menschen besitzen; sie ist Teil eines unermeßlichen Reiches, der Allmacht des Herrn, und nur der Freie, der unter seinem Gewissen steht, wird ihr gerecht.

Damit ist die einfache Antwort auf die viel umstrittene These, daß die Macht böse sei, gegeben. Die Macht ist nicht böse, denn Gottes ist alle Macht. (Grundsätzliches hierüber hat

Theodor Haecker gesagt.) Aber die Macht kann zur Versucherin werden; der Mensch, der dieser Versuchung erliegt, verfällt der Macht des Bösen. Denn wie dem Menschen die Macht seiner Freiheit, so ist dem Bösen Macht gegeben für die Zeit, indessen Gott über allen Mächten waltet; aus diesem geheimnisvollen Zusammenspiel ist das Drama der Geschichte gewirkt, ein Mysterium aus Schuld und Gnade, das erst in der Ewigkeit sich entschleiern wird. Auf das Gespräch mit der Macht kann der Geist eines Volkes nicht verzichten, wenn er das diesem Volke gemäße Wort ausprägen soll; er muß sich dem Werden und Wandel, dem Steigen und Fallen – und auch noch dem Untergange – in Wahrhaftigkeit stellen; erschüttert von diesem Geschehen wird er sagen können, was dieses Volkes Wesen und sein Geheimnis war. Über den Jahreszeiten der Macht, in tiefer Beziehung zu ihnen, wechseln die Sternbilder des Geistes; es ist eine Beziehung, deren Wesen wir eher verletzen als bezeichnen würden, wenn wir sie in die Formel eines Gesetzes fassen wollten.

Dem Christen kann und darf es nicht gleichgültig sein, wer die Macht auf Erden verwaltet. Wohl hat Christus gesagt: »Mein Reich ist nicht von dieser Welt«, aber eben weil dieses Reich nicht von dieser Welt ist, sondern herabkommt, ist ihm die Rettung der Welt anvertraut; in die Welt, von der es nicht ist, ward es eingesenkt, als das Senfkorn, aus dem sich ein mächtiger Baum entfalten, als der Sauerteig, der alles durchsäuern soll. Die Herrlichkeit dieses Reiches wird in der Welt nicht offenbar; es wird Verfolgung erleiden bis zum Ende und unmittelbar vor dem Ziel der Geschichte scheinbar verloren sein; es muß durch das Kreuz des Todes hindurch. Aber es ist gleichwohl da, wie es verheißen ward, als der Anfang, der nicht mehr aufgehoben wird, als ein mächtiges, weltumklammerndes Hinüberdrängen in die Ewigkeit, die Vollendung des Reiches. »Wollte Gott, daß ihr Herrscher wäret, damit auch wir mit euch herrschten!« (1 Kor 4, 8), schrieb der heilige Paulus den Korinthern, die glaubten, Herrscher sein zu können ohne den Geist Christi; und das Wort des heiligen Johannes vom weltüberwindenden Siege des Glaubens: »Wer soll denn Herr werden über die Welt, wenn nicht der, der glaubt, daß Jesus der Sohn Gottes ist?« (1 Joh. 5, 5) gilt den auf Erden in Wahrheit Mächtigen, in denen Christus mächtig ist. Es ist unsre »Macht«, Kinder Gottes zu werden (Joh. 1, 12). Wie sollte diese Macht nicht die Geschichte durchwalten! Wie sollte der Fromme nicht danach trachten, das Heilige zu schützen, das Christus auf Erden gestiftet hat, damit es fortdauere bis ans Ende! Wie sollte der Fromme nicht auch stark werden, die Seelen zu schützen, die Wahrheit auszubreiten und die Völker zu erhalten im Lichte Christi, vor dem sie allein in Wahrheit »Volk« sind!

Denn auch Satan hat sein »Reich«, wie er seine »Engel« hat; das Reich von oben und das Reich von unten stehen wider einander, und wir würden uns den Todesernst der Wirklichkeit verschleiern, wenn wir glauben wollten, daß auch nur der schmalste Raum zwischen den beiden Reichen sei – oder gar Raum genug, in dem ein Mensch, ein Volk sich behaupten können. Die Reiche stoßen vielmehr zusammen; eine jede Stelle, ein jedes Amt, die nicht von einem Frommen, einem Kinde Gottes besetzt sind, stehn in äußerster Gefahr, von einem Sohne der Bosheit besetzt zu werden. Es ist furchtbar, aber schwerlich zu leugnen: wo Christus nicht ist, da ist der Teufel; nur steht es uns nicht zu, die Unterscheidung zu machen und auszusprechen. Denn Christus kann da sein im heiligen Geheimnis der Verborgenheit – und der Teufel kann sich unter geheiligten Zeichen verstecken.

Damit gelangt der Christ unfehlbar vor das Kreuz in der Geschichte. Die Welt, deren er warten soll, trägt den Flecken der Sünde. Im Nebel der Erde trübt sich die herniederstrahlende Macht. Die Kinder dieser Welt sind klüger als die Kinder des Lichts. In der Zeit ist die Macht der Lüge oftmals stärker als die Macht der Wahrheit. Wer mit der Finsternis streitet, wird von ihr überschattet, und doch darf sie seine Seele nicht beflecken, sonst würde auch ihn Satan besiegen, und der Streit wäre vergeblich gewesen. Immer aufs neue wird ihn die Versuchung bedrängen, Satan mit Satans Waffen zu schlagen, und doch wäre dieser Sieg eine Niederlage, ein schrecklicher Einbruch in Gottes Reich. Der Gedanke könnte einem solchen Streiter kommen: Wie, wenn ich mich opferte und Unrecht tun würde, damit andern kein Unrecht geschieht? Wenn ich meinen Frieden hingäbe, damit ein Fleckchen in Gottes Reich befriedet bleibt? Aber sobald er sich dem Bösen zuneigt, herrscht Christus an seiner Stelle nicht mehr; von einer verdunkelten Seele kann Segen nicht ausgehen, nicht mehr erwirkt werden. Die Lüge macht dem Vater der Lüge unweigerlich untertan. Sie ist nur um so furchtbarer, wenn sie unter dem Zeichen des Gottesreiches geschieht. Hier bleibt nur das Kreuz. Christus ist als reine Wahrheit in den Tod geschritten.

Und so möchten wir an dieser Stelle niederfallen, um nicht einen Schritt mehr weiter zu gehn. Bewahre uns, Herr, davor, daß wir Dir dienen wollen mit den Waffen der Sünde! Du kannst Dein Reich erhalten ohne die Hilfe des Unrechts, die wir Dir darbieten! Wo wir glauben siegen zu können aus der Kraft der Sünde, da bereiten wir vielleicht den Untergang. Du willst ja nur, daß wir beharren, daß die Wahrheit hervorleuchtet aus einem Leben. So mag es geschehen, daß dieses Leben, damit die Wahrheit hervorleuchte, zerbrochen wird. Unsere Klugheit spiegelt uns die Sünde als Opfer vor. Aber es ist kein Opfer, als vor Deinem Altar. Bewahre uns vor dem Opfer der unreinen Hand! Das Amt, das Du uns gegeben, der Ort, den Du uns anvertraut, sind in großer Gefahr. Vielleicht ist die Hilfe, die wir nicht sehn, schon ganz nach Deinem Plan; vielleicht willst Du nur, daß wir hier die Wahrheit tun und vertraun. Dann bricht aus dem Fels der Verweigerung die Gnadenmacht hervor, die alles verwandelt. Oder aber Du willst hier das Kreuz errichten, das Zeichen

Deines Sieges. Dann schenke uns die Kraft, zu erleiden, wie unser Wille durchkreuzt wird!

Das Gebet ist der Schutzengel der Macht. Beterhände fesselt keine Gewalt. Wenn die Herrschaft des Bösen alles Tun verweigert, so sollen die Frommen nicht aufhören zu flehen um den rechten Träger der Macht, um die Bekehrung dessen, der sie wider die Ordnung in Besitz genommen und ihr Gefangener ist, während er zu herrschen meint. Die Macht muß gehalten werden, und zwar von *allen* Kräften des Gottesreichs; ist sie einmal von oben gelöst, so sinkt sie unaufhaltsam. Kräfte der Tiefe strömen ihr zu, siedeln sich auf ihr an, und sie wächst – in das andere Reich, dem Abgrund zu. Die Geschichte einer einzigen Seele, der sie anvertraut war, die sie an sich gerissen, kann zur geschichtlichen Entscheidung größten Ausmaßes werden, wenn es auch unerforscht bleibt auf Erden, wann und wie diese Seele sich entscheiden, wie sie versucht wurde, – in welchem Maße sie geblendet, verlassen war. Die Macht und ihr Träger müssen fest umschlossen sein von immerwährendem Gebet. Wo sie verwaltet wird, wo sie ergriffen werden kann, stoßen die beiden Reiche am furchtbarsten zusammen mit sichtbaren und zumal mit ihren unsichtbaren Kräften: den Engeln des Lichtes und den Engeln des Satans, mit Gebet und Frevel. Als Beter ist ein jeder Christ bestellter Verwalter der Macht.

Aber Gott ist »nicht ein Gott der Unordnung, sondern des Friedens«; der Staatsmann, der aus der Kraft des Friedens Christi zu wirken vermag und nach dem Frieden trachtet, darf und soll sich der Macht erkühnen, zu der er berufen ist. Vom Glauben erleuchtete Klugheit, zuversichtliche Wahrhaftigkeit finden Wege, von denen sich die arme Schulweisheit der Lüge und List nichts träumen läßt. Es gibt eine Weise, groß, frei und offen zu handeln aus dem Einklang mit Gott, die sieghaft ist, gerade weil sie es verschmäht, sich auf Anschläge einzulassen, die allzu nahe, allzu billig sind. Die Menschen, deren Hilfe not tut, werden am sichersten überwunden, gewonnen, verpflichtet durch Vertrauen. Ränke verkümmern und zerfallen, wenn ein wissendes Auge sie durchschaut, eine große Persönlichkeit über sie hinweg großen Zielen entgegendrängt, ohne sie sich zu verbergen, aber auch ohne auf sie einzugehen. Alle Macht erstarrt ohne Liebe; kein Staatsgebäude kann dauern, dessen Elemente nicht von lebendiger Liebe untereinander verbunden sind. Die rechten Verwalter der Macht sind Erleuchtete mächtigen Herzens gewesen. Wo Liebe ausströmt, da strömt auch Liebe zurück; freudige Opfer dürfen hoffen, von Opfern erwidert zu werden. Im Hin- und Widerfluten solcher Liebeskraft gedeiht eine Ordnung des Lebens und Wirkens, die der Feind nicht so leicht übermächtigen, die Not nicht ersticken wird. Es ist eine Irrlehre, daß die Macht nur bestehe, solange sie wachse, vielmehr ist es offenbar, daß die Macht, die ins Unbegrenzte wachsen will, zerschellen muß; es ist schon eine Macht auf der Flucht, eine sich verflüchtigende Macht. Echte Macht ruht, in sich bewegt von ihrem eigenen Leben: der Reichsapfel ruhte, befriedet vom Kreuz, in der Hand der Kaiser.

Der rechte Verwalter der Macht kennt alle Höhen und Tiefen des Menschen, der Geschichte, aber er sieht, bei aller Nüchternheit, in dem, was den Menschen erhebt, in seinem Angewiesensein auf Gott, die größere Kraft, die Tragkraft der Ordnung. Er weiß, daß dieser Kraft eine andere von oben entgegenkommt. Und wenn er der Erbe einer Schuld, eines befleckten Amtes geworden ist, darf er sich doch ermutigen, einen Anfang zu machen im Vertrauen auf die reinigende, durchsittlichende Kraft eines überpersönlichen Lebens und Dienstes, die von ihm ausgehen soll und wird und langsam das Ganze läutern, erheben kann. Mag er die Macht unter der Krone verwalten, in der sich das geschichtliche Leben verdichtet zu verpflichtender, sichtbarer Gegenwart, mag er sein Amt ausüben ohne erhöhendes Zeichen: er ist Knecht des ewigen Königs und sieht die Krone auf eines jeden Menschen Haupt und glaubt an sie. Er wird dem Kreuze begegnen und fürchtet diese Begegnung nicht, versieht er sein Amt doch in Furcht und Zittern und zugleich in Zuversicht. Wie an Shakespeares schuldzerquältem König mag einst auch an ihm das Wort in Erfüllung gehen, daß er sterben werde in Jerusalem, aber in einem beglückenderen Sinne: als letzter Erweis der Gnade, die ihn mit der Macht belastet und an sich gekettet hat. Es ist heiliger Ort, wo der Verwalter bis zum letzten Atemzuge seinem Amte genügt hat vor dem Herrn; wo er die anvertraute Bürde der Fügung Dessen überlassen darf, dem alle Gewalt ist gegeben worden im Himmel und auf Erden. (1945)

WELTREICH UND GOTTESREICH

Vorwort

Weltreich und Gottesreich stehen gegeneinander im Streite; es ist das Reich, das sich selbst liebt und sich selber will: seine eigene Macht und die Macht der Erde – und das Reich, das auf Gott gewendet ist und seine Ordnung bestimmt aus der Liebe zu Gott. Niemals begegnen wir dem einen oder dem andern Reiche in klarer, völlig entschiedener Gestalt. Das Gottesreich bestand im Anfang, vor aller Geschichte, eh sich die Engel empörten. Aber in seinem Sturze riß es ein Abbild der ewigen Ordnung in die Tiefe, und das Gottesreich wirkt auch aus der Fülle der Gnade und Liebe in die Herrschaft der Gestürzten herab; es erweckt seine Bürger im Weltreich und möchte es übermächtigen: so wie das Weltreich danach trachtet, das Gottesreich zu verschlingen und in diesem Begehren, ohne es zu wollen und oft auch ohne es zu erkennen, wieder von himmlichen Kräften durchdrungen wird. So werden, wie der große Augustinus sagt, »die Windungen der Weltzeiten« durchlaufen; das Gottesreich strebt nach Frieden, das Weltreich nach der Unruhe sich fortgebärender, wachsender Macht – die im Grunde kein Ziel hat, weil sie das Ziel in sich selber sucht und, da die Empörung sein Anfang war, in sich selber nichts finden kann als den Abgrund. Das Ziel des Gottesreiches ist Jerusalem, die in Ewigkeit gegründete, unerschütterliche Stadt, das Ziel des Weltreiches Babylon, dessen Ströme immerfort rauschen und gleiten und fortreißen, beladen mit scheiternden Schiffen, mit vergänglichen sinkenden Gütern.

Der Mensch ist in das Weltreich verwiesen als Bürger des Gottesreiches; er soll mithelfen, daß das Gottesreich das Weltreich übersiege, seine Bürger befreie; daß der Weg, der die Wahrheit ist, aufgehe vor den Augen der Gefangenen und eingeschlagen werde. Es ist wohl Keiner, an dem nicht beide Reiche ihren Anteil haben; aber die Anteile sind verschieden, wie auch die Lasten der Verantwortungen verschieden sind. Diejenigen, die berufen sind, Macht zu verwalten, ein Erbe zu tragen, die Zeit zu verantworten vor Gott, und von dieser Berufung mit Bestimmtheit wissen, fühlen den Streit der beiden Reiche als einen entsetzlichen Schmerz. Sie können sich aus dem Weltreich nicht lösen und sollen es auch nicht. Würden sie es tun, wie würden sie dann ihrer Berufung genügen und mitwirken an der Befreiung der in Babylon Gefangenen, an der Vollendung der Geschichte? Das Weltliche fordert den getreuen Verwalter: die große Liebe zu Gott, die sich ausbreitet über seine Geschöpfe und alle seine Werke; es fordert die Wachsamkeit, die vertraut ist mit allen Mächten und Gefahren der Erde und des Abgrunds. Der Friede, das höhere Trachten der als Bürger Jerusalems Geborenen, ruhen darauf, »daß ein Wächter des Rechtes lebt« (Euripides). Darum warnte uns auch der Bischof von Hippo, daß wir nicht an den Bürgern des Himmelreiches verzweifeln sollen, »wenn wir sie Geschäfte nach Art Babylons treiben sehen, etwa Irdisches im irdischen Staatswesen«;

er mahnt uns zugleich, nicht »Glück zu wünschen allen Menschen, die wir himmlische Geschäfte treiben sehen: weil auch Söhne der Pest sitzen auf dem Lehrstuhl des Moses«. Darauf allein kommt es an: ob wir über die Erde denken oder den Himmel; darauf, wo das Herz des Menschen ist. Verwaltet er in Gottes Auftrag; ist er im letzten Grunde ein Fremdling, der die Sehnsucht nach der Heimat niemals verwindet, auch nicht im Getöse des Ruhms und als Sieger für Gottes Sache; fühlt er, wenn er Szepter und Krone wägt, daß sie scheinhaften Gewichtes sind – sie müssen schwer sein um der Ordnung der Welt willen und schmelzen doch über Nacht in sterblichen Händen –; trägt er das ihm überantwortete Amt als Kleid, das ein jeder Augenblick ihm von den Schultern streifen kann und das ihn dennoch mit furchtbarer Strenge verpflichtet? Oder aber hält er diese Güter für echt und endgültig? Wünscht er, daß sie es wären und redet er sich den Glauben an ihre Endgültigkeit ein, welcher Glaube heute oder morgen verzweifeln und zur Lüge werden muß?

Der Papst, der König, der heiligmäßige Priester haben, ein jeder auf seine Weise, an seinem Orte, im Ernst der Geschichtszeit den Zwiespalt der beiden Reiche erfahren. Sie alle drei sind – wie wir glauben dürfen – Bürger Jerusalems gewesen. Das irdische und das himmliche Jerusalem waren einander für den großen Papst so nahe, daß es zuweilen ist, als sollten die Umrisse zusammenfließen, als wolle die himmlische Stadt hinter der irdischen entschwinden. Aber wir zweifeln nicht, daß Innocenz III. am Ende, als die Glut des Erdenstreites seinen Körper verzehrt hatte und keine feste Hoffnung mehr war auf die Erfüllung seines großen Traums: die Befreiung des irdischen Jerusalems, sich mit ganzer Seele für das himmlische entschied. In der Welt zu Hause war er von Anfang an nicht; es war der Adel des Fremdlings, der ihn über so viele Mächtige erhob; er konnte nicht eins werden mit den Dingen, dem Treiben der Welt, obgleich er sich auf dieses Treiben auf eine fast erschreckende Weise verstand und seine Hände nicht immer zu schützen vermochte vor dem Staube der Macht. – Und ein Bürger Jerusalems war auch der spanische König, mag er uns auch oft wie ein Gefangener erscheinen im ungeheuren Gebäude seines weiten Staates. Dieser Bau, den Philipp II. auftürmte, war wohl von labyrinthischen Gängen durchzogen – anders als der in strenger Klarheit gefügte Escorial; unter den Widersprüchen der Zeit, der in jenem Jahrhundert auseinanderklaffenden Welt, wußte sich der König so manchesmal keinen andern Rat, als die List zu versuchen, der Gewalt zu vertrauen, mit furchtbarer Härte zu schrecken. Und doch, wenn er allein war nach dem schweren, die Seele erniedrigenden Dienst seines Tages, so muß ihn das Heimweh befallen haben, das in den Seelen der Heiligen glühte; dann blickte er wieder empor zu Dem, der allein König ist in Ewigkeit. Nicht die labyrinthischen Wege der Staatskunst waren die Wege, nach denen es ihn verlangte: am innigsten wünschte er, den verborgenen Gang zu beschreiten, der durch den gewaltigen, hinfälligen Bau seiner Macht vor das Kreuz führte. Die Macht zu tragen, deren Vergänglichkeit er kannte, die ihn in Schuld verstrickte und ihm nicht Gewolltes zu erzwingen schien: dies war sein eigentlicher Weg zum Kreuz.–

In viel höher gelegener, reiner Landschaft hat Newman die Zwietracht der beiden Reiche erlitten und überwunden. Er hätte die schwere Entscheidung der Abkehr von dem Glauben, in dem er aufgewachsen war, nicht vollziehen müssen, wenn der große Aufruhr nicht durch die Welt ginge und Jahrhunderte zuvor die Einheit der Gläubigen nicht zerbrochen wäre. Die Wahrheit rief ihn an; sein Gewissen entschied in der Verwaltung seines Seelenheils, und indem er das Unausweichliche tat, scheinbar in ganz persönlicher Sache, antwortete er auf die Geschichte der letzten Jahrhunderte, führte er die Geschichte fort, gelangte er in Übereinstimmung mit jener großen Geschichte seines Landes und Volkes, die unter der Spaltung versickert war und nur noch unterirdisch strömte. Und zugleich stand Newman, der Bekenner, hellsten Bewußtseins in seinem Tag: er sah die Macht des Teufels heranstürmen mit einem gewaltigen Anspruch auf die Zukunft, eine Zeit, die er selber nicht mehr erleben werde, und der Bekenner hatte den Mut, im schroffsten Widerspruch zu den Vorstellungen und Hoffnungen seiner Zeitgenossen diese Macht als eine teuflische zu benennen. Durch seine Wende, sein Bekenntnis, sein Leben machte Newman den Feind sichtbar; wir meinen den großen Glaubensstreiter, den unerbittlichen Erwecker der Gewissen am Ende seines Lebens schon deutlich von einer Herrlichkeit umleuchtet zu sehen, die nicht von dieser Welt ist.

Der Kampf, der in diesen großen Seelen entschieden ward, tobt auch in unsern. Ja, wir müssen wünschen, daß er mit furchtbarer Heftigkeit entbrenne: daß ein jeder von uns mit heiligen Schmerzen sich losringe von Babylon, der Freiheit Jerusalems entgegen. Aber wie die Großen im Streite der Geschichte, so sollen auch wir nicht fliehen: wir sollen vielmehr das Erbe der Erde, das uns anvertraut ist, nach Jerusalem tragen; mitten in der Welt und wissend von ihr und ihrer Not und gekränkten Herrlichkeit zeugen für Gott. In den Streit sind wir alle geworfen, auch das stillste, einsamste Leben, das sich eines jeden Glanzes, eines jeden Ruhmes bescheidet. Wir wissen nicht und werden es auf Erden nie erfahren, welcher Sieg des Gottesreiches auf der letzten Kirchenbank von einem nie beachteten Beter oder in einer Krankenstube gewonnen wird. Darum sind uns die Großen der Geschichte im letzten, was sie bewegte: in dem, was darüber entscheidet, ob Papst und König eine Krone tragen in Ewigkeit und den Priester unvergängliche Verklärung schmückt, wunderbar nah. Als Christen sind wir alle geschichtliche Personen – und wehe uns und der Welt, wenn wir es vergessen würden! Wir sind angerufen vom Gottesreich und von ihm in das Weltreich gesandt – und vielleicht in dessen finsterste Macht, dessen scheinbar steigende Stunde –; wir sollen mithelfen, es zu besiegen, wenn es die Gnade so will, wir, die armen Zeugen seiner geheimnisvollen Gegenwart. Damit erreichen wir die innerste – freilich verborgene – Wirklichkeit der Geschichte: Wir können den Streit nur antreten und austragen mit der Überwindung Babylons in uns selbst. (1946)

DIE MACHT DES BÖSEN UND DIE GUTE MACHT

Zu Anfang des Buches Hiob wird berichtet, daß die »Kinder Gottes«, das heißt die Engel, vor den Herrn kamen und daß Satan auch unter ihnen war. Der Herr aber sprach zu dem Satan: »Wo kommst du her?« Satan antwortete dem Herrn und sprach: »Ich hab' das Land umher durchzogen.« – Mit diesen ungeheuren Worten ist im Grunde alles von der Macht gesagt, was wir wissen müssen und wissen können: Gottes Macht tut sich auf; die Kräfte des Himmels warten auf seinen Wink. Aber Satan steht vor ihm, und Gottes Majestät könnte auf keine großartigere Weise uns erscheinen als mit der gelassenen Frage an den Widersacher: »Wo kommst du her?« Satan schweift; ruhelos durchzieht er das Land; auch er hat, wie es an einer andern Stelle der Schrift heißt, seine »Engel“ – und ihr Name ist Legion. Wir ahnen: Gott weiß wohl, woher Satan kommt, aber das ist Gottes Macht, daß er den Abtrünnigen gewähren und in der Welt schalten läßt wie einen Freien. In Wahrheit ist Satans Macht eingeschränkt; da der Herr ihn nach seinem Knechte Hiob fragt, der an Gerechtigkeit und Gottesfürchtigkeit nicht seinesgleichen habe im Lande, erwidert Satan: umsonst sei Hiob nicht fromm; der Herr habe ja ihn und sein Haus und all sein Gut wohl verwahrt und das Werk seiner Hände gesegnet. Wenn der Herr seine Hand ausstrecken wolle gegen Hiob, so werde auch dieser Fromme aufbegehren. Der Herr will den Frommen nicht selber schlagen, aber er gibt dessen ganze Habe in Satans Hand, nur nicht Hiobs Leben. So kommt es zur ersten Prüfung des Gerechten. Bald werden Hiobs Herden und Hirten von einbrechenden Feinden geschlagen, von niederstürzendem himmlichem Feuer verzehrt, zertrümmert der Wüstensturm sein Haus, daß alle Knechte umkommen bis auf den einen, der ihm das Unheil meldet.

Wir sehen: Gott ist allmächtig; der Satan vermag nichts ohne ihn, nichts wider Gottes Willen. Aber der Herr hat einen Teil seiner Macht an Satan gegeben. So erfährt der Mensch auf der Erde zweierlei Macht. Wenn die Feinde heranstürmen, das Feuer niederstürzt, der Wüstenwind das Haus umdunkelt, so hat es den Anschein, als ob nur die Macht des Bösen, die auf Zerstörung gerichtet ist, an der Herrschaft sei, – so wie zuvor, als die Schafe und Kamele still dahin wandelten und Friede das Haus Hiobs begnadete, alles geborgen schien in Gottes Macht.

In der neuen Zeit, namentlich im 19. Jahrhundert, da prophetisch gestimmte Geister furchtbares Unheil ahnten, kam die Lehre auf, daß die Macht böse sei. Die Welt war in den Schatten der zerstörenden Gewalt geraten. Freilich waren viele Menschen noch in der Täuschung befangen, daß es den Menschen gelingen werde, zu immer größerem Wohlstand, zu Freiheit und Gesittung emporzusteigen, darum hatte diese Lehre zunächst den Anschein der tieferen Wahrheit für sich; sie war das Ergebnis scharfer, pessimistischer Zeitkritik, die sich von der im Buche Hiob erschlossenen Wahrheit gelöst hatte. Ist alle Macht böse, so muß auch der Mensch böse werden, der die Macht erstrebt oder besitzt. Es gilt das Wort Wallensteins:

> »Dem bösen Geist gehört die Erde, nicht Dem Guten.«

Und es wäre wahr, daß keiner, der lebte, die »Seele hätte rein zurückgezogen« aus dem Dienst der Macht.

Aus dieser Überzeugung folgt ein Verzicht. Menschen, die

auch in dieser Welt die Reinheit der Seele bewahren, den inneren Wert retten wollen, enthalten sich des Anteils an der Macht. Auf welche Weise sie noch leben und wirken wollen, läßt sich freilich schwerlich sagen; die Frage wird immer beklemmender. Denn diese Menschen, die entschlossen sind, ihre Seele der Macht nicht zu opfern, müssen sich damit abfinden, daß die Schlimmen auf der Erde schalten; die Empörung über die sich ausbreitende Zerstörung, den Verfall der Sitte, aller inneren und äußeren Lebensordnung hat im Grunde keinen Sinn, keine Berechtigung mehr im Munde der Verzichter. Sie wollen den Preis ja nicht bezahlen, der von den andern entrichtet wird. Darum müssen sie es hinnehmen, daß ihr Lebensraum immer enger wird – bis man ihnen, weil man ihres grämlichen Widerspruches überdrüssig ist, das Leben selbst unmöglich macht. Der Schlimme herrscht, und er wird vom Schlimmeren überwältigt werden; ist die Macht wesentlich böse, so ist der ihrer am sichersten, der ihr im höchsten Grade entspricht. Das Weltregiment muß Sache des Verbrechers werden, die Guten haben ja nichts mit ihm zu tun; sie haben überhaupt nichts zu suchen auf der Welt.

Offenbar kann die Lehre von der bösen Macht nicht wahr sein; wir rufen uns Gestalten der Vergangenheit zurück, etwa Maria Theresia, die bis heute einen Widerschein mütterlicher Güte im Bewußtsein des Volkes zurückgelassen hat; wir erinnern uns vieler Einrichtungen, denkwürdiger Werke mächtiger Männer und Frauen, die unwidersprechlich von Fürsorge und Verantwortung, von einem guten, erhaltenden, helfenden Willen zeugen. Wie, wenn diese Menschen von Anfang an auf die Macht verzichtet hätten, um ihre Seele zu bewahren, was wäre dann aus dem Leben auf Erden geworden? Die böse Macht wäre von lauter bösen Händen, die nach ihr griffen, zerstückelt worden, und die Teile hätten sich befehdet und verschlungen. Das Wesen des Bösen ist Zerstörung, und die Zerstörung hätte sich endlich selbst zerstören müssen. Und doch fügten sich immer wieder Ordnungen zusammen, die offenbar nicht vom Dämon bestimmt und ihm nicht untertan waren und das Leben der Menschen beschützten.

Der Lehre von der Verwerflichkeit aller Macht setzte sich die Behauptung entgegen, daß alle Macht gut sei; Jacob Burckhardt und Nietzsche haben einander auf diese Weise widersprochen und damit das große Streitgespräch ihres Jahrhunderts geführt. »Gut« war freilich nicht im Sinne von Sittlichkeit zu verstehen; im Gegenteil, die Macht wurde ausdrücklich von ihr gelöst. Macht wurde gepriesen als der Wert an sich, der von einem andern Werte nicht abhing, an ihm nicht gemessen werden konnte. Wer wirklich mächtig war, der war gut, war im Rechte. Die sich dem Anscheine nach so entschieden widersprechenden Lehren fielen an einer gewissen Stelle zusammen. Trug die Macht die Rechtfertigung in sich selber, schränkte kein Gesetz den Weg zur Macht ein, sollte der Wille des Menschen nur Zucht üben, damit dieser Mensch mächtig wurde – mächtiger als alle, so hätte sich der Anspruch des Bösen auf die Macht nicht widerlegen lassen. Er mußte jedenfalls im Streit um die Ansammlung von Macht, um Herrschaft im Vorteil sein gegenüber einem Menschen, der sich jenseits der Macht noch verpflichtet fühlte und Gesetze anerkannte über der Reichweite der Mächtigen und der Macht.

Aber wir kehren von solchen Übersteigerungen, die der Welt in gleicher Weise gefährlich werden, zum Buche Hiob zurück. Es wirken zweierlei Mächte auf Erden; die eine ist übergeordnet; es ist die erhaltende. Doch die Zeiten, die Ereignisse können ein Gepräge tragen, das zum Glauben an die Allmacht der untergeordneten Macht verleitet. Der Mensch kann mächtig werden zwischen den beiden so ungleichen Mächten. Mächtig werden: das heißt einen Anteil an der einen oder der andern gewinnen. Der Mensch ist ja nicht mächtig von sich aus; er muß sich gleichsam an die eine oder andere Strömung anschließen und von ihr durchmächtigen lassen. Zwei Strömungen durchlaufen die Welt, und der Mensch hat die Wahl. In welcher Richtung er handeln und streben wird, das steht bei ihm. Von einer jeden Macht können ihm Kräfte zufließen; wohin er seinen Sinn wendet, dorther wird ihm Hilfe kommen, welche Macht er anspricht, die wird ihn tragen. Unerläßlich aber ist, daß er die Mächte unterscheiden lerne; daß er von Gott weiß und von Satan, von Erhalten und Zerstören. Mächtig werden heißt für den Menschen: auf seinesgleichen wirken im Kraftfelde der gewählten Macht, durch diese Wirkung die Kräfte der Menschen in sich sammeln und mit diesen gesammelten wachsenden Kräften die eigene Kraft verstärken und ihre Wirkung erhöhen. Die Macht hat das Eigentümliche, daß sie wachsen will; es ist ein rastloses Drängen und Strömen in ihr, das entweder auf gnadenhafte Weise den Menschen emporhebt, wohin er nicht gedacht – oder ihn hinabreißt, wohin er nicht wollte. Sie fordert ihm tägliche Rechenschaft ab.

Damit ist auch der Mensch mächtig zwischen den Mächten, sei es durch die Kraft seines Geistes, sei es durch politische Herrschaft; aber seine Macht steht in Abhängigkeit; sie ist niemals absolut. Denn der Machtkreis des Universums ist ausgefüllt von der Allmacht, und der Allmacht unterworfen in erster Abhängigkeit ist die Macht des Bösen, wenn auch das Böse, vom Menschen aus gesehen, frei erscheinen mag und niemand den Tag weiß, da Satan wieder »vor den Herrn kommt«. Ein gewaltiger Kreis der Freiheit ist dem Bösen gezogen, und die wunderbare Freiheit der Wahl ist dem Menschen gewährt. Die Macht des Menschen muß gleichsam das Zeichen dessen tragen, für den er sich entschieden hat. Es muß sich zeigen, ob der Mensch der Macht sich ausliefert, von ihrer Gier nach Wachstum sich treiben und regieren läßt; dann – wenn die Macht ihr Gesetz in sich selber trägt und mit diesem Gesetz den Menschen überwältigt, wenn sie der Wert über allen Werten wird, – ist sie in der Tat »böse«; sie ist wie ein zehrendes, aus der Tiefe heraufschlagendes Feuer, das an der Schöpfung frißt. Oder aber der Mensch versteht es, das Feuer zu verwahren, das heißt: die Macht im Angesicht Gottes, geleitet von seinem Gewissen, zu verwalten, zu verantworten.

Das ist das Geheimnis: Macht kann nicht besessen, nur verwaltet werden. Als Besitztum besitzt sie ihren Herrn, als Lehen Gottes greift sie des Menschen königliche Freiheit nicht an. In ihm wacht eine Stimme, die Recht spricht in Sachen der Macht; so lange er dieser Stimme gehorcht, kann er nicht Sklave der Macht werden, ist die Macht, die seine Hand umspannt, von oben und damit gut. Von ihr gilt das erhabene Wort der Schrift, das alle modernen Irrtümer zerstreut: »Gott verwirft die Mächtigen nicht, denn er ist auch mächtig von Kraft des Herzens« (Hiob 35, 6). Wie könnte der Mensch deswegen böse sein, weil er mächtig ist – wenn doch Gottes Name Allmacht ist? Aber Gottes Macht ist »von Kraft des Herzens"; sie ist die Liebe selbst. Sündigt der Mensch als Mächtiger an der Liebe, so verletzt er das Gesetz der wahren Macht, ist seine Macht nicht mehr echt. Ein anderer beginnt durch sie zu herrschen; der Widersacher macht den Menschen und seine Macht sich dienstbar. Es geschieht gerade dadurch, daß er diese Macht zu erhalten, zu erhöhen verspricht.

Im Kreise irdisch-geschichtlichen Lebens, dem Kreis menschlicher Verantwortung geschieht die Anfechtung durch Satan; sobald der Mächtige die Stimme des Gewissens überhört und Gott nicht mehr fragt, was Recht ist, neigt sich sein Zepter der Tiefe zu. Aber diese innere Wendung kann verborgen sein, und wachsender Glanz mag das Geheimnis verdecken, daß der Mächtige nicht mehr frei ist vor Gott, sondern der Knecht des Abtrünnigen, Schweifenden, der durch das Land umherzieht, seine zwiespältige Herrschaft zu steigern, sein immerfort sich verwandelndes, in feste Grenzen nicht zu bannendes Reich zu mehren. Der Unfriede der Gegenmacht geht auf den Menschen über, der ihr zustimmt; diese Ruhelosigkeit gehört zu den Kennzeichen, die den Charakter seiner Herrschaft den Wissenden verraten. Der rechte Verwalter trägt in sich den Frieden, der stark macht, auch im tobenden Sturm des Geschehens, der Not und Feindschaft und noch im Untergange, denn auch dieser kann ihm bestimmt sein. Der vom Dämon ergriffene, von ihm erhöhte, ist ruhelos, eine »laufende Wolke«: »Er zeucht hin und her nach Brot, und dünkt ihn immer, die Zeit seines Unglücks sei vorhanden«. Und: »Er wird aber wohnen in verstöreten Städten, da keine Häuser sind, sondern auf einem Haufen liegen« (Hiob 15). Der Brand, der in ihm ist, ergreift sein Land, seine Macht, die als ein sich selber verschlingendes, aus der Tiefe genährtes Feuer der Welt ein unerhört-grausiges Schauspiel bietet. Ist die Stunde solchen Feuers gekommen, so pflanzt es sich unterirdisch fort, überall dort, wo ein Mensch in Empörung steht gegen die Allmacht, in der Neigung zur abgespaltenen, aufrührerischen Macht flammt es auf.

Es ist eine immer wiederkehrende Erfahrung der Menschheit, daß der Mensch durch bewußte Abkehr von Gott und die Wendung zum Widersacher Güter und Macht, einen großen Anteil an der Erdenherrlichkeit gewinnen kann; von Marlowe bis Byron, Calderon bis Goethe, Balzac bis Ibsen, Gotthelf bis Tolstoi könnten wir Zeugnisse anführen. Ergreifender und bedeutungsschwerer ist in unserer Sprache wohl keines als das große Gedicht der Droste von dem armen Roßtäuscher, der sich in bitterster Not dem Bösen verschreibt, reich und mächtig wird um den Preis seiner Seele und die Seele unter der Gnade endlich zurückgewinnt um den Preis seines Reichtums.

Der Mensch steht zwischen den Mächten; sie lassen ihm keinen Raum; er muß sich entschließen zum einen oder dem andern Reich. Die Freiheit der Wahl: das ist das Lebensgebiet des Menschen. Er wird nicht daran gemessen werden, wie mächtig er war; einen Wert empfängt er nicht von der Macht; er wird vielmehr gefragt werden, wie er mit dem empfangenen Pfunde geschaltet hat oder dem ihm auferlegten Amte gerecht geworden ist. Wo ein Machtbezirk ist, muß ein Verwalter sein; Möglichkeiten der Machtbildung dürfen nicht unverwahrt bleiben: unabweislich fordern sie eine feste Hand. Der Mensch als der geborene Regent der Erde darf nicht verzichten; er darf sich nicht verwirren lassen von falschen Bildern, verkehrter Furcht. Im Angesicht des Weltenkönigs soll er herrschen, nüchternen Blicks, starken Herzens, erleuchtet, geleitet von seinem Gewissen. Er muß glauben, daß es möglich ist, das empfangene Amt zu versehen, ohne daß sein Herz verdirbt, die Seele Schaden leidet, verdächtige Gewalten ihm beistehen. Die Allmacht hat den ganzen Menschen zum Herrn gewollt, nicht den gebrochenen, von der Schuld verdüsterten, nicht den Gewissenskranken, sondern den getreuen Verwalter, dessen Stärke sein Gewissen ist. Wohl wurde Hiob zweimal von der Bösen Macht geschlagen. Geschah es nicht, weil auch in diesem Gerechten noch eine Neigung zum Empörer war, die Bereitschaft für die falsche Macht? Unter der Heimsuchung bereute Hiob. Dann erhob er sein Antlitz wieder zu Gott mit den Worten: »Ich will Dich fragen, lehre mich« (42, 4). Und damit gelangte der Geprüfte aufs neue in den Bereich der Gnade, des Gedeihens der Menschen, Herden und Güter, für die er einstehen sollte. Denn es ist nur ein Reich der Ordnung, ein einziger, einiger, erhaltender Geist. Macht bedarf der Mittel, die sie behaupten, verteidigen helfen, aber sie ruht nicht auf Gütern und Waffen und empfängt niemals von ihnen ihr Gesetz. Sie ruht darauf, daß der Mächtige Gott unterworfen ist, der »*auch* mächtig ist von Kraft des Herzens«.

(15. 11. 1946)

VERANTWORTUNG

Die moderne Entwicklung der Staatsmacht hat die Frage nach Wert und Unwert der Macht, nach ihren Grenzen, ganz neu gestellt. Das ist das Kennzeichen unserer Zeit. Aber nicht einmal darüber, ob diese Macht überhaupt Grenzen habe, können die Völker einig werden. Die Meinung, daß diese Macht unbegrenzt sei, ist keineswegs neu. Glaubte doch schon der Absolutismus, daß die Seele für Gott, alles andere aber für den Staat sei. Fällt nun der Glaube an die Seele, so fällt alles an den Staat. Wie sollte sich aber dieser Glaube noch halten, wenn alle Rechte der Seele und damit Gottes in das Unsichtbare verwiesen wurden? Auf immer neue, immer andere Weise sucht sich der Staat einer Form zu nähern, die Plato im sechsten Buch seiner Politeia unter dem Bilde der »gewaltigen Bestie« beschrieben hat. Die Bestie ist die große Menge, der die sie Beherrschenden in langem Umgang Triebe und Begierden abgemerkt haben; was schön oder häßlich, gut oder schlecht, gerecht oder ungerecht ist, das wird nach den »Seelenregungen« des gewaltigen Tieres bestimmt; wenn die Menge in dichter Masse in Volksversammlungen oder Gerichtshöfen, Theatern oder Kriegslagern zusammensitzt und durch »starken Lärm« Tadel oder Lob kundgibt, »beides in ganz übertriebener Weise mit Schreien und Klatschen«, und wenn sich ihnen »selbst noch die Felsen und die ganze Örtlichkeit, wo sie tagen, mit ihrem Widerhall zugesellen, so daß der Lärm – auf das Doppelte verstärkt wird«: so werden alle, die sich mit dieser tobenden Masse näher einlassen, nicht allein Staatsmänner, sondern auch Dichter, Maler, Musiker von der gewaltigen Bestie beherrscht.

Das Bild ist nur eine Vorahnung. Platos Staatslehre scheitert letztlich daran, daß sie der ganzen Macht des Bösen nicht zu begegnen vermag; aber auch uns gebricht es bis heute an einer wirklich hinreichenden Erkenntnis und Metaphysik des Bösen und seiner geschichtlichen Macht. Wir müssen uns, wenn wir nach einer Begründung suchen, an die Apokalypse wenden, die dem griechischen Denker mit der Vision der nach Aufhebung der Zeit aus Meer und Erde steigenden Tiere antwortet. Es ist bezeichnend für beide Tiere, daß jedes einen Zug trägt, der es als äußerste Verzerrung des »wie geschlachtet« thronenden Lammes ausweist: das Tier aus dem Meere ist an einem seiner mit Kronen geschmückten Häupter »tödlich verwundet« (Geh. Offenb. 13, 2); das Tier aus der Erde »hatte zwei Hörner gleich dem Lamme, redete aber wie der Drache«. Das heißt: die Tiere, die während der Geschichtszeit in der Tiefe des Meeres und der Erde gewachsen sind, werden mit dem Trug messianischer Verheißung blenden. Ihre Propheten werden einen Grund finden, sie als das erwartete Lamm anzukündigen und zu preisen; es ist ja eben das Wesen des Bösen, das Göttliche in sein entschiedenstes Gegenbild zu verkehren unter dem Anschein, daß es das Göttliche verwirkliche.

Damit soll keineswegs gesagt sein, daß die Stunde da oder nahe ist, die niemand kennt. Die ernstesten Geister haben sie zu allen Zeiten erwartet – auch jenseits des Bekenntnisses zum Erlöser und Richter. Dem abendländischen Geschichtsbewußtsein ist die Ahnung des Endes, aber auch die Verantwortung vor ihm, wesentlich. Wenn das Ende überhaupt einen Sinn hat, so muß es im Ablauf der Geschichte vorgebildet, muß es ihr immanent sein, wie dem Menschen sein Tod; es muß freilich auch spürbarer werden, je näher es kommt. So dürfte Newmans Deutung geschichtlicher Phänomene im Sinne der »Vorerscheinungen« letzter Dinge auch außerhalb der Theologie annehmbar sein. Ist aber das Ende spürbar, so auch die wachsende Wucht des Stromgefälles, das ihm zutreibt; so besteht auch die Möglichkeit, aus den Wolkenbildern, unter denen der Strom dahinschießt, aus den Landschaften, an denen er vorüberschäumt, immer deutlicher die Formen letzter Dinge abzulesen. Wohl öffnete sich immer wieder, während der Katarakt schon in den Ohren der

Dahingetriebenen toste, ein Felsentor, und der Strom wand sich unvermutet landeinwärts. Aber das Ende ist doch immer da und in einem immer stärkeren Sinne.

Durch fast zwei Jahrtausende wurde in Europa Herrschaft verstanden als die tägliche, stündliche Bereitschaft zur Rechenschaft des Verwalters vor dem Herrn, des Richters vor dem Richter der Erde, des Königs vor dem König des Weltalls. Das Geschichtsbewußtsein abendländischer Völker ist von zwei Dichtern auf eine Weise bestimmt worden, die nicht mehr gesteigert werden kann: Dante sah das gesamte geschichtliche Leben an seinem eigentlichen Ort, in der Rangordnung der Ewigkeit. Shakespeare sah den diesseitigen Kampf der Mächte einer Grenze sich zuwälzen, deren Jenseits er nicht zu benennen wagte. Für beide ist es gewiß, daß die Menschen überantwortete Macht in eherne Grenzen gefaßt ist; durch die Räume himmlischer Gerechtigkeit, das Gegenbild der Erde, führt Dantes Weg gnadenhafter Läuterung; für Shakespeare geht es um die Gegenwart verliehener oder versucherischer Macht und ihr Verhältnis zum unverrückbaren Recht; um das Drama zwischen Macht und Gewissen. »Der Größe Mißbrauch ist, wenn von der Macht sie das Gewissen trennt«, wie es im »Julius Cäsar« heißt.

Das ist das Thema der Stunde, das im übrigen in der religiösen und künstlerischen Überlieferung Rußlands keinen schwächeren, wenn auch vom sozialen Bewußtsein akzentuierten Ausdruck gefunden hat. Es ist das Thema aller Geschichte, aber es könnte nie beunruhigender sein als heute. Denn nie erschien die dem Menschen erreichbare oder auferlegte Macht in so entsetzlicher Gestalt. Es kann sich nicht darum handeln, festzustellen, wo etwa das Große Tier ist und wo nicht. Denn wir kämen damit leicht in Gefahr, die allen gebotene Gewissenserforschung zu verfehlen. Wir wissen vielmehr: Es ist noch nicht da in seiner äußersten Erscheinung, aber es kündigt sich an; es sind auch zwei Tiere, das des Meeres und das des Landes. Auf der ganzen Welt liegen seine Schatten, wenn auch gewiß in sehr verschiedener Stärke. Wir sind alle in Gefahr, es anzubeten, und das vielleicht sogar guten Glaubens, indem wir uns von ihm betrügen lassen und in ihm das Lamm zu erkennen meinen. Das Große Tier: das ist die Tendenz zu einer widermenschlichen Macht, einem Staat, der dem Menschen nicht gibt, was des Menschen ist, weil er Gott nicht gibt, was Gottes ist; der die Freiheit für alle Bezirke, nicht allein des Handelns, sondern des Denkens, Wünschens, Hoffens, des ganzen Seins und die Verantwortung für diese Freiheit vor Gott dem Menschen nicht mehr läßt.

Man kann vielleicht sagen, daß in der Zeit vor dem ersten Weltkrieg einzelne unter dem Gebot des Gewissens die Staatsmacht herausgefordert haben, wie das Tolstoj oder Romain Rolland, Donoso Cortés oder der deutsche Idealismus getan haben; die Führung des Spiels aber ist längst beim Staate. Er fordert die Einzelnen, die Einzelnsten heraus. Werden sie antworten? Wenn sie es aber nicht tun; wenn sie sich nicht auf Tod und Leben an den Ort stellen, wo die Grenze nicht überschritten werden darf: wie soll die Grenze dann deutlich werden? Es geht hier nicht um die Frage, was sie etwa bewirken, sondern nur um das, was sie tun. Denn echter Glaube hat keine Zwecke. Nach aller Voraussicht wird das Große Tier solche Einzelne erschlagen, wie das den letzten zwei Zeugen vorausgesagt wurde. Es geht um das Zeichen. Es geht darum, daß das Gewissen bezeugt wird in seinem absoluten Rechte; eine jede Gewalt kann es niederwerfen, aber keine kann es aufheben. Je deutlicher das Getöse der Rüstung durch die Vorhänge dringt, unter denen die zwei Mächte der Stunde sich und ihre Absichten verbergen – so daß wir glauben, schon zu spüren, wie die Schöpfung zittert vor dem letzten aller denkbaren, dem nicht ausdenkbaren Waffengange, um so klarer fühlen wir auch, daß eine Lösung ohne Gnade nicht erhofft werden kann. Die Frage ist nur: *Wie* können wir sie erwarten? Etwa allein auf das Gebet im Kämmerlein, das fest abgeschlossen ist gegen unser

Wollen und Tun oder von einer Gesinnung, wie sie Gottfried Keller in seinem Bettagsmandat vom Jahre 1863 aussprach: »Nur indem wir die göttlichen Lehren der Gerechtigkeit und Liebe durch unser Gemeinwesen zu verwirklichen trachten, können wir in der Stunde der Verwirrung und Gefahr Licht und Schutz von oben erhoffen; gleichwie nur der den Frieden zu bieten vermag, der den Frieden selbst im Herzen trägt.«
Die konkrete Verantwortung wird getragen in dem geschichtlich gewordenen, von Geschichte bestimmten Gemeinwesen; das Friedensangebot des Herzens gilt der Welt. Es ist aber die erste Frage des Gewissens: wie, in welcher ganz persönlichen Haltung kann ich noch hoffen, daß sich Gnade auf diese Welt neigt, Gnade, die allein sie retten wird? Wie muß ich denken und sein, daß ich diese Hoffnung haben kann, die von Tag zu Tag kühner werden muß? Sie muß ja von Tag zu Tag eine höhere Stufe der Unwahrscheinlichkeit ihrer Erfüllung überwinden. Von der Antwort auf diese Frage wird es entschieden, ob ich als Christ in Zeit, Volk, Geschichte stehe oder nicht. Was ist als Macht geboten, erlaubt, gerechtfertigt? Was nicht? Welche Kräfte und Mittel können der Sache des Glaubens, der Wahrheit, der Liebe dienen? Ich kann mich ja, wenn ich für sie streiten will, nicht solcher Mittel bemächtigen, die diesen Werten widersprechen, mich zum Widersacher meiner Sache machen, zum Sklaven im Dienste der Freiheit. Oder glaube ich etwa, daß der Teufel mir die Waffen und Devisen liefert, mit denen ich ihn schlagen werde? Er wird mit dem, was sein ist, nur für seine Sache kämpfen und gewinnen. Es macht aber keinen wesentlichen Unterschied aus, an welcher Stelle eines Gemeinwesens ich stehe, ob ich Staatsmann bin oder Soldat, Geschäftsmann oder Künstler oder Ordensmann: ich lebe vom Ganzen und in ihm, bin Erbe und Träger, Enkel und Vater; mein Geschick wird das des Ganzen sein; ich werde dafür einstehen müssen, und wenn nicht vor den Menschen, so um so gewisser vor Gott. Ich muß auch – mögen Politiker und Theologen das

leugnen – in einem gewissen Grade für die Vergangenheit einstehen, ob ich sie gewollt habe oder nicht. Ich kann auch nicht trennen zwischen Befehl und Ausführung, zwischen der Arbeit des Geistes und der Hand; ich kann dem zum Gehorsam Verpflichteten die Verantwortung für seine Tat nicht nehmen, ihn aber eher entschuldigen als den, der ihm geboten hat, ohne seine Hände zu beflecken, und diesen wieder eher als den Gesetzgeber oder Moraltheologen in ihren Studierstuben, auf die er sich berufen wird. Ich muß für einen jeden Gedanken einstehen, als ob er mit allen in ihm liegenden Folgerungen vollzogen worden wäre – auch wenn diese Verwirklichung niemals im ganzen Ausmaß erfolgt.

Erinnern wir uns an das, was Plato – in Übereinstimmung mit den Denkern Chinas – von der Bedeutung der Musik wie der Dichtung für den Staat gelehrt hat: »Denn eine neue Art von Musik einzuführen, muß man sich hüten, da hierbei das Ganze auf dem Spiele steht.« Das Ganze? Indem die Musik »sachte Schritt für Schritt sich einführend in die Sitte und Beschäftigungsweise eindringt; von da aus wendet sie sich, schon erstarkt, dem öffentlichen Geschäftsverkehr zu; von dem Geschäftsverkehr aber macht sie sich dann an die Gesetze und staatlichen Einrichtungen«. Dasselbe gilt von der Dichtung, von der Malerei, von einer jeden Kunst; denn indem sie die Lebensgehalte bestimmt, macht sie Geschichte. Es ist nur Ausflucht, wenn sich der Künstler in seine Werkstatt zurückzieht. Er erwartet ja doch von andern, daß sie annehmen und leben, was er gestaltet. In ihnen wird er Täter, gelangt er vors Tribunal. Aber die Kunst unterliegt auch der Gefahr einer dämonischen Inspiration; diese wird immer mächtiger, je weniger sie gesehen wird. Der Künstler muß wachen; er kann einer Inspiration nur folgen, sofern er sie verantwortet; er kann ihr nicht blind sich ausliefern; es bleibt seine persönlichste Angelegenheit, was er dieser Wachsamkeit wird opfern müssen; denn die Inspirationen des Lichtes und der Finsternis können sich auf kaum unterscheidbare Weise vermischen, verbinden. Und es liegt tief im Wesen unserer Zeit, daß die Inspiration der Finsternis an Macht und Wirkung auf die Menschen überwiegt. Das gilt im gleichen Ernste vom Denker der Gesetze, des Staates; vom Forscher, Entdecker, Erfinder, der seine Arbeit dem Staate überläßt; der vielleicht gar im Dienste des Staates steht oder auf diese oder jene Weise sein Sklave ist, gezwungen, dem Staate die Werke seiner Wissenschaft zu übergeben; zielt doch der Staat auf den Erwerb des ganzen Menschen – auch der Gedanken, die er noch nicht hervorgebracht, der Entdeckungen, die er noch nicht gemacht hat. Aber kein Zwang spricht einen solchen Denker und Forscher los von der Rechenschaft, die er für den Geist seines Wirkens ablegen muß, über die Art, wie er sich zu Gott, den Menschen, der Welt stellt: sein eigenes Auge, mit dem er die Welt als Beute oder als Gegenstand der Zerstörung ansieht, wird ihn verklagen.

Ich glaube, wir stehen in diesen Dingen erst am Anfang einer Gewissenserziehung und -bildung. Wenn selbst Theologen Gesetze vertreten, deren persönlichen Vollzug, Auge in Auge mit Christus, sie entsetzt ablehnen, so erkennen wir, daß auch dort der Anfang nicht gemacht wurde, wo er doch zuerst erwartet werden muß. Freilich zeigt sich auch, daß die Empfänglichkeit und Empfindlichkeit des Gewissens höchst verschieden sind; ebenso verschieden wie die Bezirke der Zusammenhänge sind, in denen ein Mensch lebt und wirkt: ob etwa nur die Familie oder das Vaterland oder die Menschheit – oder nur er selbst. Bereiche, die in dem einen mit den heftigsten Schmerzen reden, sind im anderen stumm. Es ist aber kaum möglich, mitzuteilen oder auch nur verständlich zu machen, was von andern gar nicht erfahren wird. In einem Zeitalter aber, da die Macht mehr und mehr sich darstellt als die Fähigkeit, zu zerstören; da sie nach dem Grade der von ihr bewirkten oder erhofften Zerstörung bewertet wird, muß als Widerspruch und Protest, als menschliche Kompensation, ein Gewissen von äußerster Feinheit gefordert werden – sei es auch unausbleiblich, daß ein solches Gewissen seinen Trägern in tödliches Zerwürfnis mit der Welt stürzt.

Ich komme nun auf Schwierigkeiten, die sich heute kaum erörtern lassen, weil sie in die unseren Zeitraum zerklüftenden machtpolitischen und propagandistischen Kämpfe fallen. Durch die ganze Geschichte der Christenheit geht die Erfahrung, daß der unabdingbare innerchristliche Protest von den Feinden des Christentums ausgewertet oder mißbraucht wird. Das findet seine Entsprechung im Politischen oder Patriotischen; Kritik und Widerstand werden zu Waffen in Händen der Gegner. Wir haben das Beispiel in jüngster Vergangenheit: was etwa gegen die letzte Tyrannis in Deutschland gesagt wurde, mußte den außenpolitischen Gegnern zufallen; und in deren Dienst wurde der Protest seinen Trägern im Innern zum Verhängnis; denn nun konnte das Große Tier sie des Hochverrates bezichtigen. Die beiden Konflikte, der religiöse und der politische, haben sich verschlungen im Geschick des Dominikaners Las Casas, der zur Zeit der Conquistation gegen die unerhörten Verbrechen an den Indios auftrat. Die Indios, erklärte er, seien, ob getauft oder ungetauft, frei; denn der Mensch ist frei geboren. Würden sie aber getauft, so könnten sie um so weniger versklavt werden; denn nun seien sie frei in Christus und bekleidet mit der von ihm verliehenen Würde. Das mußte das ganze System europäischer Kolonisation ins Wanken bringen – das Losstreben der Welt von Europa, das uns heute erschüttert, ist nur die letzte Antwort auf die Verbrechen der Ausfahrt. Es hat aber keinen Sinn, die Spanier allein zu verklagen; alle kolonisierenden Mächte brauchten dieselben Mittel; den Spaniern gereicht es vielmehr zum Ruhm, daß sie Las Casas sprechen ließen und daß ihre Könige ihn schützten; und es gereicht ihnen nicht zum Ruhm, daß sie später seinen Namen und sein Werk zu verschütten oder zu verfälschen suchten. Er forderte also die Welt heraus, indem er das brennende Problem seines Zeitalters aufgriff. Auf dem Wege der Schuld war er dahin gekommen; denn er selber hatte Sklaven geerbt und ausgebeutet, bis das Wort der Schrift ihn, gleich einem Heiligen, wie ein Blitz traf, ihn umschmolz und zum Streiter härtete. Er wühlte die Pflanzer, die Soldaten gegen sich auf, Staatsmänner und Theologen. Mäßigung zu üben war seine Art nicht; so ließ er sich Übertreibungen zuschulden kommen; sie wiegen nichts gegen die Sache; und in dieser konnte ihn kein Christ widerlegen, wenn auch Träger hoher kirchlicher Würden und angesehene Vertreter der Gottesgelehrtheit ihn wie einen Ketzer verwarfen.

Nun war und ist die Welt so verderbt, daß die unbedingt christliche Forderung, auch wenn sie ein Untadeliger vertreten würde – der Las Casas ja nicht war –, in ihr sich nicht durchsetzen kann. Und doch kommt es auf das Hereinstürmen des Unbedingten an: darauf, daß, wie der heilige Franziskus sagte, die Gottlosen in ihrem Gewissen getroffen werden – was nur durch ein Leben, ein Schicksal unter dem Worte Jesu Christi bewirkt werden kann. Karl V. erließ die Gesetze, die die Indios für frei erklärten – Gesetze, deren wirkliche Durchführung freilich im Ungewissen lag. Zunächst werden sie den Haß vieler Conquistadoren auf die Indios geschürt, deren Los verschlimmert haben; aber die Wand war doch durchbrochen; und selbst wenn Las Casas das nicht erreicht hätte, so würde sein Protest kein Teilchen seines Wertes einbüßen. Nun aber wurden seine Anklagen von den Feinden der Kirche wie Spaniens in Frankreich, in England verbreitet, durch Jahrhunderte wiederholt; sie wurde zur Waffe im Kampfe gegen die spanische Weltmacht; so mußte Las Casas selbst zur Erfüllung der Prophetie beitragen, zu der sich seine Leidenschaft hinreißen ließ: daß Spanien alle seine Reiche und Inseln über den Meeren verlieren werde. Hätte er deshalb nicht kämpfen sollen? Ist die Wahrheit, die mißbraucht wird, nicht mehr Wahrheit? In den Kämpfen der Gegenwart wird oft darauf hingewiesen, daß die Gegner des Christentums selbst das Wort des Herrn, seine Friedensverheißung und die Bergpredigt mißbrauchen. Das kann verwirren. Aber unser Vertrauen zum Wort und Geist der Wahrheit sollte um vieles größer sein als die Furcht vor ihrem Mißbrauch. Denn die Keimkraft der Wahrheit ist unzerstörbar, sie wird nicht berührt von der sie ausschleudernden Hand; das Wort, das wahr ist in sich, kann Wurzeln schlagen jenseits unseres Begreifens. Wir wissen nicht, was damit gewonnen wird, daß die Propaganda es in Bezirke trägt, in die keine Verkündigung dringt. Das Wachstum des Gottesreiches – dieser eigentliche Inhalt der Geschichte – ereignet sich unter ihrem Schleier; wir werden es sehen, wenn Geschichte stillsteht.

Aber das Gewissen steht nicht allein in Auseinandersetzung mit der Macht; es findet sein schmerzhaftes Drama in sich selbst. Unsere Wünsche, Ängste, Verzweiflungen mischen sich in seine Stimme. Als Las Casas aus Verzweiflung über die Qualen der Indios den Rat gab, Neger nach Amerika zu schaffen, weil er diese für widerstandsfähiger hielt als die Völker Mittelamerikas, lud er eine Schuld auf sich, die er nie verwinden sollte. Denn nun wurden die Neger wie Tiere gefangen, wie Ware in die Laderäume der Schiffe geworfen, an den Landeplätzen verschachert, auf den Pflanzungen ausgepreßt: Der unheimliche Schatten des Bösen heftete sich an den Protest des Las Casas, wie ja, nach einem Worte der jüdischen Christin Simone Weil, kein Gutes ist, das nicht diesen schrecklichen, sich im Geschichtlichen konkretisierenden Schatten wirft. Hätte Las Casas in dieser Versuchung ernst gemacht mit seinem Wort: hätte er Christus, in dessen Dienst er sich wußte, gefragt, was er tun soll, er wäre dieser Verirrung nicht erlegen. Das Gewissen kann sich nur reinigen, nur rein halten vor Christus dem Lebendigen in unablässigem Gebet.

Träger einer späten Antwort auf diese Schuld des Las Casas ist Abraham Lincoln: der Mann, der als Jäger ein einziges

Mal das Blut eines Vogels vergoß und dann keine Waffe mehr in die Hand nahm; auch er ein Befreier wie Las Casas, der aber keinen anderen Weg zur Befreiung der Sklaven in den Südstaaten sah als blutigsten Bruderkrieg; ein Mann, der sich über den Tod eines jungen Freundes, eines Kindes, nicht trösten konnte und den Tod der tausend und aber tausend befahl. Aus Provinzen, deren Sklavenhalter er vertrieb, wurde Niemandsland; die Besitzungen wurden zertrümmert, verfielen; die Befreiten sanken in noch tieferes Elend, als sie in der Sklaverei erduldet hatten; viele klammerten sich wider Gesetz und Macht an ihre alten Herren. Und doch wurde Lincoln, als ihn ein Mörder fällte, zum Zeichen, nicht allein der Freiheit, sondern geschichtlicher Tragik, die uns unwidersprechlich einfordert. Wir können uns wohl dahin entscheiden, daß wir lieber Unrecht erleiden als tun; wollen wir aber Recht tun, so werden wir niemals frei sein von den möglichen schlimmen Folgen des Rechtes und der Wahrheit in dieser Welt. Wir müssen uns ihnen opfern; auf diese Art wächst das Kreuz in uns. So werden wir vielleicht zum Zeugen des Kreuzes in der Welt. Es ist aber nichts so nötig, als daß das Kreuz in Wahrheit geglaubt und gefürchtet, daß es aufgerichtet wird vor dem Tier, das an einem jeden Ort aus Erde und Meer tauchen kann.

In der Richtung auf das Kreuz, mit dem Entschluß zur Freiheit der Armut, hätte nach der Katastrophe der Weg des deutschen Volkes verlaufen können. Ich kann es nicht leugnen, daß mich diese Hoffnung bis zum Ende des Krieges beseelt hat, und daß ich sie nicht mehr habe. Meine Hoffnung gründet sich nur noch auf die wenigen, die unter dem Schleier der Geschichte verborgen sind; die wenigen, die wir nicht kennen, deren Gegenwart wir gleichwohl zu spüren glauben und über denen die Gnade ist: die letzte uns noch haltende Macht dieser Zeit. Ich kann die deutschen Probleme, mit denen die Leiden unseres Jahrhunderts am schmerzhaftesten hervorbrechen, hier nicht erörtern, nicht reden von der echten Macht des Menschen, die gerade unter politischer Unmacht hervortreten kann und muß. Nur dies muß ich sagen: daß der Schriftsteller unter allen Umständen für den ganzen Bereich seiner Sprache steht; daß dieses Gebiet nicht geteilt werden kann, durch keine geistige oder politische Gewalt. Mit allem, was er vermag, muß es der Schriftsteller zu verhindern suchen, daß in dem unteilbaren Raume zwei Sprachen aufkommen, daß dasselbe Wort in seiner Bedeutung auseinanderbricht, und die Worte auf feindselige Weise gegeneinander ihre Werte verschärfen und verändern. Ich halte diesen Vorgang, der sich von Tag zu Tag steigert und längst von den Sendern, Zeitungen, öffentlichen Reden in das Schrifttum gedrungen ist, für eine der schwersten geschichtlichen Gefahren von heute und morgen.

In den dunkelsten Jahren, als der Krieg selbst als eine geheiligte Person galt, nicht etwa nur das Vaterland oder die Macht, sondern eben der Krieg, fand ich oftmals Trost an Gestalt und Werk Jeremias Gotthelfs. Es bestand damals, in der Gegenwirkung zur Tyrannei, ein Zusammenhang unter Gleichdenkenden in wohl nicht wiederkehrendem Ernste: denn wir sind nicht besser geworden, seit wir die Keller verlassen haben. Die seherischen Worte Gotthelfs von der Art, wie die Vergiftung eines ganzen Volkes durch einen Einzelnen geschieht, von der sittlichen Kraft, die allein diesen sonst haltlos fortbrennenden Prozeß überwinden kann, erleuchteten die Zeit. Hier steht der Satz vom christlichen Mut: »Er ist unendlich mehr und stärker als der politische Mut, er umfaßt viel *mehr* Verhältnisse, schließt aber auch die politischen mit ein, und in allen Verhältnissen setzt er das Leben ein ...« Hier wurde die große List der kranken Christenheit, die Trennung zwischen persönlicher und politischer Ethik, aufgedeckt: es kann ja, in christlicher Sicht, dem Staatsmann als Träger der Macht nicht erlaubt sein, was ihm als Menschen vor Gott nicht erlaubt ist. Im Sinne einer religiösen und also personalen mutigen Verantwortung für das unteilbare menschliche Leben – und also auch das politische – setzte Jeremias Gotthelf gegen den Zeitgeist den Berner Geist; er tat es in dem fest umgrenzten Raum seiner Heimat, für den er sich verantwortlich fühlte und schuf gerade damit ein körperhaftes, höchst eindringliches Symbol, das an Weltgeltung in dem Maße gewonnen hat, in dem sich des großen Dichters und Seelsorgers prophetische Ahnungen erfüllten.

An eine Generation, die ihre Aufgabe im Vollzug großer Zusammenschlüsse sieht, richtet sich Gotthelfs Forderung unmittelbar. Denn ein jeder Zusammenschluß, wie begründet er auch sein mag, gerät in den Schatten des Großen Tieres; soll eine europäische Gesetzgebung versucht werden, so müssen wir von Anfang an wissen, welche Gefahren sie belasten. Ihnen gegenüber scheint mir die Eidgenossenschaft in ihrem ursprünglichen Sinne eine einzigartige Sendung zu haben. Es kommt hier nicht auf die machtpolitschen Verhältnisse an, sondern auf den Geist, der seine gemäße geschichtliche Gestalt gefunden hat. Kraft dieses ursprünglichen Geistes, der tragenden Bindung des Staates an den Menschen, nicht an Parteien, Organisationen, Interessengemeinschaften, kurzum an mehr oder weniger, nicht frei und ganz verantwortliche Macht, kraft also ihres innersten Wesens, kommt der Eidgenossenschaft das Amt des Pfeilers in dem freilich noch ganz traumhaften Bauwerk zu; er wäre vergleichbar dem schlanken Pfeiler im Remter der Marienburg, der das ganze kühne Gewölbe trug.* (8. 10. 1952)

* Besondere Erklärungen in Hinblick auf Reinhold Schneiders Kampf um den Frieden mitten in der gespannten politischen Situation der fünfziger Jahre sowie auf die ganze Problematik »Macht – Gewissen« finden sich in R. Meile: »Der Friede als Grundmotiv in RS's Werk«, in den Kapiteln: Die Frage der deutschen Wiederaufrüstung. Das Jahr 1951. (S. 194–200)

WESEN UND VERWALTUNG DER MACHT

I. Problem der Zeit

Unser Jahrhundert beginnt mit der im Oktober und Dezember 1900 mitgeteilten Entdeckung Max Plancks; wenige Jahre darauf veröffentlichte Einstein die erste Konzeption seiner Theorie; parallel dazu ereignete sich die Wiederentdeckung der Mendelschen Gesetze. Die Namen der beiden Physiker stehen für einen Prozeß, der nach Ursprung, Umfang, Auswirkung kaum abzugrenzen ist. Das Bezeichnende, Schicksalhafte aber liegt in dem Paradox, daß diese das Weltbild der Physik umwälzenden Forschungen noch auf dem scheinbar festen Boden alter Ordnungen vollzogen wurden: in Wahrheit aber in einer Welt, deren politisches und soziales Gefüge nicht mehr zu halten war. Auf der Konstellation der Mächte, unter denen sich diese Forschungen ereigneten, lag der Schatten des Verfallenseins. Die Wissenschaft, nicht die Theologie, Philosophie oder Kunst führte – und führt noch immer – die Aera; eine Wissenschaft, die – das ist wohl der Unterschied zwischen Jahrhundertbeginn und Mitte und ein Ergebnis der dazwischen liegenden Zeit – sich heute in einigen und namhaften Vertretern genötigt sieht, benachbarte gefahrenreiche Gebiete der Philosophie zu betreten. Wenigstens der Versuch, mit der Forschung die Weltsicht zu verbinden und auf dem Boden streng bewahrter wissenschaftlicher Erkenntnis sich letzten Fragen zu stellen, den Menschen und seine Problematik einzubeziehen, wird nicht mehr abgelehnt. Ich habe darüber nicht zu urteilen; mir geht es nur um das Geschichtliche: um den Zusammenhang einer ohne Zweifel immensen geistigen Leistung mit der geschichtlichen Stunde des Zerfalls, der Umwandlung der Machtformen und mit dem Vorabend der Weltkriege. Dieser Zusammenhang kann nicht nur ein zeitlicher sein. Alles geistige Geschehen ist in das Geschichtliche gebettet, wird von dessen Kräften mitgespeist, vielleicht sogar von der Geschichte gerufen und wirkt sich wieder in sie aus. Damit soll aber keine Autorität der Geschichte über den Geist proklamiert, es soll nur an die unlösbare Einheit auf verschiedenen Ebenen, in verschiedenen Rangordnungen spielender Entscheidungen erinnert werden. Ausgehend von konkret experimentellen Problemen, getrieben allein von dem Verlangen nach Erkenntnis, nach Beschreibung und Lösungen, gelangte die Wissenschaft zur Aufstellung von Gesetzen, die dem Menschen noch nie besessene Energien überlieferten; zugleich versetzte sie ihn in ein ganz neues Verhältnis zum Weltraum, zur Endlichkeit und Unendlichkeit. Aber – und das ist die Tragik –, was in der Einsamkeit des Laboratoriums erarbeitet wurde, fällt in das wirtschaftliche, politische, militärische Kraftfeld. Unabänderlich ist der Forscher der modernen Welt im Dienst; er ist nicht frei wie die griechischen Denker, wie noch Paracelsus, Spinoza und Kant, wenigstens bis zu seinem letzten Jahrzehnt, gewesen sind. Die Arbeit des Forschers ist Eigentum des Staates noch ehe sie geleistet ist. Seine Gedanken unterstehen ihm nur so lange, wie er sie verschweigt. Über die Art ihrer Anwendung, Ausbeutung, des Gebrauchs und Mißbrauchs, hat er keine Gewalt. Sie werden von der Geschichte aufgesogen. Und der Ort der Geschichte ist das Gravitationsfeld der Macht.

So verknüpft sich das Netz der Geschicke wie unter unsichtbaren Händen. Wohl erwiesen sich einzelne politische Formen – wie die Eidgenossenschaft oder die an den nordwestlichen Rand Europas zusammengedrängten Monarchien – bisher als konstant. In welchem Grade auch sie durch ein unterirdisches Einströmen wesensfremder Kräfte, Interessen, Beeinflussungen verändert werden, stehe dahin. Auch sie können schwerlich bleiben, was sie waren. Es genügt, auf das Jahr 1917 zu verweisen, in dem ein neues Streiterpaar auftrat: im selben Jahre siegte der dialektische Materialismus über Rußland, erschien der erste amerikanische Soldat auf europäischem Boden; dieses Letzte ist ein unwiderruflich weltgeschichtlicher Vorgang wie die Landung der Römer im Piräus zu Beginn des zweiten makedonischen Krieges und das Auftreten der Quinctius Flaminius in Epirus und Korinth, oder das Erscheinen der Spanier auf Guanahani. Eine neue Konstellation ist gegeben. Der erste Krieg ist die eigentliche Katastrophe unserer Welt, der zweite nur die Folge: der Versuch des im ersten Kriege zertrümmerten Menschen, die Macht zu ergreifen, auszuüben, zugleich der rasende Fortlauf von der Jahrhundertwende datierender technischer Entfaltung und Machtsteigerung im Dienste der Rüstung und der im ersten Kriege angebrochenen Verschiebung der Zentren. Mit dieser Feststellung sollen die Gewichte der Schuld und Verantwortung nicht im mindesten abgeschwächt werden.

Wesentlich also ist und bleibt die Begegnung der Katastrophen und Umwandlungen der Machtformen mit der modernen Physik in der heute regierenden Stunde. Der ungeheure, nicht aufzuhaltende Antrieb, der sich von der Wissenschaft in die Technik und somit in die Kriegstechnik fortsetzt, trifft in einen Prozeß der Auflösung; noch nie besessene Kräfte münden in einer zertrümmernden, sich umgestaltenden Welt; sie fallen einem im tiefsten aufgewühlten, vielleicht an allen Gewißheiten irre gewordenen, fragenden Geschlechte anheim; einem Geschlechte, das sich in seinem Hause, dem plötzlich um eine Dimension erweiterten Weltall, nicht zurechtfindet wie die unglücklichen Bewohner des ersten Kugelhauses. Diese Energien können in die Hände derer gleiten, die zur Herrschaft nicht vorbereitet, nicht geformt, nicht berufen sind. Ein ungeheures Mißverhältnis zwischen der Macht und dem Mächtigen, das schon kennzeichnend war für die Aera Wilhelms II., scheint sich durchzusetzen. »Durch zu mächtige Männer geht«, nach Solon, »eine Stadt zu Grunde.« Denn unaufhebbare Tatsache ist die Technisierung der Macht und Herrschaft, ihrer beider technische Gestalt: die Verschmelzung des Menschen mit der Maschine im maschinellen Gehorsam, in deren Ablauf das Gehirn zur Maschine, das Subjekt zum Objekt werden. In der Technisierung ist ein anonymes Element; und es ist eine Art von Antwort an Europa als Heimat der Technik, daß es in Gefahr ist, in den Bann im Westen und Osten jenseits seiner Grenzen liegender, nicht mehr beherrschbarer Industriezentren zu geraten. Der Anspruch auf Herrschaft, der die Technik hervortrieb, führt in Versklavung. Mehr und mehr noch verlieren die sozialen Fragen die Bedeutung, die sie im vorigen Jahrhundert hatten: nicht mehr Besitzverhältnisse und Lebensformen stehen in Frage, sondern der Mensch, das Bild der Welt und darüber, an erster Stelle, das Bild Gottes, in dem sich alles Irdische reflektiert. Denn das Bild der Macht über der Welt und die Macht in ihr stehen in Korrespondenz. Ist Gott amorph oder nur physikalisches Gesetz, so wird es die Macht. Der entmenschte Mensch ermöglicht, erzwingt die Diktatur in irgend einer Form, sei sie nun zynisch offen oder mit den Phrasen der Aera maskiert. Er kann sich über ihre Heraufkunft nicht beklagen: sie ist nur die Entsprechung seiner selbst. Was ist bezeichnender für das Ineinanderwirken der Forschung und der politischen Geschichte, als daß die vielleicht phantastischen, vielleicht aber auch realisierbaren Projekte eines Vorstoßes in den Weltraum, der Errichtung einer Station zwischen Erde und Mond, mit Bezug auf Herrschaft, nicht etwa Erkenntnis verstanden und nur in diesem Bezug, also in strategischem Sinne ernst genommen werden und Aussicht auf Unterstützung des Staates haben! Von einem künstlichen Stelliten aus kann die ganze Erde in Furcht gehalten werden. Er wird nur errichtet werden als Träger des Todes; denn dies ist die Form der Macht. Aber es ist ja klar, daß eine jede etwa vorhandene Macht ihren Satelliten setzen und um ihn kämpfen wird. Und auch dieser Kampf ließe sich führen im Namen der Einheit der Welt und ihres Friedens. Denn allein unter diesem Namen vollzieht sich die Herrschaft des Antichrist.

Damit will ich nur sagen, daß sich die Frage nach dem Wesen und der Verwaltung der Macht mit einem vielleicht noch nicht dagewesenen Ernste erhebt. Alle Kräfte greifen zur Steigerung ihrer Problematik ineinander. Ich will versuchen, eine christliche Antwort zu finden. Ich weiß sehr wohl, daß außerhalb des christlichen Glaubens Antworten von hohem Ethos gefunden werden können. Aber wer glaubt, hat keine Wahl. Er muß bekennen.

II. Wesen und Ursprung der Macht

Hinter der uns fortreißenden Entwicklung, wie gefahrenreich sie auch sei, liegt ein echter Anspruch des Menschen auf Herrschaft. Er ist uns geoffenbart im 1. Buch und Kapitel der Heiligen Schrift. Gott erschaute den Menschen als ein Bild, das ihm gleich sei, als den, der da herrschen soll über die Fische im Meer und über die Vögel unter dem Himmel und über das Vieh und über die ganze Erde und über alles Gewürm, das auf Erden kriecht.

Im Anfang war alle Macht bei Gott. Gott ist die Macht, sie kann anders gar nicht definiert werden. Also ist im Ursprunge alle Macht gut. Es ist mit ihr das Element des Schöpferischen, des Machens und der vollkommenen Freiheit verbunden. Denn das ist das Göttliche. Und wenn der Mensch, ein Bild unter dem Bilde, bevollmächtigt wird, zu herrschen über die ganze Erde, so muß er frei sein unter der Macht Gottes und befähigt, zu machen, zu bilden, innerhalb der Ordnung der Schöpfung Bilder zu erschauen und zu vollziehen. Er kann nicht erschaffen, was über Gottes Welt hinausgeht, von Gott nicht gedacht wurde; aber innerhalb der unermeßlichen Möglichkeiten der geistigen und physischen Welt kann er erfinden und bilden. Von einem Herrschaftsrecht des Menschen über den Menschen ist nichts gesagt: der Mensch soll herrschen über die Kreatur und die Erde, das heißt, sie als das Werk Gottes verwalten. Auch ist nichts gesagt von einem

Herrschaftsanspruch, der über die Erde hinaus gehen könnte. Gott hat einen Teil seiner Macht dem Menschen übergeben und Göttliches als seinen Widerschein im Menschen vollzogen. Solange der Mensch Gottes Bild ist und in der Furcht Gottes steht, herrscht also die Eine göttliche Macht, verteilt unter dem Herrn und seinem Verwalter. Der Herr hat die Erkenntnis des Guten und Bösen; er hat auch das Böse erschaut, der zum Herrn der Erde berufene Mensch nicht.

Diese Vorgänge und Zusammenhänge liegen im klarsten Lichte. Aber dahinter spielt sich ein Ereignis ab, das uns nur in Bruchstücken erkennbar ist. Wir können nicht einmal mit Sicherheit von einem Vorher oder Nachher sprechen. Es ist ja noch die Welt ohne Tod, in der den Tieren nur »grünes Kraut«, dem Menschen Kraut und Früchte zur Speise gegeben sind; es ist kein Blutvergießen, kein Tod und also auch keine Zeit. Wieviel weniger Geschichte! Uns bleibt das dunkle Wort von den Engeln, die ihr Fürstentum nicht bewahrten (Judas 6); von den Engeln, die gesündigt haben und mit Ketten der Finsternis in die Hölle verstoßen wurden (2. Petrus 2.4); vom Teufel, der ein Mörder ist von Anfang und nicht bestanden in der Wahrheit (Johannes 8.44). Von Anfang? Unter welchen Schatten lag die ausdrücklich als gut bezeichnete Schöpfung? Oder wann drang der Schatten ein? Wir wissen nur eines: eine Spaltung der Macht ist geschehen. Da es Gottes am würdigsten ist, freie Geschöpfe zu schaffen, Geister und Menschen in ihrer Freiheit, so ist die Möglichkeit der Abspaltung und der zeitlichen Zerteilung und Zerrüttung der Herrschaft dem Schöpfungswerk wesenseigen; es ist, nachdem Gott auf göttliche Weise seine Vollmacht vergabte, ein echtes Drama möglich zwischen Schöpfer und Geschöpf. Das ist ja die Göttlichkeit Gottes, daß das Geschöpf ihm fast gleich werden kann, so wie, auf der unvergleichlich tieferen Ebene menschlichen Schöpfertums, die Gestalten den Gestalter, ein Turm seinen Erbauer, Don Quijote den Cervantes verdrängen. Gott nimmt das Wort der Schlange »Ihr werdet sein wie Gott« auf: »Adam ist geworden wie unsereiner«; es fehlt dem Aufrührer nur die Unsterblichkeit, und nun wird Adam in die Geschöpflichkeit zurückgestoßen und verwiesen vom Baume des Lebens. Würde er, als Wissender, von ihm essen, so wäre er wie Gott.

Der Mensch in der unvergleichlichen, niemals wieder erreichbaren Vollmacht der Herrschaft über die Erde hat die abgespaltene, aufrührerische Macht ergriffen. Anfang der Geschichte ist, wie Schelling richtig gesehen hat, der Aufruhr der Engel, die Spaltung der Macht. Sie entspringt im Mysterium der Finsternis. Und in ihm birgt sich das Geschick der Erde. Aber nicht die Finsternis trägt die Schuld – ihre Schuld führt sie den eigenen, soweit wir wissen unwiderruflichen Weg ins »Gericht des großen Tages«, wie Judas sagt, – sondern der Mensch in seiner königlichen Freiheit. Fortan lastet der Fluch auf dem Ursprung, auf dem gebärenden Weibe, auf dem Acker der Arbeit. Das heißt: Der Grund des Daseins ist verflucht, Geburt und Arbeit, jede Möglichkeit der Macht. Ein jeglicher Ertrag wird nur vom verfluchten Acker gewonnen; ein jeder Bau auf verfluchter Erde von unter dem Fluche Evas Geborenen errichtet. Ausgenommen von diesem Fluche ist, nach übereinstimmender katholischer und lutherischer Lehre, nur die Jungfrau. Ein Einziger ist ohne Schmerzen geboren worden: der Eine, der auf der höchsten Ebene des Dramas zwischen Schöpfer und Geschöpf den äußersten Schmerz des Menschseins erlitt. Tod und Zeit brechen ein, doch soll d e r siebenfältig gestraft werden, der Kain erschlägt. Die Quellen sind verflucht, aber sie strömen fort; die Steine der Fundamente sind krank, aber die Fundamente sind nicht aufgehoben; der Herrschaftsauftrag ist nicht widerrufen, aber er kann nicht mehr vollzogen werden wie er gemeint war. Er ist nur denkbar als ein sündiges Werk, und doch steht auf der Sünde der Tod. Auch die Verheißung der Barmherzigkeit steht über ihr von ihrem Anfang an; denn Gott läßt nicht von dem, was Gottes ist, von seinem, wenn auch verdorbenen Bilde, von dem Widerschein seiner Freiheit, seines Schöpfertums, seiner Macht, vom Unsterblichen, das von ihm ausging. In der entsetzlichen Gleichzeitigkeit, in der vom Samen des Weibes zur Schlange gesagt ist: Derselbe soll dir den Kopf zertreten *und du* wirst ihn in ihre Ferse stechen, müssen wir Geschichte begreifen. Beide siegen, so ungleich sie sind: die Nachkommenschaft des Weibes und die Schlange; die einander vernichtenden Kräfte sind tödlich ineinander verbissen. Das ist dieselbe Gleichzeitigkeit, in der der Menschensohn hingeht und der Verräter verworfen wird: Petrus will nicht verraten und wird es; alles ist möglich beim Vater; aber das eine Mögliche, daß der Kelch vorübergeht, wird nicht geschehen. Ziel der Geschichte kann von nun an nicht mehr der Ort ihrer Anfänge, nicht mehr die Erde sein; von ihr wird die Schlange nicht verwiesen, auf ihr wird die Nachkommenschaft des Weibes nicht vorm Stachel der Schlange beschützt werden. Ziel ist die andere Welt; dort wird der von der Schlange Gestochene ihren Kopf zertreten. Und doch, unter der Wolke der Sünde, spielt das Göttliche auf der Macht: der Abglanz der Freiheit, des Machens und Bildens, des Schöpfertums.

III. Die Macht des Geistes

Die Versuchung ist ein geistiger Vorgang. Um der Macht der Erkenntnis willen, die ihn dicht an das Göttliche rückt, verspielt der Mensch die eigentliche, die legitime Macht. Zugleich zerstört er die Welt. Wir wissen nicht, im welchem Glanze der Blendung Satan vor ihm erschien. Schlange im heutigen Sinne des Wortes kann er nicht gewesen sein; er wurde es erst. Darum geben ihm ältere Meister die Gestalt menschlich-göttlicher Schönheit oder phantastischer Unform wie über der nordöstlichen Pforte des Freiburger Münsters. Vielleicht ist der Gestaltwandel der Welt von ähnlicher Furchtbarkeit gewesen wie der des auf die Erde geschleuderten Ver-

suchers. Im Anfang der Menschheitsgeschichte ereignet sich dämonische Inspiration; eine solche ist ja die Einflüsterung Satans gewesen, sie enthielt ebenso viel Lüge wie Wahrheit.
Eine feindliche geistige Macht drängt also an den Menschen heran; und das erste Gebot der Wahrung seiner Herrschaft, der Verwaltung der ihm überantworteten Macht ist Prüfung und Abwehr. Das gilt im umfassendsten Sinn, der gedacht werden kann, für Philosophie, Kunst, Wissenschaft, Politik, für das im Bereich der Menschen sich unsichtbar Vorbereitende überhaupt. Geschichte ist ausnahmslos ein geistiges und sittliches Ereignis, ehe sie sich unter Menschen und Völkern abspielt. Es kann also kein Gedanke gedacht, keine Erfindung ersonnen, kein Kunstwerk gestaltet, kein politisches Projekt entworfen werden, gleichgültig, welchen Umfang dieses annehmen wird, ohne volle Verantwortung für ihren geschichtlichen Vollzug. Die darüber entscheidende Autorität ist die allerpersönlichste: das Gewissen. Es wird niemals gelingen, einen Gerichtshof zu konstitutieren, der über die eigentlichen Entscheidungen der Geschichte zu urteilen vermag. De internis non iudicat praetor. Das Gewissen kommt nicht vor Gericht. Denn die Gerichtshöfe bleiben vor den Tätern stehen, die nur schuldige Werkzeuge sind. Christus verzichtet auf solche Tribunale durchaus, wenn er auch ihre weltliche Befugnis anerkennt: für ihn geht es nur um das, was die Menschen sinnen in ihren Herzen, um den Gedanken, den Wunsch, das Verborgene, vor Gott offenbare, um die Reinheit des Innern. Und gerade damit hat der Herr das Wesen der Geschichte, der sich in ihr ereignenden, oder in ihr scheiternden Verwaltung der Macht bezeichnet.
Wir erschaudern vor den messerscharfen Sätzen, mit denen griechische Denker des ausgehenden 6. und 5. Jahrhunderts die Werte, die Wirklichkeit, die Sitte relativierten und die Götterwelt zerstörten. »Von den Göttern vermag ich nichts festzustellen, weder, daß es sie gibt, noch, daß es sie nicht gibt, noch, was für eine Gestalt sie haben, denn vieles hindert

ein Wissen hierüber: die Dunkelheit der Sache und die Kürze des menschlichen Lebens«. (Protagoras) Oder: »Wenn die Götter das Unrecht beseitigen wollen aber nicht können, so sind sie machtlos – wenn sie es können, aber nicht wollen, so sind sie ungerecht – wenn sie es weder können noch wollen, sind sie überhaupt keine Götter; wenn sie es endlich aber können und wollen, warum tun sie es dann nicht?« Oder: »Wenn der Mensch auch das Rechte vollkommen getroffen hätte, wüßte er es doch nicht«. Oder: »Es kann weder Nichtseiendes noch Seiendes geben; und wenn es auch etwas geben sollte, so wäre es doch nicht erkennbar, und wenn erkennbar, so doch nicht mitteilbar«.

Unter solchen Lehren stieg die Aera herauf, in der Sokrates den genialen Zerstörer Alcibiades wohl zu erschüttern, aber nicht zu binden vermochte –; wenn ich ihn vernehme, bekannte Alcibiades, »klopft mir das Herz, ich vergieße Tränen und er richtet mich so zu, daß mir zumute wird, als könnte ich in dem Zustande, in dem ich bin, nicht mehr leben«. Aber er blieb nach allem Ermessen der er war, ein ehrgeiziger Nihilist der Macht, und zwar in der Welt, von der sein Rivale Lysander sagte, daß in ihr die Wahrheit sich in nichts von der Lüge unterscheide und allein die Anwendung Wert oder Unwert bestimme: die Häupter Athens und Spartas waren dem selben Zweifel verfallen, während das Volk zwischen Glauben und Aberglauben und deren politischem Mißbrauch schwankte. Hier geht es nicht um Bewertungen. Es ist sehr wohl möglich, daß der griechische Nihilismus die Sendung suchte und hatte, einer höheren Wahrheit und Sittlichkeit den Weg zu bereiten, – wie überhaupt der wahrhaftige, unpragmatische, also der unpolitische Nihilismus, wie paradox das auch klingen mag, sehr wohl zum Pontifex werden kann, der die Brücke zwischen den Zeitaltern schlägt. Denken wir daran, wie Montaignes Zweifel an allen Werten bis zu den Axiomen der Mathematik Pascal herausforderte und heranbildete!

Die Kunst hat dieselbe geschichtliche Bedeutung wie der Gedanke. Die griechische Tragödie schuf, verdichtete das Klima der griechischen Geschichte; sie arbeitete bis zum Zerbrechen am griechischen Glauben, ahnte in Mythen – in unvergleichlicher Weise in der Gestalt des Oedipus – das geschichtliche Schicksal und bahnte ihm den Weg, indem sie diese Mythen gestaltete, also in die Geschichte versetzte, bis sie sich mit den Troerinnen des Euripides vergeblich vor das rasende Gefährt warf, dessen Lenker sie befeuert hatte. Es ist ein Zeugnis ihrer Geschichtsmächtigkeit, daß Plato als Gesetzgeber seines utopischen Staates das Verbot erließ: »Die Jünglinge dürfen nicht hören, was Aeschylos sagt«. Der tiefe Zusammenhang, der zwischen der deutschen Musik und Geschichte waltet, ist offenbar, wenn er auch kaum formuliert werden kann. Die geschichtliche Bedeutung der Musik ist von den Weisen Chinas erschöpfend ausgesprochen worden. »Wenn der König nur wirklich die Musik liebt, kann aus dem Staat etwas werden«, heißt es bei Mong Dsi. Es ist die Musik, deren Name mit demselben Zeichen geschrieben wird wie das Wort »Freude«. Aber Freude ist untrennbar von Ordnung, Güte, Gerechtigkeit, Pietas. Dschuang Dsi läßt den »Herrn der gelben Erde« von seiner Musik sagen: »Ich machte die Musik mit himmlischen Mitteln, aber stellte Himmlisches dar. Ich ordnete ihre Bewegungen nach den Regeln der Kunst und gab ihr Gehalt durch die große Reinheit. Die höchste Musik entspricht zuerst den menschlichen Geschäften; sie paßt sich an den Ordnungen des Himmels. Sie wandelt sich nach den verschiedenen Daseinsformen und entspricht der Freiheit. Dann ordnet sie die Jahreszeiten und bringt in Harmonie alle Geschöpfe.« Wo ist echte Macht in ihrer Freiheit und ihre Ausübung, wenn nicht hier? In der Musik sah Kung Futse die Vollendung; darum heißt es von ihm, daß er wenige Jahre vor seinem Tode »die Musik in Ordnung gebracht habe«. Wo die Musik nicht in Ordnung ist, zerfallen der Mensch, der Staat, wie ja auch nach griechischer Anschauung Musik und Heilkunde zusammenhingen, und in Platos Staat der Wandel des musikalischen Stils politischen Wechsel *verursacht*. Und zerfallen müssen auch Mensch und Staat, wenn es den Architekten nicht gelingt, sie in dem der geschichtlichen Stunde gemäßen Raum zu bergen. Mit großem Ernste haben einzelne Vertreter der modernen Naturwissenschaft – wie C. F. von Weizsäcker – die volle Verantwortung für das von ihnen vertretene Weltbild, für die Erkenntnis selbst, übernommen. Wissen hat als Macht eine ganz neue Prägung erfahren. Denn es ist nicht mehr möglich ohne ein Machen. Wenn die absolute Trennung zwischen Subjekt und Objekt, von der die klassische Physik ausging, nicht mehr haltbar ist; wenn das Experiment die Wirklichkeit mitbestimmt und »nur das Ganze des Zusammenhangs Mensch–Ding der modernen Physik als faßbare Wirklichkeit gilt« (Weizsäcker), so ist das Machen, das persönlich Schöpferische, die Freiheit in der Problemstellung wie in der Anordnung des Experiments ein Element des Wissens, ein Teil des Objekts. Das Experiment ist »ein materieller Akt, der zugleich Wahrnehmungsakt ist«. Ja, in fernsten Bereichen »ist nur noch das faßbar, was wir selbst machen oder was wenigstens so ist, daß wir dergleichen machen können ... Wir müssen darauf verzichten, Begriffe von Objekten zu bilden, die nicht wenigstens grundsätzlich Objekte eines Subjekts werden können«. Damit wird der Begriff des Dinges nicht verworfen, sondern nur auf seinen Anwendungsbereich beschränkt.

Ich habe nicht das mindeste Recht, über das Weltbild der gegenwärtigen Physik zu urteilen, das auf fast unheimliche Weise dem lapidaren Satze Demokrits entspricht: »In Wirklichkeit gibt es nur Atome und den leeren Raum«, wenn auch Demokrit im Atom das Unzerschneidbare sah und die von der Atomphysik beschriebenen großartigen Harmonien mikrokosmischer Baugesetze nicht ahnte. Doch drückt sich in der Lehre Leukipps, des Begründers der Atomlehre, noch eine

Art Ehrfurcht vor dem Sein aus; für ihn war das Atom fester, unteilbarer Körper; für uns ist es ein zerreißbares System elektrischer Ladungen, für gewisse Experimente ohne Substanz. Wir müssen unser Weltbild in seiner Größe wie in seiner Furchtbarkeit *gerade als Erkenntnis* verantworten. Es geht aus von einer »Anfangskatastrophe« oder einer »Hölle«, wie ein amerikanischer Physiker sagt, stellt sich dar als permanente Ausdehnung eines zuleich begrenzten und unendlichen Raums, der unebenen Fläche einer Kugel, von deren Innerem nichts gesagt werden kann, als ein Sich-selbst-Gebären des Raumes, der Zeit, der Materie, das durchflutet wird von als Licht, Wärme, Farbe oder Strahlung empfundenen elektromagnetischen Feldern; sie entziehen sich der Vorstellung wie der Raum; denn sie sind unvorstellbare Zustände des unvorstellbaren Raums. Es ist ein geheimnisvolles Spiel zwischen Energie und Masse, die ihre Rollen vertauschen; Sichtbares ist zugleich unsichtbar, Korpuskel nur Welle, Licht – wie würde sich Goethe darüber empören! – kann gerade noch als »Störung der Raumruhe« definiert werden; letzte Geheimnisse des Lebens scheinen sich in einer Art Physik des Lebens oder in der umstrittenen Quantenbiologie erhellen zu sollen. Was ist endgültig? Wann hätte sich mit dem Lebensbewußtsein der Menschheit nicht auch die Erkenntnis gewandelt? Eins ist gewiß: das ist ein grandioser Abgrund, aus dem uns eingestandenermaßen das eigene Gesicht entgegenstarrt. Vielleicht ist es ein verzweifeltes Gesicht. Denn diesen Abgrund – in seiner nicht zu leugnenden vierdimensionalen Größe – haben wir in einem gewissen Grade gemacht. Auch er ist eine Gestalt der Macht. Aber wir haben den Trost, daß Albert Einstein, einer der großen Erreger dieses Weltbildes, im Erlebnis des Mystischen die Grundlage der Wissenschaft erblickt und sich vor der im unerforschlichen All sich manifestierenden höheren Denkkraft beugt, unbeirrt in der Verehrung harmonischer allumfassender Gesetze – während ein anderer großer Physiker unserer Zeit die Welt

mit einer »Insel aus Schießbaumwolle« vergleicht. Das ist das Paradox unserer Lage, daß auch das Grundgesetz kosmischer Harmonie in unseren machtgierigen Händen sich in ein vernichtendes Prinzip verkehrt. Die großen Forscher werden zu tragischen Existenzen par excellence – wenn wohl auch nicht zu tragischen Helden; sie tun was sie nicht wollen und müssen es tun. In allem geht es um das Auge, das diese Welt auffaßt, den Willen, das Herz.
Ich komme auf die umstrittensten Fragen des Zeitalters, das sich selbst das Atomzeitalter nennt. Ist das Atom Baustein des Alls, Grundgesetz der Schöpfung, so ist sehr wohl eine Frömmigkeit denkbar, die es als einen Aufruhr gegen den Schöpfer betrachtet, diesen Baustein zu zertrümmern. Die Griechen haben die Lehre vom Atom, das eine ihrer großen Entdeckungen ist, über Heraklides bis Epikur fortentwickelt und vergeistigt; keiner ihrer Denker scheint an Aufspaltung der letzten Einheit gedacht zu haben. Der Kosmos war heilig, ein Lebewesen, das Leben selbst und Vorbild staatlicher Ordnung, Gesetzgeber; der Grieche war sein »Bürger«. »Den Kosmos zu mißachten«, sagt noch Plotin, das Vermächtnis zusammenfassend, »und die Götter in ihm und das übrige Schöne, das ist nicht der Weg gut zu werden.«
Ich könnte mir sehr wohl denken, daß Goethe in seinen späteren Jahren diese Frömmigkeit geübt hätte, während vielleicht der junge Goethe, in dem der Drang nach dem Zerscheitern seiner selbst und der Welt aber auch nach der Frage um der Frage willen, nach dem Zerreißen aller Schleier mächtig war, diese Zertrümmerung als eine dämonische Versuchung angenommen und erkenntnisgierig vollzogen hätte. Weizsäcker hatte den Mut, von Fällen zu sprechen, »in denen der Wissenschaftler so weit gehen muß, nicht nur auf Anwendungen, sondern auch auf das Forschen in einem bestimmten Gebiet bewußt zu verzichten, weil er weiß, welche Folgen bestimmte Entdeckungen in ihrem bestimmten Augenblick haben würden«. Ist dem aber so: wie kann dann

von der Konstruktion der Atombombe als einer Sache der theoretischen Physik, die auf unmittelbare Anwendung keine Rücksicht nimmt und zu nehmen hat, gesprochen werden? Es gibt keine vollziehende Theorie ohne die Freiheit des Machens, Experimentierens, Erkennens, das Königtum und den Fluch der Macht. Und mag die Entdeckung der Kettenreaktion, als Ergebnis strengster Forscherarbeit, auch rein wirtschaftlich-technischen Zwecken zugute kommen können, so wird doch zugegeben, daß das der Wasserstoffbombe zugrunde liegende Prinzip für eine industrielle Anwendung nicht in Betracht kommt und nur der Vernichtung dient. Die Kobaltbombe lähmt vorerst sogar ihre Erfinder. In welchem Verhältnis dieser Gedanke zur Schöpfung steht, wird einem jeden deutlich, der sich seinen Vollzug im Dämmer eines Frühlingsmorgens in atmender Landschaft unter dem aufbrennenden Gesang der Vögel denkt, das heißt, ihn aus dem Laboratorium oder der Befehlsstelle des Hauptquartiers in den Kosmos überträgt. Eine Wendung ist schwerlich zu erwarten von politischen Konzeptionen; nicht zwischen Volk und Volk, sondern zwischen Mensch und Kosmos müßte an erster Stelle ein neuer Bund geschlossen werden im Sinne Marc Aurels, der zugleich Herrscher, Mensch und Erkennender war: »Alle Dinge sind miteinander verflochten, und ihr Band ist heilig.«

Noch immer sind wir nicht fähig, geistiges Geschehen in seinem ganzen Ernste zu begreifen. Von theologischer Seite wurde eine wirklich entschiedene und das kann nur heißen: nicht verklausulierte, an das Gewissen rührende Stellung zu den modernen Waffen abgelehnt mit der Begründung, daß der Sprung von den Fern- zu den Atomwaffen nicht so groß sei wie der von den Handwaffen zu den Feuerwaffen; habe man damals geschwiegen, so könne man es auch jetzt tun. Das ausgehende Mittelalter empfand aber anders. Von dem franziskanischen Erfinder des Schießpulvers berichtet die Überlieferung: »Der bartholdus niger ist von wegen seiner

Kunst, die er erfunden und erdacht hat, gerichtet worden vom Leben zum todt. Im 1388. Jar«. Und noch gegen Ende des 16. Jahrhunderts (1588) sagt eine Salzburger Chronik: »So legen das etliche einem Mönche zu, der die unedle mörderische Kunst erdachte. Der Bösewicht, von dem solche schändliche Dinge erfunden, ist nicht würdig, daß sein Name bei den Menschen auf der Erde bleibe...« Es geht also, durchaus im christlichen Sinne, um das Ersinnen und Erfinden, nicht um die Anwendung; um die erste, nicht die zweite Instanz.

Verbergen wir uns nichts: Die Katastrophe, vor der die Menschheit zittert, hat sich schon ereignet. Sie ist da und bestimmt die geschichtliche Sphäre unserer Zeit. Sie besteht darin, daß die zu den modernen Waffen führenden Entdekkungen und Kombinationen *gemacht* worden sind – im ernsten Doppelsinn des Wortes; meinetwegen von Theoretikern, aber jedenfalls von solchen, die zur Anwendung schritten; daß Staatsmänner sich entschlossen, der Erfindung sich zu bedienen und die Herstellung anzuordnen. Hier ist die geistige und sittliche Katastrophe, der diese Zeit unterliegt. Die Absichten der Staatsmänner habe ich nicht zu beurteilen; sie können defensiver Natur sein. Wenn aber unsere Welt nur noch auf der Bereitschaft ruht, diese Waffen im Notfall anzuwenden, so leben wir bereits von der effektuierten Katastrophe. Und offen ist nur noch die Frage, zu welchem Ausmaße sie sich ausweiten wird. Denn das eben ist die Katastrophe: daß der Mensch dem Menschen und zugleich der Schöpfung, deren Hirte er sein soll, dieses Verderben ansinnt; daß der Mensch den Menschen mit dieser Waffe bewacht und vielleicht bewachen muß, und das etwa gar unter Berufung auf den Gott, der selbst den Brudermörder vom irdischen Gerichte ausnahm und in Jesus Christus das Gesetz aufhob, indem er es opfernd erfüllte. Das alles geschieht aber nur in konsequenter Verlängerung aufgezwungener Pflichten, deren politische Begründung ebenso verständlich wie die theologische fragwürdig ist.

Nichts ist mir ferner, als diese Welt in ihrer Furchtbarkeit und ihrem Widerspruch vereinfachen zu wollen. Erfindungen und Gedanken eines Zeitalters stehen zueinander im Verhältnis korrespondierender Röhren. Die Erfindung, die hier vernichtet würde, wird dort gemacht; der Gedanke, der hier erstickt wird, wird dort heimlich vollzogen. Das Denken des Todes ist allen gemeinsam, und es verschlägt nichts, wenn es an der einen Stelle unterdrückt wird; an der anderen bricht es um so stärker hervor. Dieses Denken wird nach aller Voraussicht Geschichte führen. Was bleibt? Es ist nicht der Sinn der Welt und Geschichte, daß die Welt im irdischen Sinne gerettet wird, sondern, daß sich das Sittliche ereignet. Die Macht Satans steigt; und man wird es niemanden verwehren können, die Aufstellung der die modernen Waffen ermöglichenden Prinzipien als Ergebnis einer satanischen Inspiration zu betrachten – eine Entdeckung, die nur im geschichtlichen Ablauf möglich war und für die mit dem Entdecker *alle* verantwortlich sind. Das Gesicht der Macht wird zum Gorgoschilde. Es ist tödlich, sie anzublicken, tödlich, ihr auszuweichen. Und doch muß sie verwaltet werden. Das Gebot ist um so bestimmter, je entsetzlicher, gestaltfeindlicher der Aspekt der Macht wird. Aber wie, wie soll es geschen?

IV. Die Macht im Staat

Im ersten »Band der Weltgeschichte« wirft Ranke die Frage auf: »Was ist eine Macht?« Die Antwort heißt: »Nur eben ein solches Volksgemeinwesen, welches zu Angriff und Verteidigung geeignet und eingeübt ist.« Er distanziert sich an anderer Stelle von der Machtkonzeption des Alcibiades, dessen vorwaltender, gegen Nicias ausgespielter Gedanke die Macht selbst gewesen sei: einmal begründet, müßte sie immerfort wachsen – diese fatal europäische Konzeption erscheint im Munde des Alcibiades vielleicht zum ersten Mal in äußerster Deutlichkeit. Aber da Ranke später auf den Zusammenhang von Kultur und Macht zu sprechen kommt, fordert er lebendige Kräfte, welche die Kultur selbständig aufnehmen, in sich verarbeiten, eigentümlich darstellen und mächtig genug sind, sie zu verteidigen und auszubreiten; die bloße Überlieferung genügt also nicht. – Nun haben sich in der neueren Geschichte Jahrhunderte lang Gemeinwesen behauptet, die auf die Ausbreitung verzichteten: vielleicht gerade weil sie die Weisheit und Sittlichkeit hatten, im Sinne des Rates zu handeln, den Nikolaus von Flüe den Eidgenossen gab. Das dynamische Prinzip ist vielleicht das natürliche, aber auch das gefährliche. Einer jeden Macht wohnt eine Tendenz inne, die, wenn sie sich folgerichtig verwirklicht, die Macht zerstört, wie ja auch, nach der modernen Kosmogonie, im Anfangszustand der Welt der Untergang beschlossen ist. Sie kehrt damit nur zum Satze des Anaximander zurück: »Woraus aber das Werden den seienden Dingen ist, in das hinein geschieht auch ihr Vergehen nach der Schuldigkeit.«

Die große Frage nach dieser zeugend-zerstörenden Dynamik ist, ob der verantwortliche Mächtige sich von ihr ein Stück weit tragen zu lassen und dann vom Rosse zu springen vermag, wie das Friedrich der Große im Gegensatz zu Napoleon getan hat. Es gibt auch eine Macht ohne Expansion und eine Macht des Geistes, der gestaltenden und leidenden Existenz, in der doch die Macht der Griechen gegenüber der römischen im wesentlichen gesehen werden muß; die Idee des Alcibiades erwies sich ja im Zusammenhang der griechischen Geschichte als falsch. Aber auf die Verteidigung wird ein Gemeinwesen, wird ein Kulturzusammenhang nicht verzichten können. Der Staatsmann, der deren Existenz zu verantworten hat, scheint keine Wahl zu haben, wieviel er auch an Klugheit, Diplomatie, Ehrenhaftigkeit und Menschlichkeit einsetzen mag. Und auch in der Wahl der Mittel ist der Staatsmann nicht frei. So wenig er die Wirtschaft in archaische Zustände zurückführen kann, so wenig kann er das ihm unterstehende Heer mit Waffen eines vergangenen Jahrhunderts ausrüsten. Er ist den Mitteln seiner Gegenwart und schon dem, was in ihnen etwa zukünftig ist, unterworfen: die Menschheit, wie sehr sie sich auch zerfleischen mag, lebt in einem unzerreißbaren Zusammenhang; Wege des Geistes, die in diesem Augenblick im geheimen aufgebrochen wurden, sind im nächsten öffentlich betretbar. Da die Völker unter der sie zusammenzwingenden Stunde, in der Gleichzeitigkeit des geschichtlichen Ablaufs, vor denselben Problemen stehen, an denselben arbeiten und auch die über einem Zeitalter dunkelnden Versuchungen und dämonischen Inspriationen dieselben sind: so ist ein jeder Verzicht auf eine Erfindung Torheit vor der Welt, vielleicht sogar Schuld. Der Staatsmann ist auf den verfluchten Acker der Geschichte hinausgeschickt worden; er kann auf ihm nur ein Werk tun, das am Fluche Anteil hat.

Es scheint also hier um das zu gehen, was Luther mit dem einen der zwei Regimenter, mit der einen der zwei Frömmigkeiten meint. Wo man das Gebot des ersten Regimentes nicht achten will, da hat Gott dagegen »geordnet Schwert, Galgen, Rad, Feur, Wasser usw. damit er heißet wehren und steuren denen, so nicht wollen fromm sein. Wo aber dasselbige nicht geschieht, sondern ein ganz Land böse und verkehret wird, dass der Henker nicht wehren kann, schicket er Pestilenz, Teurung, Krieg oder andere greuliche Plagen, damit er das Land umbkehret und rotte sie aus –«. Das ist das eine Regiment, die eine Frömmigkeit, die des irdischen Tuns, der notwendigen, unabwendbaren Werke. Dem steht das andere Regiment gegenüber, das nur von Sünde weiß – also von der absoluten Sündhaftigkeit der im ersten Regiment gebotenen Werke, der Werke überhaupt, zugleich aber von der überschwenglichen Gnade, »die allen Zorn wegnimpt«. (Predigt am 19. Sonntags nach Trinitatis). »Darumb, wenn du diesen Artikel ansiehest, so hastu beides: Sünde nimpt alle deine Heiligkeit hinweg, wie fromm du bist auf Erden (fromm im Sinne des ersten Regiments, der in ihm befohlenen Werke); wiederumb, Vergebung hebt alle Sünde und Zorn auf; also, dass dich weder Sünde in die Hölle stossen, noch deine Frömmigkeit in den Himmel heben kann.«

Luther sah den Menschen »geteilet in diese zwei Regiment«, aber keineswegs in dem Sinne, daß er, je wie das die politische Notwendigkeit oder das Heil der Seele gebieten würde, von einem Regiment in das andere hinüberwechseln dürfte. Luthers paradoxe Forderung zielt auf die Gleichzeitigkeit des Lebens in beiden: auf das Ausharren an der Stelle, wo die Kreuzbalken zweier Notwendigkeiten aufeinander stoßen.

Wäre die Welt nur der verfluchte Acker, wie der Mammon im Evangelium, ausgenommen das Scherflein der Witwe, immer ungerecht ist, so hätte der Staatsmann Schwerstes zu tun, aber die Entscheidung wäre einfach. Oder: Wenn der Staatsmann nicht Christ ist, so hat er allein, mit aller erreichbaren Umsicht, die Notwendigkeiten seiner Stunde und der ihn einfordernden politischen Konstellation zu vollziehen. Ist er aber Christ, was soll er dann tun? Ein Christ kann sich ja nicht teilen; er wird als ein Ganzer angesprochen von Christus. »Ist denn Christus geteilt?« fragt Paulus (1. Kor. 1. 13). So wenig wie der Meister kann der Jünger geteilt sein. Friedrich der Große konnte sich leicht die Hoffnung machen, daß man in ihm den Ehrenmann vom Politiker unterscheide und jenem nicht aufbürde, was dieser gezwungenermaßen tat oder glaubte tun zu müssen; über die Ehre hinaus war für ihn kein Wert. Aber eben dieser Zwang besteht im Christentum ja nicht mehr. Es ist der ganze Sinn der Botschaft: daß Christus uns frei gemacht hat und wir frei sind in Ihm – obgleich wir im Vollzug dieser Freiheit jeden Augenblick versagen. Der Sohn macht frei wen er will; bestände der absolute Zwang zur Sünde, so wäre die gebotene Heiligung unmöglich. Also ist der Einsatz der modernen Kriegstechnik nicht Sünde? Oder ist er es – nur die dieser Zeit gemäße Form der Macht – doch? Ich gebe darauf keine Antwort. Denn nur das Gewissen des Einzelnen kann sie geben. Ich halte es für denkbar, daß das Gewissen eines Staatsmannes sich in schwerer Not für diese sich rasend steigernde Technik entscheidet. Aber ich widerstreite entschieden Lehren und Theorien, die dieser Not mit der Verkündung von Pflichten zu Hilfe kommen. Denn diese Not darf keine Hilfe haben. Wenn überhaupt noch ein christlicher Wert in dieser verzweifelten Situation zu gewinnen ist, so ist es die Not selber. Denn, wie schon gesagt, die Entscheidung ist bereits geschehen: die Erfindungen sind schon Geschichte und gehören zu unserer Existenz; sie sind ein Teil der Wirklichkeit, in der heute der Staatsmann steht, der christliche wie der nichtchristliche; und niemand kann von ihm verlangen, daß er die Welt verändere, in der er sein Amt versehen soll. Er muß die Voraussetzungen seines Amtes annehmen mit dem Amt. Der Fall kann eintreten, daß er glaubt, sich zum Verzicht entschließen zu müssen. Der Verzicht kann eindrucksvoll, eine geschichtliche und sittliche, die Welt aufwühlende Tat sein. Er kann aber auch als Flucht erscheinen, als Schuld. Er ist im höchsten Falle eine persönliche Lösung, um so achtungswerter, je größer die Not ist, die ihn erzwingt. Wie das Ja ist das Nein allein legitimiert im Herzen dessen, der nicht anders kann. Verbindlich ist der Verzicht nicht. Die Ämter dauern fort. Die Macht ist da und muß verwaltet werden. Und es steht noch schlimmer um die Welt, wenn ein von der Macht Überforderter sie frei gibt und der Hand eines Nachfolgers ausliefert, der nicht mehr imstande ist, diese Überforderung zu empfinden, sich ihr zu stellen. Wer will entscheiden, ob das Opfer des ungewollten Tuns, die Auslieferung an die Sünde, selbst die grauenvolle unserer Aera, als Kreuz und Kreuzigung nicht mehr ist als die unbefleckte Hand? Wo ein Leiden an diesem Konflikte ist: da ist wenigstens noch ein Zeichen der Furcht des Herrn. Und vielleicht sind diese Zeichen alles, was im Ablauf der Geschichte zu erhoffen ist.

Von einer Lösung, wenn es eine solche gibt, will ich im letzten Teile sprechen. Ganz gewiß liegt sie nicht in der von Staatslehrern und Moraltheologen gelehrten Pflicht.
Was vom leitenden Staatsmanne gilt, das gilt ohne jede Einschränkung vom Abgeordneten. Ob er die entscheidende Unterschrift auszufertigen hat oder nicht, ist von geringer Bedeutung. Als Person ist er gewählt, bevollmächtigt. Auch die von ihm geübte Macht muß ein personal gestaltendes Gepräge tragen. Und wo er nicht als Person entscheidet, völlig allein, als ob er, nur er, das Ganze zu tragen, er allein die Geschichte seines Volkes und der Welt zu führen habe, ist er nicht, was er sein soll. Das Sittliche verwirklicht sich ausschließlich in der Person. In einer Aera, in der die Völker in den von der selben Stimme und Meinung durchherrschten Maschinenhallen verschwinden – vielleicht, wir müssen die Hoffnung wider die Hoffnung festhalten, um in ihnen umgeschmolzen zu werden in eine neue, echte Form – ist die wesentliche Gestalt des Sittlichen der Protest –, nicht als Protest, sondern als Erscheinung des Mutes, der Einsamkeit, der persönlichen Notwendigkeit. Nur solche Notwendigkeiten werden in dem Gefälle zur Diktatur sich behaupten, das uns allenthalben, nirgendwo aber verdächtiger als in Deutschland, in die Ohren tost. Es ist das Gefälle des nahen Katarakts. An dem Soll, das sich von der Frage nach der Wirkung völlig freigemacht hat, so sehr es die Wirkung auch wünschen mag, wird sich diese Strömung brechen, zum mindesten wird sie an ihm aufschäumen, ehe sie es überschäumt. Dieses Aufschäumen zeigt an, daß ein Mensch da ist, eine menschliche Notwendigkeit.
Die Spitze einer jeden Macht ist eisern, kriegerisch; auf sie hin ist sie geformt. Die Spitze gegenwärtiger Macht ist die Vernichtungspotenz. Es geht nicht um die Chance, den Gegner zu schlagen, sondern um die, seine Kraft zu verbrennen; der Mensch, Mann und Frau, gelten nur als Belegschaft der Rüstungsfabrik, als Potential. Die Arbeiter des Termiten-

stammes sind von derselben Bedeutung wie seine Soldaten. Ob in diesem nicht aufzuhebenden Stand der Dinge noch ein echter Feldherr auftreten kann, ein Mann von der Art Alexanders und Cäsars, Eugens, Friedrichs, Napoleons: ein wenigstens für Augenblicke unbedingter, von einem prophetischen oder dämonischen Zuge gezeichneter Herr des Feldes, ist die Frage. Aus dem Frühdämmer abendländischer Geschichte, da die ersten Feldherrngestalten erkennbar werden – vielleicht war Miltiades der erste überhaupt – ist uns ein Wort des Perikles überliefert, das er zu dem vom Anblick eines Knaben versuchten Sophokles sprach, als sie beide die athenische Flotte befehligten: »Sophokles, ein Feldherr soll nicht nur die Hände, er soll auch die Augen rein halten.« Wie sollten wir dieses Wort abgrenzen, wenn wir es ins Christliche übertragen wollten! Aber unsere Flotten, unsere ganze Welt gleichen dem von Heisenberg zitierten Schiff aus Stahl und Eisen, dessen Magnetnadel nur noch auf die Eisenmasse des Schiffes zeigt. »Mit einem solchen Schiff kann man kein Ziel mehr erreichen.« Wo ist der Stern?

Das Christentum kann nichts weiter tun, als in dieser Welt widermenschlichen Zwanges die Freiheit proklamieren. Sie steht im engsten Verhältnis zum Gehorsam, so daß ein jeder Wert nicht ohne den anderen gedacht und vollzogen werden kann. Aber der Gehorsam taugt nichts, dem die Freiheit nicht vorangegangen ist. Darum ist der Zwang zum Eide widerchristlich. Wie weit ein Eid geleistet werden kann, unter welchen Einschränkungen, ist eine persönliche Frage. Kein Wort gegen die Überzeugung, zur Verteidigung berufen zu sein. Aber der letzte Krieg hat bewiesen, daß wir alle vor dem unausführbaren Befehl stehen. Ich meine nicht den Befehl von Oradour, von dem zu hoffen, aber keineswegs vorauszusagen ist, daß er sich nicht wiederholt. Ich meine den der modernen Kriegstechnik wesensgemäßen Befehl. Ich meine überhaupt die Existenz in einem ihr unterworfenen Staate. Der Soldat, je nach seinem Range, bedient einen Hebel.

Aber im Kraftwerk arbeiten alle, und es sind alle verantwortlich für das, was aus ihm hervorgeht, für die von ihm ausgesendeten Todesstrahlen.

Was bleibt? Die Ritterlichkeit des Soldaten. Sie hat mit Auszeichnungen nichts zu tun, im Gegenteil: sie hat wahrscheinlich Schande zur Folge. Denn sie ist der Mut, sich auf die Seite der Schwachen zu stellen, derer, die im Mechanismus der vernichtend technisierten Macht zerrieben werden; das tragische Wagnis, denen ein menschliches Geschick zu bereiten, die sich eher töten lassen können, als daß sie töten mit den Waffen dieser Zeit. Damit nähern wir uns den Lösungen, von denen ich am Ende sprechen will. Ich möchte nur nicht im pazifistischen Sinne mißverstanden werden. Ich glaube nicht, daß die Probleme der Macht und Machtverwaltung bewältigt, beschwichtigt werden können; daß der auf die Erde gestürzte Satan von ihr weggeschleudert wird. Ich glaube auch nicht, daß das der Sinn der Geschichte ist. Der Sinn kann nur sein, wie sich der Einzelne in der Heillosigkeit dieser Welt bewährt: aber der Einzelne für Alle und in der Gewißheit eines übernatürlichen Zieles. Denn, um noch einmal auf Marc Aurel zu kommen, den Herrscher im Kosmos: Der von einem einzigen Menschen abtrünnig geworden ist, der ist von der Menschheit abgefallen.

Der Christ ist, irdisch gesprochen, dem Nichtchristen gegenüber auf der ganzen Linie im Nachteil. Er kann sich ja nicht vom Nicht-Christen seine Handlungsweise bestimmen lassen, sondern er muß seine ursprüngliche suchen aus der Bindung an Christus. Aber Christus hat die Staatsmacht niemals anerkannt ohne Ironie. Die Ironie liegt schon in seiner Erscheinung: darin, daß er, der doch die Quelle aller Macht ist, vor dem mit einem Teile Beliehenen steht und sich diesem unterwirft, als ob der wirklich mächtig wäre. Sie liegt auch im Verhältnis der Wahrheit zur Welt, deren Herr nicht in der Wahrheit bestanden ist. Der sterbende Augustus erbat sich den Beifall der Freunde, nachdem er, Christi Gegenspieler, auf dem wankenden Welttheater eine unsagbar schwere Rolle zu Ende gespielt hatte. Es war Epilog und Prolog. Geschichte wurde vom Imperator Augustus als Spiel verstanden, sein Amt als Rolle. Die christliche Ironie erscheint in der abendländischen Dichtung als der Traum der Mächtigen von der Macht, wie ihn Calderon im »Leben ein Traum«, Shakespeare in »Maß für Maß«, Corneille in »Cinna« und in seinen späten Komödien, Kleist im »Prinzen von Homburg«, Grillparzer in der »Libussa«, Hofmannsthal im »Turm«, dem spätesten Epilog, gestaltet haben. Der Mächtige ist wesentlich der Abberufene, der Sterbende oder Gestorbene, der wiederkehrt; er träumt im tiefesten Ernste, aber er weiß doch, daß er träumt; dieser Traum wird ihm von der Brust sinken, sobald er erwacht, das heißt: wenn der eigentlich Mächtige wiederkehrt und die verliehene, die unzulänglich oder in Schuld verwaltete Macht wieder an sich zieht. Nur der auf diese Weise Träumende wird vielleicht herrschen, wird vielleicht General, Offizier, Soldat sein können. Aber das Gesetz seines notvollen Tuns findet er nur in der eigenen Brust; er findet es vielleicht – jenseits jeder irdischen Jurisdiktion – im Gebet, sofern es ihm gelingt, die ihm anvertraute Macht mit reiner Hand, mit reinen Augen in die Hände des Lebendig-Allmächtigen zu legen. »Herr, ich vermag es nicht mehr. Ich vermag nicht zu handeln. Handle Du in mir.« Und wenn dies wirklich geschähe, was kein Auge zu sehen vermag, so wäre der Knecht auf Erden wahrhaftig in Macht. Wenn aber in ihm die Überzeugung aufkommt, daß die ihm anvertraute Macht satanischen Wesens ist, so muß er sie abwerfen, koste es ihn, was es wolle, und folge daraus, was immer daraus folgen mag.

V. Jedermanns Macht

Aber ereignet sich eine solche Verantwortung heute; kann sie sich überhaupt ereignen? Wie fern sind wir der Zeit, da

Friedrich der Weise auf die Eroberung Erfurts, die um den Preis von fünf Mann hätte geschehen können, verzichtete mit den Worten: »Schon einer wäre zu viel.« Wir werden geboren, leben und sterben im überkontinentalen Arsenal der Macht. Forscher und Techniker haben in ihm ihr Laboratorium; was sie erarbeiten, fällt nicht einem Regenten oder Herrscher, einer souveränen Persönlichkeit, sondern dem Direktorium anheim, das die Projekte in dem Betrieb leitet; der Abgeordnete verschwindet in der Kolonne der Angestellen; der Feldherr im General, dieser im Offizier, der Offizier im Mann. Wenn der Mensch nicht frei war, ehe er Soldat wurde, hat er schwerlich Aussicht, als Soldat die Freiheit zu erlernen. Unaufhaltsam spielt sich vor unseren Augen ab dic sich steigernde Satanisierung der Macht. Wohl werden noch echte Freiheitswerte in ihrer Dramatik und Bedeutung proklamiert und gefordert. Ich erinnere an das schöne Wort von Theodor Heuß: »Die äußere Freiheit der Vielen lebt aus der inneren Freiheit der Einzelnen«: ohne Zweifel ist das die einzige heute mögliche Grundlage der fast zerredeten Demokratie. Aber jener Prozeß wirkt sich auf allen Lebensgebieten aus, und zwar mit dreifacher Tendenz: in der Aufhäufung der Vernichtungspotenz, welche Aufhäufung die tatsächliche Katastrophe der Menschheit ist – denn der Giftmischer ist im gleichen Grade Mörder wie der, der das Gift in die Speise träufelt – in der Bedrohung und Zerstörung der Freiheit und damit der Sittlichkeit; in dem Wahne des Menschen, eigenmächtiger Eigentümer der Schöpfung zu sein: das heißt zu sein wie Gott. Und doch liegt unter dem Kraftwerk der satanisierten Macht ein echter Herrschaftsanspruch begraben; es ist schwer zu erkennen, daß er in seinem göttlichen Sinne noch gesucht, ergriffen, vollzogen wird. Denn das könnte nur geschehen in der Achtung des Menschen vor dem Werke des Schöpfers, und zwar so, wie das *Auge* des Menschen es aufnimmt – nicht nur die Spiegelteloskope und die Meßinstrumente der Mikrophysik, das Elektronenmikroskop oder die Wilson-Kammer; denn auch die Welt des menschlichen Auges ist wahr. Und in ihr allein könnte der Mensch vermutlich bewegt werden zur Liebe des Hirten zu seiner Herde, des Gärtners zu seinem Baum; des Bauern zu seinem Acker, des Bruders zum Bruder, ohne welche Liebe er nicht herrschen kann. Denn Herrschaft ist Ausdruck der Liebe, Abbild der Herrschaft des Vaters der Liebe und der Lichter, ihr Zeichen auf Erden. Herrschaft ist Hirtenamt – und gerade über die unheimlichen, im winzigsten Massenteil schlummernden Mächte. Aber um sie auszuüben, müßte der Mensch frei sein. Max Picard hat die entscheidende Frage aufgeworfen: »Ist Freiheit überhaupt möglich?« Er weist darauf hin, daß die Freiheit der Welt eingewoben, ein Element der Welt sein muß, wenn der Mensch sie leisten soll. »Ohne diese vorgegebene Freiheit wäre der Akt der Freiheit des Einzelnen wie ein Kunstwerk, das die ihm zugehörende Welt verloren und sich in ein Museum verirrt hat.«

Die Freiheit ist museal. Unsere Welt redet viel zu viel von Freiheit, als daß sie frei sein könnte, wenn auch die Grade der Unfreiheit ebenso verschieden sind wie das Leiden an ihr. Wo die Freiheit in ihrer königlichen Würde nicht mehr vermißt wird, – das scheint im Osten der Fall, im Westen akute Gefahr zu sein – kann von Unfreiheit nicht mehr gesprochen werden. Es könnte dahin kommen, daß keine andere Freiheit mehr offen ist als die zum Selbstmord – oder zum Widerstand, der Selbstmord bedeutet. Das war Pascals bittrer Rat an den jungen Herzog von Luynes: »Was ich Ihnen sage, führt nicht sehr weit, und doch werden Sie sich, wenn Sie dabei verbleiben, zu Grunde richten. Aber Sie werden wenigstens als rechtschaffener Mensch zu Grunde gehen.« Freiheit an der äußersten Grenze verkörperte Hofmannsthal in Sigismund, dem Helden seines letzten Trauerspiels. Der letzte Mensch und Erbe ist im Angesichte der »politischen Fatalität« da und doch nicht da; er kann nicht erreicht, wohl aber getötet werden. Und es ist unabänderlich, daß dies geschieht. Denn geduldet werden kann er in der Tyrannis der Namenlosen nicht. Er ist alleiniger Träger echter Macht, ein »gewaltiger Mensch« – aber eben als solcher kann er in der gebietenden Aera nur als Lamm vorübergeführt und geschlachtet werden: von der Macht, die nicht sein soll, völlig verfinsterter Macht.

Heiligung der Macht: Bändigung des mit dem Menschen zusammenwohnenden »hundertköpfigen Tiers« war die Ahnung Platos; sie ist das christliche Problem ihrer Verwaltung. Denn darauf beruht die Übereinstimmung des Mächtigen mit Gott. Sie wurde in einem gewissen Grade unter der Krone als dem Abbild der Weltenkrone erreicht. Damit sollen Taten und Versäumnisse vieler Könige, auch der heiliggesprochenen, nicht entschuldigt werden. Aber die Bindung an das Heilige war sichtbar; der Weg zur Reinigung, Sühne, Erneuerung offen.

Die Machtgebärde des Menschen wies auf Gott. Die Völker verstanden sie und trugen mit an der Macht. Die Grundlagen dieser Form sind fast völlig zerstört; wo sie gehalten werden kann, sollte sie gehalten werden; wo das Bild erloschen ist, läßt es sich willentlich nicht hervorbringen. Und doch ist es gewiß, daß ein Jeder verantwortlich ist für das Ganze seiner Zeit wie für die Geschichte seines Volkes. Denn das gesamte Geschehen, das geistige wie das politische und wirtschaftliche, ereignet sich in einem bestimmten Klima und dieses Klima wird vom Sein, Denken, Wünschen, Wollen, Fragen, Träumen aller Lebenden mitbestimmt. Es ist unser aller Sache und Bereich.

Was sollen wir tun? Wir können den Prozeß der Satanisierung nicht leugnen. Wir können uns nicht mit Hoffnungen für morgen trösten. Denn der Acker ist die Zeit, diese unsere Zeit. Aber die Frage nach der Freiheit hat nur einen Sinn, sofern sie sich auf den Menschen bezieht, immer auf den Einzelnen, nicht einen anonymen Komplex. Der Christ weiß: die Freiheit ist da als Person, mitten unter uns, alle Tage bis an der Welt Ende; Christus ist unter denen, die an ihn glauben; er betritt einen jeden Augenblick die Welt, erreichbar im Sakrament. Er herrscht, aber verhüllt. Und wir würden herrschen, wenn wir uns verlieren würden an Ihn. Wir sind aufgerufen, die Gegenmacht zu sein. Das bedeutet nicht, daß wir versuchen sollten, die Mächtigen und Mächte zu stürzen, wohl aber das Reich zu sein in dieser Zeit: die Brücke, auf der die Gnade sich ihr nähern kann. Sie ist die einzige, aber unbegreifliche Lösung. Die Gnade zwingt nicht, sie antwortet. Wie sollen wir uns verhalten, damit wir diese Antwort erwarten können? Ebenso unbeweisbar wie gewiß ist die geschichtliche Macht des Gebets. Aber um das Gebet dunkeln Rätsel. Es hat sehr wenig zu tun mit Siegen und Rettungen. Wir klopfen an und es wird aufgetan ... Doch kann es ein Heiligtum unbegreiflicher Schmerzen und Schrecken sein, das uns aufgetan wird: die Finsternis des Kreuzes. Wir bitten und werden empfangen den bitteren Tod, der das Leben ist. Wieviele Gebete der Mütter wurden nicht erhört! Es geht nicht um Erhörungen, sondern um die gelebte Gegenwart des Reiches; nicht um den Sturz Satans, aber um die Sühne vor seinem Thron, unter seinen Füßen, um den Widerstand in sein Antlitz. Geschichte des Gottesreiches ist nur das Weiterreichen der Fackeln in der Nacht. Wir brauchen die Träger nicht zu erkennen; es genügt, wenn wir die schmale Spur des Feuers sehen. Gegen die Macht der Unfreien und Anonymen stellt sich die im höchsten Grade geschichtliche Existenz der Unbekannten, die Person sind: frei und mächtig in Sühne und Gebet. Vielleicht bilden sie das Gegengewicht, das die Welt davor bewahrt, aus ihrer Bahn zu stürzen *vor* der ihr verhängten Stunde. Das gehörte ja schon zur Existenz des Sokrates, des Heiligen der alten Welt, daß er, wie er vor seinem Tode sagte, viele, die künftig Rechenschaft fordern werden, bis »jetzt zurückhielt, ohne daß ihr's bemerktet«. Vielleicht ist es die furchtbare, im Ablauf der Zeit sich verschärfende Dialektik der Geschichte, daß an Glauben, Leiden,

Hingabe aufgebracht werden soll, was in der Verwaltung der Macht nicht mehr zu leisten ist, je näher das Ende rückt, sowie ja auch das Leiden der Kirche Jesu Christi noch nicht vollendet ist, vielmehr seine Vollendung von uns erwartet. Das Ende ist durchaus verborgen. Sonst könnte es nicht immer ganz nahe, gegenwärtig sein. Aber die christliche, in der Welt und für sie untergehende, die stellvertretende Existenz, das ist, unter der Todeswolke des Jahrhunderts, der unabdingbare Anteil des Christen an der Verwaltung der Macht: seine Möglichkeit und Notwendigkeit, auch als Geopferter Herrscher im Kosmos zu werden.

(2. 3. 1954)

MACHT UND HERRSCHAFT IN DER GESCHICHTE

Meine Absicht ist, daran zu erinnern, daß die Frage nach Macht und Herrschaft einen jeden angeht; daß sie in einem jeden Leben, an einem jeden Tag eines jeden Lebens aufgeworfen wird; daß sie keinesfalls denen überlassen bleibt, die mit unserer Zustimmung oder unter unserem wirkungsarmen Widerspruch politische Entschlüsse fassen. Es ist vielmehr dem Menschen wesenseigen, Macht zu haben, und zwar in höchst vielfältiger Gestalt, die ich hier nicht ausreichend beschreiben kann. Ich will dann übergehen zur Problematik der Gegenwart und endlich auf eine Lösung hinweisen mit Bezug auf die für heute geplante Veranstaltung – eine Lösung, die so wenig auf die Erde herabgeholt werden kann wie ein Stern, aber eben die Sterne sind's, deren wir bedürfen, wir, die wir der Geschichte ausgeliefert sind, in ihr leben und weben und sind – es gibt keine andere Daseinsmöglichkeit als im Geschichtsraum, als die Geschichtlichkeit. Denn die Geschichte ist schneller als wir und holt uns gewiß ein, wenn wir ihr entlaufen wollen; verweist uns doch, was Geschichte angeht, die Etymologie auf das indogermanische »springen, sich lebhaft bewegen«, auf das mittelhochdeutsche »schehen«, das heißt: schnell daherfahren, rennen. Wir müssen also versuchen, in dem Wagen, zu dessen Kennzeichen sein Dahinschießen, sein Rennen oder gar Rasen gehören, aufrecht zu stehen. Und in dieser Forderung ist schon eingeschlossen, daß wir Macht haben, daß wir etwas können, vermögen. Denn das ist doch die Bedeutung des heute um und um getriebenen Wortes: ein gewisses Vermögen über ein Objekt; ein Wille begegnet einer äußeren Realität und wirkt auf sie ein, vermag etwas über sie in größerem oder geringerem Grade. In dieser Umschreibung ist physisches wie geistiges Vermögen eingeschlossen. Dieses Vermögen hat als Ziel: Herrschaft, die Durchsetzung der Macht, des Mächtigseins unter einer bestimmten Absicht. In großem geschichtlichem Sinne, an dem wir – wie ich zeigen möchte – teilhaben, heißt Herrschaft die Durchsetzung der Macht im Dienste einer Idee, einer Ordnung; geplante Abstufung, Sammlung unter einer Bestimmung. Aber die Macht kann sich auch als Tyrannis durchsetzen; sie kann, wie eine jede des Bauens fähige Kraft, niederreißen.

Es ist klar – ich muß das vorwegnehmen –, daß Glauben oder Nichtglauben die Bewertung und Haltung gegenüber der Macht und der Problematik ihrer Ausübung determinieren. Für den Christen ist alle Macht in Gott, der eben die Macht selber ist, der aber, für die Geschichtszeit, die satanische Gegenmacht zugelassen hat. Der Aufruhr der Engel ist der Anfang der Geschichte. Geschichte geschieht also, in christlicher Sicht, im Zusammenhang mit der Sünde, gehe es nun um deren Auswirkung oder Überwindung: In jedem Falle setzt Geschichte Sünde voraus; das Paradies ist geschichtslos, und die Stadt, aus der »alle, welche die Lüge lieben und tun« (Offb. 22, 15), verwiesen sind, die Stadt, wo Gott wird abwaschen alle Tränen, die tempellose Stadt, deren Tempel »der Herr ist, der allmächtige Gott und das Lamm«: diese Stadt der Verheißung ist Auflösung und Aufhebung der Geschichte und damit des Leids. Wenn also auch alle Macht in Gott ruht, so gibt es für uns, in der Geschichte, doch zweierlei Macht: eine Macht von oben und eine Macht von unten. Da der Mensch, das Individuum, nicht allmächtig ist, so wird sein Vermögen, willentlich oder unwillentlich, in eines der zwei Kraftfelder fallen: er wird sich aber, eben als Mensch in seiner Freiheit, entscheiden müssen, innerhalb welchen Kraftfelds er sein Vermögen verwirklichen will.

Diese Einsicht, zu der ich mich bekenne, schließt auf anderen Voraussetzungen beruhende Auffassungen keineswegs aus; Glaube ist ja Gnade, und wo diese sich nicht erzeigt, ist durchaus eine von hohem Ethos erfüllte Auseinandersetzung mit Macht und Herrschaft möglich, ist freilich auch die Gefahr eines Absturzes groß: Humanität ist, wie sich erwiesen hat, und das namentlich in der deutschen Geschichte, gegen den Dämon nicht hinreichend gewappnet. Ich brauche nur an Marc Aurel zu erinnern, um das rechte Verhältnis zwischen Macht und Sittlichkeit zu bezeichnen: dem Kaiser war das Band heilig, das alles Bestehende verbindet, das Gesetz des Lebens, der Logos im Kosmos, und in diesem Bewußtsein trug er seine an Kämpfen, Entbehrungen, Enttäuschungen überreiche Herrschaft aus. Aber er waltete auf der einsamen Höhe, die Völker nicht ersteigen, gebunden an eine im Kosmischen beheimatete Humanität, die Völker nicht zu binden vermag: in ihm allein, nicht in der Geschichtswelt, hielten sich Macht und Ethos die Waage.

Doch möchte ich zunächst nicht von dem Ungewöhnlichen sprechen, sondern vom Menschen überhaupt gegenüber der Macht. Jegliche Erkenntnis hängt mit Machtausübung und somit auch mit Freiheit zusammen. Wir können eine Erkenntnis annehmen oder zurückweisen, wir können uns ihrer »bemächtigen« und dadurch an geistiger Macht gewinnen; in gewisser Weise üben wir ordnende Herrschaft aus über die

Dinge, die wir begreifen. Freilich verbindet sich damit die Versuchung einer Selbstsicherheit, einer Übersteigerung, wie wir ja, im gesamten Bereich säkularer Wissenschaft, unter Umständen aber auch in der Theologie, mit einer jeden Erkenntnis auch ihren Schatten, ihre Gefahr unabänderlich auf uns ziehen. Macht und Wissen, das Wissen als Macht, als Überordnung des Erkennenden über ein Objekt tragen, innerhalb der Geschichte, mit der wir es ausschließlich zu tun haben – denn jenseits der Geschichte fällt die Macht an Gott zurück –: Macht und Wissen tragen ein Doppelantlitz. Es scheint mir gefährlich und auch im christlichen Sinne nicht richtig zu sein, Wissen an sich als gut zu bewerten. Denn das Verlangen nach Wissen hat ja eben die Tragödie der Menschheit in Gang gebracht. Und von diesem Ursprung her schattet ein Verhältnis durch die Geistesgeschichte der Menschheit, die im höchsten Grade erregende, hinreißende Geschichte menschlichen Fragens und Entdeckens, die, nur scheinbar von Zufällen angetrieben, in Wahrheit mit eherner Folgerichtigkeit verläuft. In demselben denkwürdigen Jahr 1543 entdeckte Kopernikus den Kosmos, was freilich eine Wiederentdeckung war, Vesal, Leibarzt Karls V. und Philipps II., durch Sektion den anatomischen Bau des Menschen: Kopernikus empfing das erste Exemplar seines in Nürnberg erschienenen Werkes auf dem Sterbebett: es stürzte die Lehre des Ptolemäus und sollte für Galilei und Giordano Bruno zum Schicksal werden; Vesal, dessen sieben Bücher vom anatomischen Bau des Menschen unter seiner Aufsicht in Basel gedruckt wurden, entmachtete nach dreizehnhundert Jahren Galen, den Zeitgenossen des Ptolemäus. Vesal ist etwa zwanzig Jahre danach auf einer ionischen Insel gestorben, und zwar auf der Reise nach Jerusalem. Er habe, will die Überlieferung wissen, eine Scheintote seziert und sei auf das schlagende Herz gestoßen. Fluch der Erkenntnis!

Das Ziel des Wissens, das erstrebenswerte, kann, paradoxerweise nach dem Vorbild großer Theologie, nur das Nichtwissen sein. Das äußerste Erreichbare ist, nach den Worten des heiligen Thomas von Aquin: »Zu wissen, daß wir Gott nicht wissen.« Wissen ist also in seiner letzten Konsequenz auf Demut angewiesen: darauf, daß es sich bereitet, seine Macht zurückzugeben an den Unerkennbaren, der der einzig Wissende ist, der Eine, in dem Wissen und Macht zusammenfallen; für den, nach dem Psalmisten, Finsternis soviel ist wie Licht.

Ein einziges Beispiel genügt, uns tausendfach Geschehenes zu vergegenwärtigen: es kommt vom Anfang europäischer Geistesgeschichte und ist ein unüberbietbarer, ein noch immer höchst bedenkenswerter Prolog. Ich meine die Verse des Empedokles, des Helden Hölderlins, mit denen der Weise seinem Jünger den Herrschaftsanspruch seiner Lehre, ihre tatsächliche Gewalt verführerisch schildert:

Gifte sodann, die Hilfe geworden für Übel und Alter,
Wirst du erfahren, denn dir nur allein will ich all dies erfüllen.
Stillen wirst du der ruhlosen Winde Gewalt, die auf Erden
Stürmen, im Wehen daniederlegen die Saaten der Felder.
Und wenn du willst, wirst du dann zum Entgelt herholen die Lüfte.
Schaffen wirst du aus finsterem Regen vollkommene Trocknis,
Menschen zum Heil, und schaffen wirst du aus der Dürre des Sommers
Baumernährende Güsse, die droben dem Äther entströmen,
Holen wirst du aus Tiefen des Hades verstorbene Mannskraft.

Der Lernende also, der Wissende, wird der Elemente gewaltig sein und dem Totenreich seine Beute entreißen; Wissen, als sakrales Geheimnis zwischen Meister und Jünger verstanden, als ein Liebesbund zwischen Meister und Jünger – denn das ist der Sinn dieser Philosophie –, dieses Wissen befähigt zu einer Art magischer Herrschaft, wie sie etwa keltische Priester in Wales oder Irland ausgeübt haben sollen; wie sie noch den frühen von dort ausgegangenen Missionaren eigen war. Wir streifen damit die Macht des Propheten, die freilich nicht seine Macht ist, sondern dessen, der mächtig ist im Schwachen und durch ihn Geschichte lenkt: selbst in dieser Macht ist Versuchung: der Geist Gottes kam auch über Saul, daß er einherging und weissagte (I Sam. 19, 23): David erkannte und schützte in ihm den »Gesalbten des Herrn« (26, 9); er rührte an das letzte Geheimnis zwischen ihm, dem Erwählten, und dem prophetischen König: nämlich, daß der Herr selbst den König gegen ihn aufgereizt haben könnte (26, 19). Aber der Herr wich von Saul, der den Auserwählten haßte: er antwortete ihm nicht, den er mit weissagenden Worten beschenkt hatte, und verwies ihn in die Finsternis, an das eigene Schwert, in das sich der einst Begnadete stürzen sollte. Dem Propheten ist die strenge Grenze des Gehorsams gezogen; er ist nur Vollzieher des kommenden Reichs, Bote dessen, der »mit der ganzen Macht seines Königsreichs« kommen wird, wie es Daniel war (11, 17). Wer aber wollte in einem jeden Falle die Grenze ziehen zwischen der göttlichen Notwendigkeit, der der Prophet unterliegt; der er geopfert wird als Träger des Absoluten im trüben Medium der Geschichte, und dem personalen Herrschaftsanspruch, der sich so leicht mit Begnadung, mit Sendung verbindet? Wo immer Macht auftritt, erhebt sich eine Frage, ein Angebot der Eigenmacht. Wie könnte es anders sein in einer Welt, in die sich der einzig Mächtige, der Mächtige ohnegleichen wehrlos begab, in unbeirrbarem, in um Barmherzigkeit flehendem Gehorsam? Daß der eigentlich Mächtige mit durchbohrten Händen und Füßen seine Macht verwirklichte und einsetzte bis zum Ende der Zeiten: das ist das letzte Wort vom Widerspruch, der in einer jeden Machtgestalt der Geschichtszeit verborgen ist, der aus einer jeden hervortreten wird: das Geheimnis der Kreuzigung ist unwiderlegbare Antwort an die Geschichte.

Eine Macht, und zwar eine erreichbare, nicht unbedingt auf Begnadung angewiesene, ist die sittliche Existenz. Als die Macht Griechenlands, die immer eine zerspaltene, sich selbst bekämpfende, eine dialektische Macht gewesen ist, sich im Alexanderreich ausgestrahlt hatte, formte sich eine solche Macht in der Stoa: sie suchte, sie lebte zunächst die vollkommene Herrschaft des Menschen über sich selbst, seine Einstimmung in das Notwendige, das die Welt durchwaltende Gesetz, den Logos: das heißt an das »selige grüne«, das fortkreisende Leben der Welt. Freiwillige Einordnung des sich selbst völlig beherrschenden Menschen und damit Teilhabe an der den Kosmos durchwaltenden Macht, in Einsicht, Männlichkeit und Bescheidung: diese Herrschaft des erkennenden Menschen über sich selbst, und zwar innerhalb der Dimensionen, die Alexander aufgerissen hatte (Franz-Josef Brecht), wurde ein Pfeiler des römischen Imperiums. Panaitios, Haupt der Stoa, der »bald in Rom und bald in Athen lebte«, und also das Vermächtnis Griechenlands nach Rom übertrug, formte im Umkreis des jüngeren Scipio, als Zeuge seiner erschütternden Taten, mit ihm in vielleicht einzigartiger Freundschaft verbunden, das römische Bild des Mächtigen: es ist geprägt von realistischem Hochsinn und wirkt fort von Cäsar über Cicero bis Marc Aurel und weiter bis zu den letzten Feldherrn, Kaisern, Patriziern und fort bis zur Mündung der Alten Welt in die unter apokalyptischen Zeichen heraufsteigende christliche Ära, deren Kennzeichen es ist, daß die Niedrigen erhöht, die Gewaltigen gestürzt, die Werttafeln der Geschichtszeit umgestoßen werden, wie es die Jungfrau vor der Geburt des künftigen Richter-Königs verkündet hat.

In der Mitte zwischen der alten Stoa und Marc Aurel steht der jüngere Seneca, der für zehn Jahre den Namen Neros mit der glücklichsten Zeit des Imperiums verband: er verwaltete Herrschaft im Antlitz des Todes, in Gelassenheit. »Ich habe Zeit«, versicherte er seinem Lucillus, »ich habe Zeit.« Und wieder: »Wir haben nicht zu wenig Zeit, sondern wir verschwenden zu viel.« Widerwärtigkeit und Unglück sind die große Chance der Selbstbehauptung, Selbstverwirklichung. »Gott ist dir nahe, er ist in dir.« So brachte er seine »Dienstzeit hinter sich«, wurde er frei, »marschbereit«, wie er als eigenhändiger Vollzieher des über ihn ergangenen Todesurteils bewies.

Das Sittliche als Geschichtsmacht zu verstehen ist wichtiger denn je. Es wird damit nur eine uralte Menschheitserfahrung erneuert. Am eindringlichsten vielleicht kann uns der ferne Osten darüber belehren: »Die Kraft der Sitte ist es« – so lautet chinesische Überlieferung –, »durch die Himmel und Erde zusammenwirken.« Durch sie kommen die Jahreszeiten in Harmonie, erscheinen Sonne und Mond, befolgen die Sterne ihre Bahn, werden Gut und Böse geschieden. Zerrüttung der Sitte – das ist eine Einsicht, die noch Shakespeare, etwa im »Sommernachtstraum«, aber in seinem Werk überhaupt, ausspricht – bedeutet: Zerrüttung der Natur, Überschwemmung, Krankheit, Herbst im Frühling, Frühling im Herbst. Welch großartige Sicherheit sittlicher Existenz, welche Ruhe des Seins in der Wahrheit: »Ich tue nichts, und das Volk wandelt sich von selbst.« »Mit Nichttun gewinnt man das Reich« – nämlich aus der Macht der Sittlichkeit, gelebter Sitte, der Heiligung, Wunschlosigkeit: »Ich bin ohne Wunsch, und das Volk wird von selbst einfach.« Die stille sittlichende Kraft beschwichtigt die Begierden des Volkes, verheilt sie. Es ist in dieser, der altchinesischen, Perspektive nicht entscheidend, daß der Kaiser herrscht, befiehlt – also in unserem Sinne Macht ausübt: wichtig ist, daß er da ist als sittliche Existenz im kosmischen Zusammenhang und in der Ehrfurcht vor den Toten, als Vollzieher sittlicher Kontinuität: denn auf ihr ruht das Reich, die Ordnung der Natur. Der

Kaiser leistet als sittliche Existenz die Einstimmung mit dem Tao, der welterhaltenden Weltvernunft. Er ist, in der Stille seines Ernstes, stellvertretend und zugleich geweiht, herausgehoben; Unglück, überhaupt Dramatik stehen diesem Dasein nicht an: Langlebigkeit, Reichtum, Gesundheit und Zufriedenheit, Liebe zur Tugend und seliges Ende: das sind die Kennzeichen kaiserlichen Daseins, wie ja auch das Mittelalter vom Kaiser des Reiches mit dem Gehorsam vor dem Herrn der Geschichte, gläubiger Verwalterschaft und Gerechtigkeit ein langes Leben erwartete. Der Kaiser soll sichtbar gesegnet sein, er bedeutet die Versöhnung der himmlischen, der ewigen Macht mit dem Irdischen; er bejaht die Welt, das Überkommene, Fortdauernde, die Ahnentafeln. Wo aber – ich kehre zur chinesischen Überlieferung zurück – Seuchen auftreten, Hungersnot, Mißwachs: da enthüllen sich sittliche Mängel des Kaisers (Glasenapp). Er muß sühnen, sich reinigen. Des Kaisers sittliche Wiederherstellung rettet, festigt den Staat, den unabdingbaren Lebensraum des chinesichen Volkes und eines jeden einzelnen: er, an entscheidender Stelle, fügt kraft der Sitte das menschliche Tao dem himmlischen ein.

Macht? Herrschaft? Diese ihre Gestalten sind uns fern, sie beruhen aber auf unausschöpfbarer Erfahrung, auf der Einsicht, daß echte Macht niemals Besitz sein kann, daß Herrschaft ehrfürchtige Einstimmung ist in eine nicht vom Menschen erdachte, wohl aber ihn, seine Dienstbereitschaft einfordernde Ordnung: der Kaiser, der eigentlich Mächtige, ist der Hörende und Befolgende, der Wissende in heilsamem Sinne. Seine Existenz bewirkt Zusammenhang. Das ist die tiefe, echt östliche Idee des »Ruhetags« von Claudel: der Kaiser stellt, mit dem Opfer seines Antlitzes, die verlorengegangene Verbindung mit dem Totenreiche wieder her. Denn auf dem Totenreiche ist der Staat gegrundfestet. Grillparzers Rudolf II. ist die lauschende, empfangende, ehrfürchtige Existenz, unverstanden von tatbesessener, verworrener Zeit;

er weiß, daß keine Tat geschehen kann, auch nicht die notwendige, ohne daß eine Gefahr heraufzieht; für ihn ist die Welt gestörte, aber ursprüngliche Harmonie, Kosmos, wie es die Alten, wie es sein Zeitgenosse Kepler gelehrt haben.

Unsere Vorstellung ist, der gegenwärtigen politischen Spannung unterliegend, eingeengt auf nur zwei Möglichkeiten: die aggressive und die defensive Macht. Das ist verständlich, reicht aber keineswegs aus. Es gibt eine Macht der Existenz: auf sie wollten die angeführten Beispiele hinweisen. In der Mitte ihres Geschichtsfeldes suchten die Völker die Ruhe, einen herrscherlich-priesterlichen Stand, dem die Gehaltenheit, das Vertrauen zum Weltgesetz und die Einstimmung in dieses wesenseigen ist. Es gibt aber auch, unabhängig von der geschichtlichen Stellung, eine Weltautorität der sittlichen Persönlichkeit. Mit welcher Stärke der Sittlichkeit hat Kant auf seine Umgebung, seine Nachwelt gewirkt, als die Verkörperung der von ihm aufgestellten Maximen: es ist eine Wirkung, die der seines Denkens nicht nachsteht, auf jeden Fall nicht nachstehen sollte. »Kein Mensch ist groß« war seine Überzeugung: das Ethos ist das Überpersönliche, das im Persönlichen sich kundgibt. Entscheidend und von immenser Bedeutung ist Kants Einsicht, daß die Wurzel des Bösen die »intelligible Tat« ist, die jeder Erfahrung vorausgeht, das heißt: der Gedanke, der Wunsch, die Erfindung bedeuten die ethische Realität. Ist der Gedanke gedacht, die intelligible Tat vollzogen, so ist die geschichtliche Entscheidung gefallen. Unmöglich kann der Vollbringer der intelligiblen Tat die ihm zugemessene Verantwortung denen auf die Schultern werfen, die seinen Gedanken in das Feld der Geschichte übertragen. Auch sie tragen Verantwortung, aber die Urheberschaft lastet auf dem Entdecker. Ein jeder energische Gedanke verändert die Geschichtswelt, geht in sie ein: er ist eben Macht, ob wir es wollen oder nicht. Uns fehlt dieses Bewußtsein Kants, das im strengsten Sinne mit dem Christentum übereinstimmt: Christus sieht die Gedanken, er richtet

das Arge im Herzen, nicht den gehorchenden Knecht, sondern den Herrn, der befiehlt.
Tolstoj, Einstein, Albert Schweitzer sind, gewissermaßen in der Nachfolge Kants, Weltautoritäten geworden, gewiß nicht unfehlbar und in dem tragischen Verhältnis zur Umwelt, zu der sie umbrandenden Geschichte, das Gesetz zu sein scheint: geherrscht haben sie nicht. Einstein sah sich gezwungen, angesichts der Übermacht des Bösen seiner pazifistischen Forderung zu widersprechen; er erneuerte sie wieder und ist doch ihr Zeuge geblieben. Auf Tolstoj berief sich die revolutionäre Gewalt, während er doch Gewalt verworfen hat, beriefen sich die Staatsgegner, während seine einzige Absicht doch die sokratische war: das Gute, die Wahrheit im Menschen zu erwecken, sein Innerstes aufzurufen, sich zu erzeigen und zu handeln. Im Wirken und Dasein Albert Schweitzers ist eine Weisung zur Selbstdarstellung und damit Selbstbehauptung Europas, der Menschlichkeit überhaupt, enthalten, die noch keineswegs ausgeschöpft worden ist. Lambarene sollte nicht allein bleiben, nicht der Tempel, in dem sich das Gewissen der sinkenden Kolonialmächte beruhigen kann: es sollte längst an allen Küsten aufgestiegen sein.

Am Ausgang des 16. Jahrhunderts, während Shakespeare Gestalt und Tragik der in Volk, Tradition, Amt gesammelten Macht entfaltet, proklamiert Francis Bacon Wissen als Macht, das vom Gottesreich angewandte Erdreich der Erkenntnis der Natur, der Herrschaft über sie: das Wissen hat sich aus der Bindung an den Glauben, aus dem Drama mit ihm gerissen, welches Drama das Mittelalter erfüllt hatte; es wird frei und wirft sich augenblicklich der Staatsmacht zu Füßen. Ich brauche nur noch an Hobbes zu erinnern, der im Hause des Earl of Devonshire, wo er Erzieher war, noch mit Francis Bacon zusammentraf: angesichts des Krieges aller gegen alle inthronisierte er den Leviathan, das heißt den Staat, zur Autorität über Sitte, Recht, Wissen, Religion: Wer des

Leviathan ansichtig wird, stürzt zu Boden (nach Job 41, 1); niemand ist so kühn, daß er ihn reizen darf: »Wenn du deine Hand an ihn legst, so gedenke, daß es ein Streit ist, den du nicht ausführen wirst.« Diesem radikalen Absolutismus entspricht das Menschenbild des Philosophen. Alle inneren Prozesse, die geistigen wie die physischen, geschehen nach mechanisch-physikalischen Gesetzen: eine Überzeugung, die in unseren Tagen der bedeutende russische Arzt und Forscher Pawlow, Nobelpreisträger des Jahres 1904, Erforscher der psychischen Vorgänge im Gehirn und des Nervensystems, nachdrücklich und zum Behagen Leviathans vertrat; er war vom Priesterseminar zum Studium der Naturwissenschaften übergegangen und vertraute darauf, daß es in Kürze gelingen werde, alle inneren Vorgänge des Lebens im Bereich der Physik und Chemie zu erfassen. Am Dank Leviathans, den er vielleicht nicht suchte, dem huldigenden Schlagen seines mit Schuppen und Scherben besetzten Schweifes fehlte es dem großen Forscher nicht. Staatsmacht und Forschung sind in diesem Falle ein und dasselbe, und das gilt keineswegs für Rußland allein, wenn auch für Rußland in Totalität: »Sein Herz«, sagt der Prophet vom Leviathan, »ist so hart wie ein Stein und so fest wie ein unterer Mühlstein« (41, 16). »Aus seiner Nase geht Rauch wie von heißen Töpfen und Kesseln.«

Nietzsche hat mit der von Francis Bacon gesichteten Machtgestalt, dem Wissen als Macht, Ernst gemacht, wenigstens hat er erkannt, daß die Führung der Geschichte an die Naturwissenschaften gefallen war. Freilich blieb es bei dem aphoristischen Verhalten, das Nietzsche gemäß war: zum systematischen Studium, das er plante, ist es nicht gekommen. An Stelle des dramatisch-tragischen Dialogs zwischen Glauben und Wissen, der das Mittelalter bewegte und mit Katastrophen am Aufgang der Neuzeit endete; an Stelle einer theologischen Diskussion also, trat nun das Drama zwischen Forschung und Staat – während die Ethiker unter den Philosophen ja wohl niemals Aussicht hatten, vom Staate anders als in pragmatischem Sinne verstanden und propagiert zu werden, und die Theologen sich nun darauf vorbereiten konnten, ihr Schicksal zu teilen. Der Geist kann in gewissem Grade, oft in sehr eingeschränktem Grade, das Umweltfeld politisch-geschichtlicher Taten beeinflussen: ist er aber wirklich frei, so wird ihn der Staat niemals als Regenten anerkennen.

Wir gelangen also in den Brennpunkt der Gegenwart, indem wir versuchen, uns über die Machtgestalt der Stunde klar zu werden: sie erscheint nicht in Zwangs- oder Volksheeren und deren Disziplin wie die preußische Aggression; nicht in Flotten und der Erfahrung der Admiräle wie das spanische Imperium und sein niederländischer Gegner; und das war doch durch Jahrhunderte und Jahrtausende der Fall: der Forschergeist hat, folgerichtig weiterdringend, in der Wegrichtung wenigstens zweieinhalbtausendjähriger Tradition, endlich aber frei von Theologie und Spekulation die Macht gestaltet, die von den Völkern, in den politischen Zentren, die sie umgeben und nähren, heute vollzogen wird. Die Forschung fragt experimentell; sie beschreibt nicht das Wesen der Objekte, sondern ihr Verhalten; so wie sie sich selbst versteht, muß sie sich zum Positivismus bekennen.
Aber mit der Freiheit dieser Werkstätte der Macht steht es schlecht. Zwar können wir auf allen akademischen Feiern den Hochgesang auf die Freiheit vernehmen, den man ruhig als den Hochgesang eines Standes auf sich selbst auslegen mag: es ist ja vollkommen klar, daß die führende Forschung in Staatsdiensten steht, auf naturwissenschaftlichem Gebiete ohne staatliche Förderung gar nicht arbeiten kann und daß auch ein einigermaßen gesitteter Leviathan nur begnadet, was ihm nützt oder was seinen schläfrigen Augen einigermaßen als nützlich erscheint. Die intensivste, die in hohem Grade bewundernswerte Geistesarbeit gegenwärtiger Generationen stürzt in das Kraftfeld der Macht und treibt Satelliten

hervor, deren militärische Unschuld nicht gerade auf überzeugende Weise kostümiert ist. Wie zwischen Forschung und Technik keine Grenze mehr gezogen werden kann, so zwischen Friedens- und Kriegswirtschaft: die Kriegsstärke einer modernen Macht hängt in hohem Grade von der Potenz ihrer Friedenswirtschaft, ihres Forschergeistes ab: wenn die Stunde schlägt, so fällt die ganze im Frieden entwickelte Energie an den Krieg, handle es sich um Angriff oder Verteidigung. Das ist ein herbes Gesetz. Denn nicht um des Krieges willen, das heißt der Zerstörung willen, geht der Forscher auf Beute aus: er will nur erkennen, beobachten, wie Kirchhoff programmatisch sagte, »die in der Natur vor sich gehenden Bewegungen vollständig und auf die einfachste Weise beschreiben«, nicht also das »Wesen« entdecken und gar erklären, sondern das Verhalten unter genau fixierten Bedingungen. Aber alles, was sich im Netze des Forschers verfängt, wird er säuberlich dem abzuliefern haben, der ihm das Netz im Sinne höherer Ziele verschafft hat. Es ist eine kostspielige Apparatur: die erste Atombombe, die Asien zum Widerstand gegen den Westen vereinte, soll mehr als zwei Milliarden Dollar und 300 000 Arbeitskräfte beansprucht haben (Pascual Jordan). Forschung also schmiedet die Machtgestalt, der gegenüber der Staat keine Wahlfreiheit hat: er muß annehmen, was ist. Dafür ist der Forscher an den Staat geschmiedet: ein jeder entwendet dem andern seine Freiheit. Nichts bleibt, als die pathetische Gedankenfreiheit des Malteserritters, die ja niemals verweigert werden konnte. Verweigert wird auf das unbarmherzigste der Vollzug. Gefordert wird auf das unbarmherzigste die Steigerung, die Behauptung der Macht kraft der Vernichtungspotenz: es ist kaum eine Entdeckung denkbar, kaum eine technische Leistung ersichtlich, die nicht auch in militärischer Perspektive läge, weil eben in heutiger Weltsicht der Friede nur eine Vorform des Krieges ist.

Dieser Blutkreislauf des Geistes im Leviathan ist um so erre-

gender, als der Laie – und als solchen bekenne ich mich durchaus – nicht imstande ist, sich in Fragen, die den Bestand der gegenwärtigen Welt, der Kreatur und Natur angehen, ein seinem Gewissen standhaltendes Urteil zu bilden. Der Laie hat das Recht, von den Wissenden Auskunft zu erbitten über die Größe der Gefahr: Fakten, aber verläßliche, die nicht abschwächen und etwaige Übertreibungen zurückweisen; Feststellungen, die bestehen in Unabhängigkeit von einer jeden politischen Kombination. Aber natürlich kann es zu einem solchen, der Menschheit dienenden Gutachten nicht kommen; denn wir haben es mit Kräften zu tun, deren fernwirkende Kraft noch gar nicht experimentell erforscht werden konnte. Außerdem wird das Problem in Staatsräumen, will sagen im politischen Forum, verhandelt: Forschung und Politik sind aufeinander eingearbeitete Zahnräder, und was der »friedlichen Auswertung« dient, kommt sicherlich auch der kriegerischen zustatten, wie ja auch unser Körper sich nur durch Doppelarbeit erhalten kann: ein antreibendes und ein hemmendes Nervensystem (Sympathicus und Parasympathicus). Sollte eine der politischen Tendenz abträgliche Feststellung sich vernehmen lassen, so wird der Leviathan nicht in Verlegenheit sein um einen entweder redlich überzeugten oder seiner Dienstfertigkeit sich opfernden Hofphysicus, der das Gutachten untergräbt. Mögen die alten Herren reden, wie sie wollen: die jungen wollen aufsteigen. Und des Fragens durch das Experiment wird niemals ein Ende sein – weil es eben keine abschließende Antwort gibt; was erarbeitet wird, ist das Echo der Fragen.
Es ist hier, wo die Macht unserer Epoche sich konzentriert, kein Ausweg, weil eben die unsere gesamte Seinsweise umgestaltende, zu dieser Umgestaltung legitimierte Forschung ohne Verkettung mit dem Staate, mit Politik und Geschichte und also mit der Tragödie der Machtausübung, gar nicht möglich ist. Welche unübersehbaren Erkenntnisse verdanken wir den Kriegen, seit Archimedes mit seinen Maschinen zwei

Jahre lang Syrakus verteidigt hat! Kriege sind es gewesen, die den Forschergeist zu seinen höchsten Potenzen entfachten: der Herr des Dritten Reiches handhabte blindwütig das Schüreisen in Hochöfen und Reaktoren, wie er sich ja auch auf die Bedienung heidnischer Feueröfen vortrefflich verstand – ohne den aus der Glut dringenden Lobgesang der Jünglinge zu vernehmen oder den gewaltigen Fluch Judas, oder das Gebet der Opfer für ihren Vernichter, das vielleicht die stärkste Macht jener Zeit gewesen ist. Wenn wir in der Steigerung technischen Vermögens unser Ziel sehen, so ist es nicht unangebracht, dem Phantasten, der zwischen Herrschaft und Sittlichkeit, zwischen Wahn und Realität keine Schranke sah, in einer poetischen Nische unserer Werkstätten der Vernichtung eine Herme zu setzen.

Zum Weltraum – das empfinden wir heute – steht der Mensch in einer tragischen Beziehung. Denn die Gipfelung, zu der gegenwärtiges Machtstreben ansetzt, indem es den interplanetarischen Raum als Objekt erwählt, kann bei größter Leistung nur ein Versagen ergeben. Über einen höchst bescheidenen Umkreis, ein Fleckchen der uns zugewiesenen Spirale der Milchstraße, werden wir nicht hinauskommen: die nächste Aussicht ist, den lautlosen Mond als Versuchsplateau unseres Zerstörungseifers zu erobern. Macht? Gewiß. Ihr Emblem ist der Totenkopf. Was die Forschung angeht, so welkt die kurz bemessene Frist menschlichen Lebens hin in der Kälte und Leere kosmischer Distanzen. Wir ertrinken, nach den ersten Schwimmversuchen, dicht am Strande endlicher Unendlichkeit. Es ist keine Rede davon, daß wir die Hochsee erreichen werden, während unsere Teleskope das vor tausend Millionen Lichtjahren – eine Unvorstellbarkeit – ausgegangene Licht auffangen: so viel Zeit konnte sich die Erd- und Menschheitsgeschichte lassen, ohne zu spät zu kommen. Ja, schon können wir auf Mount Wilson und Mount Palomar mit zwei Milliarden rechnen: als das in diesem Augenblick ankommende Licht ausging, bewegten sich allenfalls hilflose Einzeller und Geißeltierchen, die von pflanzlichen Erscheinungen kaum zu unterscheiden sind, durch die warmen Meere. Und die Bewegung des Lichtes ist noch immer das erfahrbare Maximum der Geschwindigkeit, eine der Konstanten, die uns einstweilen als Geländer vor den Abgründen unseres Nichtwissens schützen.

Auf tragischere Weise kann das Mißverhältnis zwischen der Spannweite des Geistes und der physiologischen Begrenztheit unserer Existenz, zwischen Macht und Unmacht, geistiger Herrschaft und leiblicher Sterblichkeit sich nicht ereignen. Es ist eine zerreißende Dissonanz. Sterbliche, allzu Sterbliche werden, versehen mit den Vorrichtungen, die das Leben im lebenswidrigen Raum ermöglichen, aus dem dahinrasenden Satelliten, in der Fünf-Minuten-Reise von Madrid nach Helsinki, während des 16 Minuten beanspruchenden Ausflugs von Moskau nach Washington – und sicher sind diese Zahlen von den Konstrukteuren längst überholt –, Sterbliche also werden schauen in die Schluchten der Finsternis; sie werden, sofern sie noch Menschen, nicht Apparate sind, von ihren Apparaten überwältigte und entmenschte Vorrichtungen – denn was ist künstlicher als solche Existenz –, in die grundlosen Tiefen blicken; sie werden vor ihrer Unmacht, vor der Übermacht steigenden, sich neigenden Lebens erschauern. Sie werden sich vielleicht in ihres Nichts durchbohrendem Gefühle aus dem kosmischen Geschichtsfeld zurücksehnen nach ihrer tragischen Heimat – und wenn sie Glück haben, so werden sie zurückstürzen in das Magnetfeld irdischer Geschichtlichkeit: in das Treibhaus des Machtgedankens, das Versuchsfeld seiner Hypertrophie. Es scheint der Sinn der Geschichte zu sein, daß sie uns auswirft, an den Strand, wo wir verdursten, an den Fels, an dem unsere unheimlichen Kugelboote zerplatzen. Die Krake der Dunkelheit setzt sich auf den Helm des Tauchers, umstrickt seine Arme und Beine, entwindet ihm die Waffe und läßt ihn nicht mehr los. Das aber begegnet nur den verlassenen Vorboten, während das Treibhaus absonderliche Gewächse zeitigt: Farnbäume, von Schlinggewächsen überwucherte Palmen, Korallenstämme, die durch Luftwurzeln atmen: würde die Kälte kosmischer Entfernungen, denen Cusanus und Pascal sich stellten, hereinwehen, so sänken all diese Traumgebilde dahin. Ist das Wissen von Gott das Nichtwissen, so kündet die Botschaft vom Menschen sein Angewiesensein auf eine Unmöglichkeit.

Die Reichweite des Geistes, der äußerste Anspruch auf Macht, der Jahrmillarden überschaut und an wenigen Jahren scheitert, und unser leibliches Dasein erweisen sich nun im Wechselverhältnis einer Todfeindschaft. Wir haben die Stelle erreicht, wo der Aufflug des Denkens und Erkennens von der Sterblichkeit des Leibes, noch immer vom Totengebein in seiner mittelalterlichen Gestalt, erbarmungslos niedergeschlagen wird; die Chance der Übermacht von der in unserem Innern fortarbeitenden Verwesung; der in wissenschaftlichem und das heißt zugleich: politischem Wetteifer sich übersteigernde Erfindungsdrang – Rakete, die Rakete auswirft, bis der tote Trabant erreicht ist – sinkt in ein allzu nahes Grab. Der Weg des Fleisches ist kurz; aber er reicht hin, daß der Geist auf ihm alle Hoffnungen verliere, mit denen er aufgeflügelt ist. Die kosmische Macht als nahe scheinende Greifbarkeit ist Wahn: der Tod steht neben uns und wird den Wahn demaskieren. Durch die ganze europäische Geistesgeschichte tönt die Klage, in die Theophrastos am Ende eines scheinbar langen Lebens mit seinen letzten Worten ausbrach (287 v. Chr.): zu kurz sei das Dasein, als daß der Mensch zur Vollendung des Wissens gelangen könne: er sterbe in dem Augenblicke, da er die Schwelle der Erkenntnis erreicht habe.

Heute ist dieser Sachverhalt ins Beispiellose gesteigert. Unser geistiges Vermögen überfordert um ein Unmeßbares die physische Existenz. Die im Gang der Erkenntnis, im Wechselgespräch mit der Geschichte unaufhaltsam herangediehene Vorstellung von Macht ist eine totgeborene Idee, eine Abstraktion; die tellurische Realität verschlingt die kosmische Phantasie. Von der in der negativen Theologie sich bescheidenden Wissenschaft von Gott könnten die Theologen der Macht, des Vermögens, durch den Weltraum zu herrschen, sich beraten lassen zur negativen Theologie der Macht, zur Aussage dessen, was sie in unseren Händen niemals sein wird, zum Eingeständnis unseres unausbleiblichen Scheiterns. Unsere Satelliten sind Spielzeuge, Seifenblasen im All, mechanische Gehirne von Überintelligenz in metallener Schale, Flaschenpost des letzten Seglers, den die See überrollt. Sie sind Muscheln am Strande der Unendlichkeit; des gekrümmten, in sich selbst zurückströmenden Raumes, in dem unsere verzweifelten Anstrengungen, Wellen, Tests, Messungen sich verirren. Ein großes Wort: globale Macht und wahrscheinlich vollziehbar in Wahrheit: Verzicht vor dem All, pathetischer Kniefall vor dem Tod.

Nie bis zum heutigen Tage ist die Macht des Wissens auf so erschreckende Weise in Erscheinung getreten, niemals in solchem Grade die Macht Leviathans, aus dessen Munde Fakkeln fahren, der Eisen achtet wie Stroh. Niemals noch war Wissen in solcher Intensität geschichtsführend, niemals in solchem Grade versklavt und in der Versklavung zu jeglicher Unmenschlichkeit des Denkens und Vollbringens bereit. Seit der erste Satellit einen dünnen Lichtstreifen durch den Nachthimmel zog und sein ödes Stammeln in den Raum sandte, scheint die Hybris unabwendbar zu sein; in Wahrheit sollte dieses ärmliche Zeichen am Rande der Unendlichkeit uns zu erkennen geben, was wir nicht vermögen. Todes-, nicht Lebensgedanken haben dieses durch die Raumkälte jagende, stotternde Stahlgehirn erzeugt; die unabsehbare Entwicklung der Erfindung wird den Ursprung niemals verleugnen. Die Erregung der Völker beweist, daß sie eindeutig in strategisch-

kriegstechnischer Sicht bewertet wird, wie ja die Völker einer anderen Betrachtungsweise gar nicht mehr fähig sind, so wenig wie die Staaten ernsthafter Förderung nicht militärischer, nicht propagandistischer Bestrebungen. Uns könnte dieses Wunder unseres Jahrhunderts den Sinn jeglichen Vermögens, jeglicher Herrschaft veranschaulichen: daß wir aufbrechen sollen im Bewußtsein unserer Grenzen, in der Sicherheit eines grenzenlosen Innern; daß der erreichbare Gipfel, mag er auch ein noch nie bezwungener Vieltausender sein, ein Ort der Anbetung, der Verdemütigung, des Erschauerns sein soll. Wir bleiben Gefangene der Erde, unsere Hände sind gefesselt von knapper Lebensfrist. Der letzte, dem Menschen zugängliche Grat der Macht und Herrschaft bietet den Ausblick in das Unbeherrschbare, in die Dunkelheit der Schöpfung, die ist und bleiben wird Gottes, des Unfaßbaren, dunkles Wort, dessen versuchte wissenschaftliche »Beschreibung« wir unablässig korrigieren, durchstreichen müssen.
Macht bedeutet entweder Versuchung, Herrschaft, Heimfall an den Widersacher, den Menschenmörder von Anfang, die dämonische Lüge – oder Ausübung der Macht ist genau begrenzte Partizipation an der Weltregierung dessen, der allein mächtig ist; sie ist Lehen des strengen Herrn, der auf Verzinsung besteht; der ernten will, wo er nicht säte, der den klugen Verwalter, den Fälscher der Schuldscheine, den Nutznießer ungerechten Mammons lobt. Denn jegliches Gut befleckt, jegliche Kraft in unseren Händen bewirkt mit dem, was wir »Nutzen« nennen, Verderb. Die Alten verstanden sich auf die »doppelte Wahrheit«: sie identifizierten Dionysos, den Erwecker göttlicher Raserei, der sieghaft nach Indien zog, und Hades, den Beherrscher des Totenreichs, den die Tarnkappe verhüllt. Unser Wissen wird sich nur verteidigen können als Teilchen der Weltvernunft, Funken ihres Lichts, des Logos, der in Gleichzeitigkeit alle Fernen durchdringt und regiert, selbst die Fernen eines nach unserer Auffassung explosiv auseinanderstiebenden, also als Katastrophe sich reali-

sierenden Kosmos. Eine jede Zeit hat das Weltbild ihrer stärksten Kraft: wie sollten wir, die wir den Tod der aber hundert Millionen präparieren, nicht im Lichte der H-Bombe »Sonne« in einem explodierenden Kosmos leben, einer ungeheuerlichen, in Milliarden Milchstraßen auseinanderfahrenden Bombe? Erinnern wir uns, auch auf dem Bombensplitter Erde, des heiligen, alles Seiende umschlingenden Bandes, das Marc Aurel verehrte, des Logos der Stoa, den der Apostel zum Urgeheimnis erhob!

Ich gehe, mit Wenigem, über zum Thema des heutigen Abends: Calderón, als Jüngling noch Zeitgenosse Francis Bacons, das Jahrhundert erfüllend, in dem der Priester Leviathans zelebrierte, sah, wie Shakespeare, die Problematik der Macht und Herrschaft in ihrer nicht auszuforschenden Tiefe. Er ergriff die ins Übermenschliche gelangende, visionär geahnte Steigerung der Herrschaft in der Überlieferung von Semiramis, der Beherrscherin Babylons, der dämonischen Tochter der Luft, die von Pfeilen verwundet, in Luft entschwindet: das ist sein großes Thema: die Vergeblichkeit, Nichtigkeit glaubensloser Macht; der Macht, die sich nicht als Symbol und Zeichen göttlicher Macht zu begreifen vermag und, losgerissen vom Ganzen, den Himmel stürmen will. Aber Macht hat für den Dichter immer göttlichen Aspekt, auch als widergöttliche prometheische Macht. Denn auch Luzifer thronte zur Seite des Vaters. Und es ist etwas Furchtbares um seinen verlassenen, den unbesetzten Thron. Macht und Herrschaft nämlich dulden keine Lücke. Calderón, Krieger, dann Kaplan an der königlichen Kapelle zu Toledo, Regisseur königlicher Feste, also verharrend im Banne irdischer und himmlischer Macht, hat Macht immer in ihrer Majestät gesehen, der himmlischen oder der luziferischen, umgeben von einem eigentümlichen Dämmer, das seiner Weltsicht zugehört: »Werdet nicht durch zu große Deutlichkeit gemein!« (Gracian, in diesem Zusammenhang zitiert von Pfandl.)

Macht also kann die Welt erschüttern, global oder tellurisch sein, wie wir unter der Herrschaft eines eifersüchtigen Satellitenschwarmes sagen, und sich doch als nichtig erweisen: Imperium der Geister der Luft, Blendwerk Ariels. Und zugleich stellt Macht sich dem in der Geschichte Gereiften dar als im Welt- und Geschichtsspiel von Gott verliehenes Gewand: alle verfallen der Schuld, auch die das Notwendige tun, denn die Tat verliert ihren Schatten nicht, wie der arme Schlemihl auf seinen Siebenmeilenstiefeln Schatten und Menschentum; erachtete doch Calderón, im Lichte häretischen Tiefsinns, das Dasein als Schuld: daß wir sind, so ließ er einen seiner unsterblichen Sprecher sagen, ist Sünde, sollte nicht sein. Alle finden im großen Welttheater Barmherzigkeit, nur der Staatsmann, der Kanzler nicht: er geht aufrecht hinab. Das ist im »großen Welttheater« die Lösung des Geschichtsdramas überhaupt. Calderón, der noch in dem vorkopernikanischen Kosmos lebte, führte seine Spieler zum Portal der Kathedrale: es öffnet sich unter den letzten Worten und die Orgel erbraust; auf das Profane, das Schaupsiel, die zu Ende gespielten, nun zusammenfallenden Masken, das arme, angstvolle Geschichtspersonal fällt sakrales Licht. Seine letzte Klage trägt Lobgesang fort.

Der Bereich, den Calderón am strahlenden Abend des spanischen Weltreichs durchmaß, fest in die sinkende Sonne – die Sonne, die ja nicht untergehen sollte – blickend, umschrieb, ist gewaltig. Wer, außer ihm, außer Shakespeare, vermöchte die Spannung zu tragen zwischen dem Reiche der Semiramis, der großen Cenobia, heidnischem Machtrausch also, bis zur Erkenntnis des durch die Glut der Macht und Herrschaft geschrittenen Königssohnes Sigismund, der Königtum und alle von ihm ausgehenden Würden, der Autorität und Liebe als Traum versteht und sich klaren Bewußtseins zum Traum entschließt: weil eben Macht auf Erden geträumt, das metaphysische Gleichnis der Geschichte gelebt werden müssen! Träumen wir die Liebe, träumen wir die

Macht, die Ehre, die Glorie, die Majestät! Dieser Traum ist uns auferlegt, von dem, der uns aufwecken wird. Wer aber vergißt, daß er träumt, wird seine Seele verlieren.

Calderón hat seinen »Belsazar«, einen unwissenden Botschafter des Weltendes, der Apokalypsis, mit Abgötterei und Eitelkeit vermählt. Er hat in dieser Dreieinigkeit die Macht personifiziert, die soeben auf der Mitte unserer Geschichtsbühne effektvoll aufgetreten ist, in Gewändern von höllischem Glanz. Seine Konzeption erklärt sich von selbst: eine bestimmte Machtgestalt ist eben dieses Bündnis, des Königs mit den Verführerinnen, diese Dreifaltigkeit von unten her. Trinity war bekanntlich der fromme Deckname der zur ersten Atombombe führenden Anstalten – wie es ja im Bereich der Kriegstechnik keineswegs an Splittern zerschellter Frömmigkeit fehlt. Ein apokalyptischer Atem weht durch die Arsenale.

Die Lösung ist die christliche: sie erhebt sich aus der Einsicht, daß Leiden Macht ist: der Jammer des auserwählten Volkes, die Bedrängnis des Propheten. Leiden also bedeutet gültige Verwaltung menschlich-sittlicher Macht; sie findet ihre geschichtliche Würde in der Schande, das heißt: im Judentum; sie ist gegenständlich im Kelch, den der Priester in unter Fesseln betenden Händen hält. Macht aber im höchsten Sinne – und hier endlich strahlt das christliche Kleinod auf – ist die Liebe, die Hingabe an die Raubtiere; es ist Daniels Macht unter den Löwen, die ihn verschlingen sollen.

Der Dom zu Worms bewahrt ein Relief vom Ende des 12. Jahrhunderts: Daniel singt und betet, lächelnd, im Löwenzwinger und die Bestien verwandeln sich – »Das Tier will gar zum Menschen werden«; die Raubgier nimmt unter erlösender Kraft das menschliche Antlitz an, wird von ihm überformt; die Bestien lecken das Knie des Befreiers, und der Prophet singt und betet selbstvergessend fort; er segnet; er ist furchtlos. Er hat verstanden, daß das Böse unsagbar leidet, daß es danach lechzt, befreit zu werden aus dem Käfig der Gier. Schon schimmert das Antlitz des Heilands durch die seligen Leidenszüge des Propheten – hier im Abgrund, wo nur Gestank und Greuel, Blutrausch und stumpfer Grimm zu erwarten waren: hier siegt Gott im Schwachen, und der Chor der gepeitschten Judenschaft wird zum Lobgedicht.

Es bildet sich also jene Gestalt der Macht, die einzige Antwort an ihre Tragödie ist, an ihre schon banalisierte und keineswegs allgültige Dämonie: Macht erscheint in Liebesgestalt, Liebe in Machtgestalt. Das ist der Blick Maria Theresias in die Augen des Gatten auf dem Sarkophag in der Kapuzinergruft; Shakespeares Traum von der Wiedereinsetzung verjagter guter Fürsten, von wiederaufstrahlender Ehre gekränkter Frauen. Das ist Bestätigung der Erkenntnis, zu der Strindberg, wohl der bedeutendste Tragiker der Jahrhundertwende, in einem seiner frühen Stücke niedergelegt hat: »Macht ist das Höchste, das ein schwacher Mensch erlangen kann, aber wehe dem, der sie mißbraucht! Das ist der größte Verbrecher auf Erden, denn er schafft ein Zerrbild unseres Herrn« (Lycko-Pers Resa 3, 9). Macht also ist die Seifenblase, die Gottes Herrlichkeit reflektiert. Das Verhältnis zu Gott bewertet die Macht. Und Leiden ist überwältigende Macht: denn eine größere kann es ja nicht geben, als die der Erlösung des Bösen fähig ist. Warum unterstellten wir sonst das Zeitalter der Menschenvertilgung und Satelliten dem leidenden Kinde von Lisieux!

Unsere Zeit hat Größe; sie ist begnadet. Es ist ganz deutlich zu erkennen, wohin das Problem der Macht und Herrschaft, mit dem unsere Sache verhandelt wird, drängt. Eine jede Steigerung ist bewunderungswürdig im Technischen und ist doch nur eine Steigerung des Versagens. Die Schlachten alle, auf die wir uns noch einlassen wollen, werden verlorengehen wie Belsazars Schlacht: weil eben der Mensch in jedem Falle verliert. Wenn aber der Prophet aus der Grube der Raubtiere steigt, demütig, als von der Gnade ermächtigt, und die Löwen ihm demütig folgen, so ist Geschichte gewonnen: gewiß nicht vom Menschen, aber von der Gnadenmacht, die ihn gewürdigt hat, ihre Wohnung zu sein. Geschichte verhallt im Gloria. Die Liebe zum Raubtier, diese quijoteske Unmöglichkeit, diese Narrheit der Heiligen, ist die einzige Befreiung von der sogenannten Dämonie der Macht, weil sie auch dort noch, wo alles verloren zu sein scheint, in Gottes Weltherrschaft einmündet; sie, soweit das arme Menschenkräfte vermögen, in der Geschichte aufleuchten läßt. Wir wissen: in einer jeden Möglichkeit der Machtausübung, der Herrschaft verbirgt sich ein Angebot des Abgrunds; es verbirgt sich auch in ihr ein Ruf, eine Warnung des Engels; und Völker haben ja ihre Engel, Träger ihrer metaphysischen Macht und ihrer Berufung in die Herrlichkeit. Der Fromme, der nichts mehr will für sich, der im Abgrund Gottes Anwesenheit erfährt und den Blutdurst segnet mit der Kraft der Furchtlosigkeit, wird – das ist die Hoffnung – hervorsteigen aus der Finsternis der Verbrechen und das letzte Wort sagen von unseren Verfehlungen und Leiden, von den Tyrannen, die wähnten mächtig zu sein und den Himmel beschossen, der leer für sie war; der – versuchen wir gerecht zu sein – vielleicht das Ungestüm ihrer Jugend enttäuschte, indem er sich verschloß. Gott läßt sich nicht nötigen; suchen wohl, aber daß wir ihn finden, ist ungewiß, weil eben sein Bild unsere Fähigkeit des Empfangens, die Kapazität unserer Seele und unseres Geistes um Unaussprechliches übersteigt. Aber in dem Propheten, der in der Tiefe des Abgrunds begnadet wurde, dem Fürbitter und Anwalt der Raubtiere, manifestiert sich der Mensch in letzter begnadeter Macht: sein Gebet und Gesang sind die Teilnahme am Leiden der Welt, die Einstimmung in Gottes Gesetz, Widerschein der Himmel. Er ist das Opfer, dessen Bereitschaft genügt: das Opfer, dem der Weltherr die letzte Prüfung und Verlassenheit erspart, weil sein Sohn sie am Kreuz bestanden, für immer abgeleistet hat.

(12. 10. 1957)

VERANTWORTLICHKEIT DES GEISTES

1. SCHULDHAFTIGKEIT DES GEISTES

DER MENSCH VOR DEM GERICHT DER GESCHICHTE

Wo der Weg am härtesten ist,
da gehe hin.

Jakob Böhme

Fassen wir uns für einen Augenblick ans Herz und fragen wir uns, was wir erlebt haben! Dann vielleicht werden wir verstehen, was wir erleben und wieder erleben werden. Die Geschichte war offenbar aus den Ufern getreten und drohte uns und alles das Unsrige, das Erbe, dessen Wert wir zu spät erkannten, mit so vielen Hoffnungen, Ansprüchen, Rechten, deren Fragwürdigkeit wir uns längst hätten eingestehen müssen, hinwegzureißen. Als Überlebende, die nicht recht begreifen können, wie sie überlebten, oder gar mit welchem Rechte, blicken wir über eine Verwüstung ohnegleichen; noch immer meinen wir, Freunde müßten wieder erscheinen, deren Spur verweht ist – und wir fürchten und ahnen doch, daß sie ohne Grab untergegangen sind. Den Untergang der Denkmäler und Bauten, den wir früher nicht verwunden hätten, verschmerzen wir leicht – und es wird mit dem Untergang der Lebensformen, in denen wir beheimatet waren, kaum anders sein; wir wissen, der Geist ist hinweggeschwunden, der diese Dinge geschaffen, getragen hat – und es hat keinen Sinn, ein Haus wieder herzustellen und bereit zu halten für einen Gast, der nimmer einkehren wird. Uns geht es jetzt um den Menschen, der in der Geschichte steht, über den die Geschichte hinweggetost ist, und der sich gleichwohl wieder aus der Geschichte erheben muß. Wir erkennen in den Gesichtern der Überlebenden die Spuren unsäglichen Entsetzens, eines Schreckens, der erstarren machte – und manche unter ihnen erscheinen uns wie Gestorbene: sie irren als Fremdlinge auf den alten Wegen zwischen den Trümmern. Heimat finden sie hier nicht mehr. Auf fast allen Gesichtern scheint das Eingeständnis zu stehen, daß sie etwas erfahren haben, auf das sie nicht vorbereitet waren.

Ja, wir waren nicht vorbereitet. Die Wirklichkeit, in der wir aufwuchsen, in der unsere Erzieher uns zu festigen suchten, ist die ganze Wirklichkeit nicht gewesen, sie wurde übermächtigt und zertrümmert von einem Stück Welt, an das wir nicht gedacht, das wir vielleicht auch nicht haben wahr haben wollen.

Als Geschlagene, in der tiefsten Not der Bestürzung und Erniedrigung, müßten wir gleichwohl stark genug sein, uns dieser ganzen Wirklichkeit zu stellen, sie in ein Bild zu fassen, das wir der Jugend vermitteln können. Die Jugend darf ja nicht überrascht werden wie wir und darf nicht erliegen wie wir: sie ist gerade an *die* Tore gerufen, die wir nicht bewacht haben; wenn wir mit der letzten und äußersten Kraft diese Tore bezeichnen, sind unsere Erfahrungen und die Opfer unsere Freunde, ist das grenzenlose Leid der Völker vielleicht doch nicht vergeblich gewesen.

Der Strom, der über die Ufer tritt, ist seinem Wesen nach kein anderer Strom als der ruhig dahinziehende, dem eine friedevolle Jahreszeit aufgegangen ist; er zeigt sich nur in seiner eigentlichen Natur, seiner fortreißenden Wucht, die ein Geheimnis seiner Tiefe war. Geschichte muß sich uns jetzt und hier erschließen, in der Not des Tages, sonst werden wir sie schwerlich jemals begreifen. Sie wird fort und fort aus denselben Quellen gespeist, und dieselben Nebenströme drängen ihr zu, schwellend von verborgenen Kräften, gestern und heute und morgen, bis einmal das Gefälle der Erde erschöpft ist und alle Ströme sich ausgeschüttet haben und münden in der Ewigkeit. Geschichte aber ist ganz Zeit und Zeitlichkeit, ein unaufhaltsames Herandringen, einander ablösender Forderungen – und doch darf dieses Zeitliche uns nicht übertäuben. Wir müssen uns emporringen und standhalten und versuchen, Geschichte zu überschauen.

Welchen Namen die Geschichte der Macht einmal tragen wird, die wir aufsteigen und die Welt bedrohen und zertrümmern sahen, wissen wir nicht. Ein Grauen beschleicht uns, so oft wir diese Zeit zu durchdringen suchen und uns nach ihren Zeichen, ihrem Gehalte fragen. In ihrem Schatten sehen wir die immer wechselnden, verfließenden Züge eines Mannes, der im Grunde keinen Namen hat. Alles scheint zufällig an ihm zu sein, selbst der Name – und dies würde doch nur darauf hinweisen, daß er gleichsam aus einer anderen Dimension kommt, daß das Irrationale in gewissem Sinne die Heimat dieses Heimatlosen war. Nehmen wir diese Erscheinung nicht zu leicht, vergessen wir sie nicht zu rasch! Es sollte vielmehr unser ganzes Bemühen sein, dafür zu sorgen, daß sie – und die ungeheure Entscheidung, vor der sie unser Volk gestellt hat – nicht vergessen wird. Er, dessen Bild unsere Blicke hemmte, wohin sie sich auch wenden mochten, war in gewissem Sinne diese Zeit und ihr Geheimnis. Damit soll nicht etwa der Wiederbeginn einer Heroisierung gemacht werden, von der wir im Gegenteil hoffen, daß sie von Grund auf unmöglich geworden ist, samt all der fragwürdigen Heldenverehrung, mit der man glaubte, Menschen bilden zu können; wissen wir doch, daß die eigentlichen Vorbilder, die Sprecher des Gewissens und wahren Helden dieser Zeit nicht im Glanze, sondern in der Schande lebten und litten und gestorben sind. Auch die Verantwortlichkeit des Mannes und unsere eigene soll nicht im mindesten geleugnet werden: wir treten hier an den Rand einer Schuld, deren schauerliche Tiefe wir nicht ermessen können, einer Schuld, auf deren Ahn-

dung die Welt nicht verzichten kann und müßte sie um derentwillen neue Formen des Rechtsvollzuges schaffen.
Der Mächtige der abgelaufenen Stunde und seine Macht stehen ohne Zweifel in einer sehr tiefen Beziehung zur deutschen Geschichte. Wir sollten diese Beziehung nicht in tendenziösem Sinne vereinfachen, nicht auf eine Formel bringen, die heute in jedermanns Munde umläuft und morgen nichts mehr sagt und taugt. In ihrer besonderen Form war die furchtbare Erscheinung nur hier möglich, im Widerspruch zu den hohen Wesenszügen des Deutschen und seiner Vergangenheit, in einer entschiedenen Entsprechung zu den niederen Tendenzen, einem maßlosen Verlangen nach Geltung und Macht, das der Aufsicht des Gewissens Hohn sprach, das Recht wähnte schaffen zu können, statt sich ihm zu beugen, und die Wahrheit glaubte setzen zu können, statt sie zu verehren; einem Verlangen, das die Verpflichtung des Daseins im Weltzusammenhange schonungslos zerriß. Wenn wir Geschichte und Geistesgeschichte unseres Volkes unbestechlich durchforschen, werden wir unheimlich-gespenstischen Vorbereitern dieser nihilistischen und todessüchtigen Vergötzung der Macht und der ihr gemäßen Entwürdigung des Menschen an vielen Orten begegnen – aber auch Geistern, die ihnen widersprachen und zum Schaden aller nicht gehört wurden. Im großen Zusammenhang der Geschichte müssen wir für diese Erscheinung einstehen: so wie sie war, ist sie hier nur möglich gewesen; wollen wir sie überwinden, so müssen wir sie in unserer eigenen Geschichte bekämpfen, so müssen wir Personen, Erscheinungen, Staats- und Machtformen verwerfen, die in die tödliche Kurve dieser Jahre weisen und sie eingeleitet haben. Unter den Lebenden aber sind verantwortlich in verschiedenem Grade alle, die dem Manne und seiner Verheißung sich zuneigten, mag diese Neigung in Taten sichtbar, in Worten vernehmlich, mag sie verborgen geblieben sein. Wohl dem, dessen Gewissen seine verborgene Schuld aufspürt: er kann an ihr sich wandeln, er kann zum Träger eines

besseren Daseins, besserer Taten werden. Schuld ist wahrlich nicht die Tat allein. Erinnern wir uns der Worte des alten Dichters:

Rein sind die Hände,
doch befleckt das Herz.
(Euripides)

Und nach dem befleckten Herzen müssen wir lernen zu fragen. Aber mit dem allem werden wir dem Manne, der dieser Phase der Geschichte ihren schaurigen Inhalt gegeben, doch nicht gerecht. Er hat sich an Ordnungen versündigt, die von Anfang bestehen für die Ewigkeit und schon im irdischen Leben das Gericht offenbar erfahren, dem der Empörer verfällt; die Frage ist nur, aus welcher Tiefe seine Sünde geschah.

Wir sehen gegen alle Wahrscheinlichkeit seine Absichten sich verwirklichen; er fordert die Welt auf eine ungeheuerliche Weise heraus, aber sie fügt sich und läßt ihn schalten. Der Geister bemächtigt sich die Vorstellung, daß es ihre Bestimmung sei, ihm zu dienen – und er selber hört nicht auf, von dieser Bestimmung zu reden. Über ihm herrscht ein geheimnisvolles Schweigen, und er wagt es, dieses Schweigen als eine Zustimmung der Vorsehung zu nehmen. Offenbar fühlt er sich im Bunde mit einer Macht; sie treibt ihn, aber in der Richtung seiner Wünsche, seiner eigenen Macht entgegen. Zwischen der Macht, die ihn treibt, und der Macht, die er will, scheint kein Unterschied mehr zu sein. Aber die Macht, die er will, das ist wieder er selbst, sein eigenes vergötztes Bild. Und der Chor ihn umlärmender Gefolgschaft – solcher, die ihm blind verfallen sind und die doch wieder einen Fetzen seiner Macht wollen, seines Ruhmes, seines rauschhaft hintobenden Lebens – diese Gefolgschaft wird nicht müde, ihn in die Glut dieses Machttraums wie in einen feurigen Ofen, in sein eigenes, ihm selber verderbliches, glühendes Bild zu hetzen, hinweg über das eigene Volk und die Völker, die offenbar einem Angriff von dieser Seite nicht gewachsen sind. Es ist ein Geheimnis, daß im Menschen ein Zug zum Verderben steckt und dieser Zug mächtiger werden kann, als jedes Verlangen nach Glück: dieses Hinunterwollen war vielleicht das Innerste des Mannes und seiner Macht, ihm selber wohl schwerlich bewußt, denn die Gabe der Unterscheidung zwischen oben und unten war ihm ebensowenig gegeben wie erwünscht.

War diesem Unseligen doch auch das Wort verweigert, das eigene, klare, geprägte Wort, obgleich er immerfort sprach. Dieses Fehlen des Wortes ist ein wesentliches Kennzeichen seiner selbst und seiner Ära. Denn das Wort lebt aus der Beziehung zur Wahrheit, es wird vom Eingang der Wahrheit in ein Leben, eine Zeit gezeugt. Hier aber fehlte das Wort, und diese Leere sollte ausgefüllt werden vom Lärm der Rede. Wohl nur ganz selten stand die Macht eines Menschen, einer Zeit in solchem Mißverhältnis zum Wort, war die Macht so ungeheuerlich und das Wort so arm. Aber diese Armut, diese Fadenscheinigkeit und Abgenutztheit des Worts war ein sicheres Zeichen dafür, daß die Macht krank war; daß sie bei aller ihrer Furchtbarkeit nicht ernährt wurde von der echten Wirklichkeit des Seins, der Geschichte.

Und diese Krankheit der Macht prägte sich auch auf den Zügen ihres Trägers aus. Dann und wann – zumal wenn er einmal glaubte, nicht im Scheinwerferlichte zu stehen, diesem Lichte, das er zu seiner eigenen Qual Tag und Nacht auf sich gerichtet hat –, laufen entsetzliche Schatten des Überdrusses, des Ekels über sein Gesicht; er haßt, was er nicht besitzt, was ihm entgleitet; und die Ahnung eines schauerlichen Endes, dieses Endes, das ihm gemäß ist als der in ihm liegende Schwerpunkt seiner niederreißenden Kraft umdüstert ihn plötzlich im Fanfaren-Lärm; er ahnt, daß er stürzen wird; dann wirft er sich wieder in den Rausch des Befehls wahnwitziger Träume und meint sich emporgetragen. Von einem gewissen Punkte an mißlingt ihm im Grunde alles, und was er auch tun, was ihm auch gelingen mag, seine Macht noch zu steigern, trägt dazu bei, sie untragbar zu machen, das Fundament zu überlasten und einen fürchterlichen Einsturz vorzubereiten.

Er will bewegt sein ohne Ende und eine solche Bewegung schaffen: sein Symbol ist das kreisende Kreuz – nicht das stehende, das die Wahrheit widerstrahlt; seine Macht ist auf der Flucht wie er selbst; sie zehrt sich auf, indem sie zu wachsen scheint, und läuft über die Erde hin wie ein Brand, eine Seuche, die nicht dauern kann, aber tödlich ist. Über dem Manne, seiner Macht, seiner Geschichte steht das unheimliche Wort des heiligen Augustinus: »Im Kreise wandeln die Gottlosen«; es ist das Wort, mit dem sich das Geschichtsbewußtsein des Christen, der weiß, daß die Welt dem von Gott gesetzten Ziele entgegengeht, der Lehre widersetzt, daß der Weltlauf seinen Sinn in sich selber habe: welche Lehre, wenn sie der Welt Ewigkeit zuerkennen will, deren Lauf in den Kreis umbiegen muß.

»Im Kreise wandeln die Gottlosen«: Wir erinnern an eine Zeichnung van Goghs aus seinem letzten Lebensjahr: sie stellt einen Gefängnishof dar, in dem die Gefangenen unter fensterlosen, eng zusammenstoßenden Mauern verbissenen Gesichts unter den Augen der Aufseher im Kreise laufen. Ist es das Bild des kreisenden Staates, der unter dem sich rastlos drehenden Kreuze errafften Macht, und des Menschen, der in diesem Staate leben soll, der von dieser Macht erniedrigt und aufgezehrt wird? Oder spricht dieses Bild die Seele, die Welt des Denkers aus, der um dieselbe Zeit die Lehre von der Ewigen Wiederkunft erneuerte?

Aber wir wollen nur *die Frage* aufwerfen nach dem Wesen des Mannes, der als Irrstern über den letzten Jahren glühte; beantworten können wir sie nicht. Was im ernstesten Sinne allein wissenswert wäre: seine Seelengeschichte, wird vielleicht nie erforscht werden. Eine entsetzliche Katastrophe muß sich in seinem Leben ereignet haben: sie machte ihn zur

Katastrophe selbst; wer seinen Weg kreuzte, war dem grauenvollen Ende verfallen, das in ihm war; wer ihm die Hand reichte, hatte sich dem Tode verbündet; wer ihm anhing, erblindete und ertaubte; mit der Durchschlagskraft eines Geschosses brach er eine Bahn durch die Zeit, die unmittelbar in den Untergang riß. Die ungeheure Verwüstung hätte nicht geschehen können, wenn etwa nur die Kräfte dieses Mannes selber und seiner Gefolgschaft, sein Entschluß zum Verbrechen, seine unzulänglichen Meinungen im Spiele gewesen wären. Hier handelte ein anderer durch den, der zu führen glaubte und über ihn hinweg. Wir sehen keine Auskunft als in dem Schriftwort: »Das hat der Feind getan.«

Dies müssen wir festhalten, daß der Feind *tut,* daß er handelt in der Geschichte. Es genügt nicht, die großen Zerstörungen im Bereiche des Glaubens, die Verwüstung in der Seele der Menschen, die Irrungen der Geister zu schildern, die dieser rauschhaft-nihilistischen Macht seit langem ihre abschüssige Bahn bereiten. Das Versagen des Menschen ist nur die eine Seite des furchtbaren Vorgangs; wesentlich ist, daß diesem Versagen das Hereinhandeln des Feindes begegnet. Der Mensch kann sich ja nicht allein vor *Gott* entscheiden und hat nicht allein die schreckliche Freiheit, von *Gott* sich abzuwenden; er hat die noch schrecklichere, sich dem *Widersacher* zuzuneigen. Der Mensch lebt in Anfechtung solange er lebt, und auch Völker leben in ihr. Was bist du bereit, für die Reiche der Welt zu geben: dies ist die Frage, die von der Geschichte immer wieder an die Völker herangetragen wird. Die auf diese Weise gebotenen Reiche sind Blendwerk: der geforderte Preis ist aber immer der höchste: die Seele, der Friede, die echte Macht, die Gott einem Volke und seinen Lenkern anvertraut hat, auf daß sie diese Macht verwalten vor ihm, im Bewußtsein der Verantwortung für sich selbst und die Welt auf Zeit und Ewigkeit. Wendet der Mensch von Gott sich ab, um nach Gesetzen zu leben, die er selber sich gibt – macht er den Versuch, nach dem Menschen zu leben, so wird er, wie es im »Gottesstaat« heißt, dem »Teufel ähnlich«; zum mindesten gelangt der sich abkehrende Mensch, den Gottes Gnade nicht mehr hält, in eine solche Gewalt der Anfechtung, daß er sich vergebens festzuklammern sucht. Von einer gewissen Stelle an ist schwerlich noch ein Halten; einer der Knechte des Widersachers hat sich auf das Gefährt geschwungen, die Zügel an sich gerissen und peitscht die Rosse in den Abgrund.

Eh' aber dieses Äußerste geschieht, war für einen Augenblick Freiheit und Klarheit; der Teufel gelangt nicht zur Herrschaft, wo er nicht gerufen wurde, nicht zum Siege, wo sein Tun und das Tun des Menschen sich nicht verbünden. Dieser Ruf muß nicht laut – er kann ein sehr verborgener sein. Das Gespräch, das ein Mensch, das ein Volk mit dem Versucher führt, wird nicht von der Geschichte aufgezeichnet – aber die entsetzlichen Folgen des Gesprächs sucht sie zu verzeichnen, oft genug ratlos, weil sie den großen Gegenspieler nicht zu benennen wagt, den Augenblick der Entscheidung nicht erforschen kann. Und wieder möchten wir, mit der Herzenskraft verzehrender Sorge, die Gewissen aufrütteln, nach diesem Ruf zu forschen: Wann sind wir bereit gewesen, eine Hilfe anzunehmen, die nicht erlaubt war, nach einer Macht zu greifen, die unter dem Blutbann des Unrechts, der Gottesleugnung, des Mordes stand, einer Angst zu gehorsamen, die das Gewissen, die Seele in uns verdarb?

Auf eine rätselvolle Weise schattete eine Art von Ähnlichkeit mit dem Mächtigen der Stunde über die Gesichter. Gemeinsame Schuld macht ähnlich. Wer sieht nicht die Unrast, den Anspruch, die heillose Verzweiflung, das Getriebensein dessen, den man als den »Herrn der Geschichte« oder des Schicksals zu feiern liebte, auf den Gesichtern derer, die ihm dienten, ihm folgten, an ihn glaubten? Wäre es nicht feige zu sagen, daß er allein oder ein enger Kreis Verschworener die Zeit zu verantworten habe? Wir wagen es zu sagen: zu verantworten hat sie ein jeder, der nur ein einziges Mal an das

Recht dieses Mächtigen glaubte. Freilich stuft sich die Verantwortung wie die Schuld nach vielen Graden ab; nur dürfen wir ihr nicht ausweichen. Es gibt kein Heil als im Bekenntnis, in der Wandlung, als in der unerbittlichen Begegnung mit der innersten Wirklichkeit der Geschichte. Aus dem Zirkel der Schuld befreit allein schonungslose Wahrhaftigkeit.

Indem wir nach einer Formel suchen für das, was geschehen ist, möchten wir die gefallene Macht einen Anschlag auf den Menschen nennen. Der Feind, der mächtig war, ist ja ein Menschenmörder von Anfang an (Joh. 8, 44); Menschenmörder nicht allein im wörtlichsten, sondern im tiefsten Sinne: Vernichter des Menschenadels, dessen, was den Menschen zum Menschen macht, zum Kinde Gottes erhebt, zum Erben des Himmelreichs einsetzt. Der »Mord«, um den es sich im tiefsten Grunde handelt, ist metaphysischer Art: die Ertötung des ewigen Lebens, des heiligen Heimatrechtes bei Gott. Aber wer den Menschen so tief erniedrigen will, wie es hier geschah und versucht worden ist, der muß selber auf das tiefste erniedrigt worden sein; er muß gefühlt haben, daß Gottes Bild in der eigenen Seele erloschen ist und in Haß entbrannt sein auf dieses Bild, wo immer er ihm begegnete. Und es ist die eine große List des Widersachers und seiner Knechte, daß er die Vernichtung in Herrlichkeit kleidet und als Erhöhung ausgibt, was erniedrigt, als Größe das Elend, als Glück den Unfrieden, als Macht die Versklavung: so wuchs dieses Reich der Erniedrigung gewissermaßen in eine schwarze Herrlichkeit, einen schmählichen Ruhm. Wir sind in der großen Schlacht gewesen, die um die Seelen geht, dieser einzigen Schlacht der Geschichte: hätten wir Augen, um zu sehen, so hätten wir Engel und Drachen im Streite erblickt.

Als solche, die versucht worden sind, und die Gewalten kennen, sprechen wir in diesem Augenblick zur Welt: Verwahrt die Tore! Erkennt den Feind! Habt Acht auf eine jede seiner Verkleidungen: er versteht sich auf die Sprachen, die Traditionen, die Versuchbarkeit der Völker. Erkennt und ergreift die ganze Wucht der Verantwortung! Ihr steht nicht zwischen Recht und Unrecht allein, sondern zwischen Himmel und Hölle. Wir leugnen die Schuld nicht; aber, auch diese Schuld liegt auf dem Schauplatz der Seelenschlacht, der gestern geschehenen, heute währenden, vom Diesseits zum Jenseits zielenden Geschichte, und keine Epoche ist, wenn sie verstanden werden soll, in solchem Maße auf Metaphysik angewiesen wie diese, die das Metaphysische mit Erbitterung verleugnet hat.

Daß der Mensch Mittel sein müsse für von Menschen erdachte Zwecke, war der freventliche Anspruch der gefallenen Macht; der Mensch sollte nicht nur Knecht des Staates, er sollte Waffe, Geschoß werden, lebloser Gegenstand in der Hand des Mächtigen der Stunde, der, ob er wollte oder nicht, in der Vermessenheit seiner Forderung sich selber zum Sinn des hingeopferten Lebens erhob. Wohl wurde das Wort Seele – wie alle hohen Worte – im Übermaße gebraucht und mißbraucht: in Wahrheit konnte von der Seele, die Gottes Eigentum ist, niemals die Rede sein. Denn eben sie ist das Palladium der Freiheit, das dem Menschen anvertraute Gut, für das er sich verantworten soll.

Wurde der Mann versucht durch Ehrgeiz und Tatendrang, mit Ruhm und Gewinn, Macht und Abenteuer, mit einer Art von militärischem Nihilismus, der offenbar der Name für das Deutschland dieser Jahre war und von den Machtsüchtigen als Zauberwort gewittert wurde; so erlag die Frau auf eine unbegreifliche Weise der Magie toter Rede, einer nicht zu bezeichnenden, das Gefühl übermächtigenden Stimme. Und doch war es gerade ein Kennzeichen jenes Staates, daß die Frau in ihm keine Krone trug, keine Würde hatte, kein Wort, kein Amt; daß sie in ihm zum Werkzeug erniedrigt worden ist, wie es noch niemals geschah. Es gehörte zum Wesen der lenkenden Männer, daß sie Losgerissene waren; daß sie die Gesetze mißachteten, deren Hüterin die Frau ist. Der

Staat glich einem Gespann, dessen einer Zügel zerrissen ist: so jagten die Pferde im Kreis, bis sie zusammenbrachen und das Fahrzeug zerschellte, dem Gespann des Hippolitus ähnlich, das die furchtbar aus dem Meere aufsteigende Gottheit gegen den Felsen trieb.

Wir haben nicht mehr anzuklagen: dazu ist es längst zu spät; wir versuchen, in Worte zu fassen, was geschah und die Sünde dieser Zeit zu nennen, auf daß sie erkannt werde. Alle Sünde am Menschen ist Sünde gegen Gott, der den Menschen nach seinem Bilde geschaffen: sie ist Aufruhr, Haß auf das Bild, in dem das Urbild gehaßt wird; Haß auf Gottes höchstes Werk und damit Haß auf alle Werke der Schöpferhand. Die Sünde am Menschen dehnt sich über die Schöpfung aus, und mit den Hingemordeten allen und den Frauen, deren Adel gekränkt, deren Herz zertreten wurde, meinen wir auch die Schöpfung klagen zu hören: der ihr Herz herausbricht und zerstampft, der kann auch die Geschöpfe nicht achten; und so klagen die gepeinigten, verhungerten Tiere, die zerrissenen Bäume, zerwühlten Äcker und Gebirge, die Erde und das Meer, die bis in den Frieden ihrer Tiefe verwundet wurden. So spiegelt die Geschichte in einem ungeheuren Bild die geheimsten Vorgänge einer Seele; die ganze Welt drohte zum Abbild dieser einen verwüsteten Seele zu werden. Aber an dieser Seele hatten wir Teil. Oder wir sollten uns zum mindesten ernstlich fragen, ob wir durchaus keinen Teil an ihr gehabt, ob der nihilistische Rausch der Empörer uns nicht einmal gestreift hat und sei es auf den entlegensten Gefilden des Geistes, der Kunst. Denn auch dort wuchert die Schuld; und Kunst und Gedanke, die dem Widersacher verfallen sind und von ihm mit falschem Lichte erleuchtet wurden, verwandeln sich unversehens in Taten. Sie bestimmen den Lebensinhalt, aus dem das Volk zu Taten aufbricht. Damit fordert die Geschichte mit ehernem Rechte den Denker und Künstler vor Gericht. Wir werden uns auf das ernstlichste fragen müssen, welche Werte die Kunst gefeiert, welches

Weltbild sie vermittelt, welches Menschenbild sie gestaltet hat, überzeugt davon, daß ein jedes Kunstwerk nur in dem Maße verpflichtet, in dem es selber der Wahrheit und der Wirklichkeit der Schöpfung verpflichtet ist.

Sollte die große Hoffnung dieser Zeit sich erfüllen, diese Hoffnung wider alles Hoffen, die wir bewahren müssen, ohne daß wir uns hinwegtäuschen über die Verheerung des inneren und äußeren Lebens: sollten der Mensch und endlich die Menscheit ihr *Herz* wieder finden und erschüttert vom Leide aller, von der Sünde an Gott und der Schöpfung bereit werden, sich zu wandeln, so müßten diejenigen den Anfang machen, die sich am schuldigsten fühlen. Auf ihnen ruht darum auch die größte Hoffnung. Wir haben keinen Pfad als den, der durch das Entsetzen über unsere Sünde führt. Diese sittliche Aufgabe ist in jedem Betrachter die erste. Eh sie nicht anerkannt, ergriffen, bezwungen ist, kann durchaus nichts gelingen, was von Wert ist. Wir müssen andere Menschen werden, wenn wir in einer anderen Welt leben wollen. Wird uns die Geschichte nicht zum Gericht der Läuterung, zur furchtbaren Erweckerin des Gewissens – und zwar eines Gewissens von einer Schärfe, dessengleichen wir bisher nicht kannten – so wird sie zum Gerichte, das uns verdammt und verdirbt. Mit dem wenigen, was uns noch geblieben ist, werden wir den dunklen Mächten, die von allen Seiten uns anfallen, nicht widerstehen. Wehe dem, der glauben wollte, daß mit dem Mächtigen der vergangenen Stunde der Feind bezwungen ist, daß die Tür, durch die er eindrang, verschlossen wurde und der Schlüssel sicher in unseren Händen wäre! Nein, die Tür ist offen, und nur *neue* Herzen und ein *neuer* Glaube können sie schließen, und auch dann noch, wenn die Erneuerung geschieht, werden wir verloren sein, sofern die Gnade sich nicht unser erbarmt. Unsere Gedanken müssen aus dem Zirkel des Todes, dem Kreislauf der Gottlosen. Wir müssen lernen, den Frieden zu denken statt des Krieges: wir müssen in die große Schule der Wirklichkeit, an der sich die gefallene Macht und das ihr vorausgegangene Denken versündigt haben und müssen in Ehrfurcht vor dieser Wirklichkeit handeln. Es ist die schlimme Gefahr des Deutschen, zu denken, statt zu sehen, zu wollen, statt aufzunehmen, gewaltsam zu bilden, statt zu empfangen und sich an der Welt dafür rächen zu wollen, daß sie der eigenmächtig entworfenen Vorstellung nicht entspricht. Hier wäre ein Anfang zu machen. Wir müssen erkennen, was besteht und das Bestehende achten in Ehrfurcht vor dem, der es geschaffen hat und in dem es besteht. Wir müssen das Geschaffene liebend erkennen; die Liebe allein bindet an die Wirklichkeit; die Liebe schließt sie auf. Die Welt ist Fülle, an der wir teilhaben, die wir zu einem Teile verwalten dürfen, nicht Möglichkeit, die darauf wartet, von uns einen Inhalt zu empfangen; sie ist auch nicht wehrlose Beute, die auf den Griff des Machtsüchtigen harrt, sondern die in ihr beschlossene Macht wird die Herausforderung ruhig erwidern und übermächtigen.

Vor dem ersten Weltkriege wurde auch unter Theologen die Frage ernsthaft erörtert, ob man an den Teufel glauben solle oder nicht. Man meinte, schon ein großes Zugeständnis zu machen, wenn man diesen Glauben anheimstellte: so hell schien es damals in der Welt zu sein. Seither brach eine fürchterliche Finsternis herein. War es damals zu hell, so scheint es heute wieder zu dunkel, als daß wir den Teufel sehen könnten, und doch steht er als der große Gegenspieler, den zu stürzen der Herr gekommen ist, in der Offenbarung. Wollen wir Ernst machen mit den Erfahrungen der letzten Jahrzehnte, so müssen wir uns zu einem Geschichtsbilde entschließen, in dem der Teufel steht. Er ist der eigentliche Erreger der Geschichte. Ohne den Abfall, den Aufruhr wäre Geschichte nicht möglich. Die Überwindung des Teufels ist ihr großes Thema; ihm soll die Welt abgerungen werden mit einer jeden einzelnen Seele.

Wir sollten nicht mehr vorübergehen an dem, was Böhme

und Baader, Görres und Schelling vom Teufel und von der Geschichte gelehrt haben. Schelling deutete das Wort des Herrn: »Ich sah den Satan wie einen Blitz vom Himmel fallen«, dahin, daß der Satan nun auf der Erde sei, nicht etwa alle Macht verloren habe. Mit diesem Sturze, meint Schelling, »eröffnet sich ein neues Theater der Wirkungen des Satans, die nicht minder blutbetriefte Schaubühne der neueren Geschichte.« So hat Newman mit klaren Worten für unsere Zeit vorausgesagt, daß in ihr der Teufel los sein werde. Auf dieser Bühne stehen wir als Verantwortliche. Wundern wir uns nicht über den rauschhaften Glanz und Sieg, der dem Mächtigen der abgelaufenen Stunde zuteil geworden war! Wer dem Teufel viel verspricht, wird viel von ihm erhalten. Und es ist wahrlich nicht wenig versprochen worden, ging das Spiel doch um die Seele unseres Volkes!

Wer mag wissen, welches Versprechen heute oder morgen im verborgenen gemacht – und übermorgen offenbar werden wird! Aber über allem Tun und Irren der Menschen, dem grenzenlosen Leid, dem geheimsten Verbrechen, dem unsichtbaren Opfer, der ganzen heillosen Unfähigkeit der Menschen und Völker, die Macht in Wahrheit, mit auf Gott gerichtetem Sinn zu verwalten und in seine Hände zurückzugeben, steht ein Wort ohnegleichen, das bisher nicht eingelöst worden ist. Es ist Christi Ankündigung, daß er wiederkommen werde auf den Wolken des Himmels, zu richten die Lebendigen und die Toten. Und selbst, wenn wir an Christus nicht glauben würden, könnten wir über dieses Wort nicht hinwegschreiten, nicht hinwegleben. Wir sehen es an den Gesichtern der Gestürzten, die, solange sie mächtig waren, von diesem Wort und dem, der es gesprochen, nichts wissen wollten, daß es ihnen nun im Ohre liegt mit einer entsetzlichen Gewalt: es verläßt die Zelle der Gefangenen nicht und treibt sie vielleicht in die Schmach ihres verzweiflungsvollen Todes – gerade der Wahrheit entgegen, die es aussagt. Alles, was Menschen von der Geschichte gesagt haben, hat mit diesem Worte nichts zu tun und schafft dieses Wort auch nicht aus der Welt, und wie hoch auch die Vermessenheit der Machtbessenen stieg – mehr als eine Wirkung auf einige Jahrtausende nahm sogar der Wahnwitz der Denker und Gewaltherren nicht in Anspruch. Keiner hat der Erde und ihren Reichen, den Menschen in der Geschichte zu sagen gewagt, daß er kommen werde auf den Wolken des Himmels als Richter; daß er wiederkehrend die Geschichte beenden werde.

Dieses Wort ist da; es wurde in Gelassenheit gesprochen, so gelassen, wie die Wahrheit ist in der Ruhe ihrer Macht. Es ist der heimliche Treiber der Gewissen, der Störer im Schlaf; es zehrt unaufhaltsam an der Gewalt. Es tröstet die Gewaltlosen und schenkt den Erniedrigten in den Kerkern, den Gräbern der Gemordeten den ersten schrecklichen Glanz. Und wenn uns noch ein Wort zum Heil werden kann in der Tiefe des Abfalls und der Sünde, der Kälte und Ratlosigkeit, so ist es dieses Wort. Es erhebt sich vor uns als der Fels, an dem wir scheitern: wir, das heißt unsere ganze, von Geschichte überfrachtete, sie zu tragen nicht fähige Welt. Und es wird auf keine andere Weise wahre Ordnung in das Trachten und Tun der Völker kommen, als unter den Schauern vor diesem Worte. Es genügt wahrlich nicht, im Namen der Menschlichkeit Verwahrung einzulegen gegen infernalische Verbrechen und sie im Namen der Menschlichkeit zu richten. Wo der Angriff aus solcher Tiefe geschieht, da können nur Engel helfen und der Eine, der ihnen gebietet: da treten Beterscharen und Männer die betend handeln, handelnd beten an den Ort der Entscheidung auf dem Felde der Geschichte.

Vielleicht ist das Versagen der Beter der Anfang des großen Unheils gewesen; versagt haben auch die Wächter, die den Geist hätten prüfen sollen, ehe sie ihn einließen in die ihnen anvertraute Stadt. Aber wie hätten sie ihn prüfen sollen, da sie das Wort nicht wußten oder nicht mehr mit ihm Ernst machten, auf das sich der Geist unfehlbar zu erkennen gibt? »Prüfet die Geister, ob sie aus Gott sind!« Das prüfende

Wort kann allein das Bekenntnis zu dem sein, der kommen wird auf den Wolken des Himmels: »Jeder Geist, der bekennt, daß Jesus Christus im Fleische gekommen sei, ist aus Gott! Und jeder Geist, der Jesum aufhebt, ist nicht aus Gott!« So ist es gesetzt, nicht von Menschen erdacht, nicht unser Wille, sondern Gottes Wille – und wir werden stark werden, wenn wir ihm gehorchen. Denn die Gnade ist ganz nahe, so nahe wie der Abgrund. Das ist ja das große Geheimnis, das wir im Grauen erfahren haben, daß Engel da sind, selbst noch am Ort des Frevels, und daß sie den Gefangenen, wenn die Stunde gekommen ist, die Ketten lösen und sie durch Mauern führen, an blinden Knechten vorüber.

»Wachet!« und »Prüfet die Geister, ob sie aus Gott sind!« das Wort Christi – in dem die Macht des Satans geoffenbart ist, und die Warnung des Jüngers vor der Gewalt abtrünniger Geister: das sind die großen Vermächtnisse einer grauenvollen Zeit; sie schallen in eine Stunde herüber, die nicht minder schreckensvoll und doch gewiß nicht unbegnadet ist. Aber das »Verwandelt Euch!« steht noch vor diesen Worten als der Anfang jeder Rettung, jeden Heils. Die Gnade für heute und morgen aber läge darin, daß es uns gelänge, Streiter Christi zu erwecken, Streiter Christi heranzubilden. Ein Streiter Christi sein, betend, wirkend, erkennend, verantwortend aus Liebe zu Gott und den Menschen: dies ist die einzige Form, die wir als »Bildung« bezeichnen können; die einzige Form, die es dem Menschen ermöglicht zu leben, wo er unabweislich leben muß, zwischen Himmel und Hölle, auf dem Schauplatz der Geschichte und im Angesichte ihres Richters.

Aber der Richter ist König. Er trägt die Krone »Furchtbarer Majestät« – und wunderbar! er fordert eine Krone von uns ein. Als Gekrönte sollen wir ihn erwarten, ihm entgegengehen. Die Krone: das ist das schwache Licht eines Widerscheins auf Menschenstirnen, welches Licht ausgeht von Christus und den Menschen ihm ähnlich macht. Und an dieses Licht möchte ich erinnern. Ich würde es so gerne auf eine

Weise tun, daß dieses Licht wirklich zum stündlich bewahrten Heiligtum, daß es zu des Lebens Leben würde. Das Menschenbild, um das es geht, ist Christus. Er hat dem Menschen einen Wert errungen, der auch den Schuldigsten ermächtigt, Sühne zu leisten und sich wieder zu erheben. Er hat nicht nur einmal das gewaltige Wort gesprochen: »Ich will, sei rein!« Er spricht es jetzt und hier, und die es hören wollen, werden verwandelt werden. Die nur wollen und werden es hören, die sich selber achten aus Ehrfurcht vor Gott. Christus hat unter den Menschen eine Gemeinschaft gestiftet, deren bindende, verpflichtende Kraft das Recht einer jeden anderen Gemeinschaft übersteigt. Er hat, als Gott in Menschengestalt, den Menschen über eine jede ihm selbst gegebene Möglichkeit erhöht; und nun möge der Mensch sich wieder erheben zu dem, was er geworden ist durch Christus! In der Tiefe der Erniedrigung wage er es, nach seiner Krone zu greifen und aufzublicken zu dem, der ihn richten wird! Dieser Glaube an den Menschen, daran, daß Gott ihn erwählt hat, und daß er seine Krone wiederfinden kann, darf uns durch keine Erfahrung, keinen Frevel entrissen werden. Mit unserer innersten Herzenskraft müssen wir ihn bewahren. Wir müssen fest entschlossen diesen Glauben den Greueln entgegensetzen, deren Zeuge wir waren und sind; wir müssen ihnen in diesem Glauben standhalten können und sollten danach trachten, darin ein Beispiel zu sein. Wir, die wir vom Feinde des Menschen wissen und von dieses Feindes Haß: wir dürfen nicht mit der doch billigen Erklärung, daß wir enttäuscht worden sind vom Menschen, aus der Schlacht uns zurückziehen, die um des Menschen Adel und sein ewiges Leben geht.

Die Abgründe sind das Gegenbild der Höhen. Wo so viel erniedrigt worden ist, da wurde unsäglich gelitten – am meisten vielleicht von denen, die erniedrigt haben und keine Heilung fanden für die brennende Wunde nicht eingestandener Schmach. Eigentlichen Frevel verübt nur der Abtrünnige. Wir wissen von keiner Tiefe, in der nicht ein geheimnisvolles

Echo der Gipfel schläft. Wäre der Mensch nicht erwählt von Anfang an, so wäre der Streit nicht in dieser Glut entbrannt. Und also glauben wir an den Menschen und daran, daß er wieder gekrönt werde unter der Gnade, und mit diesem Glauben wollen wir einer jeden Feindschaft entgegentreten, entgegenwirken – nur um dieses Glaubens, nicht um der Güter, des Ansehens, der Herrschaft willen. Es wird und muß sich zeigen, daß dieser Glaube den Menschen beschenkt, wie ihn niemand beschenken kann; er ist das Unveräußerliche, das wir gegen jeden Einspruch retten müssen, sofern nicht auch wir zu den Überwundenen dieser Jahre gehören und das ergangene Gericht erleiden wollen. Wir müssen ihn mutig in das Dunkel tragen, in das wir gehen. Dieser Glaube wird uns ausrüsten mit der Reinheit des Gewissens; er wird, wenn wir ihn von Tag zu Tag erkämpfen, die Gewissen reinigen und rein erhalten, von Tag zu Tag.

Ein Neues, das wir noch nicht bezeichnen können, scheint sich anzukündigen. Die Formen des politischen Lebens sind ins Wanken geraten oder gefallen, die Güter wurden verzehrt. Es ist Gottes Wille offenbar gewesen, daß wir frei wurden im eigentlichen Sinne: vor ihm und für ihn, bereit für seinen Ruf, für eine besondere Forderung der Geschichte. In den Schatten der Not kommt uns eine Gestalt sonderbar nahe: – so daß wir meinen, sie sehen zu müssen zwischen den Ruinen, auf den verödeten Straßen. Es ist der Heilige von Assisi, der vielleicht unter allen, von denen wir wissen, Christus am nächsten gekommen ist: der strengste, ja furchtbarste unter den Heiligen, dessen Forderung sich die Welt mit einem Gewebe der Lieblichkeit verbarg; Franziskus, der in der Frau die Braut Christi achtete und ehrte und in den Geschöpfen seine Geschwister; Franziskus, der die neue, noch kaum verstandene, geschweige denn *vollzogene* Botschaft brachte von der Schöpfung, die durch den Wandel des Menschgewordenen geheiligt wurde. Die Stunde dieser Botschaft muß dann gekommen sein, wenn die Schöpfung und der Mensch, der über sie gesetzt ist, auf eine beispiellose Weise mißbraucht, mißhandelt worden sind.

Der Träger dieser Botschaft ist nicht allein der Heilige der Armut, das heißt, der vollkommenen Freiheit, er ist auch der Heilige der Wahrhaftigkeit, der in verzehrender Strenge sich nicht den mindesten Abstand verzieh zwischen seinem Wort und seinem Leben und Sein. Und auch darum ist er in die Zeit gerufen; denn der Feind, der in gewissem Sinne diese Zeit »getan« hat durch alle, die sich für ihn entschieden und ihm hörig waren, hat diesen doppelten Namen des »Menschenmörders« und des »Vaters der Lüge«. Die Lüge ist das Nein an Gott, das Unterfangen, aufzuheben oder zu verfälschen, was er geschaffen, sein Werk in das Nichts zu ziehen. Insofern ist die untergegangene Herrschaft ein Reich der Lüge gewesen. Ihre Grenze ist dort, wo der Mensch sich zur Wahrhaftigkeit entschließt: wo er, im Vertrauen auf Gottes Barmherzigkeit, das ungeheure Wagnis auf sich nimmt, so leben zu wollen vor aller Augen und so sich zu bekennen vor den Menschen, wie er dereinst erscheinen wird vor dem König, der ihn geladen hat, teilzunehmen an seinem Königtum, und der ihn richten wird an dem Tage, da die Geschichte ausgebreitet vor uns liegt mit all ihren schrecklichen Höhen und Tiefen und nur noch Wahrheit ist.

Daß diese Wahrheit heute schon hereinleuchte in unser Dasein und uns erschaudern lasse und verwandle: dies ist es, was wir von ganzem Herzen wünschen um all der Toten willen, deren Gedächtnis niemals in uns erlöschen soll. Sie haben den Aufgang eines neuen Geschichtsbildes, einer neuen Würde, wahrer Heiligung bezahlt; an uns ist es, ihr Opfer in unserem Leben zu vollziehen. Im Gericht der Geschichte bestehen wollen, das heißt: Mensch sein vor Gott in der Zeit; das heißt, *daß wir uns selber erkennen, uns selber richten sollen an dem, was geschah,* an den Ereignissen, in die wir verstrickt sind. Geschichte ist der Boden der Selbstbegegnung, die furchtbare Vergegenständlichung unserer Gedanken,

Wünsche, Empfindungen. Hier sollen wir uns richten, auf daß wir nicht gerichtet werden. Und wir richten uns, indem wir den Feind des Menschen in uns selber bekämpfen und mit Inbrunst nach dem in uns trachten, das Gottes ist. Und indem wir dieser ersten Bestimmung genügen, nähern wir uns der Erfüllung der zweiten, die nicht von ihr zu lösen ist: darum zu ringen, daß Gottes Reich kommt, daß die Welt unter den Schauern der Zeitlichkeit sich ordnet nach Gottes Gebot und gegen alle Gewalten für *den* sich bereitet, der ihr Herr ist und, wie er es ihr ankündigt, die Welt zur unbekannten Stunde, aber im schrecklichsten Toben der Geschichte, wenn alle Abgründe offen sind, *überraschen* wird.

Allein das Wissen vom Richter und seinem Gericht, von seiner Krone und der Krone, die er uns gab, für die wir uns verantworten sollen, wird uns lehren in der ganzen großen Wirklichkeit der Geschichte uns zu behaupten. Ihr Verlauf ist völlig ungewiß; in der Tiefe der Schlucht aber, durch die wir uns hindurchkämpfen müssen, erblicken wir deutlich die letzte ungeheure Szene: das Erscheinen der Geschlechter vor ihrem Herrn. Es ist die Auflösung aller Geheimnisse, die letzte gewaltige Offenbarung derselben Wahrheit, die uns heute schon einfordert, die jetzt und hier *getan* werden muß. Dem Tun des Feindes in uns und der Welt müssen wir das Tun der Wahrheit entgegensetzen; es kann nur aus Liebe zu ihr, zu Gott und den Menschen geschehen.

Geschichte ist, wie Baader lehrte, Heimkehr zu Gott. Das Menschentum eines jeden, der in der Geschichte versagt, in ihr sich bewährt hat, wird erst vor dem Richter sichtbar werden. Das Licht des jüngsten Tages macht alles Geschehene transparent. Und dann wird es sich auch zeigen, in welchem Maße die entsetzliche Schuld dieser unserer Zeit, unseres Geschlechtes, eine gnadenvolle Schuld gewesen ist. Sie wird es dann sein, wenn die Herausforderung der Frevler uns im Gewissen trifft; wenn wir den Anteil an ihr, den unser Gewissen uns vorwerfen *sollte,* nicht leugnen und ihn zu tilgen entschlossen sind in Erwartung des Gerichts.

Und selbst, wenn das Gewissen eines Begnadeten auf jede Frage schwiege und schweigen dürfte, so wird es doch nicht schweigen können, wenn ein jeder von uns, wie nicht zu bezweifeln ist, gefragt werden wird nach seinem Bruder Abel, der geheimsten Schuld an seines Bruders Tod – und sei es die Mitschuld aus Pflicht oder der Mord in Gedanken, das Denken des Todes, der Vernichtung in irgendeiner Form. Wir werden uns nicht verbergen können und keine Antwort wissen – es sei denn, daß in dieser unserer Zeit, hier an der Stätte des Frevels, eine neue Liebe aufgegangen ist zu unserem Bruder und zu dem, der uns alle in Ewigkeit zu Brüdern macht.

Und noch einmal – aus einer Sorge, die keine Ruhe läßt, – wage ich es zu sagen, was ich gesagt habe und allein sagen wollte: unsere Auseinandersetzung mit Adolf Hitler ist nicht zu Ende und kann nicht zu Ende sein; in gewisser Weise sind wir vor der Ewigkeit mit ihm verbunden. In ernstlicher Gewissenserforschung müssen wir trachten, frei zu werden; zu ihr aufzurufen und anzuleiten ist die erste Sache aller, die Verantwortung tragen für das Ganze, für Heute und Morgen, und deren Herz stark genug ist, für das Volk und die Welt zu schlagen. Den Ort der Entscheidung hätte die Gewissenserforschung wohl erst erreicht mit der Frage eines jeden an sich selbst, was er getan hätte, sofern Adolf Hitler gesiegt hätte. Niemand, keine geistliche und keine weltliche Autorität, hat ein Recht, die Antwort auf die Frage noch der inneren Beteiligung des Einzelnen durch eine Entscheidung an der Oberfläche und von oben her vorweg zu nehmen und damit das Gewissen zu ersticken. Mit der unbarmherzigen Antwort auf seine quälendsten Fragen beginnt die Reinigung, könnte sich unser und aller Leben erneuern; sie erst würde den Schutt aus der Trümmerstadt unserer Seele räumen. Gerüstet mit dem Entschlusse, diese Wahrhaftigkeit zu vollziehen, koste sie was sie wolle, und sie von innen her sichtbar zu machen nach dem Maße unserer Verantwortung, dürfen wir vielleicht hoffen, das Gericht der Geschichte, und das heißt für uns: das Gericht über diese unsere Zeit zu bestehen. Sie ist als eine Zeit der Gnade gemeint. Doch nur im Lichte der Offenbarung, im apokalyptischen Aspekt, wird diese Zeit durchsichtig, die Gnade offenbar. Allein vom Glauben, der jeder Selbstsucht entstrebt, wie ihn einstmals glaubensmächtige Männer unseres Volkes lehrten, von unbeirrbarem sittlichem Bewußtsein, das auch des deutschen Geistes Botschaft einmal war, kann die Gnade der Zeit ergriffen werden. Und erst mit ihr wird alles verloren, alles gewonnen werden. Vielleicht ist seit langem kein Geschlecht in Todesschatten gewandelt wie wir. Aber der letzte Grund aller Not ist, daß die wige Liebe uns sucht in der Zeit: den Menschen, der auf Gott gerichtet ist; daß *wir* ihr widerstehen und daß *sie* nicht von uns läßt und mit der Sprache furchtbarer Schickungen uns immer dringender ruft in unser ewiges Leben. (13. 3. 1946)

SCHULD UND SÜHNE

I will instruct my sorrows to be proud.
(Shakespeare, King John III, 1)

Von Schuld zu sprechen, ist bitter. Wie gern würden wir es nicht tun! Es scheint auch nicht klug zu sein, sich zum Worte zu melden, wenn dieses Thema angeschlagen wird. Die Tatsache aber, daß schon das Wort die Gemüter heftig erregt, zeigt zum mindesten, daß es auf ein wesentliches Problem hinweist, das den Menschen viel zu schaffen macht. Wir halten die Frage nach der Schuld, nach dem Verhalten zu ihr sogar für die wichtigste Frage unseres inneren deutschen Lebens; von ihrer Beantwortung hängt die Zukunft unseres Volkes ab; eine solche Entscheidung kann nicht ohne mächtige Wirkung auf das Weltgeschick sein. Es ist ein Unglück, daß von Schuld oftmals nicht im rechten Tone gesprochen wird. Wir möchten sogar sagen, daß auf den Ton fast alles ankommt, und daß es sehr wohl möglich ist, im rechten Tone mit Menschen über Schuld zu sprechen, die den falschen Akzent mit schroffster Ablehnung beantworten. Das Wort rührt an die schmerzhafteste Stelle unseres so vielfach verwundeten Lebens. Unser Volk hat namenlos gelitten, Unsägliches dahingegeben; das Elend blickt uns auf der Straße bei jedem Schritte an. Soll nun mit dem entsetzlichen Anschein der Vergeblichkeit auch noch der Makel der Schuld auf die Opfer, die Toten fallen? Ein in vieler Hinsicht mißleitetes, übersteigertes, entartetes Ehrgefühl, das seit Geschlechtern falsche Werte mitaufgenommen hat, wurde auf das empfindlichste verletzt; es will keine Verletzung mehr annehmen. Die heranwachsende Jugend sieht sich als unbeteiligt am Prozesse an und will das Erbe derer, die versagt haben, nicht übernehmen. Von Schuld sollte nur sprechen, wer helfen will und der Überzeugung ist, daß Schuld zum Heile, zur Gerechtigkeit, zur Herstellung echter Ehre zu helfen vermag, vorausgesetz, daß sie erkannt und bekannt wird.

Schuld kann nur geschehen, wo ein Zusammenhang besteht. Das Ich, das sich außerhalb aller Gesetze und Verpflichtungen stellt, kennt keine Schuld, außer etwa einer Schuld an sich selbst. Daß dieses Ich scheitert, ist wohl hinlänglich erwiesen: seine Argumente gelten nicht mehr viel. Wir erkennen in den großen Zusammenhängen unseres Daseins eine dreifache Möglichkeit der Schuld: es ist die Schuld an Gott, am Mitmenschen und endlich eine Schuld an der Schöpfung, die in gewissen Grenzen dem Menschen zur Verwaltung überantwortet ist. Wo wir Gottes Gebot übertreten, das Recht der Mitmenschen mißachten, die Wesen und Kräfte der Schöpfung mißbrauchen, verfallen wir der Schuld. Und schuldig können wir freilich auch werden an uns selbst, dem Rechte unserer Seele, unseres Menschentums. Inwiefern wir schuldig sind, sagt uns unser Gewissen; hier fällt ein Urteil vor allen Urteilen, besteht eine Autorität vor allen Autoritäten, vor einem jeden Gerichtshof, einer jeden Staatsmacht; freilich müssen wir lernen und wieder lernen, unser Gewissen zu hören und auch seinen feinsten Einspruch ernster zu nehmen als die Strafe, die von außen droht. Indem wir Schuld erkennen, müssen wir sie auch bekennen; denn sie geschieht ja auf dem Boden eines Zusammenhanges, der gestört worden ist; das verletzte Recht wird nicht durch verborgene Reue, es wird nur durch das Bekenntnis, die sühnende Tat gewissermaßen wieder eingesetzt – wenn auch eine zureichende Wiedergutmachung nur in den seltensten Fällen möglich sein wird. Aber sie ist bei weitem nicht so wichtig, wie die reumütige Anerkennung des übergangenen Rechtes. Wer also Schuld erkennt und bekennt, der steht in einem Zusammenhange und hat insofern auch ein Recht; man muß ihn hören; man kann ihn nicht ausstoßen; man wird ihn einmal wieder mit gereinigtem Namen aufnehmen müssen. Denn so wenig ein Mord in irgendeiner Weise dadurch gemildert wird, daß etwa der Richter, der ihn richten soll, nicht makellos ist, so wenig kann es doch geleugnet werden, daß wir Menschen alle unter die Armen zu rechnen sind, die schuldig werden; ein mit Ernst, in strenger Wahrhaftigkeit gesprochenes, vollzogenes Bekenntnis weckt in Menschen reinen sittlichen Bewußtseins das Gute, Helfende, Verstehende auf. Es ruft das Schuldgefühl eines jeden an und muß zur Versöhnung, zu einer neuen Einheit führen. Diesen Glauben haben wir uns bewahrt, und wir sprechen ihn mit Entschiedenheit aus. Wir glauben daran, daß eine Bereitschaft im Menschen ist, Sühnende wieder aufzunehmen ; die ihnen eigene unverlierbare Würde, die durch Verfehlung, niemals aber durch das Geständnis gekränkt wurde, wieder gelten zu lassen.

Aber es kommt vorerst nicht auf die Wirkung der Schulderkenntnis, des Schuldbekenntnisses an, sondern auf die

Schuld selbst, auf die Möglichkeit und Notwendigkeit, ihr zu begegnen. Was ein Volk vollbringt im geschichtlichen Leben, ist an sittliche Entscheidungen gebunden, die der Einzelne treffen muß. Immer trägt der Staat Forderungen an den Menschen heran, die von diesem ein Verhalten verlangen. Denn die erste Autorität, das Gewissen, ist ja im Menschen selbst, und das Gewissen muß ihm sagen, ob er die Forderungen des Staates vor Gott, vor den Menschen, dem Geschaffenen erfüllen kann oder muß. Es gibt kein Gesetz, das blind vollzogen werden darf. Was der Staat fordert, das sind sehr oft die Forderungen derer, die sich des Staates bemächtigt haben; oder es ist der Ausdruck der Wünsche, die ihm zufließen. Der Staat ist Leben, geformte, sich wandelnde Macht, deren Gepräge von den Ideen bestimmt wird, die das Zeitalter regieren. Er müßte auf dem Rechte ruhen, aber es ist jederzeit möglich, daß er im Widerspruch zum Rechte steht und Forderungen stellt, die er nicht stellen darf. In diesem Augenblick beginnt das Leben der Menschen tragisch zu werden: das Soll von außen widerspricht der »ganz leisen Stimme eines Gottes in ihrer Brust«; es ist kaum mehr möglich zu leben. Bis es aber dahin kommt, ist sicherlich schon Schlimmes, Unverantwortliches geschehen, hat sicherlich das Denken der Menschen Machtformen vorgebildet, die nicht erstrebt werden dürfen.

So haben auch die zwölf Jahre eine lange und verwickelte Vorgeschichte; nicht allein die jetzt heranwachsende Jugend, auch wir, die wir uns als Verantwortliche hätten stellen müssen, sind Erben, vor allen Dingen Erben einer unseligen Vergötzung der Macht, die das Wesen der Macht darin sah, daß sie immerfort sich steigern, wachsen, daß sie »werden« sollte – wie auch Gott »werden« sollte in der Geschichte. Macht haben bedeutet aber in Wahrheit ein Teilhaben und verantwortliches Verwalten; echte Macht kann nur der Mensch haben, der den Menschen achtet, nicht der Übermensch jenseits des Gesetzes. Der Macht als einer werdenden Gottheit entsprach eine Versklavung an sie, die den Staatsbürger zum soldatischen Werkzeug machte und folgerichtig dahin zielte, daß die Übermacht endlich in die Hand eines Einzelnen, Losgerissenen fiel, dem gegenüber sich alle als verantwortungslose Sklaven verhielten oder verhalten sollten; wer es nicht tat, verfiel dem Tode. Damit war eine gewaltige Zusammenballung an Macht geschehen, die, wie ein stürzender Weltkörper, aus dem sittlichen Gefüge des Daseins gebrochen war und entsetzliche Verheerungen anrichten mußte. Vorgearbeitet hatte dieser Ideologie die Heiligsprechung der Pflicht, die seit wenigstens zwei Jahrhunderten im Gange war, einer Pflicht militärischen Gepräges; sie hatte in ihren Ursprüngen durchaus noch eine Beziehung zum Gewissen, diese wurde aber in demselben Maße zerstört und endlich aufgehoben, als die Vergötzung der sich rastlos steigernden Macht gelang. Es wäre ein großes Unrecht, Personen, Lebensformen, Forderungen der Vergangenheit mit der ganzen Wucht der Entartung zu belasten, die ihr Erbe im Lauf der Jahrhunderte erlitten hat. Die Entartung ist vielmehr die Arbeit immer neuer geistig-sittlicher Entscheidungen der Geschlechter, wenn auch die Möglichkeit der Entartung von Anfang an bestand.

Wesentlich ist, daß wir immer und überall, auch auf einem reißend abschüssigen Wege, unter dem Gesetz unseres Gewissens stehen. Dies ist ja das große Geheimnis unseres Lebens – wie es das Geheimnis des Lebens unserer Vorfahren war –, daß wir Ja oder Nein sagen können; da wir unfehlbar wissen, was Recht ist, und dieses Wissen zum Ausdruck bringen können, sei es durch die rechte Tat – die ohne Gnade freilich nicht gelingt –, sei es wenigstens durch das Ringen um sie oder durch ein Bekenntnis, das alle Opfer bis zum Opfer des Lebens kosten kann. Wir sind frei zur Entscheidung, das ist unser unermeßliches Glück, unsere unsägliche Not; das ist die Krone, die Würde, von denen wir nicht lassen können, und tausendmal besser steht es uns an, eine Verfehlung einzugestehen, als zu sagen, daß wir unfrei sind und wie der arme Held des modernen Schicksalsdramas klagen über die »Schlinge«, die uns gelegt ward, über die Tat, die wir zwar getan haben, »für die wir aber nichts konnten«.

Damit kommen auch wir, kommt unser Geschlecht als belastete Erben und gleichwohl als Verantwortliche vor die Gewissensfrage dieser Zeit: haben wir uns einmal einer Macht zugeneigt, die Gottes Gebot, dem Rechte des Menschen, der Achtung vor ihm, dem niemals vollendeten und gleichwohl auf das ernsteste zu erstrebenden Frieden der Welt widersprach? Diese Neigung kann in Gedanken geschehen sein als geistige Wegbereitung späterer Ereignisse; sie kann sich ausgewirkt haben in Taten, die Pflicht zu sein schienen: Pflicht unter dem Verdikt des Gewissens; Taten, die bis in das Verbrechen reichten. Sie kann aber auch nur als ein Geschehenlassen sich verwirklicht haben, welches Geschehenlassen unter gewissen Umständen von den ungeheuersten Folgen ist. Eine leise Abweichung vom Rechte in unserer Brust kann, sofern die Linie auf die Welt durchgezogen wird, Verheerungen auslösen. So tödlich ernst ist unser Leben, so empfindlich der Organismus, dem wir angehören, daß die verborgenste Verirrung einen Anspruch auf Geschichte macht, vor dem wir eines Tages erschrecken werden. Schuldig ist wahrlich nicht der Mörder allein, sondern auch, wer den Mord gedacht, wer, wie Shakespeares König Johann, einmal ein Wort vom Morde geflüstert, wer die Untat gewünscht hat. Hier liegt die persönliche Schuld, und unser Gewissen wird zu uns von ihr sprechen. Nur müssen wir Schuld nicht allein im groben Sinne als Missetat, sondern als eine Verletzung des Rechtes überhaupt, als eine jede in uns selbst geschehene Anbahnung des Unrechts verstehen.

Freilich sind die Grade der Schuld sehr verschieden; zwischen der Neigung zur unrechtmäßigen Macht und den Taten dieser Macht ist ein gewaltiger Abstand; nur ist es nicht möglich, die Mitschuld zu bestreiten, wo eine Neigung zur falschen Macht bestand. Wohl nur wenige Menschen haben den Mächtigen der zwölf Jahre so gesehen, wie er, als der zuerst Anzuklagende und Verantwortliche, vor der Nürnberger Anklagebank erscheint: der Aufbau dieses unheimlichen Bildes und die Entschleierung der Denkweise derer, die in den wichtigsten Ämtern diesem Mächtigen dienten, gehört zu den wesentlichen Ergebnissen des Prozesses, die nicht ernst genug genommen werden können mit Bezug auf die Erkenntnis geschichtlicher Möglichkeiten wie auf eine Selbstbegegnung der Deutschen. Die allerwenigsten haben ihn so gesehen, so gewollt, und doch geschah eine echte Begegnung zwischen ihm und dem Volk, das ihm verfallen ist. Er hat das Volk mit abgründigem Vorgefühl an der Stelle des falschen Weges erwartet, wo es ihm verfallen mußte. Wird ein Volk auf eine solche Weise im geschichtlichen Handeln vertreten, unterstellt es sich einer Regierung mit der nahezu radikalen, jedenfalls beispiellosen Einsatzbereitschaft, die wir kennen, so ist es nicht möglich, den Zusammenhang zu leugnen, die Verantwortung abzulehnen. Es ist auch nicht männlich, nicht ehrenhaft. Und selbst diejenigen, die sich frei fühlen, sollten vor ihrem Gewissen – eine Entscheidung, die wir in keiner Weise stören, beurteilen können –, selbst diejenigen, die mit Leidenschaft die Tyrannei bekämpft, die unter ihr, unter dem zerrüttenden Widerspruch zwischen Gewissen und Pflicht unsagbar gelitten haben, selbst sie können sich von dem Geschehenen und aus der Mitverantwortung nicht lösen. Wir haben keinen anderen Namen als den Namen unseres Volkes und gelten vor der Welt allein, was unser Volk gilt. Auch die Jugend kann keinen anderen Namen führen als den vererbten, wohl aber kann sie diesem Namen einen neuen Klang verleihen. Wir beanspruchen einen Anteil an der Ehre und Ehrwürdigkeit des Großen, das unser Volk einmal geleistet hat; wir rühmen uns der Werke erlesener Geister, unserer Sprache, weltgeschichtlichen Wirkens vergangener Jahrhunderte: an all diesen Dingen haben wir doch keinen tätigen Anteil genommen. Aber indem wir uns auf sie berufen, erkennen wir den im geschichtlichen Leben geformten, bewährten Lebenszusammenhang an, dem wir zu einem großen Teil verdanken, was wir sind. Ist uns dieses edle Vermächtnis aber teuer und der Behauptung wert, so sollten wir – um dieses Edlen, um seiner Reinhaltung willen – das Unedle auch kennzeichnen, die Abweichung und Verfehlung bekennen und ausdrücklich verwerfen: auf daß dieses Edle in seinem Ansehen wiederhergestellt werde und wieder leuchte und die Menschen wieder einfordre.

Dies müßte geschehen um des Rechtes, der Wahrheit willen, vor Gott und den Menschen. Es müßte aber auch unsretwegen geschehen; denn Schuld, die verleugnet wird, gleicht der im Keller vergrabenen Leiche des Erschlagenen, die alles Leben vergiftet. Von ihr werden die Augen trübe, die Seelen stumpf, die Herzen hart; sie wird sich in das Leben fressen bis ins Mark, das Denken verderben, weil es sie um- und umbiegen muß. Und wenn die Not und das Leid den armen Körper zuvor schon bis auf das äußerste geschwächt haben, so kann die Stunde nur allzu bald kommen, da keine Hoffnung auf Rettung mehr ist.

Weil wir aber retten wollen und weil wir unerschütterlich hoffen, sprechen wir. Ein Volk, das auf diese Weise erkrankte, ist nicht nur sich selber zum Leide, sondern auch der Welt. Und wie alle Schuld Menschenschuld ist, die sich in das Leben der Menschheit verzweigt, so sind Sühne und Läuterung auch eine Sache der Menschheit. Sie müssen überall geschehen; denn was wir erlebt haben, ist schlechthin ein Frevel des Menschen an Gottes Ordnung. Dort aber, wo das Gewissen klagt, muß – unabhängig von allen anderen Erwägungen – Sühne geschehen. Jetzt kommt es endlich darauf an, daß das Gesetz des sittlich-religiösen Lebens als das erste Gesetz wieder erkannt und vollzogen werde, daß es nicht abhängig gemacht werde von Forderungen der Politik, der Ernährung, der Wirtschaft; diese Abhängigkeit war gerade die Sünde der

Zeit, die wir überwinden sollen. Jetzt muß das Recht einmal hervorstrahlen in seiner Unbedingtheit, als das von oben Gekommene, zu dem uns zu bekennen wir auch in der tiefsten Erniedrigung, als völlig Entmachtete, ein heiliges Recht haben. Diesem Rechte nachzutrachten als Bekennende und Sühnende, ist unsere Würde; dieses Trachten aber ist auch der einzig feste Grund des Daseins, der Beginn echter Politik, die ja nichts anderes sein kann, als die Auswirkung unseres Seins und Denkens, unseres Lebensgehaltes auf die Welt. Als Sühnende wären wir auf dem Wege zum echten Stolz, dem Bewußtsein der Menschenwürde, die sich allen und allem und sich selbst verpflichtet weiß; es ist der Stolz, der unserem Volke auf eine so schmerzliche Weise seit langer Zeit fehlt, gleich weit entfernt von der Anmaßung der Machttrunkenen wie der Unterwürfigkeit der Entmachteten. Es ist der Stolz derer, die frei sind, auch als Überwundene, und als Freie einstehen für ihren Namen. Dieser Stolz ist untrennbar von der Demut vor Gott und dem ewigen Rechte.

Eine solche Haltung zu gewinnen und zu verstärken, ist der Jugend vorbehalten als ein Gnadengeschenk der Geschichte. Erreichbar ist sie nur innerhalb des großen Lebenszusammenhanges, in dem auch die Schuld als geschichtlich gewordene in all ihrer Furchtbarkeit liegt. Und noch einmal: wir glauben auch jetzt noch an die starken Herzen, die nüchternen Augen, daran, daß Menschen da sind und heraufkommen, die den Mut haben, in den Abgrund unseres Wesens zu blikken bis in seine tiefste Tiefe hinab und in Reue und Schmerz das unabweisliche Ja der Reue zu sprechen – ein Ja, das nicht allein Wort ist, sondern als echtes, ernstes Wort Vollzug, Wandlung, Tat, erneuertes Sein – und die dann die Augen erheben zu den Sternen und dem Großen und Reinen sich anbefehlen in Freude und Zuversicht. Heute ist uns alles umdunkelt von Leiden, Reue und Schaum, aber es soll und darf kein zerstörendes Leiden sein; indem wir uns vergegenwärtigen, woher es kam, indem wir es verbinden mit dem

Leiden aller, diesem Leiden durch unsere Tat, stellt sich der Anfang einer neuen Gemeinschaft her. Es ist uns gewährt, eine Weite des irdischen Seins als Erfahrende zu durchmessen, die vielen Geschlechtern verschlossen war. Fassen wir den Mut für die ganze Wirlichkeit, den Mut, der sich nichts verbirgt; vielleicht beschenkt er uns mit einem Wort, einer Art zu leben, einem Beispiel, die nur wir geben können! Und wenn wir solche Geschenke in der Stille bewahren und ausbilden, werden sie wie von selber weiterdringen. Dasein ist immer ein Geben. Wer nicht gibt, nur fordert, kann sich im Sein nicht behaupten. Vielleicht liegt die ganze Menschheit im Fieber. Wir müssen dort heilen, wohin das Gewissen uns ruft. Das Leid ohne Ende ist die nicht zum Heile gewandelte Schuld. Genesen heißt aber: sich läutern in ein höheres Leben. Und wenn auch die Narben der Schuld schwerlich schwinden werden aus unserem Gesicht: noch – in dieser rasch sich verzehrenden Stunde noch – können wir die Krone des Menschenadels wieder aufheben, die wir niederwarfen, als wir die Verantwortung verkauften an die Macht, das Gewissen an falschen Ruhm, unseren Frieden und den Frieden der Welt verschleuderten für den gespenstischen Alexanderzug in der Gefolgschaft des Dämons. Und diese Krone der Sühnenden ist aus einem Lichte gewunden, das die Schuld freilich nicht aufhebt, aber auch von ihr nicht aufgehoben wird. Denn sie ist von oben als unser unvergängliches Teil. Und wenn wir sie wirklich als das Gut vor allen Gütern, das unveräußerliche Eigentum gewinnen könnten, wäre der höllische Kreis der zwölf Jahre nicht vergeblich durchlaufen, und von den Gräbern der Totenheere wiche endlich der Schatten der Vergeblichkeit. Mitten im Leide, das hinter uns, um uns, vor uns sich ausbreitet in uferloser Weite, dürfen wir der Erkenntnis nicht ausweichen: das Leiden ist unser Teil, aber es ist noch kein Wert an sich. Es will ein Vorzeichen sein und wird sich dann zu einem großen Werte erheben. Dieses Vorzeichen kann nur der Geist der Reue und Sühne sein.

Aber dieser Geist wird erst mächtig werden, wenn das Bewußtsein heiligen Menschenwertes wieder aufgegangen ist.

(5. 8. 1946)

DÄMONIE UND VERKLÄRUNG

(Vorwort)

Unsere Beziehung zum 19. Jahrhundert und seinen Geisteswerken ist in einer Verwandlung begriffen; die Stimmen seiner Dichter erreichen uns nur wie durch Rauch und Feuer, über Gräber und verwüstete Städte. Aber solange der Geist lebendig ist, wird er eine neue Beziehung, eine neue Antwort von uns fordern. Am Urteilen, an Bewertungen ist nicht viel gelegen; wir müssen versuchen, mit der Kunst zu leben, sie ganz ernst zu nehmen, und das heißt, sie in ihrem Verhältnis zur Wahrheit zu erfassen, der das Leben und die Kunst unterworfen sind. Die Wahrheit ist geoffenbart; sie ist nicht von Menschen erdacht; sie hat uns erschüttert in den letzten Jahren als die größte aller Erfahrungen, und mit dieser Erfahrung der im Feuer bewährten Wahrheit treten wir vor ein Jahrhundert, das der deutsche Idealismus, eine ebenso kühne wie eigenmächtige Geisteshaltung mit großen, inzwischen zerscheiterten Hoffnungen eingeleitet hat. Wir können uns von dieser Epoche und ihrem Vermächtnis nicht scheiden; wir wollen sie auch nicht zur Verantwortung aufrufen, um uns selbst zu entlasten; wir wollen vielmehr retten, was zu retten ist, und versuchen, uns selbst zu finden und zu verstehen in der Geschichte unserer Seele, die unsere Sprache erzählt. Selbstbegegnung bedeutet Selbstgericht; wir konnten und wollten ihm nicht ausweichen in diesen Gesprächen, die wir mit den Dichtern des 19. Jahrhunderts in den schwersten Jahren des zweiten Weltkrieges zu führen suchten.

Eine gewisse Art ästhetischer Betrachtung, die die Kunst als unverbindlich nahm oder als einen Gegenstand der Gelehrsamkeit, ist uns nicht mehr möglich. Die Kunst dringt tief in das geschichtliche Dasein; sie bestimmt den Lebensgehalt, das Denken und Handeln eines Volkes – wie sie selbst von der Geschichte aufgerufen wird zu einem Zeugnis übergeschichtlichen Wertes. Die Bezirke des Geistes sind immer der Ort der Anfechtung gewesen. Wie es zweierlei Macht gibt: Allmacht und die von ihr zugelassene Macht des Abgrundes, so gibt es auch zweierlei Licht: das Licht vom Lichte und die Blendung; wir müssen den Mut zur Unterscheidung fassen, aber wir dürfen an verwirrenden Gebilden nicht achtlos vorübergehen, können sie uns doch Erschütterndes sagen von den Verirrungen unseres eigenen Geistes und Herzens. Die Kämpfe des Geistes sind ein großartiges Vorspiel der Geschichte, nicht aber die Geschichte richtet den Geist, sondern die Wahrheit richtet ihn, wie sie auch die Geschichte richtet. Die Künstler haben in jedem Falle, eben weil sie Künstler sind, die Begegnung mit dämonischen Gewalten gegenüber einer Welt voraus, die an die Höhe und Tiefe und ihr unerbittliches Widerspiel kaum mehr ernstlich zu glauben vermochte. Aber auch auf dämonische Mächte berufen wir uns nicht etwa, um Verantwortung abzulehnen, sondern vielmehr, um das Bewußtsein unserer Verantwortung für alle und alles zu verstärken. Erst angesichts der Pforten der Hölle, – die freilich als goldene Tore menschlicher Verheißung strahlen können –, werden wir erkennen, in welchem Maße wir verantwortlich sind. Die Kunst vermag herrliche Straßen zu bauen, die in den Abgrund hinabführen, so wie sie die kühnsten Brücken wölben kann ins Licht. Wir stehen dazwischen und hören die rufenden, werbenden Stimmen; indem wir ihnen folgen, entscheiden wir uns niemals für uns allein. Die Wirkungen der Entscheidungen im Reiche des Glücks lassen sich nicht begrenzen.

Das Eine dürfen wir nicht vergessen, daß die Künstler des

19. Jahrhunderts sehr allein gewesen sind und daß es in ihrer Zeit für manche Geheimnisse nur noch eine verweltlichte Sprache gab. Zuweilen befiel sie das Vorgefühl schrecklicher Dinge, das in hartem Widerspruch zu ihren Hoffnungen stand. Solche Ahnungen erschließen sich uns heute leicht; es ist nicht unser Verdienst, sondern das Werk der Geschichte, die unerbittlich das in der Seele Geschehene in äußeres Geschehen übersetzt. Aber von diesem äußeren Geschehen wird der Geist wieder geweckt, zu klären, zu deuten, zu überwinden, die Bilder zu formen, die das Zeitliche zusammenfassen und in das Licht der Ewigkeit stellen.

Der Künstler kann die Welt nicht verneinen, wenn er auch an ihr scheitern kann; er ist auf die Bilder der Welt angewiesen und bejaht die Welt schon in den Bildern. Unverzeihlich wäre es, wenn er der Wirklichkeit ausweichen wollte und den Mut zur Folgerichtigkeit nicht hätte. Er muß glauben an den Sieg des Geistes; daran, daß es dem Geiste gelingen wird, alles Geschaffene im Lichte zu sehen, das von oben kommt. Die Unentschiedenheit, das Ineinanderspielen himmlischen und abgründigen Lichtes gehört zu den besonderen Verhängnissen des 19. Jahrhunderts, fast aller modernen Kunst. So müssen wir uns von Werk zu Werk, von Schritt zu Schritt fragen, ob wir folgen dürfen, denn nicht die Namen, nicht die Macht der Gestaltung verpflichten uns, sondern die Wahrheit.

Betrachtungen dieser Art können nur ein Anfang sein; wir sind es zufrieden, wenn sie eine gewisse Art zu fragen vermitteln, ein Problem stellen dürfen; wenn es ihnen gelingt, eine Beziehung zu schafffen zwischen dem Erbe der Kunst und unserer Not. Aber wir können es nicht verschweigen, daß auch unsere Art zu fragen ein Bekenntnis ist: wer glaubt, wird immer den Frieden vermissen im Werke eines Geistes, der sich nicht dem Kreuze gebeugt hat. Doch gibt es auch eine verborgene Gegenwart des Kreuzes, eine unausgesprochene und doch mächtige Beziehung des Geistes, des Herzens zu ihm, ein fast verzweifeltes Ringen in seinem Schatten. Damit möchten wir kein Bekenntnis sehen, wo keines abgelegt worden ist. Aber die Ausstrahlungen des Kreuzes bewegen unabweislich die Geisterwelt; die Prüfung der Geister kann nur im Namen Jesu Christi geschehen. Das heißt, daß erst in der Antwort an Ihn die letzte Selbstaussage beschlossen ist. An dieser Antwort erst wird es offenbar werden, ob die anfechtenden Gewalten überwunden worden sind. Denn sie kennen keinen andern Herrn als den, der nach der Verkündung seines Wortes den Blitz vom Himmel fallen sah. Vom Kreuze her, als der Mitte der Welt und Geisterwelt, müssen wir die Geister verstehen; es schließt nicht aus; es erschließt vielmehr; von ihm nimmt auch alle echte Verklärung ihren Ausgang. Es wirft die Strahlen von Jenseits des Todes über den Erdentag, die ganze unermeßliche Landschaft der Vergänglichkeit und macht sie zur Zeichensprache ewiger Dinge. Das Irdische wird erhöht in den Frieden; diese Erhöhung auszusagen, ist der Auftrag der Kunst. Es bedeutet eine schwere Schickung, wenn dieser Auftrag in eine von falschen Dichtern verwirrte Zeit fällt. Um so höher müssen wir die Geister ehren, die von ihm getroffen worden sind und ihn ausgetragen haben.

(17. 11. 1946)

IM SCHATTEN MEPHISTOS

WALLENSTEINS VERRAT

»Doch muß ich bitten, ein'ge Blicke noch
Auf diese ganz gemeine Welt zu werfen,
Wo eben jetzt viel Wichtiges geschieht.«
Schiller: Die Piccolomini 3, 3

»Wie sollen wir Deutschen zur Moral und zum rechten Verständnis der Geschichte kommen, wenn das moralische Gefühl von unserem Lieblingsdichter so verwirrt, die Geschichte uns mit so falschem Idealismus aufgestutzt und sentimentalisiert wird?
Otto Ludwig

Über den historischen Wallenstein urteilte der bedeutende tschechische Forscher Josefe Pekař, der seine Lebensarbeit an das Studium des Friedländers gesetzt hatte, daß dieser »ein Sohn jenes Teiles der damaligen böhmischen Gesellschaft gewesen sei, der im Körper der Nation ein Symptom des Verfalls und der Verderbnis bedeutete«. Er erinnere an die italienischen »Raubtiernaturen und Kondottieren« und stehe in dieser Beziehung nicht allein unter den Standesherren jener Zeit; die »erstaunlichen Kontraste von Licht und Schatten«, »sein vertrauensvoll den Aufforderungen und Warnungen der Gestirne zugewandter Blick stellen ihn völlig in die Umwelt des Barock«; mit Bezug auf seine staatsmännischen Absichten könne man der »Aufrichtigkeit seiner Ausführungen übe seine auf das Reich gerichtete Politik keinen Glauben schenken«. Wallenstein war vom Kaiser verletzt und wollte sich rächen; der Aufstand gegen den Kaiser habe »das eigentliche Motiv für alle Handlungen des Herzogs abgegeben; der Verzweiflungskampf, den der Kaiser seit Anfang 1634 um seinen Thron und um die Ahndung des Verrats mit allen Waffen, »auch den furchtbarsten einer trügerischen

Politik« geführt hat, ließe sich »nicht nur entschuldigen, sondern geradezu rechtfertigen«. »Ein Dolchstoß oder Pistolenschuß erscheint in dieser Perspektive als angemessenste Lösung, als ein Schritt comme il faut« [Josef Pekař: Wallenstein 1630 bis 1634, Berlin 1937, S. 707 u. a.].

Man wird an diesem Urteil nicht leicht vorübergehen können; es steht, da es aus Wallensteins eigenem Land und Volke kommt, in einem auffallenden Gegensatz zu den Bemühungen, den Empörer, in dessen »Innerstem«, wie Pekař sagt, »die Wirrnis kreiste«, zu einem Helden der Reichspolitik zu machen, in seinem Aufstand gegen den Kaiser eine der großen Verheißungen, in seiner Ermordung einen der tückischen Anschläge oder tragischen Fälle zu sehen, die dem Deutschen seine leidensvolle Geschichte erklären sollen. Die Verherrlichung des Politikers Wallenstein wird sich wohl nie von dem Vorwurf reinigen können, daß der Sinn für Gesetz und Ordnung ihr abgehe; daß ein anarchischer Geist Anteil an ihr habe.

Aber wir haben es hier nicht mit der geschichtlichen Person, sondern mit dem Helden des Schillerschen Trauerspiels zu tun. Die Urteile der Geschichtsschreibung können sich wandeln; neue Dokumente können auftreten, die sie verbindenden Thesen erschüttert werden, die Perspektiven, in denen die Gestalten stehen, wechseln. Anders steht es mit den Gestalten, die der Dichter gebildet hat; er ist der Geschichtsschreibung nicht untertan, vielmehr ihr gegenüber frei; wohl aber ist er verpflichtet der Wahrheit vor der Geschichte an sich: die Vorstellung von Geschichte, die er vermittelt, muß dem furchtbaren Schauplatz entsprechen, auf dem das Drama der Völker, der Welt geschieht. Im andern Falle wird seine Dichtung übergangen, wieder abgeworfen werden. Von seinen Gestalten aber gilt der sonst recht fragwürdige Satz, mit dem die Gräfin Terzky den Zaudernden endlich zum Handeln fortreißen will:

»Denn recht hat jeder eigene Charakter,
Der übereinstimmt mit sich selbst; es gibt
Kein andres Unrecht, als den Widerspruch.«

[Wallensteins Tod 1, 7]

Damit stehen wir vor der Frage, die wir hier aufwerfen wollen: Hat Wallenstein als Gestalt dieses Recht? Stimmt er überein mit sich selbst? Und wenn es nicht der Fall sein sollte, was könnte der Widerspruch uns sagen? Wir müssen die Gestalten, die Aussagen unserer Dichter so ernst wie möglich nehmen; sie haben nicht für sich gesprochen, sondern für uns. Ihre Stimme kehrt nicht wieder; Geschichtszeiten lösen gewisse Stimmen aus; Schiller selbst hat es deutlich gefühlt, daß die Geschichte ihn angerufen hatte, als er diesen Wurf wagte, der in mancher Hinsicht sein größter war und bleiben sollte [wenn wohl auch nicht sein bedeutendstes Kunstwerk]; er spürte »an des Jahrhunderts ernstem Ende«, daß die Kunst den höhern Flug versuchen mußte: »Soll nicht des Lebens Bühne sie beschämen«. Dieses Bewußtsein der Zeit, der kommenden zumal, deren gewaltigsten Wogenschlag der Dichter schon nicht mehr erfahren sollte, stellte ihm offenbar das Thema. Es geht weniger um »Herrschaft und Freiheit«, als um die Versuchung durch die Macht.

»Denn seine Macht ist's, die sein Herz verführt«, heißt es im Prolog vom Helden; und Questenberg nimmt im Drama dieses Motiv auf:

»Und solche Macht gelegt in solche Hand!
Zu stark für dieses schlimm verwahrte Herz
War die Versuchung!«

[Die Piccolomini 1, 3]

Die napoleonische Ära kündigt sich an; wie der »Wallenstein« etwa der Prolog, so ist »König Ottokars Glück und Ende« der Epilog des deutschen Dramas auf Napoleon; in Grillparzers Trauerspiel erscheint freilich der rechte Herr als Gegenspieler und Sieger; im »Wallenstein« steht die ordnende Macht als Gegenmacht nicht im Verhältnis zum Helden. Vielleicht ist dies – wenn wir so weit vorgreifen dürfen – einer der Gründe, warum so viele ordnende Gedanken, Bestrebungen, Ideale in den Helden selbst gelegt werden, der doch Träger »unnatürlich frevelhafter Tat« ist; vielleicht rühren wir damit an das schwerste Problem der Konzeption, das nach seinem Ursprung wie nach seinen Folgen gleich bedeutend und aufschlußreich ist. Die Handlung der Schillerschen Tragödie gleicht dem Einstürzen eines Turmes; sie ist ein einziges Fallen, demgegenüber das Gegenspiel, ob es den Fall auch beschleunigt, zu schwach erscheint. Es ist, als gleite die Wirklichkeit unter unseren Füßen hinweg. Octavio, der am Ende auf der Bühne steht, gefürstet von der immer unsichtbaren, aber auch nicht recht fühlbaren Macht des Kaisers, kann uns nicht beruhigen, der Ordnung, des Fortbestandes, gar der Reinigung und Erneuerung nicht versichern.

Hier betet kein Rudolf vor dem Überwundenen: »Nicht führ' uns in Versuchung, großer Gott!« [König Ottokars Glück und Ende]. Hier erscheint kein Fortinbras, kein Heinrich V., die schuldbeschwerte Krone aufzunehmen, kein Malcolm, der mit »der ew'gen Gnade Gnadenhort« die Ordnung wieder herstellen, das Land befrieden wird; hier ist der gefallen, der im Grunde alles war: Frevler an der Welt und Hoffnung der Welt, Verbrecher und erwählter Retter.

Die Versuchung durch die Macht ist freilich nicht allein das Motiv der napoleonischen Ära; Nietzsche hat gewiß übertrieben, als er das Erscheinen Napoleons das »Hauptereignis des letzten Jahrtausends« [Kunst und Künstler, 1883/88] nannte; aber Napoleon und seine Tragödie hat nicht nur sein Jahrhundert erfüllt; er hat vom Geschichtlichen her die Geister bewegt, und die Geister haben die Bewegung auf das Feld der Geschichte zurückgeworfen. Noch immer wäre von einem »schlimm verwahrten Herzen« zu sprechen, das mit Macht nicht zu schalten wußte. Noch immer kommt fast alles darauf an, daß einem Volke der rechte Herr und der Frevler, Verwalter und Aufrührer, der Wohl- und der Schlimmverwahrte, Malcolm und Macbeth, Rudolf und Ottokar in entschiedener Klarheit vor Augen stehen. Und selbst wenn die Geschichtsschreibung den Prozeß des Friedländers noch einmal aufnehmen sollte: in der Tragödie müßte er zum Austrag gekommen, müßte die innere, aber auch die ganze Wahrheit der Geschichte sichtbar geworden sein.

Wir billigen dem Träger eines so ungeheuren Staatsstreiches, wie dem von Wallenstein unternommenen, wohl jede Größe des Willens, politischen und militärischen Vermögens zu; nur was Max Piccolomini noch am Ende des ersten Dramas sagt:

»Glänzend werden wir den Reinen
Aus diesem schwarzen Abgrund treten sehn«,
[Die Piccolomini 5, 1]

das zu sagen, und selbst mit Einschränkungen zu sagen, zu fühlen, dürfte uns wohl nimmer erlaubt sein. Der Empörer kann uns zur Bewunderung hinreißen, erschüttern; er kann von düsterer Großartigkeit sein. Nur recht kann er nicht haben, nicht auf dem Gebiet der Sitte noch des Geistes; er darf uns keinen berechtigten Anlaß geben zu einer idealisierenden Betrachtung, wie sie Max Piccolomini vertritt. Es könnte sein, daß wir auch das Verbrechen idealisierten; daß der idealisierte Verbrecher ein ersehnter Held würde – und der Machtsüchtige und der der Macht Verfallene, der sich idealisch zu geben weiß, unser Herr. Schon darin, daß er Aufzug um Aufzug beherrscht, ohne daß die Welt je ins Gleichgewicht kommt, liegt eine eigentümliche, wenn auch verhüllte Gefahr. In der Nacht allein, wo das »dunkel zubereitete Werk« [Wallensteins Tod 1, 1] zu Hause ist, können wir nicht leben; unversehens sammelt sich Licht um das Haupt des Frevlers.

Die Kritik bleibe dahingestellt; sie ist längst geleistet; wir suchen die Selbstbegegnung, uns selbst in den Worten und Gebilden derer, die den Auftrag hatten, unsere Sprache, unseren Geist zu verwalten. Und selbst wenn wir das Empfinden haben sollten, einem Großen nicht folgen zu können, in einem Werke von verehrungswürdiger Glut, adlig-einmaliger Sprache einem Irrtum zu begegnen, so sollten wir bedenken, daß dieser Irrtum schwerlich ein Zufall sein mag oder allein des Dichters Schuld, daß auch der Irrtum aus der Tiefe gekommen sein könnte wie die Sprache selbst. Wo die repräsentativen Geister schwanken zwischen Wahrheit und Lüge, Recht und Unrecht, wieviel mehr sind wir da selber in Gefahr! Und vielleicht sind es die Bruchstellen in der Aussage, die uns in den Abgrund unseres Wesens blicken lassen und den Selbstbetrug entdecken, der uns zum Scheine sicher macht.

Sollten wir uns nicht selbst betrügen, da doch der Held es tut? Sollten wir uns nicht auf seine Weise unseres Edelmuts freuen? Erinnern wir uns der großen Selbstbetrachtung, die der Held anstellt, da er der Tat nicht mehr ausweichen kann [Wallensteins Tod 1, 4]. Er hat sich der Generale nach Möglichkeit durch die erschlichene Unterschrift versichert; aber der Unterhändler, der »um jede Verhandlung mit den Schweden weiß und Sachsen«, ist in die Hände des kaisertreuen Generals Gallas gefallen: was hat Wallenstein eigentlich gewollt? Das Spiel, das Gaukelbild, »beschlossene Sache war es nie«. Er »erscheint« nur strafbar, er ist es nicht. Ihn »verklagt der Doppelsinn des Lebens«; wäre er Verräter gewesen, er hätte den guten Schein gewahrt und nicht offen seinen Unmut ausgesprochen; – im Grunde ist er also doch redlich, eine gerade, fast scheint es, arglose Natur. Ja, er ist sich »der Unschuld, des unverführten Willens« bewußt; sein »Wort war kühn, weil es die Tat nicht war«. Was ist aber dann dieses »kühne Wort«? Was geschehen ist, das ist planlos geschehen. Der »Zorn«, der »frohe Mut«, der »Überfluß des Herzens« ließen ihn sprechen; jetzt werden die schlimmen Menschen planvoll ein künstliches Gewebe daraus knüpfen. »Seine Tat« ist nicht mehr sein: er muß sie tun. Aber was bedeutet sie? Er will den Kaiser stürzen oder

> ... die Macht,
> Die ruhig, sicher thronende, erschüttern,
> Die in verjährt geheiligtem Besitz,
> In der Gewohnheit fest gegründet ruht ...
>
> [Wallensteins Tod 1, 4]

Aber mit jedem Gegner, den er ins Auge fassen kann, der voll Mut ihm den Mut entflammt, würde er den Kampf wagen: hier jedoch steht ihm ein unsichtbarer Feind gegenüber: »Das ganz Gemeine ist's, das ewig Gestrige«; es ist der »Völker frommer Kinderglaube«, der am Kaiser hängt. Und dies eben ist das Gemeine, aus dem der Mensch gemacht ist; er vergibt es nicht, wenn man an den würdig alten Hausrat, das teure Erbstück seiner Ahnen rührt: »Was grau vor Alter ist, das ist ihm göttlich«.

Wäre die Darstellung des Selbstbetruges beabsichtigt, sie könnte nicht meisterlicher sein. Sobald Wallenstein an die Wahrheit rührt, wandelt er sie um; er, der mit äußerster Vorsicht Schritt vor Schritt zu Werke ging; der niemals Schriftliches gab und dies auch sofort seinen nächsten Vertrauten Illo und Terzky schroff entgegenhält, da sie ihm die Gefangennahme Sesinas berichten: »Von meiner Handschrift nichts. Dich straf' ich Lügen« [1, 3], sagt er zu Terzky; er, der sich immer in ein Geheimnis hüllte, so daß Terzky ihm schon zu Anfang vorwarf:

> So hast du stets dein Spiel mit uns getrieben
>
> [Die Piccolomini 2, 5];

er, von dem wir nicht anders urteilen können, als daß er die Verschlagenheit selber ist vor seinen Vertrauten und Verwandten, seinem Herrn, den Schweden und Sachsen, will nun, da die Notwendigkeit ihn anruft und er vor ihr erschrickt, ohne Verantwortung und Verpflichtung, planlos gehandelt haben. In der vorhergehenden Szene sagte er noch: »Verflucht, wer mit dem Teufel spielt!« [Wallensteins Tod 1, 3]

Nun beteuert er sich selbst »die Unschuld des unverführten Willens«, tröstet er sich damit, daß sein Wille frei geblieben, sein Wort offen gewesen sei. Und doch hat er »Werke« getan, die sich zu verderblichen Mauern türmen. Er muß zugeben, daß des Kaisers Macht »auf verjährt geheiligtem Besitz« ruht; aber er erhebt sich darüber, indem er das Geheiligte kühn das »ganz Gemeine, das ewig Gestrige« nennt; bald darauf [1, 5] spricht er von dem Empörer Bourbon, der seines Volkes Feinden sich verkaufte und dafür Fluch erntete; er hatte die Treue gegen sich, als deren Rächer ein jeder Mensch sich geboren fühlt: die »fromme Treue«, die dem Menschen den bloßgegebenen Rücken beschützen soll, weil die Klugheit ihn nicht hinreichend beschirmen kann. Und so verwandeln sich hohe Werte, sofern der Empörer sich gegen sie stellte, in seinem Munde augenblicklich in niedere, so verfälscht er seine Ränke zu planlosem Spiel, so wird die Empörung gegen die legale Macht ein Kampf gegen das ganz Gemeine, ewig Gestrige, ein Unternehmen, das jedenfalls dem ausgehenden 18. Jahrhundert noch weit wohlgefälliger sein müßte als dem 17. Wir denken zurück an den Wallenstein der Geschichte und die »kreisende Wirrnis« in seinem Innersten. Ist der Held der Tragödie nicht noch weit fragwürdiger, weit gefährlicher? Er möchte zu sich selbst kommen, aber es gelingt ihm nicht. Eine unvertilgbare Neigung zur Selbstidealisierung steht der Selbsterkenntnis entgegen; er glaubt, wahrhaftig zu sein, und indem er sich dies vorhält, ist er stolz darauf – und ist es nicht mehr.

So steht Max Piccolomini freilich eine furchtbare Enttäuschung bevor, bekennt er doch noch im folgenden Aufzug:

> Auf dich nur braucht' ich
> Zu sehn und war des rechten Pfads gewiß.
>
> [Wallensteins Tod 2, 2]

Dieser Mann war ihm der »feste Stern des Pols«, die ihm vorscheinende »Lebensregel«. Derselbe Held bekennt ihm jetzt, daß zur Erde ihn die Begierde ziehe und er sich eingelassen habe mit den »falschen Mächten«, die unterm Tage schlimm geartet hausen und aus deren Dienst kein Lebender die Seele rein zurückziehe. Aber auch Max, dessen tragisches Geschick es ist, für »Wahrhaftigkeit, die reine welterhaltende« [Wallensteins Tod 2, 7] zu glühen, ist seinem Helden ein wenig verwandt; er spricht selber von seinem »reinen Auge«, mit dem er den Bewunderten sehe, mit dem auch der Kaiser ihn sehen solle. Da Octavios Verrat offenbar wird, fällt Wallenstein wieder in den Traum von seinem Ich zurück:

Das war kein Heldenstück, Octavio!
Nicht deine Klugheit siegte über meine,
Dein schlechtes Herz hat über mein gerades
Den schändlichen Triumph davongetragen.
Kein Schild fing deinen Mordstreich auf, du führtest
Ihn ruchlos auf die unbeschützte Brust,
Ein Kind nur bin ich gegen solche Waffen.
[Wallensteins Tod 3, 9]

So sieht der Herzog sich immer wieder mit den Augen seines Bewunderers, greift er, sobald ihn ein Schatten streift – der doch nur der Schatten seiner Taten ist – nach einem verklärenden Schein. Nun umarmt er Butler – der ihn im geheimen bereits verraten – als das »treue Herz«, auf das er Anspruch hat [3, 10]. Wenn es aber wahr ist, was die Dichtung so eindringlich sagt, daß des Menschen Schicksal und sein ganzes Tun hervorgehn aus seinem Herzen:

– Des Menschen Taten und Gedanken, wißt,
Sind nicht, wie Meeres blind bewegte Wellen.
Die innre Welt, sein Mikrokosmus, ist
Der tiefe Schacht, aus dem sie ewig quellen.
Sie sind notwendig, wie des Baumes Frucht,

Sie kann der Zufall gaukelnd nicht verwandeln.
Hab' ich des Menschen Kern erst untersucht,
So weiß ich auch sein Wollen und sein Handeln.
[Wallensteins Tod 2, 3]

wie ist es dann möglich, daß der Verräter von seinem geraden Herzen sprechen, daß er sich einem falschen Freunde gegenüber – er ist falsch im Dienst der legalen Macht – ein »Kind« nennen darf? Und selbst, wenn Wallenstein noch nichts getan hätte, als die Notwendigkeit ihn einforderte, sollte sein »gerades Herz«, sein offener Mut nicht fühlen, daß es eine Gedankenschuld gibt, daß Treue als Treue nicht angezweifelt, Geheiligtes nicht gemein sein kann? Beflecken schlimme Gedanken das Herz nicht, kommen sie nicht aus dem Herzen als Vorbereiter der Tat, wirken sie nicht auf die Welt, indem sie ihr Klima verändern und das Klima des Verbrechens schaffen, die Nacht weben, in der die verbrecherische Tat geschieht? Wo ist die Grenze zwischen dem innern Verrat und dem Tun? Eben der innere Verrat, Arges zu sinnen im Herzen, ist ja der Ursprung allen Übels auf Erden. Ein Schmerz will uns ergreifen, daß hier die Botschaft vom Dichter übergangen wird: das verpflichtende läuternde Bild vollkommener Herzensreinheit ist uns gegeben; die Wahrheit hat unter uns gelebt, und von der höchsten Gestalt fällt ein verzehrendes Licht auf die im Selbstbetrug verfangenen Gebilde; sie verlieren in diesem Lichte ihre Glaubwürdigkeit. Weder aus der Macht des Guten, noch aus der Macht des Bösen kann der Held der Tragödie in diesem Lichte bestehen. Das »reine Auge« des Bewunderers ist nicht des Leibes Licht; es wird zum verfälschenden Auge, sobald sich der Held mit ihm betrachtet.

Stellen wir die Gestalt vor die Wahrheit, so kann sie schwerlich bestehen – und doch hat sie Macht, Max Piccolomini in den Tod zu reißen. Vielleicht verführt sie gerade darum, weil sie unwahrhaftig ist, weil sie den Aufruhr als ein kühn-

verdienstliches Werk ausgibt, alte Ordnung herabsetzt und sich tapfer und arglos nennt im Streite mit unsichtbaren Gegnern [mit der Treue, die recht hat]; weil sie den geheimnisvollen Reiz des Bösen ausspielt unter dem Anschein heldisch-reinen Strebens; weil sie schlimm ist mit allen Gewalten dieser Neigung, mit aller Macht des Entschlusses zum Untergang, zur Zerrüttung, zur Selbstherrlichkeit und es entschieden ablehnt, sich schlimm zu nennen; weil die Art und Stärke der Wirkung niemals übereinstimmt mit dem Namen, der, wenn er wahrhaftig wäre, kennzeichnen und befreien würde. Wir nehmen dieser Verschwommenheit ihre Gefährlichkeit und Bedenklichkeit nicht durch das Eingeständnis, daß sich in ihr etwas Liebenswertes birgt: es ist der Dichter selbst, seine Liebe zum Helden, zum Menschen überhaupt. Der Dichter ist es, der in der Gestalt des Max Piccolomini den Helden bewundernd oder bangend und klagend begleitet; ja, der sich in ihn verwandelt und immer dann aus ihm zu sprechen beginnt, wenn der Held sich gedrängt fühlt, sich zu bezichtigen. Es ist der lyrisch-pathetische Dichter, der sich nicht völlig überwinden kann zur Gestalt, zum tragischen in sich selbst verbannten Charakter. Aber auf welche bedrohliche Weise bringt er alle Werte ins Schwanken – und wie nah ist er uns, die wir doch sein Feuer, seinen Hochsinn nicht haben und nicht wie er geneigt sind, uns auf den »Überfluß des Herzens« zu berufen, wo Gedanke, Plan und Tat zeugen gegen das Herz und gegen den vermeintlichen Überfluß.
Wir möchten Schillers starkes, großes Empfinden nicht verletzen. Es tritt uns gerade in einem Zusammenhang entgegen, der viel getadelt worden ist. Wie Wallenstein am Ende, da er das Schloß zu Eger schon betreten hat, empfinden lernt für Max und sein Geschick verflochten sieht mit dem des toten Jünglings, dies ist tief eigentümlich, ergreifend.

Was ich mir ferner auch erstreben mag,
Das Schöne ist doch weg, das kommt nicht wieder,

Denn über alles Glück geht doch der Freund,
Der's fühlend erst erschafft, der's teilend mehrt.
[Wallensteins Tod 5, 3]

Nun gelangt er auch zum Bekenntnis einer Schuld, das er nicht mehr zurücknehmen wird; selbst wenn der Kaiser ihm vergeben würde, wie Gordon meint – auch dieser bezeugt, wie Wallenstein und Max, daß das Herz Gottes Stimme ist – dann wäre er doch gerichtet: »Ich könnte nimmer mir vergeben lassen«. Blut ist geflossen; aber das Herz hätte ihm sagen können, was geschehen werde. Das Herz des verlorenen jungen Freundes hat es ihm gesagt, und dies ist das Unverzeihliche, daß die Menschen im Streite um die Macht das Herz nicht hören, die reine Stimme, die allein leiten kann, die einzig recht hat, das Geschick zu bestimmen. Denn nur das reine Herz ist zur Tat berufen. Um das Heiligtum des Herzens ist das Drama gebaut. Darum steht das unglücklich liebende Paar in der Mitte, nicht etwa am Rande; da Wallenstein der Warnung der Liebe nicht gehorcht; da die Liebe untergehen muß unter seinem unglückseligen Planen, Handeln, Zaudern, so ist alles verwirkt, und welche sonderbaren Hoffnungen und Gesichte ihn auch noch blenden mögen: es kann nichts in seinem Umkreise gedeihen, weil die Liebe darin stirbt. Es ist nichts schlimmer, als daß in der Verwirrung der Geschicke das reine Herz nicht mehr weiß, wie es entscheiden soll. »In mir ist Nacht«, bekennt Max, »ich weiß das Rechte nicht zu wählen« [3,21]. Damit erlöscht, nach des Dichters Überzeugung, das Licht dieser Welt. Die Mahnung, das Herz zu verwahren gegen die »falschen Mächte« und dem reinen Herzen, das allein weiß, was gut und böse ist, die Herrschaft einzuräumen auf dem Feld der Geschichte – so wie es hätte gehört werden sollen in Pilsen –, dies ist wohl das dringendste Anliegen des Tragikers gewesen. Sollte es sein Vermächtnis sein für sein Volk in der heraufziehenden Zeit? Nicht die politische Schuld, die Schuld am Herzen

ist es, die Wallenstein wie Octavio auf sich laden, die ihnen zum Unheil wird. Nur sie will Wallenstein gelten lassen. Aber wie sollte die Warnung verstanden, beherzigt werden, wenn der Held, da er schon ganz umstrickt ist von seinen Ränken und bereits in den Abgrund seines Sturzes blicken könnte, von seinem »geraden« Herzen spricht?
So steht der Held auch hier im Widerspruch mit sich selbst. Und doch wird das Herz allein die Wirklichkeit sicherlich nicht bestehen; was Wrangel als Gustav Adolfs Meinung anführt:

> Und stets der Herrschverständigste, beliebt' ihm
> Zu sagen, sollte Herrscher sein und König.
>
> [Wallensteins Tod 1, 5]

dürfte nicht übergangen werden. Die Wahrheit vom Herzen könnte, sofern sie in ausschließendem Sinne verstanden würde, an der Wirklichkeit des Politischen vorüberführen, die der Dichter einmal, im »Geisterseher«, mit bewundernswerter Schärfe aufgefaßt hat. Nur dem Klugen könnte der Gehorsam gegen das Herz wirklich zum Segen werden. Wallenstein, der im Gespräch mit den Sternen an seinen Träumen spinnt und sich damit tröstet, daß es nur Träume sind – Träume, die, wie er meint, das Gewicht der Schuld nicht haben –, wäre wohl schwerlich durch das Herz zu retten. Er verfehlt die Wirklichkeit des Politischen in gleicher Weise wie den Menschen, wie das Herz. In einem jeden Falle nimmt er den Verrat zu leicht. Der Verrat spielt ja nicht nur zwischen ihm und Max und Octavio, auch nicht allein zwischen dem Erneuerer der Welt und der alten Krone, die eine angebliche verjährte, dem Sturze preisgegebene Ordnung behaupten will, nicht nur zwischen seiner Machtsucht und seinem matten, unsichern Gewissen: er spielt im Zusammenhange der großen Mächte, unter der Mitverantwortung für die Welt. Was sollte geschehen, wenn der Aufrührer nicht siegte? Er wolle die Schweden hinhalten, sagt er den Kürassieren [Wallensteins Tod 3, 15], bis er Europens Schicksal in den Händen trage und der erfreuten Welt aus seinen Lagern den Frieden schön bekränzt entgegenführen könne. Solche Worte, in solchem Munde, an solcher Stelle klingen nicht minder wunderbar als die Träume von einem patriarchalischen Friedenszustande, mit denen Napoleon auf der Flucht aus Rußland den Gefährten im Schlitten unterhielt. Und in welche Wirklichkeit sollen wir die an den Bürgermeister von Eger gerichtete Prophezeiung versetzen?

Die Erfüllung
Der Zeiten ist gekommen, Bürgermeister.
Die Hohen werden fallen, und die Niedrigen
Erheben sich – Behaltet's aber bei euch!
Die spanische Doppelherrschaft neiget sich
Zu ihrem Ende, eine neue Ordnung
Der Dinge führt sich ein – Ihr saht doch jüngst
Am Himmel die drei Monde?

[Wallensteins Tod 4, 3]

So spricht der »Herrschverständigste«, der ein Anrecht, eine Berufung hat, zu regieren? Welcher Art könnte die Herrschaft dieses Soldatenkaisers sein, der an die Sterne glaubt, aber auch in diesem Glauben so unsicher ist wie in seinem Verhältnis zu den Mächten, den Menschen, den das Leben der Völker ordnenden Werten? Und klingt es durch diese Prophetie nicht wie eine nachträgliche Bestätigung der Weltgeschichte, eine Rechtfertigung vor ihr – mit welchem Troste der Dichter seinen untersinkenden Helden zuletzt noch beschenkt?

Hat Wallenstein doch noch »recht«? Nein, er kann nicht recht haben, in keinem Betrachte; er ist zu schlimm, um gut, zu gut, um schlimm zu sein, zu verschlagen, als daß er sich Träumer nennen dürfte, zu phantastisch, als daß seine List ihm glücken könnte, zu selbstsüchtig und zugleich zu selbstzufrieden; er ist willentlich-unwillentlich falsch gegen sich selbst und damit – um das Wort des Polonius umzukehren – falsch gegen jedermann; er denkt, wo er empfinden sollte, und empfindet, wo er denken müßte; er nimmt nicht die politisch-weltgeschichtliche Schuld auf sich, die er fraglos zu verantworten hat, sondern gewissermaßen eine »schöne« Schuld, die Schuld am Herzen; und wenn ihm die verspielte Macht nichts mehr gilt, so deswegen, weil er das »Schöne«, den Freund, daran gegeben hat. Was er tut und denkt, muß in irgendeinem Betrachte »schön« sein; immer legt er sich eine Gebärde zurecht, die gefällt. Er ist, wir können es nicht anders sagen, gänzlich außerhalb der Wahrheit. In bezug auf die Wahrheit könnte es mit ihm gar nicht schlimmer bestellt sein, ist er ein wahrhaft tragischer Fall. Er dringt zur Wahrheit nicht durch; denn die ergreifende Gebärde, das rauschende Wort gehen ihm über alles; er kann nicht wahrhaftig sein, nicht die Wahrheit der innern wie der äußern Wirklichkeit sehen, nicht des Himmels wie der Hölle, so viel er auch von beiden redet; er hat das Wort, nicht die Tat, und damit nicht das echte Wort und handelt auch dann noch nicht als Verantwortlicher, da er, schon völlig im Banne des Verhängnisses, endlich im zwanzigsten Auftritt des dritten Aktes sagt: »Zu lange schon hab' ich gezaudert« [Wallensteins Tod 3, 20]. Schon? Da er die Wirklichkeit nicht erreicht, ist er immer zu spät. Zwischen Himmel und Hölle, Traum und Erde, immer schwankend, immer getäuscht und immer sich täuschend und Täuschung verbreitend, immer sich entziehend dem Todesernste, in dem sein Pathos sterben würde, sich täuschend noch auf dem Wege zum letzten Schlaf, in der Hoffnung auf den nächsten Morgen, der ganz anders und wahrhaft furchtbar sein muß – so wie Faust sich täuscht vor seinem offenen Grabe, vermeintlich im Angesichte der Äonen, die noch tönen sollen von seinem Ruhm, ist er Fausts echter Verwandter, Fleisch von seinem Fleische, Herz von seinem schuldig-unwahrhaftigen Herzen, Geist von seinem schweifenden Geiste; muß er, wie Faust, zur Beute der Dämonen werden, deren Macht die Lüge, die Täuschung ist. Fällt aber in solche Hände konkrete irdische Macht, die Befehlsgewalt, die sogar die Verantwortlichkeit der Untergebenen ausschließt, wie es Wallenstein dem zaudernden Max Piccolomini gegenüber ausdrücklich tut:

> Wenn ich am Kaiser unrecht handle, ist's
> Mein Unrecht, nicht das deinige. Gehörst
> Du dir? Bist du dein eigener Gebieter,
> Stehst frei da in der Welt, wie ich, daß du
> Der Täter deiner Taten könntest sein?
> Auf m i c h bist du gepflanzt, ich bin dein Kaiser,
> Mir angehören, mir gehorchen, d a s
> Ist deine Ehre, dein Naturgesetz.
>
> [Wallensteins Tod 3, 18]

so ist die Welt auf das fuchtbarste bedroht. Was mag es uns helfen, daß gegen Ende die Kaisermacht, mit dem letzten Auftreten Octavios, festere Umrisse gewinnt, der Kaiser sogar als milde und barmherzig, als gnädig – vielleicht gar begnadet – erscheint; diese Macht wird ja untergehn, wie Wallenstein voraussagte. Wo dieser Machtsüchtige, der Verwaltung der Macht nicht Fähige, geschritten ist, gähnt die Verwüstung; das Chaos, das er fühlte, wie Faust es fühlt, muß auf seiner irren Bahn hervorbrechen und die Erde überfluten.

Damit tritt die Gestalt für eine bestimmt Betrachtung, die sich der Aufgabe nicht entziehen kann, die Kunstwerke eines Volkes nach dessen Wesen, nach seiner besonderen Weise des Daseins in der Geschichte zu fragen, aus dem Kreise des Kunstwerks, erlangt sie ein Eigenleben in ihrer Unbestimmtheit. Diese Unbestimmtheit wird um so größer, je näher wir Wallenstein kommen; zwischen den düstern Lagerfeuern des Dreißigjährigen Krieges, des deutschen Krieges an sich, sehen wir den fest umrissenen Schatten; je mehr wir ihn sprechen hören, um so ungewisser wird alles, bis er, ständig dem widerstreitend, was er war und zu sein versprach, in der großartigen Ballade des Endes untergeht und die düstre Stimmung, die Unruhe noch nachschwingen, die so ganz zu ihm gehören.

Am Himmel ist geschäftige Bewegung,
Des Turmes Fahne jagt der Wind, schnell geht
Der Wolkenzug, die Mondessichel wankt,
Und durch die Nacht zuckt ungewisse Helle.

[Wallensteins Tod 5, 3]

Wir wollen die bedeutungsvolle, ganz am Rande stehende Bemerkung Butlers nicht übersehen: Am Hof zu Burgau sei Wallenstein als Page im Fensterbogen eingeschlummert und zwei Stockwerke tief gestürzt:

Und unbeschädigt stand er wieder auf.
Von diesem Tag an, sagt man, ließen sich
Anwandlungen des Wahnsinns bei ihm spüren.

[Wallensteins Tod 4, 2]

Noch einmal: es kommt uns nicht auf die Kritik an, die von Berufenen längst vorgebracht worden ist. Tieck rühmte wohl das unvergängliche geistesgeschichtliche Verdienst der Dichtung: unter blassen Tugendgespenstern sei »Wallensteins mächtiger Geist, groß und furchtbar«, erschienen. Aber er findet das Stück »beschlossen, nicht vollendet«, bei aller Größe einzelner politischer, militärischer Momente dem Geschichtlichen im ganzen, dem eigentümlichen Gehalte des Dreißigjährigen Krieges, doch nicht gemäß; an der Vielheit der Motive zersplitterte die mit so großer Kunst vorbereitete Wirkung. Den Schritt vom Kunstwerk zur Haltung, vom Geschichtsbild des Dichters zum geschichtlichen Leben der Nation, tut Otto Ludwig, der leider zu wenig Nachfolge gefunden hat und inzwischen von fast einem Jahrhundert beglaubigt worden ist. Seine Kritik mag hart erscheinen; sie war in der vorliegenden Form nicht zur Veröffentlichung bestimmt; aber sie ist eingegeben von einer Schärfe des Blikkes, einem Verantwortungsbewußtsein, forschender Wahrhaftigkeit, die als Verpflichtung nicht die geringste Einschränkung erfahren dürften. »Überall die Scheu vor der Tat und vor der Verantwortung.« – »Alle entschuldigen sich, sowie sie etwas unternehmen wollen, bei dem sentimentalen Publikum.« – »Nach Schillers Vorgang ist es fast unmöglich geworden, das Schlimme anders in der Tragödie zu bringen, als unter dem glänzenden Firnis des Schönen und Liebenswerten. Und unter Schillers Stücken wiederum ist das Gift am feinsten und sublimiertesten eben im Wallenstein. – Weit entfernt, daß Schiller eine unsittliche Absicht gehabt hätte, er war ein so streng sittliches Gemüt, daß ihm das Schöne immer, ohne daß er es weiß, ins Gute übergeht. Was ihn persönlich entschuldigt, das ist eben in seinem Wallenstein das Gefährliche, daß, wo er uns bloß ästhetisch für das Schlimme interessieren will, er uns zugleich moralisch dafür gewinnt.« [Otto Ludwig, Werke, Bd. 5.] Die eigentliche große, fruchtbare Kritik hat aber Ludwig mit dem Wallenstein-Entwurf geboten: einer geschichtlichen Konzeption größter Art, die das Gegenspiel heraufführt und damit erst dem Helden gerecht wird, freilich auch eine der nicht eingelösten, uneinlösbaren Verheißungen des deutschen Theaters.

Wir möchten nicht für einen Augenblick die Achtung vor dem hochstrebenden, verzehrenden Geist, der gebietenden Persönlichkeit verletzten, die hinter dem Werke, vielleicht auch mitten im Werke steht, stärker als alle Helden, aber auch oftmals stärker als die künstlerische Form. Wir möchten die Gestalt nur gewinnen für die Selbsterkenntnis, für die Erforschung des eigenen Herzens; ist doch die Herzenserforschung – mehr noch als die Gewissenserforschung – ohne Zweifel die erste Forderung Schillers an uns; sie erst bedeutet den Übergang seines Werkes, seines Strebens in unser Leben. Und es ist uns oftmals, wenn wir über die anderthalb Jahrhunderte zurückblicken, die seit der ersten Aufführung des großen Dramas vergangen sind [April 1799], als schritte die rätselhafte Gestalt des Friedländers vor unserem Volke her, gewiß nicht in solchem Maße bewundert und geleitet wie Faust, aber auf dem Gebiet des Politisch-Geschichtlichen von einer ähnlichen Bedeutung, Verführungs- und Ausdruckskraft wie Faust in bezug auf Religion und Denken, auf die Haltung zum Leben, das Verhältnis zur Wirklichkeit überhaupt.

Ist nicht etwas Wallensteinisches in dem idealen Traum von Macht und Gewalt, der so viel Gemüter beschäftigte, in der Mißachtung großer geschichtlicher Bindungen, der Hoffnung auf das Niedagewesene, das am Himmel sich anzeigt wie ein Spuk, das aber erst kommen wird, wenn zertrümmert ist, was noch gilt? Ist es nicht Wallenstein, der geschäftig ist, immer neue Ideologien zu knüpfen, Geheimnis in Geheimnis zu weben, der viel vom Herzen spricht, aber den falschen Mächten schon verfallen ist; nicht Wallenstein, der hochsinnig von der Freiheit, der Würde des Menschen redet und um ihretwillen scheinbar das Jahrhundert herausfordert, während er denen, die er ins Vertrauen zieht, zuflüstert, daß die Erde »dem bösen Geist gehört, nicht dem guten« [Wallensteins Tod 2, 2] und daß, wer mächtig werden wolle, diesem Geiste den geforderten Preis bezahlen müsse? Und ist es nicht Wallenstein, der immer zaudert – während doch die Geschichte drängt und kein Verständnis für die Säumigen hat –, bis endlich die schlecht verwaltete Macht des schlecht verwahrten Herzens einem anheimfallen muß, der niedriger und rücksichtsloser ist und dem Dämon ohne Bedenken gehorcht? Sind es nicht die großen und nicht erfüllten Worte, die dem Dämon die Geschicke zuspielen? Und ist es nicht Wallenstein, der die Schuld des Gedankens, des Willens leugnet und nur die Schuld der Tat anerkennt und damit unser Gewissen verwirrt?

Die Antwort liegt bei uns selbst, bei der Erforschung der eigenen Geschichte wie der Geistes- und Seelengeschichte dieser anderthalb Jahrhunderte. Wir möchten nur erreichen, daß die Gestalt wieder zur Frage, daß sie zum Anstoß werde, und wir werden nicht mit ihr fertig. Wir sprechen den ideal Gesinnten an, und der Machtsüchtige herrscht uns entgegen; wir suchen ihn auf seine Macht zu verpflichten, und er weicht mit einem idealischen Worte aus. Er beschönigt all sein Tun und noch unsere schlimmsten Gedanken, bis das letzte Festmahl verrauscht und die Nacht gekommen ist, in der die Wahrheit furchtbar aufbricht.

Sonderbar! Um das Grauen dieser Nacht zu schildern, hat Schiller einen Klang aus »Macbeth« übernommen: »O mordet nicht den heiligen Schlaf!« [Wallensteins Tod 5, 8]. So hat der Mörder Duncans seine Untat empfunden: »Mir war, als rief' es: ›Schlaft nicht mehr, Macbeth / Mordet den Schlaf‹« [Macbeth 2, 2]. Das Verbrechen am Schlafenden ist ein Frevel am Schlafe selbst; wie der gütige, heiligmäßige König Duncan den Menschen nur wohlgetan hat, so ist der Schlaf ein himmlischer Wohltäter:

> Der Tod von jedem Lebenstag, das Bad
> Der wunden Müh, das Balsam kranker Seelen,
> Der zweite Gang im Gastmahl der Natur,
> Das nährendste Gericht beim Fest des Lebens.
>
> [Macbeth 2, 1]

Macbeth hat den eigenen Schlaf erschlagen; er wird nicht mehr schlafen können von dieser Stunde an; er zerfällt mit sich selbst, in die beiden Namen Glamis und Cawdor. Sein Gewissen ist tödlich getroffen; besser, er wüßte von sich selbst nichts, als von seiner Tat; alles, was in ihm ist, das verdammt ihn, wie es gegen Ende heißt. Damit gelangen wir in den Bereich der furchtbaren Wahrhaftigkeit Shakespeares, dessen Geist Tieck und Otto Ludwig geleitet hat. Sicherlich, Schiller wollte keine Gestalt vom Geschlechte der Macbeth bilden. Was ist auch bezeichnender für den Unterschied der Kunststile der großen Persönlichkeiten als die Umwandlungen, denen Schiller als Bearbeiter die Tragödie Shakespeares unterwarf! Es ist nicht erlaubt, bei so verschiedenen Vorsätzen die Gestalten gegeneinander auszuspielen. Aber das Problem ist dasselbe: der Aufruhr des Feldherrn gegen den gesetzlichen Herrn, die Versuchung durch die »falschen Mächte«, die in Shakespeares Tragödie auf einzigartige Weise leibhaftig auftreten. Und wenn in Schillers Trilogie der eigentlich Herrschverständige nicht erscheint – sondern Verräter gegen Verräter steht und dadurch Wallenstein dem Anscheine nach bestätigt wird in der Überzeugung, daß die Erde dem bösen Geiste gehöre –, was heißt es anders, als daß die Macht selber böse sei –, gewährt uns Shakespeare das Beispiel des wohlverwahrten Herzens, des Herrschverständigen, der ein Recht hat, mächtig zu werden, ja, der die Macht ergreifen, sie der schlechten Hand entreißen muß. Es ist Malcolm, Duncans Sohn; er würde schuldig werden, wenn er die Macht nicht antreten wollte. In guter Sache hat er die Macht nicht zu fürchten. Eh er von England aufbricht, stellt er Macduff auf die Probe; er bezichtigt sich schlimmer Leidenschaften, der Wollust, des Geizes und Zornes, der Habsucht. Der Königstugenden

> Wahrheit, Gerechtigkeit, Starkmut, Geduld,
> Ausdauer, Milde, Andacht, Gnade, Kraft,
> Mäßigkeit, Demut, Tapferkeit
>
> [4, 3]

habe er keine; gelangte er zur Herrschaft, so würde er »vernichten alle Einigkeit auf Erden«. Und erst, da Macduff in heißem Schmerze ausruft, ein solcher dürfe nicht regieren, nicht einmal leben, faßt der kluge Malcolm das letzte Vertrauen zu dem künftigen Vasallen: wer treu sein will dem rechten Herrn aus ganzer Seele, den unköniglichen aber nicht duldet, selbst wenn er rechtmäßig ist, der wird ihm anders dienen, als Macbeth seinem Vater gedient hat. Nun darf Malcolm gestehen, daß er sich berufen glaubt:

Noch weiß ich nichts
Vom Weibe, habe nimmer falsch geschworen,
Verlangte kaum nach dem, was mir gehört;
Stets hielt ich treu mein Wort, verriete selbst
Den Satan nicht den Teufeln; Wahrheit gilt
Mir mehr als Leben, meine erste Lüge
War diese gegen mich.

[4, 3]

Hier ist ein Jüngling wie Max Piccolomini; freilich, Malcolm ist kein Bewunderer eines undurchschaubaren Helden, der denen, die an ihn glauben, furchtbare Erfahrungen bereiten wird; der schottische Königssohn steht mitten in der Wirklichkeit und weiß, welche Tugenden herrschen sollen. Er wird mit dem Beistand der rechten Männer den Thronräuber niederwerfen und die Ordnung wieder aufrichten.

Um des Problems der Macht und Herrschaft willen, das im deutschen Drama mit der großen Ausnahme Grillparzers nur selten seine Lösung gefunden hat, streiften wir die Sphäre Shakespeares, der gleich den Spaniern niemals darauf verzichtete, den Eingang unverrückbarer sittlicher Gesetze ins Irdische und ihren Bestand unter aller Anfechtung zu vergegenwärtigen. In den Werken der großen Dichter wollen die Völker zu sich selber kommen; diese Werke stehen dort, wo das Persönliche das Überpersönliche ist. Es ist tiefe Wahrheit in Ibsens Wort, daß Dichten bedeute, Gerichtstag halten über das eigene Ich, wir dürfen wohl sagen: das Ich des Dichters, des Volkes, der Menschheit. Aber wir haben mit diesem Bekenntnis noch nicht ernst gemacht, es als Aufnehmende noch nicht vollzogen; vielleicht könnten wir ihm einmal eine Erschließung großer Dichtung an ihrem historischen Ort, in ihrem historischen Amt verdanken, die bisher kaum geschehen ist. Es geht wohl vom Dichter aus, aber es sucht nach uns. Dichtung als Gerichtstag fordert uns ein zum Selbstgerichte. Vielleicht ist es wahr, daß das Größte, was Schiller gedichtet hat, die Vision des Weltgerichtes ist in den »Räubern«. Und vielleicht will uns der Wallenstein in eine Stunde von ähnlichem Ernste rufen, wie es des Dichters letzter Morgen war, da der Sterbende sich einige Male aufriß und emporblickte, »als habe er alle Kraft gesammelt« und das Wort »Judex« sprach und wiederholte. Der Dichter steht unter dem Gericht; er kann nicht anders als wahrhaftig sein. Als Gestalter muß er zum Richter werden. Als Richter wird er uns zum Heil gesetzt, daß wir das Wort seines Gebildes hören und danach tun.

(1946)

UND VERGIB UNS UNSERE SCHULD

Die einfache und klare Wahrheit von Schuld und Sühne, vom heilen oder kranken Leben einer geschichtlichen Gemeinschaft sollte angeschaut, nicht durch Theorien erschlossen werden. Im mittelalterlichen Rußland wurde einem kranken Fürsten ein heiliges Bild gebracht, daß er durch die Betrachtung des Bildes genese. So könnten auch heute noch Völker und ihre Mächtigen an Bildern echter Ordnung gesund werden, vorausgesetzt, daß sie sich die Fähigkeit bewahrt haben, solche Bilder zu betrachten. Freilich sind wir an helfenden Bildern immer ärmer geworden. Wo von Ordnung die Rede ist, da muß Heiliges sein; von ihm her baut sich die Ordnung auf; in dieser Beziehung unterscheidet sich die antike Welt von der christlichen nicht. Freilich trauen wir den Bildern, an die wir uns etwa wenden können, keine sakrale Macht zu, aber doch eine wohltätige auf den an Theorien erkrankten Geist.

Einiger weniger Tatsachen müßten wir uns bewußt bleiben, wenn wir uns das Wesen von Schuld und Sühne vergegenwärtigen wollen: es gibt eine Macht des Bösen unter Gottes Macht, und der Mensch kann sich zwischen ihnen entscheiden; der Mensch lebt nicht allein und wird niemals nur an sich selber schuldig; ebensowenig kann er sich den sittlichen und geschichtlichen Auswirkungen der Schuld der anderen entziehen. Diese zweite Wahrheit würde nicht so oft verkannt, bestritten, mißbraucht und mißdeutet werden, wenn das Bewußtsein echter politischer Gemeinschaft wach in uns wäre; aber im seltsamen Widerspruch zu den sozialen und programmatischen Forderungen, die diese Zeit erfüllen, steht der Mangel am Wissen von echter Menschengemeinschaft.

Damit möchten wir nur zu Jeremias Gotthelf führen; wir sind überzeugt, daß sein Werk den, der es mit Liebe betrachtet, zu heilen vermöchte. Dieses ganze Werk ist durchdrungen von echtem politischem Gefühl, das heißt von der Überzeugung, daß ein jeder in Tun und Denken, seinem ganzen Sein und Streben verantwortlich ist gegenüber allen, die in seinem Dorfe, seiner Stadt, seinem Lande leben, und daß dieses Land wieder in einem weit größeren Zusammenhang steht – im letzten Sinne in der Beziehung aller Menschen zu Gott. Gotthelf hatte die Gnade, aber auch die Kraft, ein Staatswesen noch ganz als Menschengemeinschaft zu kennen; als solche hat er die Lebensordnung der Heimat leidenschaftlich verteidigt gegen die Bedrohung durch Theorien, die, fast mit Sicherheit, zu verderblichen Waffen werden in der schlechten Hand. Da er den Menschen sah als das Wesen, in dem sich, wie er einmal sagte, der Engel aus dem Tier »herauskämpfen« müsse, diesen Vorgang aber immer in der Beziehung zur Gemeinschaft erblickte, so war er in der Wahrheit – mag er auch in einzelnen Fragen seiner politischen Haltung, seines pädagogischen Wirkens berechtigte Gegnerschaft gefunden haben. Kraft der Wahrheit in ihm und seinem Werke wurde er zum Propheten. Die räumliche Begrenztheit des Staatswesens, in dem er lebte und webte, beengte seine Zeitkritik nicht. Frei von den Gefahren des deutschen Idealismus, der ihn ablösenden, in mancher Beziehung aus ihm folgernden Philosophie, wie es nur ganz wenige

Dichter des 19. Jahrhunderts waren – wir möchten fast sagen, fast nur die Droste war es noch, aber auf einem sehr einsamen Posten –, sah er die kommende Zerstörung, die sich in den Anschein glückhafter Errungenschaften kleidete. Er wußte – darin war ihm gleichfalls wohl nur die Droste nah – die klare Wahrheit vom Bösen und seiner geschichtlichen Macht und von der Fähigkeit dieser Macht, die Kleider eines Zeitalters anzulegen und seine Sprache zu sprechen; er wußte, was es bedeutet, wenn der Engel sich nicht herauskämpfte, sondern übermächtigt wurde vom Tier. Die Sorge, daß dies geschehen könnte in seinem über alles geliebten Lande, mag ihn wohl zu rastloser, seine gewaltige Kraft verzehrender Arbeit getrieben haben; es war die Sorge eines Mannes, der sich im ernstesten Sinne verantwortlich fühlte für alle und alles, und zwar vor Gott; eines Mannes auch, der sich im verpflichtenden Besitze »heiliger Waffen« wußte und insofern etwas Ursprünglich-Priesterliches hatte »und wie ein Held zur Schlacht stürzte«, wo er den Bösen spürte auf dem Schlachtfeld des Jahrhunderts. Ach, wie wenige sahen den Widersacher auf diesem Schlachtfeld, und wie stark ist er geworden, weil man ihn nicht sah! »Da loderte im Priester auf der heilige Kampfesdrang, der, sobald sie den Bösen ahnen, über die kömmt, die gottgeweihten Herzens sind, wie der Trieb über das Samenkorn kömmt, wenn das Leben in ihn dringt, wie er in die Blume dringt, wenn sie sich entfalten soll, wie er über den Helden kömmt, wenn sein Feind das Schwert erhebt.«

Diese Worte gelten dem Priester in der Erzählung »Die schwarze Spinne«, einem der reinsten Kunstwerke des großen Schweizers, das immer und immer wieder beherzigt, als eine in die Herzen dringende Macht aufgenommen werden müßte. Es geht um die tiefe Wahrheit, »daß die Schuld an einer Seele tausendmal schwerer wiegt als die Rettung von tausend und abermal tausend Menschenleben«. Wir erinnern kurz an den Gang der Handlung: Ordensritter, die sich zu

heiligem Dienst verpflichtet hatten, verfallen im Berner Lande zuchtlosem Leben; der Comtur Hans von Stoffeln zwingt die Bauern, ein gewaltiges Schloß in der Einöde zu bauen. Da sie fertig sind, sollen sie hundert ausgewachsene Buchen im Walde ausgraben und auf den öden Schloßhügel pflanzen, damit der Bauherr mit seinen Gästen sich im Schatten ergehen könne. Vergebens bitten die Bauern, ihnen die Arbeit zu erlassen, die sie das letzte Vieh und die Ernte kosten wird. Da erscheint unter den Verzweifelten der Versucher im grünen Jägerkleide und bietet ein Gespann: zum Lohne begehre er nicht viel, nur ein ungetauftes Kind. Sie erkennen ihn an dieser Forderung und stieben davon. Aber ein wildes schwarzes Weib neigt zu seinem Angebot; während die Männer sich vergebens abquälen, die Buchen auf den Berg zu fahren, redet sie mit dem Grünen. Er will vorerst nur ein Wort, das Versprechen, daß ihm das nächste Kind, das geboren werde, gehören solle; Christine gibt es und besiegelt es mit einem Kuß. Dieser Kuß bindet wie ein mit Blut geschriebener Pakt; es ist die furchtbar-widrige Berührung des Menschen mit der höllischen Sphäre; die ganze Natur gerät in Aufruhr, »als ob der Himmel zersprungen wäre«.
Inzwischen sind die Gedanken der Menschen schon vergiftet worden; sie kommen von dem Vorschlag des Grünen nicht los. »Sie begannen zu rechnen, wie viel mehr wert sie seien, als ein einzig ungetauftes Kind.« Christine berichtet, daß sie mit dem Jäger Abrede getroffen, und erscheint als Retterin; den Kuß verschweigt sie. Würden nur die Buchen hinaufgeschafft, so könne man weiter sehen. Vielleicht läßt sich der Teufel betrügen. Dies ist wesentlich an der Abmachung mit dem Teufel, daß sie durch die Hoffnung auf den Betrug erleichtert wird. Nur ein junges Weibchen weint bitterlich; aber »im finstern Gemüte« soll mancher gedacht haben, wie er später bekannte: »gar viel Geld und Umtriebe wage er nicht eines ungetauften Kindes wegen.« Der Gedanke an das Spiel ist Selbstbetrug; da Christines Vorschlag angenommen

wird, bricht, wie zur Bestätigung der geschehenen Veränderung, wieder ein Unwetter los. Dann aber geht ein heller Morgen auf. Die Arbeit gerät leicht, nur wenn die Wagen an der Kirche vorbeifahren, scheinen sie schwer zu werden, und der »verirrte Schall einer Totenglocke« ist zu hören. Tags darauf stehen sechs Buchen eingepflanzt auf dem Schloßhügel; dem Comtur ist es recht, wenn die Buchen gepflanzt werden, ohne daß die Bauern zugrunde gehen; so willigt auch er in den Pakt. Es ist ihm »ganz gleichgültig, ob sie dafür ihre Seelen verschrieben«. Der echte Herr fühlt sich verantwortlich für die ihm Anvertrauten auf Zeit und Ewigkeit; dem Gewalthaber geht es nur um seinen törichten Anspruch. Endlich stehen die hundert Buchen oben; die Jugend tanzt im Schattengang; in den Häusern wird verzehrt, was noch aufgespart war, nur die Alten warnen: »Die Zeit ist noch nicht da, wo man es erkennt, daß der Trotz das Unglück aus dem Boden stampft.«
Es gelingt dem Priester, dem die Bauern erst in letzter Stunde beichten – lange war niemand mehr zur Beichte gegangen; schon wird die Wahrheit gemieden –, das erste Kind, das nach dem Pakte geboren wird, durch die Macht des Segens zu retten. Alle Angst ist verschwunden, ein großes Mahl wird gerichtet: der Teufel ist offenbar betrogen worden, aber »Gott nicht gesühnt«. Christine hat den Kuß des Teufels empfangen und trägt ein Mal; es wächst an zu einem Geschwür, das die Gestalt einer Spinne annimmt; furchtbare Schmerzen durchglühen den Körper der Unglücklichen. Alle fliehen vor ihr, und sie flieht ihnen nach von Haus zu Haus wie die lebendige Schuld. Wieder wird ein Kind im Dorf erwartet; Christine weiß, daß es dem Teufel verfallen muß, wenn sie von ihren Schmerzen befreit werden soll. Während das Kind geboren und zum Jubel des Dorfes dem Teufel entrissen wird, ereignet sich eine andere entsetzliche Geburt: aus dem Leib Christinens brechen Spinnen hervor, die das Vieh im Dorfe töten. Der Comtur tobt wegen der gefallenen Her-

den, verlorenen Pachtgelder: was die Bauern versprochen, müßten sie halten, darüber dürfe er nicht zum Schaden kommen. So treibt der unrechte Herr, der die Not veranlaßt, nur tiefer in die Schuld.
Christine gesteht nun, daß der Teufel sie geküßt habe und die Spinnen aus ihrem Leibe gekrochen seien; keiner der Männer will ihr seine Zustimmung gegeben haben; das beste, meint einer, sei, sie totzuschlagen. Es ist, als könnten Schuld und Not mit ihr erschlagen werden. Aber sie lacht: der Teufel will nicht sie, sondern das Kind. So kommen sie überein, das nächste Kind auszuliefern. Seine Mutter ist das arme Weibchen, das als einziges der Abmachung mit dem Teufel widersprach. Christine gewinnt den Vater; man will den Priester holen, aber absichtlich zu spät; vielleicht gewinnt der Teufel, vielleicht der Priester. Wieder erleichtert die unbestimmte Hoffnung auf Betrug das Verbrechen. Die Menschen wissen davon; wer Christine begegnet, nickt ihr zu. Es kommt zum schrecklichen Kampf um das Kind; Christine entreißt es der armen Mutter. Aber mit der Gewalt der drei heiligen Namen rettet der Priester, im letzten Augenblick zwischen Christine und den Grünen sich werfend, die Seele des Kindes. Vom geweihten Wasser getroffen, wird Christine zur Spinne, die das Kind anfällt. Der Priester schleudert sie weg. Aber wer die Spinne anrührt, stirbt; sie erscheint nun überall, auf den Häuptern der am Tisch Sitzenden, in den Hütten, im Schloß. Der schwarze Tod der Menschen ward geboren unter grausigem Unwetter; das Gewitter weckt die Gewissen: alle wissen es wohl, was es heißt, »von irdischer Not und Plage mit einer unsterblichen Seele sich loskaufen wollen«.

Noch ist keine Seele verloren, aber die Menschen waren bereit, eine Seele preiszugeben: dies ist die zerstörende Schuld. Sie ist ein Faktum des Seelenlebens und zerrüttet von daher die äußere Wirklichkeit, Unheil auf Unheil häufend, selbst die Natur. Nur die Gnadenmacht, die Anrufung des dreieinigen Namens, das Opfer des Priesters verhinderten, daß die preisgegebene Seele vom Teufel hinabgerissen wurde. Die Menschen fühlen das Unrecht, »und doch war Zank und Streit unter ihnen, und einer gab dem andern Schuld, und jeder wollte abgemahnet und gewarnet haben, und jeder hatte nichts darwider, daß Strafe die Schuldigen treffe, sich und sein Haus wollte aber jeder ohne Strafe«.

Überall ist das innere Verhalten, das verschwiegene Meinen entscheidend; so gelangen die versteckten Vorwürfe bis ins Schloß hinauf; unter den Rittern schiebt einer dem andern die Schuld zu; im geheimen meinen alle, daß der Comtur allein die Schuld trage. Ein einziges Haus nur blieb bisher verschont: es ist das Haus Christines, in dem auch die arme Mutter des von der Spinne zuerst getöteten Kindes mit einem Bübchen und seinem Schwesterchen wohnt; vom Traumbild des Priesters aus dem Schlafe geschreckt, sieht sie die Spinne über das Bettlein der Kinder schreiten: »Da dachte sie an Gott und griff mit rascher Hand die Spinne. Da fuhren Feuerströme von derselben aus, der treuen Mutter durch Hand und Arm bis ins Herz hinein, aber Muttertreue und Mutterliebe drückten die Hand ihr zu, und zum Aushalten gab Gott die Kraft.« Sie drückt die Spinne in ein Loch, das sie in den Fensterpfosten gehöhlt hat, und verschließt es mit einem bereitgehaltenen Zapfen, während das Haus wankt. »Die treue Mutter aber freute sich noch, daß sie ihre Kindlein gerettet, dankte Gott für seine Gnade, dann starb sie auch den gleichen Tod wie alle, aber ihre Muttertreue löschte die Schmerzen aus, und die Engel geleiteten ihre Seele zu Gottes Thron, wo alle Helden sind, die ihr Leben eingesetzt für andere, die für Gott und die Ihren alles gewagt.«

Sühnen auf gültige Weise kann nur die Reine, die einzige, die vor dem Teufel zu warnen wagte und im selben Hause mit der Frevlerin lebte. Doch das Dorf, der Mensch bleiben unter der Anfechtung. Nach Jahrhunderten, da die wüste Ritterherrlichkeit längst dahingeschwunden ist, und im Schlosse ein alter Ritter von einem »schelmischen Vogt« regiert wird,

verfallen die Menschen der Hoffart, Verschwendungssucht und Gottlosigkeit, wie einstmals die Gewalthaber im Schlosse; am Heiligen Abend schänden sie alle Speisen, lästern alles Heilige, bis ein Knecht mit dem Messer in das Loch des Pfostens stößt: »ein roter Glutstrom brach aus dem Loche hervor, und mittendrin saß groß und schwarz, aufgeschwollen im Gifte von Jahrhunderten, die Spinne«. Sie »fliegt« durch die Talschaft und schlägt die Häuser. Christen, der Besitzer des Hauses, in dem die Spinne gefangen war, ist der einzige Fromme, »aber sein Wille lag gebunden in seiner Weiber Willen, und dieses Gebundensein ist allerdings eine schwere Schuld für jeden Mann, und schwerer Verantwortung entrinnt er nicht, weil er anders ist, als Gott ihn will. Das sah Christen auch ein, darum war er nicht trotzig, pochte nicht, gab sich schuldiger dar, als er war; aber damit versöhnte er die Leute nicht, erst jetzt schrien sie einander zu, wie groß seine Schuld sein müsse, da er soviel auf sich nehme, so weit sich unterziehe, es ja selbst bekenne, er sei nichts wert.«
Er hätte das Haus recht verwalten sollen; und doch ist er kein Frevler wie die andern. Zu seiner Verfehlung nimmt er ihre Schuld auf sich. Er betet Tag und Nacht bei seinen Kindern. Da ein wildes Weib, gleichsam die wiedergekehrte Christine, gebären soll, und alle fürchten, die Spinne werde nun die Seele des Kindes einfordern, entschließt sich Christen, der »tausendfach Verwünschte«, zur Sühne; Gottes Kraft kommt in ihn; er ergreift das Kind. »Zur heiligen Weihe wollte er das Kindlein selbsten tragen zur Sühne der Schuld, die auf ihm lag, dem Haupte seines Hauses, das übrige überließ er Gott.« Auf dem Wege stellt sich ihm die Spinne zur Seite des in einem Busche geborgenen Bösen. Während Christens Knabe das Kind zum Heiligtum trägt, packt er die Spinne, sie wieder zu bannen. Noch erreicht er das Haus, »er vermag's mit Gottes Hülfe. Den sterbenden Blick wirft er auf die Kinder, hold lächeln sie im Schlafe. Da ward es ihm leicht, eine höhere Hand schien seine Glut zu löschen,

und laut betend schließt er zum Tode seine Augen, und Frieden und Freude fanden sie auf seinem Gesichte . . .«
Hier sind alle Wahrheiten gestaltet, verleiblicht; Wahrheit ist ja »Leib«, Sein, wirkende Gegenwart. Hier ist die Gnadenmacht im Streite mit der Macht des Widersachers, des Menschen Versuchbarkeit und Opfersinn, seine Berufung zur Heiligung und Heiligkeit und die entsetzliche Möglichkeit in ihm, »Spinne« zu werden; seine Unwahrhaftigkeit gegenüber der Schuld und die Erfahrung, daß diejenigen zum Heile aller die Schuld austragen, die den geringeren Teil an ihr gehabt und für sich selbst mehr bekennen, als sie verschuldet haben – wofür sie gerade von den Schuldigen »verwünscht« werden, während die eigentlich rettende Tat einer reinen Frau gelingt, der heiligmäßigen Gegenspielerin Christines.
Schlechte Herrschaft, ungerechte Verwaltung ist der Anfang des Übels; die Forderung des Ritters war unrecht und töricht; die Bauern waren im Rechte bis zur Hinneigung zum Bösen, von da an fallen auch sie ins Unrecht. Alles wird von innen her angetrieben: auf das innere Verhalten antworten die Mächte mit Sicherheit. Ist der verborgene Pakt geschlossen, so schlägt das Klima der Welt um. Er wird aber erst dann geschlossen, wenn die Neigung der Menschen die Schranken des Rechtes durchbrochen hat und ein Gefälle gegen die Zerstörung, den Frevel hin besteht. An dieser Neigung sind alle beteiligt; Christine vollzieht nur die unerlaubten Wünsche; in ihrer Person berührt sich die Gemeinde mit der Hölle, aber ihre Person wird von der Gemeinde getragen; man weiß, daß sie eine Seele ausliefern will und zwinkert ihr zu. Schlechte Herrschaft, der das Seelenheil der Untertanen kein Pfand ist für die Ewigkeit, zerrüttet sich selbst, ihren Besitz und Stand. Ist ihr die Seele gleichgültig, so wird sie dem Menschen nicht gerecht, und alles muß stürzen. Der Teufel aber vergewaltigt den Menschen nicht blindlings; er bedarf seiner Zustimmung; ist sie geschehen, so schafft der Feind

unaufhaltsam eine Atmosphäre der Lüge, die den Glanz des Wahren und Heiligen verdunkelt, den Schatten der Verbrechen verdeckt.

Aber das Gewissen wird nicht still. Das Furchtbarste jedoch ist, daß es keine öffentliche Sprache mehr führt; es klagt den Einzelnen im Einzelnen an; ein jeder schiebt die unwidersprechlich gefühlte Schuld auf den anderen, bis der Gedanke aufkommt, in einem Menschen – dem, der das Verborgene in die Sphäre der Tat trug – die Schuld zu erschlagen. Dieser Gedanke bedeutet das genaue Gegenteil der Sühne. Indem der »Schuldigste« die innere Verderbnis in Geschehen übersetzt, kann er mittelbar, freilich ohne Verdienst, zur Reinigung hinwirken, dem Beistand der Gnadenmacht annähern. Völlig heillos aber ist die Schuld, die sich selbst verleugnet und in sich das Gewissen zu ersticken sucht. Die Tötung des Schuldigsten ohne das Eingeständnis der Beteiligung an seiner Schuld würde die innere Reinigung, auf die alles ankommt, weil von innen alles ausgeht, unmöglich machen: sie wäre gewissermaßen ein Opfer auf dem Opferstein des Bösen und befestigte nur seine Herrschaft. Wie das Heil einer einzigen Seele mehr gilt als tausendmal tausend Leben, so ist die gebotene Läuterung tausendmal mehr als das Gericht, das der Mensch vollzieht.

Das Wesentliche aber ist, daß alles, was hier geschieht, sich gewissermaßen an einer einzigen Person der Gemeinde ereignet, in der Priester und Ritter, Bauer und Knecht stehen. Wohl streiten sie miteinander um das Gewicht der Schuld, aber sie sind einig im Verhalten zum Bösen, den sie zum Knechte wollen, in der Hoffnung, ihn zu betrügen, und dennoch bereit, ihm zu geben, was Gottes ist. Sie sind auch einig in ihrer Torheit, die den Bösen als Person unterschätzt – während die geheimste Zustimmung, die erste Berührung schon tödlich sind und nur von übernatürlichen Mächten, durch den Glauben, das Opfer des Menschen überwunden werden können. In keiner Seele kann etwas geschehen, das nicht alle Seelen angeht; denn Gottes Reich ist eins und besteht durch seine Einheit, die Seelen aber sind Gottes. Fällt eine Seele mit völliger, gleichsam sichtbarer Gewißheit in die Hand des Feindes, so ist Gottes Reich zerrissen, und niemand vermag zu ermessen, was dieser Vorgang für das ewige, aber auch das irdische Leben bedeutet. Darum ist eine jede Neigung, Ewiges für Irdisches zu geben, nicht allein Sünde wider Gott, sondern auch Sünde an den Menschen allen; der Mensch, den sein Gewissen einer solchen Neigung bezichtigt, ist schuldig an der Gemeinde, verpflichtet zum sühnenden Bekenntnis, angewiesen auf das Gebet aller, und er darf sich auch getrösten dieses Gebetendes. Die einig Gebetsmacht der Gemeinde allein kann das Tal, das Land, die Welt beschützen. Denn Gemeinde ist endlich das Volk Christi, die Menschheit; sie ist Christi verborgener Leib, in dem wir vereinigt auferstehen werden zum ewigen Leben.

Vom ewigen Leben her fällt das ganze Gewicht täglich und stündlich geforderter Verantwortung auf das irdische Leben; schwerlich wird ihr der Strebende faustischer Prägung gerecht, der durch die Räume schweift und von »drüben« nichts weiß noch wissen will; schwerlich ein Träumer von Wallensteins Art, der zwischen dem Stern und der Erde schwankt, zu beiden gezogen, beiden nicht völlig vertrauend, beider nicht völlig gewiß; und auch die Verherrlicher kreisenden Werdens erkennen, ergreift diese Verantwortung nicht. Und doch muß sie ergriffen werden.

Mit der in den Fensterpfosten geschlossenen Spinne hat uns der Dichter das helfende Bild der Wahrheit, ihren sichtbaren Leib, gegeben. Die Spinne beginnt zu summen und zu brausen, wenn das Leben der Menschen in Zerfall gerät, und sie ihre Stunde wittert. Die Spinne ist immer ganz nah, im Raum unseres Wohnens und Arbeitens; nichts aber wäre gefährlicher, als etwa den Pfosten, in den sie gebannt ist, wegzuschleudern: er kann nur zu leicht in eine Hand kommen, die den Tod befreit. Wir schützen uns nur vor der Spinne, wenn sie neben uns ist, und nur so lange wir wissen, daß sie eine jede stumme Neigung unseres Willens und Herzens, einen jeden ihr günstigen Gedanken spürt. Das Wissen vom Bösen muß mitten im Leben sein wie das Wissen von Gott. Alle stehen in der Verwaltung des Hauses; alle sind von der Spinne bedroht: alle müssen wissen, daß die Segensmacht, der dreieinige Name, stärker ist als sie, und es wird Frieden im Hause sein, und der vom Dichter geschilderte »sonntägliche Glanz« wird das Haus und seine Landschaft umleuchten, in dem die Spinne in festem Gewahrsam ist. Soll aber ein neues Haus gebaut werden, so muß der Pfosten alten schwarzen Holzes eingefügt werden in das neue Fensterkreuz: die Erfahrung der Alten von der Gewalt des Bösen darf nicht verloren gehen, sonst könnte das Böse unversehens über uns kommen.

Ist das Holz eingesetzt und verwahrt, so ist das Haus in Ordnung: »Bald war es still ums Haus, bald auch still in demselben. Friedlich lag es da, rein und schön glänzte es in des Mondes Schein das Tal entlang, sorglich und freundlich barg es brave Leute in süßem Schlummer, wie die schlummern, welche Gottesfurcht und gutes Gewissen im Busen tragen, welche nie die schwarze Spinne, sondern nur die freundliche Sonne aus dem Schlummer wecken wird. Denn wo solcher Sinn wohnet, darf sich die Spinne nicht regen, weder bei Tage noch bei Nacht. Was ihr aber für eine Macht wird, wenn der Sinn ändert, das weiß der, der alles weiß und jedem seine Kräfte zuteilt, den Spinnen wie den Menschen.« Wenn der Sinn ändert: daran liegt alles, Macht und Unmacht der Spinne. Am Sinn haben wir alle teil durch unser ganzes Leben und Sein, durch die Sinnesart, die wir leben, wirkend bezeugen. Der Sinn wird mitbestimmt durch die Geister, für die wir uns entscheiden. Aus dem Sinn und seinen Änderungen wird Geschichte; aus Geschichte Ewigkeit. Helfen kann allein die einfache Wahrheit, weil sie die der größten Tiefe angemessene Strahlkraft hat und Licht in die

Abgründe wirft. Und kein Geist vermag Größeres für die Menschen zu tun, als das Geoffenbarte in ein Bild zu fassen, das sie erleuchtet und lenkt.

Wenn wir aber sagen: »Wir haben keine Sünde, so verführen wir uns selbst, und die Wahrheit ist nicht in uns«. (1. Joh. 1, 8) Wir sahen die Spinne die Völker schlagen und gelangen unweigerlich vor den Gerichtshof unseres Gewissens. Das Gewissen spreche, nicht wir; waren wir geneigt, Gottes Eigentum für irdisches zu geben, so haben auch wir den Zapfen gelockert, selbst wenn diese Bereitschaft nur, wie der Dichter sagt »im finstern Gemüte« geschehen wäre. Das Gewissen allein reinige das Gemüt; es bestimme die Sühne; es führe durch die Traumgebilde der Dichter, in denen die ganze Wahrheit nicht ist, zur Wahrhaftigkeit und zur Wahrheit vom Sein zwischen Leben und Tod. »U n s e r e Schuld«, das heißt noch einmal, daß wir eins sind, ein jeder angewiesen auf des andern Wahrhaftigkeit und Hilfe: unsere Schuld, das ist schon Verheißung, und wir können das Wort nicht aussprechen ohne die Hoffnung auf unser aller, hier auf Erden sich ordnendes und damit für die Ewigkeit gerettetes Leben.

(1946)

2. SELBSTGEWISSHEIT DES GEISTES

DIE MACHT DER FRIEDFERTIGEN

Zu den auffälligsten Erscheinungen der verwirrten, vieldeutigen Zeit, die dem ersten Weltkrieg unmittelbar folgte, gehört das Verschwinden der Erinnerungen an den Krieg. Die an ihm teilgenommenen hatten, auf deren Gesichtern noch sein entsetzlicher Ernst zu lesen war, mochten nicht von ihm sprechen, die andern nicht von ihm hören. Zu groß war vielleicht die vorausgegangene, alle Kräfte einfordernde Anspannung gewesen; zu groß war nun die Ermüdung, die Enttäuschung über das Ende. Der Krieg versank wie ein Wrack mit verdächtiger Schnelle, und eine seltsame, unheimliche Geschäftigkeit, ein Durcheinander gegensätzlicher, meist gut gemeinter Bestrebungen breitete sich aus. Die einen versuchten noch einmal sich zur »deutschen Bildung« zurückzuwenden, die im Grunde schon zusammengebrochen war, und das Geistesgut des Idealismus ins Volk tragen; andere hofften auf eine wissenschaftliche, andere auf eine ungeschminkt wirtschaftliche »Kultur«. Die Wendung zur Kirche, die während des Krieges dem Anscheine nach sich angekündigt hatte, die Wendung des Glaubens, der Gläubigen, zur innersten, erneuernden Kraft der Religion, vollzog sich nicht in dem Grade, den man hätte wünschen müssen. Im Gegenteil: bald zeigte es sich, daß Propheten, Irrlehrer aller Art, Stifter oder Verbreiter absonderlichster Sekten sehr viel Aussicht hatten, die Menschen zu gewinnen.

Noch wichtiger erscheint uns eine Neigung zu den Religionen des Ostens. Die Sehnsucht nach Indien, die schon vor dem Kriege sich angekündigt hatte und die das Abendland und den Abendländer immer dann zu befallen scheint, wenn sie ihrer selbst müde oder an ihrer Aufgabe irre geworden sind, bemächtigte sich der Gemüter.

Aber eine Flucht dieser Art ist wahrlich keine Lösung; bald ebbte die Welle zurück. Eine irregeleitete, übersteigerte Glorifikation heimatlicher Werte – die deren eigentlichen Ernst und Adel von Anfang an mißverstand und mißbrauchte und in der Folge verderben mußte –, meldete sich an. In all das Hin und Her – dessen sicheres äußeres Zeichen der atemlose Wechsel in der politischen Führung war – warf plötzlich der vergangene Krieg einen gewaltigen Schatten. Man hatte ihn wie einen untragbaren Todesfall verschwiegen; jetzt war der Tote wieder da. Kriegsbücher schlugen in die Stunde und erreichten einen ungeahnten, fast beispiellosen Erfolg. Wer wirklich mit seinem Volke lebte, in jener Gemeinschaft geistig-geschichtlichen Lebens, die keiner Beteuerung bedarf und uns langsam die Sprache geheimer Veränderung verstehen lehrt, konnte diesen Vorgang nicht ohne schwere Ahnungen beobachten. Sind es doch solche Veränderungen der Denk- und Empfindungsweise, die geschichtliche Veränderungen in der Tiefe vorbereiten, und zwar meistens ohne daß die Staatsmänner etwas davon wissen oder sie so ernst nehmen, wie es sich gebührt. Es war ein Vorgang, der sich wohl in der ganzen Welt in geheimnisvoller Gleichzeitigkeit abspielte, und es wäre sehr schwer, wenn nicht unmöglich, zu sagen, wo er eigentlich begonnen hat. Überall rauchten Feuer, die für erloschen galten: ein in großer Tiefe verborgen gewesener Herd hat sie offenbar gespeist. –

Hier, wie an allen andern Orten unserer Arbeit, geht es uns nicht um die politische Geschichte, sondern um die Seelen- und Geistesgeschichte, die sich unter der politischen ereignet und, bewegt und wieder bewegend, mit dieser in enger Wechselwirkung steht. Wollen wir die Zeit im ganzen begreifen, so können wir die innere Geschichte nicht von der äußeren lösen: hier aber handelt es sich um das Innere, das, – als eine Kraft unter Kräften und wohl als die wichtigste unter ihnen –, das geschichtliche Dasein durchwaltet. Dafür zu sorgen, daß dieses Innere zur Klarheit gelange und sich seiner Verantwortung bewußt werde, scheint uns die Aufgabe vor allen Aufgaben zu sein: diejenige, an deren Lösung zu arbeiten in einem jedem Falle möglich und notwendig ist. Damals geschah das Merkwürdige, daß Menschen, die niemals kriegerische Gelüste gekannt hatten, plötzlich an allem, was vom Kriege berichtet wurde, leidenschaftlichen Anteil nahmen; – während diejenigen, die wirklich im Feuer und im Tode gestanden, auch jetzt noch lieber schwiegen. Der vergangene Krieg hatte wider Erwarten Aussicht, »Mode« zu werden.

Die Ursache lag tief: in Wahrheit war der Krieg nicht bewältigt worden. In dem Jahrzehnt nach seinem Ende hätte diese Bewältigung geleistet werden müssen, von innen her, als eine »gänzliche Herzensänderung«, wie Kant einmal sagt: solche Änderungen geschehen nicht auf der Flucht, sondern nur im ehernen Angesichte der Wirklichkeit, und freilich nur dann, wenn diese Wirklichkeit von oben her erleuchtet wird. Die Menschen hatten es in all der Unrast nicht gelernt, Gedanken des Friedens zu denken. Auf der Flucht von einer Erscheinung zur andern gerieten sie endlich wieder auf die Schlachtfelder und unter die Grabkreuze, deren endlose Reihen sich stumm über ganze Länder zogen. Die Menschen waren von Wahn zu Wahn geflüchtet; nun flohen sie in den Krieg. Die *Flucht in den Krieg* ist ein Faktum des inneren Lebens, dessen Auswirkung nicht abzugrenzen ist. Wer die Geschichte der letzten Jahrzehnte verstehen will, muß die Flucht in den Krieg als einen wesentlichen Beitrag aufgewühlter, zerrissener Seelen in Anschlag bringen. Es kann ja nicht anders sein, als daß eine solche innere Hinneigung sehr bald von außen aufgenommen wird: daß den Menschen oder Völkern, die in der Vorstellung des Krieges leben, Politiker oder Agitatoren begegnen, die sie in den Krieg führen. Wer danach strebt, Macht über Menschen, über ein Volk zu erlangen, ist angewiesen auf den Lebensinhalt der

Menschen. Diesem muß er auf irgend eine Weise entsprechen. Er hat schon halb gewonnen, wenn er diesen Lebensinhalt fühlt oder errät: ja, er wird, selbst wenn er der politischen Aufgabe in keiner Weise gewachsen wäre und auch keine echte Liebe zum Volke hätte, immer im Vorteil sein gegenüber einem Staatsmann, der, bei hohen Fähigkeiten und Absichten, diesen Lebensinhalt nicht erkennt, nicht erspürt oder ihn, als einen rätselhaft-bedeutungsschweren Faktor, nicht gebührend einschätzt. Vom ersten Krieg innerlich zerstörte Menschen sind für den zweiten die eigentlich verhängnisvollen Erscheinungen geworden. Aber wie hätte dies geschehen können, wenn die Menschen ihnen nicht »geantwortet« hätten, wenn die Wirklichkeit ihnen und dem Zustand ihrer Seele unter inneren und äußeren Ursachen nicht entgegengewachsen wäre? Vom Kriege zerstört: das heißt der vernichtenden Tendenz im Kriege verfallen sein; nicht den Willen oder nicht die Kraft haben, den Krieg zu überwinden im Sinne der Ordnung der Liebe, die uns allen aufgegeben ist. Wir begegnen den Menschen mit Erschütterung, deren Seele vom Entsetzlichen des Krieges verletzt, betäubt, vielleicht tödlich verwundet worden ist. Aber die Kranken bedürfen des Arztes; des *einen* Arztes vor allem, von dem der Apostel sagt: »Er ist unser Friede«. Herrschen darf die zerstörte Seele nicht. Wo aber Gefahr ist, daß den Menschen der Krieg als Lebensform erscheint; daß die Gedanken immer wieder zu ihm zurückfließen wie in einen ziehenden Strudel: da wird die zerstörte Seele unfehlbar zur geschichtlichen Macht.

Der Zusammenhang zwischen dem ersten und dem zweiten Weltkrieg ist ein sehr tiefer, und wir sollten diesen Zusammenhang auf das ernsteste erforschen und uns vergegenwärtigen; wir sollten nicht aufhören in dem Bemühen, diese Zeit wirklich aus der Tiefe zu verstehen und uns zu verwahren gegen jede Vorstellung, die den Ursprung unermeßlichen Unheils an der Oberfläche sucht, statt unbarmherzig in den Abgrund der Selbsterkenntnis zu dringen. Wo ein solches Bemühen am Werke ist, kann es nicht ohne Achtung, ohne Fortwirkung bleiben, und wo die Worte »mea culpa« mit der Erschütterung der Einsicht gesprochen werden, da müssen sie Widerhall erwecken. Es ist einem Christen nicht möglich, einen andern diese Worte sprechen zu hören, ohne ihnen beizustimmen und der Schuld der Welt zu gedenken; ebenso wie die Gemeinde sie ja nicht dem Priester und Ministranten überläßt, sondern aufnimmt und nachspricht. Aber an der Wahrhaftigkeit des Anfangs ist alles gelegen; verantwortlich sind wir vorerst für das eigene Bekenntnis, und solange unser Gewissen uns verklagt, haben wir kein Recht, darauf zu warten, ob auch ein anderer sich verklagt fühle. Es war die Tragödie der Zeit zwischen den zwei Kriegen, daß die Gedanken der Menschen zuerst vor der übermächtigen Wirklichkeit geflohen und dann ihr anheimgefallen sind; daß es nicht gelungen ist, den Bann des Grauens zu zersprengen und die Gedanken der Menschen der Ordnung zu verpflichten, die auf Gottes Geboten gegründet ist.

Der zweite Krieg hat aber die Anforderung des ersten an den Menschen weit überboten und alles Sinnen und Trachten gleichsam dem Tode dienstbar gemacht. Es konnte nicht anders kommen, als daß der Krieg zum Aspekt der Welt wurde, das Leben für den Krieg als das Leben überhaupt erschien; wurde in diesem Kriege doch das ungeheuerliche Wort geprägt vom »Verbrechen am Kriege« – nicht etwa mehr am Menschen, am Volke oder der Heimat, dem Vater-
an der Leistung für den Krieg bemessen, von ihm her be-
land. Der Krieg ward zum Lebenssinn, des Menschen Wert
stimmt. Am Ende schien nur noch der Krieg als Krieg zu herrschen, losgerissen von den letzten Möglichkeiten oder Forderungen der Politik, – von allen höheren Forderungen zu schweigen; der Krieg war gleichsam zur Person, und zwar zu einer geheiligten, geworden und suchte sein Leben von Stunde zu Stunde zu verlängern – um einen jeden Preis. Es schien sinnlos, ja unmöglich, noch einmal jenseits des Krieges

leben zu wollen. Nach dieser Richtung wenigstens zielte die Ideologie des Krieges; er selber sollte weniger gefürchtet werden als sein Ende. Dieses sollte nicht vorstellbar sein. Als ein Ende verkündete die geheiligte Person des Krieges das Nichts. Eine solche Vergewaltigung des Menschen ist von unermeßlichen Folgen auf die Denkweise. Die Gedanken kreisen fortan wie Gefangene im Zirkel des Todes, selbst wenn der Krieg zu Ende ist. Die Not, die ihm folgen mußte, treibt die Gedanken um, daß sie rascher und rascher laufen; bald könnte es scheinen, daß für einen jeden Mangel nicht etwa der vorausgegangene Krieg, sondern sein Ende verantwortlich sei. Der Krieg allein, der herrschte, ohne den Schatten einer Frage zu dulden, wußte Antwort auf alle Fragen. Da neue, bittere Fragen sich melden, wissen sich die Menschen an niemanden zu wenden als an den toten Krieg.

Aber dieser Zirkel muß durchbrochen werden; und jetzt muß es geschehen. Jenseits dieses Zirkels liegt die eigentliche Welt. Es ist der zwar von der Sünde heimgesuchte, aber vom Erlöser begnadete Garten, in den Gott die Völker gepflanzt hat, damit ein jedes in seinem ursprünglichen Adel, mit seiner einmaligen Stimme ihm diene zur Verherrlichung. Alle Verhängnisse der Geschichte, der Traditionen ändern nichts daran, daß Gott die Völker angerufen hat und daß sie einig sein sollen in Ihm. Wir wüßten auch keinen Kriegsherd zu bezeichnen, von dem sich sagen läßt, daß er fortbrennen werde bis ans Ende, keinen politischen Konflikt, der sich vom Wesen eines Volkes nicht lösen läßt. Wie viele Grenzen könnten wir im Abendlande auffinden, wo Kriege jahrhundertelang gebrannt haben, bis die letzte Glut erkaltet ist und der Stoff des vererbten, scheinbar unabwendbaren Streites bis auf den letzten Rest verzehrt war! Die Völker sind nicht geschaffen, einander zu zerstören; ihr innerstes Leben ist angewiesen auf Gott, der sie vereinen will. Allen Enttäuschungen zum Trotz scheint in der Geschichte des Abendlandes eine Tendenz zu regieren, die langsam immer größere Räume befriedet. Die Möglichkeit des Friedens ist da; die Verwirklichung liegt am Menschen, der heute und morgen und bis ans Ende der Anfechtung ausgesetzt ist. Aber der schreckliche Widerspruch zwischen seinem Tun und Gottes Gebot darf uns nicht die Erde verfinstern, die den Nachglanz des Paradieses in den unvergleichlich größeren Glanz des neuen Himmels, der neuen Erde hinüberträgt. Und welche Macht der Verfinsterung ist dem Wahn und dem Zwang falscher Gedanken verliehen, die keineswegs vom großen geschichtlichen Leben, dem Ringen der Völker um ihre Aussage, die Gestalt ihres Daseins und Geistes eingegeben sind! –

An einem stillen Sonntag waren wir einmal Zeuge, wie ein Offizier eine der schönsten heimatlichen Landschaften, die er als Erholungsreisender besuchte, aufnahm. Er sah keine Landschaft, nur die strategischen Möglichkeiten des Geländes: Höhenzüge, Straßen, Schluchten und Wasserläufe mochte er mit ungewöhnlicher Schärfe erkennen. Aber ihm entging der große Lebenszusammenhang, der von einem Stromufer zum andern hinüberspielte und die an beiden Ufern in großartigen Linien dahinwallenden Gebirge einander verschwisterte; ihm entging der Friede der Bäume, das tausendfältige Weben im Grase, der fernherwehende Duft der Weinblüte, der Wandel des Lichtes, die gewaltige Stille, in der das Land sich aussagte. Was ist einem solchen Auge – einem armen Auge gewiß! – die Welt? Sie ist eine Mappe, die mit Generalstabskarten gefüllt ist; Völker werden erforscht mit Rücksicht auf die militärischen Kräfte, die aus ihnen gelöst werden können, Länder nach den Stoffen, die sie der Kriegswirtschaft liefern, der Mensch wird angesehen als Waffe. Und dann? Wenn dies alles nun zu seinem Zwecke gelangt und der Krieg da ist und einmal – wie es doch nicht abzuwenden ist – ein Ende nimmt, was dann? Es bleibt nichts als die kriegswissenschaftliche Verarbeitung und die Vorbereitung des nächsten Krieges.

Wir möchten eine jede echte Tugend achten, kein echtes Opfer herabsetzen, keinem Leiden seinen Rang, keinem Schicksal seine Wucht nehmen. Aber gewiß ist das eine, daß dies nicht der Geist ist, der die Welt zu verwalten vermag. Verwaltet kann ja nur das in seiner Ganzheit Erkannte werden. Hier aber wird der ärmlichste Ausschnitt an die Stelle des Ganzen gesetzt, wird das Ganze der Gewalt eines Zweckes unterworfen, der ihm nicht wesentlich ist – und über den das Ganze, wie sehr auch sein Leben verletzt wurde, eines Tages triumphieren wird. Die Heere stieben vorüber, die große Stille bleibt, und Bäume, Weinstock und Gras überblühen die Gräben und Verteidigungsnester; über den verlassenen Schanzen singt eines Mittags die Nachtigall, und Menschen werden sich der Landschaft langsam anvertrauen und versuchen, ob das zerstörte Herz an ihr gesunde. Es ist, wie es in dem erschütternden Gedicht des Kong-fu-tse heißt:

Doch immer wieder quillt der Fluß vom Felsen,
Und immer wieder Mond um Frauen wirbt;
Der Herbst wird ewig seinen goldnen Kürbis wälzen,
Und ewig Grillenruf im Grase zirpt.

Es führen viele fest ihr Pferd am Zügel.
Der Ruhm der tausend Schlachten ist verweht.
Was bleibt vom Heldentum? Ein morscher Hügel,
Auf dem das Unkraut rot wie Feuer steht.

(Epitaph auf einen Krieger)

Die Welt! Die ganze große Welt! Ist sie nicht aus unserem Bewußtsein geschwunden? Haben wir es nicht verlernt, an ferne Meere zu denken – oder uns nach ihnen zu sehnen, wie wir es in der Jugend inbrünstig getan? Rufen uns nicht die Völker, die Sprachen aus allen Weiten: Dichter, die unser Herz entsiegeln würden, wenn wir auf sie lauschten, fremde, schwermütige Klänge, die allen Schmerz uns abnehmen könnten, wenn wir nur einmal, eines Abends, in weiter Ferne uns ihnen hingeben wollten. Welche Wirklichkeit haben wir aufgegeben – wir, die Sträflinge eines Wahns! Auf welche Sehnsucht haben wir verzichtet! Aber wir sollen nicht ohne Sehnsucht leben, auch dann nicht, wenn uns alle Wege verschlossen blieben, ihr zu folgen. Sie bleibt die hochgespannte Brücke des inneren Lebens, des Geistes zur Wirklichkeit. Die Sehnsucht kettet an die Sterne, die Zeiten und beschenkt unser Herz mit dem Pulsschlag der Welt. Wer hat die geheime Wirklichkeit Italiens gesehen wie Eichendorff, der niemals dort war!

Aus dem Bewußtsein des Ganzen, der unzerstörbar fortwirkenden Lebenszusammenhänge müssen wir es lernen, Gedanken des Friedens zu denken. Die Welt ist nicht Mittel von Menschen gesetzter Zwecke, der Mensch kann zur Waffe erniedrigt werden, aber nicht wesentlich Waffe sein. An dem plötzlich erwachsenden Heimweh nach seiner Freiheit muß er unter solchem Zwange zerbrechen. Auf der Freiheit ruht auch der eigentliche Friede, von dem Christus gesagt hat, daß Er ihn gebe und nicht wie die Welt ihn gibt. Es ist der Friede des Menschen, der »mit Christus verborgen ist in Gott«. Dieser Friede ist ein Geschenk der Gnade, das nur dem zuteil werden kann, der in Wahrhaftigkeit nach dem Frieden Christi trachtet. Und ob dieser Friede auch nicht von der Welt ist, so wirkt er doch auf die Welt als eine von oben gekommene Macht, so ist doch die Welt auf ihn angewiesen. Wie sollte ihr geholfen werden, wenn nicht von diesem Frieden her? Die Welt kennt auf die Schuld nur die Antwort der Schuld, einen furchtbaren Kreislauf der Sünde. Untat weckt Vergeltung, das nur allzu begreifliche Wort der Welt. Niemand zweifelt daran, daß das Verhängnis durchbrochen werden müsse. Aber wo und von wem? Wir meinen: der Anfang der Überwindung läge dort, wo die Sühne getragen wird. Dieses redliche Tragen der Sühne geschieht ja schon aus einer Kraft, die von »oben« ist. Und wenn wir keine andere Macht haben oder erlangen sollten und diese ergreifen würden: die Macht des befriedeten, sich ergebenden, zur Sühne bereiten Willens, so würden wir ohne Zweifel stärker sein als im Gebrauch ohnmächtiger Worte, mit der Fragwürdigkeit menschlichen Tuns und Irrens belasteter Argumente. Einmal, ein einziges Mal, muß das Verhängnis doch auf ein befriedetes Herz treffen und von ihm entwaffnet werden. Und noch immer wagen wir – selbst angesichts der abendländischen Geschichte – die Hoffnung zu behaupten, daß der Entschluß zu einem solchen Anfang wirke und daß etwas von dem Frieden Christi in das Toben der Geschichte getragen werden könne von Menschen, und daß Wind und Wellen stiller werden, wenn dieser Friede sie anspricht auf dem redlichen Ernste eines starken Willens. Nicht die Vergeltung, aber die Sühne verwandelt. Und damit fällt vielleicht an diejenigen, die Sühne tragen aus der Kraft des Friedens und um des Friedens willen, die Führung der Geschichte. Es wäre eine Führung von innen und aus der Macht der Bekehrung. Halten wir diese Macht nicht für gering! Sie nimmt der Vergeltung ihr Recht. Die Stunde muß kommen, da die Vergeltung vor ihr keine Haltung mehr hat: es wäre eine neue Stunde; die Sühne, nicht die Vergeltung, wird den Frieden begründen. Denn die angenommene Sühne vermag den Geist Jesu Christi zu bezeugen und auszubreiten: vielleicht wäre sie unser »Tun«, und zwar unser bestes, dessen Ruhm den Hügel des Heldentums überdauern würde. Und noch einmal: nicht am Warten auf das Tun des andern, sondern am Vollbringen dessen, was uns im Geiste Jesu Christi zu vollbringen möglich ist, werden wir, die wir in dieser Zeit zur Bewährung stehen, gemessen werden.

Es gab Zeiten und Denker, die glaubten, den Frieden gründen zu können auf die Vernunft, auf die Einsicht in seine Notwendigkeit – und sie sind gescheitert. Könnte es doch ein Trachten nach Frieden geben, das wider die Vernunft zu sein scheint und das doch zum Heile ist! Könnte es doch Zeiten geben, die ein solches Trachten fordern! Der Mensch bedarf der Herzensbindung an Gott, wenn er unbedingt recht handeln soll. Wo alles verloren scheint, weil Gründe und

Einsichten die Menschen nicht verwandeln, da kann der Mut der Liebe zu Christus noch alles gewinnen. Gründe müssen gehört, Einsichten geachtet werden. Doch ist uns ein »Tun des Friedens« in die Hand gegeben, das sie vielleicht weit überwiegt. Wir müssen uns zum Frieden hin überwinden. Erst auf diesem Wege kommt vielleicht das Recht wieder in die Welt. Aber ihr Friede muß in *unserem* Herzen, in *unserem* Hause seinen Ursprung nehmen. Und wo Häuser des Friedens sind, wird sich das Land befrieden.

Friedfertigkeit ist nicht die Haltung solcher, die auf der Flucht sind vor den Schrecken der Erde. Sie ist vielmehr ein Zeichen großer Stärke, festen Vertrauens, christlicher Zuversicht, die von der ihr gewordenen Verheißung weiß und diese über allen Erdenlohn und jede Drohung setzt. Es ist die Haltung der in Wahrheit Freigewordenen, die in das Morgen gesendet sind. Sie ist auch die Haltung des schauenden, schaffenden Geistes. Denn nur ein stilles Gemüt spiegelt die Welt bis in ihre Sternenhöhen, diese Welt, deren Frieden allen Streit umschließt und in sich begräbt; nur ein solches kann die Bilder der Wahrheit ausgestalten, die der Menschen Herzen und Gedanken bewegen, verwandeln können. Es ist ein Werk über allen Werken, in einer von Haß noch glühenden Welt den Frieden zu denken und zu vollziehen, gewissermaßen eine neue Ritterschaft, deren Tapferkeit und Ehre es ist, einem tödlichen Wahne das Geschaffene abzuringen. Nur der Geist wird den Geist überwinden; die Gedanken des Todes werden nur von den Gedanken des Friedens bezwungen werden. Wir sollten sie in unbedingter Entschlossenheit leben und weitertragen und in einem jeden Streite den Frieden um Rat angehen: er wird eine tiefere, eine bessere Antwort wissen als der Krieg; denn auf den Frieden der andern Welt ist diese gerichtet, wie sie aus dem Frieden des Paradieses gestürzt ist. Friede ist ihre tiefste Tendenz.

Wir können kaum etwas Furchtbareres von einem Menschen

sagen, als daß er offenbar keinen Frieden gehabt, daß wir uns sein befriedetes Grab nicht zu denken vermögen. Bewegung, die allein Bewegung sein wollte und mußte, war im Grunde eine Flucht: sie endet am wahrhaftigen Frieden, in Menschen, deren Herz befriedet ist von Gott. –
Friede war das Wort des Auferstandenen, der den Tod bezwungen, das Grab durchbrochen hatte. Sollten wir die beiden Kriege wirklich überlebt haben, sollte unser Herz nicht in ihnen verdorben, unser Geist in ihnen vergewaltigt worden sein, so kommen auch wir wie Auferstandene aus dem Grabe einer Zeit, Friede zu erbitten von den Toten und seine Wege zu bereiten, seine Macht zu erweisen unter den Lebenden. Heimsuchung kann eine jede Stunde über die Völker kommen – und doch sollen wir, im Namen des göttlichen Friedensbringers, mit ganzer Seele darum streiten, daß der Mensch dem Tod keine Brücken baut und im Geiste das Friedensreich anbricht, das wohl überstürmt werden kann von den Friedelosen, die Welt und Macht nicht zu verwalten wissen, aber gegründet ist auf der Wahrheit und unverrückbar vor den Augen der Menschen guten Willens leuchtet als der letzte Strand aller irdischen Hoffnung. (1945)

DIE JUGEND UND DAS KREUZ

Ihr wollt unbeschwert von Vergangenheit in das Leben treten. Es ward Euch kein Erbe an Gütern hinterlassen; wieviel weniger wollt Ihr die Last eines geistigen oder geschichtlichen Erbes tragen! Ihr seid überzeugt, ganz frei zu sein, was die innere Haltung angeht: – von außen seid Ihr beengt durch geschichtliche Gegebenheiten, ein besonderes und offenbar furchtbares Stadium der Weltwirklichkeit, das sich nicht leugnen läßt. Ihr seid auch sehr allein. Wann wird Euch wohl die Jugend anderer Völker grüßen? Wann könnt

Ihr antworten? Und doch wäre es nötig, daß die Jugend der Völker sich frühe begegnet. Aber den Mut, zu leben und nach den Reichen des Geistes zu trachten, hat der Lärm der Angriffsnächte, der in Eure Kindheit dröhnte, der Donner des Krieges, der die früheste Jugend erschütterte, nicht gebrochen. Ihr wollt anfangen, aufbrechen; Ihr sucht eine freie Straße in die Welt. Vielleicht glauben viele nur an diese Welt: daran, daß in ihr alles Leben, aller Tod beschlossen ist. Verheißungen, Befehle erreichen Euch. Aber Ihr wollt noch wählen. Ihr wollt euch weder zwingen noch überreden lassen zu dem, was die Väter geglaubt. In diesem Aufbruch, den so viele Fragen beschatten, so viele Hoffnung bestrahlt, hört Ihr das Wort »Schuld«, ein unheimliches, immer wiederkehrendes Wort. Es ist Euch verhaßt. Auch wenn eine Schuld in der Welt gewesen ist und noch ist, so habt Ihr doch nichts damit zu tun. Sie soll Euch nicht das Leben verbittern. Ihr wollt die Ketten des Verhängnisses nicht tragen.

Und doch seid Ihr in einen großen geschichtlichen Zusammenhang gerufen. Was gestern geschehen ist, das bestimmt zu einem wesentlichen Teil die Wirklichkeit, die Euch umgibt; was Ihr heute tut und denkt, was Ihr seid, das wird die Wirklichkeit von morgen mitbestimmen. Ihr gehört einem Volke an, das eine lange, an Begnadungen und machtvollen Taten, an Verfehlungen, Abstürzen und Unglück reiche Geschichte durchmessen hat; insofern seid Ihr nicht unbedingt »jung«, wie das Volk nicht jung ist, sondern reden könnte von irdischem Wechselgeschick, allen Höhen und Tiefen. Dieses Geschick und Wesen lebt in der Sprache, die Ihr sprecht. Ihr seid ganz umhüllt und umschlossen, wie frei Ihr Euch fühlen mögt. Die Sprache leitet Eure Gedanken und Empfindungen; sie hält fertige Bilder der Welt für Euch bereit; sie steigt unabänderlich empor zu Gott und redet von den Dingen hinter den Dingen, von einer geheimnisvollen Gleichnishaftigkeit des Irdischen, unbekümmert darum, ob man sie hören will. So haben die Väter sie geprägt, ist sie im großen Gespräch der Geschichte, das die Menschen untereinander und mit den Wirklichkeiten und Mächten führen, geworden. Ihr habt mit der Sprache schon mehr Verpflichtungen übernommen, als Ihr am Anfang Eures Weges ahnen könnt; die Liebe zu ihr wird Euch vielleicht lehren, gehorsam gegen den Geist zu sein, der in ihr schafft. Es ist ein kühner, vielfach heimgesuchter Geist, der die Erde liebt und ein Jenseits der Erde: ein Geist, dem es nicht leicht fällt, die Dinge und Mächte zu nennen.

Ihr könnt dem Worte ›Schuld‹ nicht ausweichen; gestern war es von ungeheurem Gewicht; und dieses Gestern ragt in das Heute. Wie ein Kreuz steht das Wort an der Straße, die Ihr betreten habt. Ihr habt die Schuld nicht begangen, aber die Welt ruft Euch dieses Wort entgegen. Die Frage ist, wie Ihr es überwinden, entkräften, entschweren könnt. Verantwortung für Euch und die Welt müßt Ihr tragen: das ist eine der unabweislichen Lehren des Unglücks, das Eure Heimat zerstörte. Ihr seid in eine Stunde geboren worden, da der Mensch eine bisher noch nie besessene Macht zu zerstören in Händen hält. Was könnte diese Macht anderes bedeuten, als daß das sittliche Bewußtsein, die Bereitschaft zur Verantwortung für die Welt, gleichfalls beispiellos werden muß? Der Mensch, der die Geheimnisse der Vernichtung ausgespäht hat, ist aufgerufen, ihr einen sittlichen Willen von unerhörter Stärke entgegenzusetzen; denn nur dieser Wille kann die Zerstörung bannen. Erschien die neue Todeswaffe am Ende des Krieges als sein eigentliches Ergebnis, so auch die Forderung nach einem neuen Weltbewußtsein: nach einer Generation, die sich bewußt in die großen, die Geschichte wirkenden Zusammenhänge stellt, um verantwortlich zu verwalten, was ihr zugefallen ist. Sie darf nicht für einen Augenblick die Macht liegen lassen als herrenloses Gut, sonst ist nach menschlichem Ermessen die Welt verloren.

Wenn Ihr aber das Gewebe der Verantwortung spürt, das über die Erde sich spannt, sie gleichsam zusammenhalten soll, so werdet Ihr auch erkennen, welche Bedeutung die von Euch nicht begangene Schuld für Euch hat. Ihr vertretet Euer Volk heute und hier; da Ihr allenthalben die Spuren einer entsetzlichen Verheerung erblickt, so muß es Euer Stolz sein, in Wahrheit anders zu sein als die Vorangegangenen, ein Beispiel der Verantwortung zu geben, die von Euren Vätern nicht vollzogen worden ist. Die schwere Aufgabe, die ihr vorfindet, ist eine Gnade; Ihr werdet ihr freilich nur dann genügen, wenn Ihr sie ohne Überhebung ergreift. Denn wie furchtbar auch die Verfehlung war, für einen Schein gewaltig-unwahrscheinlicher Erdenmacht die Seele des eigenen Volkes, die Würde des Menschen, vor allem aber den Gehorsam gegen Gott hinzugeben, so schwer ist sie doch in all ihren Ursprüngen zu begreifen. Lange Jahrzehnte haben auf den Abfall hingewirkt; die Drohung des Bösen war von einer entsetzlichen Macht. Ihr seid nicht gerufen zu richten, Ihr seid gerufen, eine Antwort auf die Verfehlung zu geben, in der innigsten Liebe zu Eurem Volke und in der Liebe zur Welt den Beweis zu erbringen, daß das Hohe und Wahrhaftige im Menschen unvertilglich lebt. Ihr tretet in das Dunkel, nur um es zu erleuchten durch Euer Leben. Wo die Zügel gefallen sind, da ergreift Ihr sie, und Ihr gebt damit ein Zeichen, daß Euer Volk das Recht hat, zu bestehen in der Geschichte. Wolltet Ihr aber leugnen, daß Ihr die Erben der Schuld seid, wo würdet Ihr auch die große Aufgabe Eures Lebens und Eure Gnade verleugnen. Und welche arme Ausflucht und Flucht wäre es wohl gar, zu sagen, daß auch andere schuldig oder »nicht besser« sind! Hier, wo die Schuld klagt, da will etwas getan werden, da ist eine herrliche Möglichkeit des Steigens und Überwindens. Laßt sie Euch nicht nehmen; es sei Euer Stolz und Eure Würde, einzustehen für Euer Volk und an derselben Stelle zu verantworten, wo zu wenig verantwortet worden ist. In Euch muß es sich zeigen, daß die Person Eures Volkes fortlebt, daß sie zu sühnen und in der Tiefe der Schuld sich zu erneuern vermag. Je mehr Ihr an

Unverschuldetem tragt und austragt, um so höher müßt Ihr heute oder morgen geachtet werden. Und wenn die Welt eng oder klein genug wäre, Eure Bereitschaft zur Sühne auszunutzen, so würdet Ihr in Wahrheit nur steigen. Was Ihr an sittlichen, seelischen, geistigen Kräften gewinnt, wird, als eine unbezweifelbare Verstärkung Eures Seins, sich auswirken im geschichtlich-politischen Leben. Alle echte Politik ist eine Funktion des Seins, nicht ein Plan der List. In die Zukunft lebt, wer die Irrtümer, die er angetreten, zu durchdringen und zu überwinden sucht.

Ein solches Leben ist schwer. An der Straße, die Ihr beschreiten müßt, steht das Kreuz. Aber im Kreuz ist die Wahrheit vom Erdenleben, von der Geschichte. Es steht für alle Sünde und alle Not, für die Schmach und die Herrlichkeit, für den Sieg der Erniedrigten. Und wenn Ihr auch vorbeieilen wolltet, ohne aufzublicken, so werdet Ihr weiter draußen auf Eurer Straße doch wieder dem Kreuz begegnen. Nur werdet Ihr es vielleicht dann nicht erkennen. Eure Pläne werden durchkreuzt werden; Ihr werdet an irgendeiner Stelle scheitern wie die Mächtigen der Euch vorausgegangenen Zeit und, wie sie, nicht begreifen, daß es das Gesetz des Kreuzes ist, das Euch scheitern läßt: der Wille, der sich nicht beugt, wird gebrochen. Die aber die Sünde nicht anerkennen, werden auch keine Gnade finden. Erkennt das Gesetz Eures Anfangs, und Euer ganzer Weg wird gesegnet sein! Es ist Euer großer Vorzug, daß Ihr nicht leichtfertig hinzieht an Abgründen; daß Ihr wißt und wissen müßt, welche Tiefen offen sind. Flieht die Sprache von der Versuchbarkeit des Menschen, von der Macht des Versuchers nicht, welche Sprache alle zertrümmerten Städte des Vaterlandes reden!

Daß das Kreuz am Anfang Eurer Straße steht, ist von Gott gefügt. Diese Wirklichkeit müßt Ihr annehmen; wohin die Straße führt, wissen wir nicht. Wir möchten Euch nicht mehr mitgeben als die Erkenntnis des Kreuzes, als den Wunsch, daß Christus mit Euch geht. Wir selber möchten Euch nicht beschweren. Ihr sollt so frei sein, wie Ihr es wünscht; nur die Stunde Eures Beginns, Euer Sternbild, müßt Ihr kennen. Es ist sehr ernst und voll Verheißung. Ihr werdet die Erfahrung machen, daß niemand durch die Geschichte zu begleiten versteht wie Christus, der Herr der Geschichte ist und sie mit seines Todes Kraft auf sich hin gewendet hat. Befragt Ihn, was Ihr tun sollt, wenn die Geschichte, der geschichtliche Tag, seine Forderung stellt! Befragt nur Ihn, und aus dem Wirken solcher Verbundenheit wird sich Euer Leben gestalten über alles Ermessen hinaus. Er hat sich unter das Kreuz der Schuld gestellt, als er die Welt betrat – und nun sollten Menschen zu stolz sein, es zu tun? Das eine ist gewiß, daß es unermeßliche Folgen haben wird, wenn ein Geschlecht in unbedingter Wahrhaftigkeit sich wirklich für Ihn entscheidet.

(1946)

DER DICHTER VOR DER HERAUFZIEHENDEN ZEIT

Die Zeit bietet der Kunst den Gegenstand der Gestaltung, Gegenstand im geistigen Sinne genommen, aber keineswegs die verpflichtende Idee. Auf keinen Fall kann und darf sich der Künstler dem Anliegen der Zeit entziehen. Die Frage ist nur, in welche Tiefe er hinabdringt, auf welcher Höhe ihm die Gestaltung gelingt. Auch Aischylos hat seine Zeit ausgetragen, indem er die Mythen seines Volkes fort- und umbildete und die Glaubensinhalte mitbestimmte durch künstlerische Gebilde, deren Form dem Wechsel aller Zeiten widersteht. Alles geht darum, welche Werte im Künstler der Zeit begegnen, vermöge welchen Lebensgehaltes er die Zeit durchmächtigt, als Gestalter besteht und überwindet. Wir stehen im Sturme, vor tief verhangenen Tagen; wir zweifeln nicht, es müssen die höchsten Werte sein, die vom Kunstwerk in die Zeit getragen werden sollen, auf daß es an seiner Stelle mithelfe, die Zeit zu heilen.

Mit einer solchen Auffassung trennen wir uns allerdings von dem Glauben an eine in einem jeden Betracht – dem Inhalt wie der Form nach – zeitlose Kunst. Wir lassen die Frage offen, ob es sie je gegeben habe, neigen aber dazu, sie zu verneinen. Indem wir vom Dichter sprechen und seiner Aufgabe, sehen wir uns genötigt, sofort auch vom Ethos der Dichters zu sprechen, einem Ethos besonderer Art. Es schließt eine zweifache Forderung ein. Einmal gebietet es die Reinheit des in sich selber ruhenden Werkes, dann die Reinheit der von der Persönlichkeit getragenen, vertretenen Absicht. Das Gewissen des Künstlers darf nicht ruhen, solange er der Vollendung seiner Aussage noch näher kommen kann, als er schon gekommen ist: dieses künstlerische Gewissen sollte so streng, so schmerzhaft wie das sittliche sein. Dieses zweite aber stellt das Werk des Geistes in die Welt und Zeit; es ist sich bewußt der ungeheuren Verantwortung des Geistes, der durch die Macht der Bilder Seelen gewinnen, erheben oder verderben kann und, da doch nichts verborgen ist, was nicht offenbar werden wird und das Innere unfehlbar nach außen drängt, ein Außen wird, einen Einfluß auf geschichtliche Vorgänge von furchtbarer Bedeutung erreichen kann.

Wir haben in den letzten Jahrzehnten fast nur zwei Weisen künstlerischen Lebens kennen gelernt: ungebändigte Freiheit oder Unterwerfung unter Zwang, Anarchie und Tyrannis. Von beiden müssen wir uns frei machen, mit allen Kräften frei halten.

Tyrannis wird immer nur über absterbendes Erdreich gebieten; es gibt keine Zwingburg, der sich der Geist nicht zu entziehen vermag und entziehen muß. In ihrem Hofe stehen Scheingebilde dienstbaren Willens, vielleicht gigantisch in ihren Maßen und eben darum verdächtig. Denn was keine innere Größe hat, schließt zu leerer äußerer Größe auf. Tyrannis vermag unermeßliches Leid zu bringen, aber des Geistes kann sie nicht Herr werden. Gefährlicher ist ihm die Vorstellung ungebändigter Freiheit der Aussage, die die neueren Zeiten glaubten der Kunst gewähren zu müssen: sie ist es ja auch, die den Gegenschlag, die Tyrannis, heraufbeschworen hat. Die Aussage um jeden Preis, schrankenlose Mitteilung wurden zu solcher Pein, daß die Vertreter des Geistes selber nach dem Tyrannen riefen – und ein solcher Ruf verhallt wohl selten ungehört unter nach Gewalt und Beifall gierenden Menschen. Da die Tyrannis in einer bestimmten Form zerbrochen ist, als Möglichkeit aber in unverminderter Stärke fortbesteht – oder uns schon nahe genug bedroht, so müssen wir sagen: nicht jeder Schmerz, und sei es der tiefste, nicht jeder Gedanke und Einfall haben das Recht, sich mitzuteilen. Sie müssen im Zusammenhang echter Ordnung stehen, sofern sie ausgesprochen werden sollen. Auch der Schrei der Verzweiflung, das Übermaß der Klage haben ihr Recht und ihre Stelle in solcher Ordnung. Die Griechen und Shakespeare haben sich ihnen überlassen, ohne die Achtung vor dem Recht und dem ewigen Walten aufzuheben, die zu verkünden und zu rühmen die erste Aufgabe der Kunst eines jeden Zeitalters ist.

Wir müssen mit allen Kräften dahin wirken, daß der junge Künstler von Anfang an die höchste Auffassung von seinem Amte hat, das heißt: daß er sich als einen Verpflichteten erkennt. Er darf nicht – wie es in der neuern Zeit fast die Regel war – das Kunstwerk als das Feld betrachten, auf dem er seine subjektive Entwicklung austrägt, sein gärendes Leben auslebt; er muß wissen, daß er, sobald er den Bereich der Kunst betritt, unter ein Gesetz fällt, das ihn mitverantwortlich macht für den Lebensinhalt, das Denken und Tun der Menschen und Völker seiner oder der ihr folgenden Zeit. Selbst wenn er dieses Gesetz nicht anerkennen wollte, wird er es nicht verhindern können, daß er oder sein Werk heute oder morgen nach diesem Gesetze gerichtet werden; wächst er zu einer ernsten Persönlichkeit heran, wie er es soll, so wird ihm die Stunde nicht erspart werden, da er es auf das bitterste bereut, dieses Gesetz nicht geachtet zu haben. Aber dann ist die Aussage, die er vielleicht zurücknehmen möchte, die nur einer Phase seines Weges zur Wahrheit entstammte, ins Gebild geschlossen; sie wirkt in der Welt und wird erst aus ihr getilgt sein, wenn die Lebenskraft des Gebildes erlischt.

Wenn also vom Verhältnis des Dichters zur Zeit und gar zu kommenden Dingen gehandelt werden soll, so muß erst die Forderung geltend gemacht werden nach der sittlichen Persönlichkeit des Dichters; je heftiger die Erde schwankt, um so fester muß er sein. Eine echte Begegnung ist nur zu erwarten, wo ein echter Mensch sich den Erschütterungen stellt in dem ernsten Willen, ihnen standzuhalten, sie zu meistern. Nun sind aus dem Staub und Rauch der letzten Jahre zwei Wahrheiten ganz deutlich hervorgegangen: die erste, daß Gott antwortet auf die Herausforderung der Menschen, die andere, geheimnisvolle, daß das Schicksal des jüdischen Volkes im tiefsten Zusammenhange mit dem Weltgeschick steht. Dieser Zusammenhang war lange verborgen; in den letzten Jahren aber ist gleichsam das Erdreich aufgebrochen; wir sehen von Jerusalem her einen Strom unter den Zeiten dahineilen. Am jüdischen Volke haben sich der Haß, der Frevel entzündet, die diese Erde völlig zu zerstören drohten; um das jüdische Volk webt, gleichgültig ob von ihm angenommen oder verweigert oder nicht einmal mehr gewußt, eine Macht, deren Bannkreis nicht überschritten werden kann, ohne daß eine gewaltige Gegenwirkung ausgelöst wird. Wir müssen das Schicksal dieses Volkes in der Perspektive der Vorgänge sehen, die sich vor zweitausend Jahren in Jerusalem ereigneten, da Gottes Sohn starb unter dem Namen eines Königs der Juden – auf eine dürftigere Weise konnte das Judentum und sein Ort im Gefüge des Daseins nicht mißverstanden, nicht umgefälscht werden als unter dem Aspekt der Blutbeschaffenheit und wirtschaftlicher Ziele. Plötzlich wurde Golgatha wieder sichtbar, als seien wir im Kreise gegangen und der Schädelstätte ganz nah gekommen; Christi Klage über Jerusalem hallte durch alle Schmerzensschreie der Völker, das Toben des Krieges. Es ist, als sei das Ende aller Dinge ganz nahe herbeigekommen.

Damit soll keine Ahnung oder gar eine Prophetie ausgesprochen werden; hingewiesen werden soll nur auf die Gnade, die uns, einem lauen, von Irrtümern heimgesuchten Geschlecht, in der Stunde des tiefsten Niedergangs sagte, was es mit dem Leben auf dieser Erde auf sich hat, worum es eigentlich geht. Gottes Gerechtigkeit – eine schreckliche Gerechtigkeit ohne Zweifel, die unbarmherzig die uns überkommenen oder gemäßen Vorstellungen zerbrach – und das Kreuz als Mitte, als mächtig bewegende Kraft wurden offenbar, – mindestens den Augen, die bereit sind, sich erleuchten zu lassen. Es geschah im Widerspiel zur Verleugnung; wir hören das Gloria und hören die dawider andrängenden, weiter leugnenden Stimmen; viele sind unter ihnen, die nur deshalb leugnen, weil der Schmerz, ein das Menschenherz überforderndes Entsetzen, das Gloria in ihnen erstickte. Im Angesichte der Glaubenslosigkeit, einer Not über aller Not, ist der Boden einer Gewißheit bereitet, die sich auf eine fast beispiellose Erfahrung berufen darf. Wann hat die Geschichte ein Zeugnis für Golgatha abgelegt, das diesem Zeugnis gleichkäme; wann hätte sie sich an einer Stelle befunden, von der aus der Blick, der Weg so frei waren: von der Sünde der Zeit zum Kreuz, vom Kreuze über die Zeit hinaus?

Wir leben in einer ungeheuren Landschaft, über der Lichter und Schatten, gegeneinander ansteigend, rastlos sich befehden. Die Waffen der Engel leuchten in den niederschießenden Strahlen; Umrisse und Fratzen der Abgründigen treten aus der Finsternis. Dem Dichter ist das Wort auferlegt, das die Blicke der Menschen emporlenkt und ihnen die Bilder deutet, auf daß die Zeit ausgekauft werde, ihr Gehalt nicht verlorengehe, sondern mächtig hinüberwirke in das Leben eines kommenden Geschlechtes, in seine Ordnung. Wenn aber schon ein jeder Gläubige sich wird verantworten müssen für ein jedes unnütze Wort – das heißt für das Wort, das nicht getane Wahrheit ist –, wieviel mehr dann der Dichter als Verwalter eines nicht von ihm kommenden, nicht ihm selber geltenden Wortes: des Wortes vielmehr, das »sich schwer beweget« und tönt und verstummt gleich den Glokken, die in Zeiten der Heimsuchung von selber angeschlagen haben! Es wäre nicht geschehen, wenn die Glocken nicht bereit und stille gewesen wären, wenn etwa die Hand eines Menschen das Seil gespannt hätte zur unrechten Zeit. Alles, was wir von der Zukunft wissen, ist im Grunde dies: daß wir mitverantwortlich sind für ihren Glauben. Das Wirken des Geistes in seiner geschichtlichen Berufung ist aber viel zu gering eingeschätzt worden in der letzten Zeit. Möge der Geist endlich erkennen, was ihm übergeben worden ist!

Wie arm müßte das Herz sein, das in solcher Landschaft allein die Sprache seiner Leiden sucht, wie unmächtig der Geist, der verzichtet auf die Gestaltung erfahrener Geschichte, wie gering der Glaube, der heute nicht, unter noch nie erblickten Sternbildern, an seine herrliche Erneuerung glaubt! Es ist die Not selber, die diese Stärke uns abfordert; wir sollen sie unbestechlichen Blickes erkennen: die Verödung der Herzen, die Versklavung ganzer Völker an Mächte des Widersachers, die Gewohnheit derer, die da meinen zu glauben und nicht wissen, daß sie ihren Glauben längst verloren haben, weil sie sich nicht genötigt fühlten, ihn wieder zu erringen. Wir können an dem Glauben nicht vorbei, der wie in einer Schale auf dem Meeresgrunde lebt und kein Zeichen erblickt, keine Bewegung fühlt; wir wünschten uns ein Wort, die Gräber derer zu sprengen, die sich zu ihrem Schutze lebendig begraben haben. Denn die ungefühlte Not, die Not der Christen, die nicht erschüttert sind von Christus und seinem Heraufkommen in der Zeit, ist die schlimmste Not. Aber dieser tausendfältigen Bedrohung gegenüber, die der Künstler sehen muß in ihrer Wahrheit als nüchterner Verwalter seines Amtes, muß er zuversichtlich sein; er muß seine Zuversicht leisten wider seine Zeit, wider alle Täuschungen des Widersachers, dessen erste List es ist, die Hoffnung zu ersticken.

Gestalten kann nur der Zuversichtliche, wäre es seiner Zuversicht auch aufgetragen, unter Todesschatten zu leben und durch den Tod hindurchzudringen. Kunst ist nie ohne Hoffnung. Sie bejaht die Bilder, die ihr die Schöpfung darbietet, und damit die Schöpfung selbst; sie bejaht den Menschen, dem sie helfen will. Würde sie es für unmöglich halten, die Herzen zu Besserem, Edlerem zu bewegen, so würde sie ihre Gewalt einbüßen. Wo echte Kunst nach einem Ungewitter der Geschichte erscheint, da ist Hoffnung; da ist der Regenbogen des Friedens, der Gnade nicht fern. Wo ihre Stimme in tiefer Finsternis tönt, ist die Nacht schon vorgerückt – jene Nacht, die einer andern Zeit unterliegt als die arme Zeit der Menschen. Kunst: das ist der Vogel, der als erster am Morgen ruft, oder aber der, ein seltsames Licht auf den Schwingen, sich in die Wolke des Untergangs wirft, weil er jenseits des Untergangs einen Aufgang spürt, dessen Zeichen er sein soll. Gewiß ist er ein schwaches Zeichen, keines, aus dem man die Natur des Kommenden ablesen kann, aber doch ein Zeichen dafür, daß die Sache derer, die es erblicken, noch nicht verloren ist. Kunst aber ist gebunden an die Würde des Menschen. Nur die an das Göttliche in uns glauben, können ihr Wort verstehen, ihre Verheißung empfangen. Und wie ihre Forderungen immer zweifach sind und dem Künstler und den ihn Aufnehmenden gelten, so ist es auch mit der Krone, die sie zu vergeben hat: der Krone der Erhöhung, Erneuerung des Menschen. Die Krone wartet auf eine reine Hand: sie wartet aber auch auf Stirnen, die sich krönen lassen wollen. Jetzt ist die Zeit, da der Mensch sich wieder aufrichten soll; es soll der Künstler unbeirrbar an ihn glauben aus der Gewißheit der Erlösertat, der unter der Dornenkrone

errungenen Krone. Und er soll den Menschen ansprechen um des Göttlichen willen, das in ihm ist – wie furchtbar der Mensch sich auch a n i h m versündigt hat.
Der Künstler kann und darf keine anderer Sprache sprechen, als die sich an dieses Göttliche richtet, – mag er um ihretwillen auch verlacht oder nicht gehört werden. Wenn er bildet, so sei es, um zu erheben, mitzuhelfen, daß der Mensch werde, was er sein soll nach Gottes Willen: Christi Bruder, der mit der Ebenbildlichkeit gekrönte Erstling der Schöpfung. Es gibt keine Versöhnung zwischen dem Glauben an dieses Erwähltsein des Menschen und der Meinung, daß der Mensch ein Gewächs der Erde sei, angewiesen darauf, daß ein Mächtiger der Erde oder der Staat ihm den Stempel einer Nützlichkeit, eines Dienstes aufprägt. Zwischen diesen beiden Bildern des Menschen und ihren Vertretern soll keine Versöhnuung versucht werden; es ist nicht Sache der Kunst, anzuerkennen oder zu feiern, was ihrem Wesen entgegen ist, vielmehr soll sie mit Schwertesschärfe Wahrheit von Irrtum scheiden. Leuchtet die Wahrheit ohne Absicht aus den Werken der Kunst, so darf sie ihr vertrauen.
Aber die Wahrheit will oftmals nicht gehört werden, und zumal nicht die Wahrheit, die der Kunst zunächst am Herzen ist: die Wahrheit vom Menschen und seiner Bestimmung. Hier liegt ein Konflikt, an dem wir nicht vorbeigehen dürfen.

Fragen wir uns, welche Geister in den letzten zwanzig oder dreißig Jahren unter der Jugend die größte Gefolgschaft fanden, so können wir nicht sagen, daß die Jugend in ihrer Wahl von einem sichern Gefühl geleitet wurde. Sie hat offenbar die klare Wahrheit vom Menschen nicht gesucht, denn die Werke, die sie vor allen liebte, spiegelten diese Wahrheit nicht. Im Spiegel dieser Werke steht vielmehr ein verschwommenes Bild, halb ist es Verheißung, halb ist es Gefahr – oder willensmäßige Haltung, die nur Haltung ist – vergleichbar blinkenden Rüstungen in Rittersälen, in denen kein Körper steckt. Der Schimmer des Göttlichen scheint auf solchen Gestalten zu liegen, aber es ist unbestimmt – während Gottes Wesen doch schon sein Name ist, das gewaltige, die Welt durchzitternde »Ich bin«, und wir ihm im Gebete auch danken für seinen heiligen Namen, den er Wohnung nehmen ließ unter uns. Dieses Göttliche, das die Jugend suchte, hat keinen Namen – und damit wird sein Leuchten verdächtig, gibt es doch zweierlei Licht, das zu scheiden die Aufgabe der Wissenden ist. Dieses Göttliche, das sich nicht entschieden hat, spielt in vielen Farben der Herrlichkeit vom Dunkel der Melancholie bis zum kältesten Glanze der Selbstanbetung.

Die Jugend aber, die von solchen Werken erfüllt war, ging einen überaus schweren Weg in den Tod; sie wurde auf den Kreuzweg gezwungen, und es wäre furchtbar, wenn wir nicht die Hoffnung haben dürften, daß sie im letzten Augenblicke das Kreuz doch noch erblickt habe. Die Lebensmelodie ihrer Dichter feierte ja nicht die ganze, schrecklich-erhabene Wirklichkeit des uns zugemessenen Lebens: sie betörte mit Verheißung und Untergang, der scheinhaften Schönheit einer an den Abgründen hinstreifenden Erde, über die dann plötzlich der Herr des Abgrunds kam. Es gehört zum Wesen der Jugend, daß sie der Verführung in besonderem Maße ausgesetzt ist. Wie verständen wir sonst die Sage vom Rattenfänger von Hameln, wir, die es doch mit unseren Augen sehen mußten, wie der Berg sich über der Jugend schloß!

Unsere stärkste Liebe, unser heiliger Ernst sollen der Jugend gehören; wir wollen sie so ernst nehmen, wie es uns die Verpflichtung an die Wahrheit gebietet, und sind uns bewußt, daß wir sie damit um vieles ernster nehmen als diejenigen, die in der Jugend Autorität suchen, statt selbst – unter dem Gebot des Gewissens – Autorität zu sein. Es war offenbar eine List der zerbrochenen Macht, die Jugend zum Richteramte aufzurufen und ihrem Spruche sich zu beugen: vernahm sie doch meist den Spruch, den sie hören wollte oder nutzen konnte, oft genug den Spruch, den sie eingegeben hatte. Wir halten es aber eines Künstlers nicht für würdig, um den Beifall der Jugend zu dienen, wie es Brauch geworden ist, und um sie anders zu werben als aus der Kraft der Wahrheit und eines von ihr durchmächtigten Lebens. Wir sagen es gerade, weil wir keinen schöneren Lohn über den Mühen des Künstlers leuchten sehen als das Feuer, das Schiller zu entzünden vermochte an dem denkwürdigen Tage, da in Lauchstädt unter Donnerschlägen die »Braut von Messina« über die Szene ging. Heute aber, da die Jugend betrogen ward um die Zeit des Lernens, die unvergleichlichen, nicht zu verschmerzenden Jahre, da der Mensch das Leben im Geiste beginnen darf, heute wünschen wir uns wohl das Herz der Jugend; was aber das Urteil betrifft, so erwarten wir es von Erfahrenen, die diese Zeit durchlitten, ihre Sünde erkannt haben. Möge der Dichter fortan, indem er unbestechlich zu allen spricht, Eltern und Jugend einander nähern, statt sie zu trennen und gegeneinander aufzurufen; möge er den Eltern das Feuer entgegentragen dürfen, das er in der Jugend erweckt hat ohne Zugeständnis, ohne Opfer an verpflichtender Einsicht!

Damit ist der Künstler in allem und allem seinem Gewissen überantwortet; niemand entbindet ihn von der Pflicht, zu sagen, was man nicht hören will. Der Hände, die nach der Macht greifen, sind viele, berufene und unberufene; wir können nicht auf ein Forum hoffen, das auf gültige und bindende Weise darüber entscheidet, wer die Macht verwalten soll. In einer solchen furchtbar aufgewühlten Welt ist nach den Kräften des Glaubens nur eine Macht legitimiert, das heißt offenbar von oben: es ist die Macht des Geistes, die nicht vom Himmel herabgezogen werden kann, sondern weht, von wannen sie will. Und vielleicht können Zeiten kommen, da nur ihre Träger, nach den Trägern des Priesteramts, das irdische Geschehen für das Bewußtsein der Menschen in Beziehung zur Ewigkeit, zum Richter der Geschichte, erhalten.

Wir ahnen kein leichtes Geschick. Denn Gewissen und Staatsmacht müßten zwar in engem Bund stehen; das Gewissen ist ja das eigentliche Leben der echten Macht, und doch sind die Stunden selten und gleichsam heilig, da die Staatsmacht den Spruch des Gewissens vollzieht und sogar bereit wäre, sich ihm zu opfern. Die Sprecher des Gewissens haben das ewige Recht für sich, aber sie sind arm in der Zeit, und immer kann das Schreckliche geschehen, daß sie sich plötzlich verlassen sehen oder zwischen Mauern geschlossen werden, die ihr Wort ersticken sollen. Dennoch ist das eine sicher, daß das Gewissen berufen ist, das Ungestaltete, das herankommt, mit zu gestalten.

Das Dunkel, das uns bedroht, soll uns nicht bis ins Herz ängstigen. Was geschehen muß, was wir selber tun müssen, können wir in einem jeden Augenblick wissen. Aber vielleicht gelingt es uns auch, das Los der einsamen Sprecher zu erleichtern, ihnen schon jetzt eine Gefolgschaft zu bereiten, die sie nicht verlassen wird. Wir müssen versuchen, Menschen heranzubilden, die nicht lassen können von der inneren Stimme; Menschen zugleich, die das Lautwerden dieser Stimme in allen Bezirken des Lebens verlangen. Sie werden den Dichter verwerfen, der sein Gewissen verworfen hat. Sie werden es spüren, daß seinem Wort die letzte Tiefe des Widerklangs, jene Schwingung fehlt, die nur dort zu finden ist, wo Wort und Gewissen aufeinander angewiesen bleiben und die natürliche Bereitschaft besteht, das Wort als Schikkung zu erfahren, auszutragen.

Der Träger des Worts, der recht verwalteten Geistesmacht, die sich in die Geschichte gestellt weiß, soll nicht allein die Stimme des Gewissens führen, er soll das Gewissen selber sein. Wenn er es vermag, so erlangt er das Recht seines Amtes, zur Erforschung der Gewissen aufzurufen. Er kann Schuld nicht verschweigen: um des Rechtes willen nicht und um des Lebens willen nicht, das an verschwiegener, geleugneter, verhehlter Schuld unfehlbar tödlich erkrankt. Solche

Schuld ist der Herd schlimmer Taten, geistiger Sünde, weltzerstörenden Feuers. Denn um den Wurm dieser Schuld zu töten, überhöht sich der Mensch; Selbstvergötzung ist oftmals die letzte Ausflucht eines unheilbaren Gewissens.

Nicht auf die Anklage kommt es an, sondern darauf, daß das Wort des Dichters die in ihrer Schuld befangene Welt dem eigenen Gewissen übergibt; er muß das Wort erringen und vertreten, das in die tiefste Einsamkeit eines Lebens kommt, das, wenn ihm kein anderer Zutritt verstattet wird, sich nachts an die Lager stellt und mahnt; das Wort, das nicht aus den Ohren geht und sich endlich stärker zeigt als der betäubende Lärm des Tages, als die Argumente scheinbarer Lebensklugheit oder politischer Berechnung. Ein starkes geordnetes Sein, eine Kraft, die mit sich selber einig ist, der Friede des gereinigten Gewissens sind Anfang und Träger wahrer Politik. Aber in solchem Amte könnte ein Dichter nur erstehen, wenn die Menschen dieses Amt begreifen. Wenigstens ein Sehnen nach der Stimme des Gewissens muß dem Menschen entgegenkommen, der zum Gewissen werden soll.

Das Gewissen ist die Stimme der Liebe; es ist ja Gottes Stimme in uns; schwerlich kann ein Mensch seinen Mitmenschen mehr Liebe beweisen, als indem er aus dem Gewissen zu ihnen spricht und die Gewissen weckt, erneuert, mit Fragen beunruhigt, die nur von der äußersten Wahrhaftigkeit beantwortet werden können. Die offenbar gewordenen großen Zusammenhänge der Weltgeschichte müssen uns zu der Einsicht gebracht haben, daß wir eines neuen, umfassenden Begriffes von Schuld und Verantwortung bedürfen. Schuld reicht bis in die Atmosphäre einer Tat, bis zum Mitdenken tödlicher Gedanken, dem Mitwünschen verbrecherischer Wünsche. Aus solchem Dunste ballen sich die Gewitter, formen sich die Mächte der Finsternis zur handelnden Gewalt. Aber der Liebe, die die Wahrheit ist, gehört das befreiende, die Wolken zerteilende Wort. Und so kann die Mahnung der Kunst niemals zu hart sein; sie wirkt ja aus der Liebe und würde sich ihrer geheimsten Macht begeben, wenn sie sich von der Liebe abkehren wollte. Liebe allein erkennt; der Liebe, die das Ich vergißt um des Gebildes willen, die beglücken will und das Ich vergibt an das Gebild, wird das Gebild gegeben. Die Gestalt ist ihr eigenstes freigewordenes Leben. Darum steht das Kunstwerk in der Ordnung der Liebe; es ist ein Pfeiler dieser Ordnung. Nur aus der Kraft der Liebe kann das Leben des Künstlers getragen werden. Wo er auftritt, müssen die Menschen guten Willens einig werden; er spricht das Gute im Menschen an, und es muß so stark in ihnen werden unter seinem Wort, daß es sie eint.

Mit dem Hause des Künstlers auf Erden ist es nicht gut bestellt; das Leben im Geiste und das in einem Hause geborgene Glück geraten immer wieder in Widerspruch, und die Zeit hat nicht das Gepräge, als ob sie diesen mildern wollte. Im Gegenteil: Das Unbedingte, das unter gefährlichen willkürlichen Mächten rein gelebt werden will, wird kaum eine andere Forderung neben sich dulden. Das heißt aber nur, daß jetzt endlich der Künstler auf das Haus verwiesen ist, das Christus auf den Felsen gegründet hat. Die Kunst muß heimfinden in die Kirche, die Kirche ihr offenstehn. Daß sie sich voneinander schieden – es ist gewiß nicht ohne Schuld der Kunst, aber auch nicht ohne Verkennung der Kunst von seiten der Kirche geschehen –, gehörte zum folgenschwersten Unheil der letzten Jahrhunderte. Jetzt stehen wir an der Stelle, wo es überwunden werden muß. Wir setzen die Kunst wahrlich nicht der Stiftung Christi gleich, das geheimnisvolle Leben des Herrn in Zeit und Geschichte nicht dem Ringen des Menschengeistes und seiner gestaltenden Arbeit. Aber doch müßten sie einander verstehen, haben sie dieselben unabdingbaren Anliegen. Ihnen beiden geht es um die Verherrlichung Gottes, die Ordnung der Liebe, die Würde des Menschen, das Erbarmen mit der seufzenden Kreatur, die Freiheit des Geistes, von dem es heißt, daß der Herr der Geist ist und daß dort Freiheit ist, wo der Geist des Herrn ist.

All dieser Heiligtümer können sich Kirche und Kunst auf gar keine Weise berauben lassen, wenn sie sein sollen, was sie sind; wir wissen keine andern Mächte, die mit solcher Unabweislichkeit auf den Schutz dieser Heiligtümer gerichtet wären. Bei ihnen kann und muß die Menschheit finden, was ihr so leicht genommen, verweigert werden kann. Aber der Künstler steht in der Welt, ihren Versuchungen und vielen Anfechtungen und Gefahren des Geistes ausgesetzt. Er braucht ein Haus, das nicht erschüttert werden kann. Wehe ihm, wenn er glauben wollte, der Staat könne dieses Haus sein! Wie leicht werden in diesem Hause Dienste ihm aufgenötigt, die ihn entwürdigen! Des Künstlers wahres Haus kann nur die Kirche sein: die Kirche in ihrer ganzen weltgerechten Weite. Niemand kann ihn besser verstehen als der Priester, dem der Herr selber die Sorge für die Welt und das Leben und Opfer für sie aufgetragen hat. So war es in großen Zeiten, eh Priester und Künstler einander fremd wurden und der Künstler die Kirche floh, weil er glaubte, daß sie ihn unfrei mache und statt seiner und seines Werkes so oft ein zwar gutmeinender, aber schwacher Geist, ein dürftiges Wort und Gebilde aufgenommen wurden, denen die Größe des christlichen Geistes, die Strenge der Wahrhaftigkeit fehlten.

Jetzt aber, da des Richters schreckliche Majestät über der aufgewühlten Erde erschienen ist und die Städte hingemäht liegen, kann die Forderung nach dem neuen Wort, dem neuen Bild nicht mehr überhört werden. Das Schwächliche, Verschleiernde haben keine Stätte mehr, dürfen keine mehr finden. Der Priester trägt die Mitverantwortung für das Bild des Heiligen, das im Volke leben, für das Wort, das Heiliges in der Zeit bezeugen soll. Wie der Künstler, so muß auch der Priester auf das tiefste bewegt, erfüllt, zu seinen Werken aufgerufen sein von der Zeit – sonst wird er den Künstler, dem er doch so nahe ist, nicht begreifen, wird er das Falsche vom Echten nicht scheiden können. Mit der Heimkehr der Kunst in die Kirche würde ein neues Wort um Eingang bitten: das Wort, das geformt worden ist im Schrecken dieser Jahre, der schrecklichen Nähe unseres Richters.

Noch einmal: Wir setzen keine große Hoffnung auf den dauernden Schutz, das Verständnis weltlicher Mächte. Zu tief ist alles erschüttert, als daß nun die ruhige, verantwortungsbewußte Herrschaft Gläubiger zu erwarten wäre. Wir sind auf die Fundamente zurückgeworfen; wir müssen sie auf das gewissenhafteste prüfen, ob nicht auch sie beschädigt sind. Alles kommt auf den starken, einheitlichen Geist des Glaubens an, der es vermag, an die Herzen der Menschen zu rühren, die im Vernichtungswahne mißhandelte Schöpfung und ihr Gesetz ihnen wieder zu zeigen. –

Das Denken, das Leben der Menschen hat ein Gefälle zum Tod. Sie vermögen nur noch da zu sein von Untergang zu Untergang. Eine Kette von Katarakten: das scheint ihnen Geschichte. Keine Staatsmacht wird sie diesem Lebensgefühl – vielmehr dieser Todessucht –, dieser Vorstellung von der Erde entreißen. Von der Kirche aber geht der Friede aus; denn der in ihr lebt, ist selber der Friede; und Friede, die Botschaft von unverletztlicher Ordnung, ist das große Wort der Kunst, die in die Dämonie nur dann hineinführen darf, wenn es ihr gelingt, hindurchzuführen. Im andern Falle würde die Form zersplittern, das Kunstwerk unvollendet liegen bleiben an dem abschüssigen Wege. Ein Glaube, der alle Schrecknisse erfahren hat, annimmt, einbezieht, an ihnen stark geworden ist, ihre entsetzliche Anfechtung immer wieder besteht und doch nicht davon läßt, daß diese Welt befriedet werden kann im Namen Jesu Christi: das ist die Aussage, die wir am innigsten wünschen, erstreben sollten; wir müssen versuchen, sie zu ermöglichen.

Glauben wir an den Geist, so müssen wir auch daran glauben, daß er es vermag, sich gegenüber der scheinbaren Übermacht der Erdgewalt zu behaupten. Es gibt keine undurchbrechlichen Verhängnisse; Gnade kann eine jede Fessel zerreißen. Nimmer darf sich der Geist in den Anschein unabwendbaren Untergangs schicken. Vergessen wir es doch nicht, daß es der Geist war, der das Grauen des militärisch-technischen Nihilismus heraufgerufen hat! Nicht die Technik hat das Gesetz gegeben, sondern der Geist, der die Technik suchte und, als er ihrer mächtig war, den Tod dachte, statt alle ihm gegebene Macht dienstbar zu machen der Ehrfurcht vor Gott und seinen Werken. Nur der Geist kann wenden. Was wir heute im großen Raum des Glaubens schaffen und wirken: der Friede, den wir haben und aussprechen, das kann – wenn die Gnade sich herniederneigen sollte – nicht ohne gestaltenden Einfluß auf das Morgen sein.

Wieder und wieder möchte ich sagen: Wir müssen glauben; das Erste, was die Welt von uns fordern darf und muß, sind Friede und Zuversicht. Denn das ist es ja, was den verwirrten Völkern allenthalben fehlt: der Anblick solcher Menschen, die von der Macht der Friedfertigen wissen und danach tun. Wenn die Vernichtung noch einmal hereinbräche, so würde die wesentlichste Aufgabe doch nicht gelöst; die Menschen würden, nur in noch viel größerer Tiefe, derselben Forderung wieder begegnen, vor der wir heute stehn: zu leben und zu schaffen aus dem Trost der Verheißung, zu glauben an den Frieden auf Erden. Darum wollen wir nicht zögern; wir wollen heute beginnen und uns opfern für alles, was dem Frieden dient, den Bund mit dem Krieg aber verweigern, und sei es um den Preis einer jeden Verfolgung, die die Erdgewalt zu allen Zeiten auf eine solche Verweigerung setzte.

Wir bitten die Kirche, keine Waffen zu segnen als die Waffen des Lichts. Wir stellen das Martyrium der Friedfertigen über jede Ehre der Welt. Aber wir wissen auch, daß wir unserem Volke und den Völkern allen nicht besser dienen können als mit einer solchen Haltung. Kann doch auf dem Boden des Friedens allein das ungeheure Erziehungswerk aufgenommen werden, das heute geleistet werden muß. Das Verhältnis der Menschen untereinander, zu Welt und Geschichte, zu allem Geschaffenen, zum Geiste und seiner Sendung muß in unbeirrbarer Folgerichtigkeit gegründet werden auf den Eckstein, der entweder trägt oder zermalmt. Den Mut zu dieser Folgerichtigkeit müssen wir aufbringen in allen Bezirken des Daseins; er ist eine Tat der Liebe, die einbezieht, nicht ausschließt und nicht aufhört, mit den Kräften des Herzens und des Gebetes um diejenigen zu streiten, die sich ihr entziehen.

Des Dichters Thema ist die Zeit vor Gott, die von Gott geführte Zeit. Das Wort, das er ihr abringt, wächst zu seiner Fülle erst im Kirchenraum. Möge es nicht befremden! Möge es, von starken, weiten Herzen aufgenommen, erheben, befeuern dürfen und bestandene Geschichte vor den Altar tragen! Dann wird es mitbilden am Geschichtsbewußtsein der Kirche und die Streitmacht ihres Friedens mit erneuern. Lassen Sie uns darauf hoffen, daß das deutsche Wort in seinem Adel und seiner Kraft noch einmal aus der Kirche tönt, anders als wir es jemals vernommen haben! Wir haben das Recht auf diese Hoffnung, nachdem Beispielloses geschehen ist, tödliche Irrtümer widerlegt wurden, indem sie vollzogen worden sind und die Straße, die herabführt vom irdischen Jerusalem und hinaufführt in das himmlische, diese Straße der Geschichte, auf der wir unweigerlich gehen, überschaubar geworden ist. Von ihr müssen wir dem Volke sagen; auf ihr können wir uns nicht anders als in Zuversicht bewegen. Zertrümmerte Städte liegen zu beiden Seiten; an der Stadt, aus der wir kommen, der Stadt, in die wir gehen, ist genug.

Wir wollen es als eine große Gnade ansehen, daß es endlich wieder deutlich wurde, wo wir sind, was wir tun sollen. Wir wollen Freie bleiben und uns nicht wieder in Häuser schließen und die Straße vergessen. Ist doch unser Inneres befriedet, indes wir unter Wolken und Gewittern dahineilen; wir sind geborgen in der Macht der Wahrheit. Die Wahrheit, die sich dem Wechsel der Geschichte stellt, ihn ergreift, überwindet, ist die heilige Kraft der Kunst. Der Dichter weiß seine Gebilde nirgendwo lieber aufgenommen als an heiligem Ort;

die Kirche allein kann sie ins Volk tragen. Kultur ruht auf der Verehrung des Heiligen, die allen gemeinsam ist. Wir wagen es nicht, heute von Kultur zu sprechen; aber in der Richtung auf sie müssen wir doch arbeiten. Wo Kultur ist, da ist kein Wort zu hoch, kein Bild unverständlich. Ihr Geheimnis ist, daß innerhalb ihres Bezirkes jede Gestaltung von der Verehrung des Einen Heiligen eingegeben wird und ein jeder die Urbilder der Wahrheit im Herzen trägt, die mit der Macht der Schönheit aus den Worten und Gebilden der Künstler leuchtet. Kultur können wir uns nur denken unter dem Bilde eines Strahlenkranzes, der das Heilige Geheimnis umschließt und sein Licht auch in das Auge, das Herz des Ärmsten sendet.

Das ist ein fernes, ein gleichwohl nicht verschlossenes Ziel; es ist heute wieder sichtbar geworden und ruft das Beste unseres Strebens wieder auf. Der Dichter darf hoffen, Herzen zu bewegen und zu geleiten, die, so erschüttert von der Not, heimkehren wollen. Heimkehr ist nicht Zuflucht: sie bedeutet die entschlossene Wendung zu dem Eigentlichen unserer Kraft; den Anfang unerläßlichen Wirkens. Und mit dem Wort der Heimkehr, der Wende, des Anfangs möchte der Dichter noch einmal die Gabe nennen, die er als seine höchste in die Kirche trägt und damit in die Mitte der rastlos heraufziehenden Zeit; es ist seine Freiheit vor Gott, das Unantastbare, das niemand besitzen kann, seines Lebens Leben und das Leben seiner Kunst: sein Gewissen. Indem er ihm unbedingt gehorcht, wirkt er an seiner Stelle mit an der Bildung des Weltgewissens, der einzigen Macht der Erde, der wir die Zukunft des Menschengeschlechtes anvertrauen dürfen. (18. 3. 1946)

THEOLOGIE DES DRAMAS

Das Drama führt in Konflikte, die vom Irdischen her nicht versöhnt werden können. Das liegt sowohl in seinem Ursprung wie im Wesen der dramatischen Form, die streitende Personen und Mächte in ihrem Eigenrecht gegeneinander stellt; der Kampf wälzt sich bis an den Rand des Daseins, der Erde; die Antwort, die über dem Abgrund des Absturzes vernehmlich wird, ist Sache des Dichters und seiner Zeit, der religiösen und geistigen Welt, in der er steht, der Gesamtheit, an die er sich wendet. Denn ohne eine solche in ihrer geschichtlichen Gegebenheit ist kein Drama möglich. Sehr wohl kann die Antwort eine Frage sein; der Hörer faßt sich ans Herz: er begreift nicht mehr, oder er fühlt: er ist durch das Feuer gegangen, das ihn umschmelzen wird. Es kann aber auch eine Antwort aus einer andern Welt herüberdringen, die durch die erfahrene Handlung gedeutet wird. Wir müssen uns hüten, das Dramatische und gar das Tragische engen, eindeutigen Formeln zu unterwerfen. Zum Wesen des Kunstwerkes gehört eine gewisse Vieldeutigkeit. Das Drama ist Gleichnis des Weltganzen und des Weltablaufs, des in der Weltentiefe beschlossenen fortbrennenden Streites. Im letzten Sinn, aber aus der vollen Kraft des Gestalthaften ist es Chiffre; es macht erfahrbar, was auf keine andere Weise mitgeteilt werden kann, einen Daseinswiderspruch. Auch das Tragische soll auf keine Formel gebracht werden; es ist ein Grundphänomen; die Schuld ist schon eine Phase seiner Verwirklichung und wahrscheinlich nicht einmal eine unabdingbare Phase; der Grund liegt tiefer: dort, wo im Dasein Unvereinbares zusammengeschlossen ist.

Man sollte nun glauben, daß die heute lebenden Menschen, unter deren Füßen der Boden der Jahrhunderte eingebrochen ist, der tragischen Kunst sich zuwenden; hat sie doch in ihrem Wesen, als Aussage vom Leben und den Mächten, alles vorweggenommen, was sich begeben hat und noch begeben kann. Das ist aber keineswegs der Fall. Die Erfahrung des Tragischen wird nach Möglichkeit umgangen, verschleiert, verwischt; es wird versucht, sie in ihren Vorfeldern zu bewältigen, im politischen, sozialen, psychologischen, die gewiß im Schatten des Tragischen liegen können. Aber wer blickt der tragischen Maske ins Antlitz? Es sind nur wenige. Denn das Tragische in seiner Härte richtet sich an die Person, und zwar an eine Gesamtheit aus echten Personen; diese wird es erheben, prägen, vorbereiten auf die Schrecken der Erde, auf die Antwort von Drüben; vielleicht sogar mit ihnen versöhnen. Je mehr die Bühnen, mögen sie sich nun einem großen oder kleinen Bühnenraum darbieten, sich vereinigen zu einem Theater der Masse, die als solche Schickungen nur erleiden, aber nicht als Heimsuchungen austragen kann, in Wahrheit also lebenslang auf der Flucht ist vor dem unverheilbaren Bruch in Dasein und Geschichte, um so fremder ist die tragische Kunst, die die Person anredet, aber die Person in einem Ganzen.

Sucht die Tragödie aber die Person auf dem Boden der Geschichte, so kann sie dem Christentum nicht entgegen sein, das Gott als Person in seiner geschichtlichen, die Geschichte wendenden Existenz, als Stifter unzerstörbarer Freiheit verehrt. Es muß ein Drama möglich sein aus essentiell christlichem Gehalt, gerade heute, da doch alles darum geht, daß wir das Christentum so verstehen, wie sein Stifter es gemeint hat und es in diesem seinem Sinne vollziehen. Hier soll die Rede sein von dem christlichen Konflikt zwischen Welt und Wahrheit als einer Wurzel des Dramas. Gewiß hat das christliche Drama auch andere Möglichkeiten: den im Politisch-Geschichtlichen sich ereignenden Kampf zwischen Glauben und Unglauben, wie ihn Corneille in seinen Märtyrerdramen gestaltet hat; den Kampf mit dem konkret Bösen, den die spanische Bühne durch Jahrhunderte darstellte; das Ringen und Schwanken zwischen Glauben und Unglauben, Zweifel und Hoffnung im Menschen selbst, das ein Thema des modernen religiösen Dramas ist. Von einer jeden Stelle ist es möglich, zum Ganzen des Christentums durchzudringen; denn es gehört zu dessen Wesen, daß es keine loslösbaren Teile kennt; ein jedes wirklich ergriffene, vollzogene Wort führt in die Mitte.

Das Dasein des Christen ist von seinem Innersten her dramatisch, ja tragisch. Damit soll ausdrücklich nicht eine wesentlich ausweglose Tragik gemeint sein, die ja ohnehin eine problematische, auch von den Griechen nicht festgehaltene Vorstellung ist: Ödipus endet auf Kolonos in der Gnade, als einzelne tragische Person, während das Unheil auf Erden fortwüten wird. Die Gnade kann in einem jeden Augenblick den tragischen Zirkel durchbrechen. Freilich ist auch im Christentum eine ausweglose Tragik möglich: die Verdammnis, der unwiderrufliche Verlust des Heils. Vielleicht aber gibt es keinen härteren und erhabeneren Widerspruch, als er in den Abschiedsreden Jesu Christi aufgeht: er beruht darauf, daß die Wahrheit, die nicht von der Welt ist, unwiderruflich in die Welt gesendet wurde; daß in der Welt eine Macht sein soll, die nach dem Wesen der Welt nicht in ihr sein kann; daß diese Macht da ist, um die Welt zu retten und doch von der Welt nicht geduldet wird. Der Widerspruch verkörpert sich in letzter Vollendung in dem ungeheuren Gegenüber des Herrn mit Pilatus, des gebundenen Königs und des Machthabers, der Wahrheit in Fleisch und Blut und dessen, der gerade im Antlitz der Wahrheit zu fragen wagt: Was ist Wahrheit?

Die Welt steht im Christentum zugleich im höchsten Wert und im Unwert. Denn Gott gibt sein Leben für das Leben der Welt; aber er sagt von ihr, daß sie den Geist der Wahrheit gar nicht empfangen kann, weil sie ihn nicht sieht und nicht kennt; die ganze Welt liegt im Bösen, wie der Lieblingsjünger sagt, aber der Jünger ist ausdrücklich nicht von der Welt genommen; er soll vielmehr in ihr vom Bösen bewahrt werden. Der Fürst der Welt ist die Lüge; und doch ist der an

Christus Glaubende wahrhaft frei; die Jünger sind nicht von der Welt und doch von ihr auserwählt; es ist ein Friede mitten in ihr, nicht wie die Welt ihn gibt; der Wandel der Jünger, die durch sie schreiten, ist im Himmel, und doch wird man die Gesendeten daran erkennen, daß sie gehaßt werden und Bedrängnis haben. Wer glaubt, wird leben, auch wenn er gestorben ist. Zur Verantwortung sind die Jünger aufgerufen; denn alle, das Geschaffene überhaupt, sollen gerettet werden, und doch ist es wahr, daß nur ein geringer Teil der Saat der Wahrheit auf fruchtbares Erdreich fällt, der größere aber verdirbt; daß Häuser sind, auf deren Schwelle der Jünger umkehren soll, und Menschen, die er nicht einmal grüßen darf. Als im Fleische Gefangene sind die frei, die wandeln im Geiste; denn im Fleische ward die Sünde verurteilt.

Die Beziehung zwischen dem Christen und der Welt ist also vom Menschen her untragbar; bei Gott, aus der Gnade, wird sie möglich. Wo Welt und Wahrheit sich kreuzen, steht der Christ; sie kreuzen sich in einer jeden Zeit auf eine besondere Weise, und eben dadurch wird Kreuz auf Kreuz eingegraben in diese Erde als die unvernichtbaren Zeichen des Heils. Die Darstellung dieses Konfliktes in seiner zerstörenden Schmerzhaftigkeit ist dem Drama vorbehalten; in ihm stoßen die lebendigen Mächte, Rechte, Argumente mit einer den Zuschauer unwidersprechlich einfordernden Wucht körperhaft zusammen. Das kann, es muß vielleicht, auf verschiedenen Ebenen geschehen; der Streit verlagert sich von Plattform zu Plattform, bis auf dem letzten Gebirgsgrat, zwischen Diesseits und Jenseits, Ja oder Nein gesprochen werden müssen. So haben auch aus dem Wesen des Christlichen hervorgegangene Romane eine dramatische Anlage, ein deutliches Zeichen dafür, daß das eigentlich Gemäße in unserer Zeit in eigenster Form kaum zu erscheinen wagt, weil es nicht angenommen, nicht erwartet wird, weil die Menschen es nur in einer Verhüllung ertragen.

Im Zusammenstoß des Christen mit der Welt herrschen zwei Probleme vor: die Wahrhaftigkeit, das heißt der radikale Vollzug der Wahrheit und die Verwaltung der Macht. Die Welt, deren Herr der Fürst der Lüge ist, stellt eine Konvention der Lüge dar. Die Spielarten sind zugleich unerschöpflich und undurchdringlich; denn der Grund der Wahrheit ist ja des Herzens Meinung, der »Herzensmensch« des Apostels, der verborgen bleibt. Wie soll der Christ in dieser Welt leben? Und er soll es doch. Er soll die Wahrheit tun. Das Tun der Wahrheit scheint tödlich zu sein. Aber eben der wird ja leben, der schon gestorben ist. Wie soll der Christ an dieser Stelle Macht verwalten? Und doch soll er es. Denn die Macht ist durch das Christentum keineswegs entwertet, sie hat von ihm vielmehr den höchsten Wert empfangen als Anteil an der Königsmacht Christi. Der König stürzte die falsche Macht nicht. Er widerlegte sie, indem er sie erlitt; eben damit behauptete er seine Macht. Der Christ ist mächtig, so lange Christus in ihm lebt. Nur aus dieser Gnade kann er Macht verwalten. Aber er wird bei einem jeden Schritt auf das Angebot der Sünde stoßen; nimmt er es an, so trennt er sich von Christus – und er steht nicht mehr in der eigentlichen Macht. Eine auf das Irdische begrenzte Macht kann der Christ nicht ausüben; sie muß dem Sinn Jesu Christi unterworfen, mit ihm vereinbar sein. Eine Trennung in Irdisches und Himmliches ist nicht erlaubt; denn darum geht es ja, daß das von Gott Gebotene auf der Erde, in der Geschichte, vom ganzen Menschen und ganzen Dasein erfüllt wird. Aber bei jedem Schritt wird es unmöglich scheinen, Macht zu bewahren ohne Lüge; es wird sogar in der Welt, wie sie ist, tatsächlich unmöglich sein.

Dieser Konflikt ereignet sich in einem jeden Leben. Es kommt nicht auf den Umfang der Macht noch ihre Natur an, ob sie nun geistig oder geistlich, politisch, militärisch, wirtschaftlich oder rein persönlich ist. Aber am sinnfälligsten müßte das Problem sich doch darstellen lassen im Geschick des geistlichen und weltlichen Herrschers. Es ist nicht oft geschehen. Man kann viele Gründe angeben, warum die Gestalt des christlichen Herrschers so selten aus dem Wesen des Christentums ergriffen worden ist: warum das Christliche in den großen Herrschertragödien meist nur Umwelt, aber nicht die Handlung treibendes Moment ist. Alle Gründe, seien sie religiöser, politischer oder geistesgeschichtlicher Art, reichen nicht aus, um diesen Mangel zu erklären. Vielleicht ist das Problem der christlichen Weltverantwortung in seinem ganzen Ernst, ist der Zwiespalt zwischen Herrschaft und Gewissen, überhaupt die Tragödie des christlichen Gewissens gegenüber der Macht bisher nur von Einzelnen gesehen worden. Diese christlichen Erfahrungen wurden von der Gesamtheit nicht als Lebensinhalt angenommen, wie ja ohnehin die objektiven Werte der Geschichte von Menschen und Völkern kaum erlebt werden. Es ist darum auch wenig Hoffnung, daß die Dichtung ihnen gerecht werden könne. Der Dichter kann ein solches Werk nicht in der Vereinzelung leisten, sondern nur als Antwort an eine Gesamtheit, die ihn trägt.

In wahrhaft christlichen Herrschern hat sich ohne Zweifel das Tiefste unserer Geschichte begeben. Was sie, was mit ihnen die Völker erlitten haben in der christlichen Verwaltung der Macht, im Bestreben zugleich Christ und Träger geschichtlichen Erbes und Auftrags zu sein: das hätte eigentlich erster Gegenstand des abendländischen Dramas sein müssen. Auf noch höherer Ebene ereignete sich der Konflikt in den Päpsten, die zugleich Stellvertreter Christi und weltliche Fürsten waren. Aber nur selten bemühte sich die dramatische Kunst um sie, noch seltener um ihr Problem, um ihr eigentliches abgründiges Leid; was die Päpste erschütterte, blieb ungesagt; die einzigartigen dramatischen Möglichkeiten der Papstgeschichte wurden bis heute kaum berührt. Und doch wäre hier das Symbol des Weltgeschicks gewesen, das alle andern Symbole überleuchtet: wäre hier die Forderung

Christi in fürchterlichster Schärfe geltend geworden gegen die Forderung der Welt.
Damit gelangen wir zu einer christlichen Dramaturgie, deren Prinzip der Vollzug der göttlichen Wahrheit wider die Welt ist – mit dem ahnenden Blick auf die Rettung der Welt durch die Wahrheit und durch das Opfer für sie. Drama ist dann Wahrheitsvollzug. Auf ihn ist jede Szene, jeder Satz gerichtet; von ihm der Dialog geformt, der sich ganz anders bewegt als das Gespräch des täglichen Lebens. Er eilt mit den ersten Sätzen auf die Wahrheit zu, wird zurückgeschlagen, sucht sie von anderer Seite zu erreichen, bricht durch, scheitert wieder, setzt von einem dritten Punkte an. Ein verborgenes Feuer brennt im Innersten; es arbeitet sich durch von Szene zu Szene; am Ende ist die Wahrheit da. Aber die Wahrheit ist das Gericht der Welt. So mündet das Drama im Tribunal.
Das setzt voraus, daß der Dichter sich selber richtet. In sich richtet er die Welt. So hat es noch Ibsen verstanden, obgleich er das Drama aus dem religiös-tragischen Bereich der »Kronprätendenten« in die Stuben der Anwälte und Großkaufleute hinabführte; dichten heißt: »Gerichtstag halten über das das eigene Ich.« Drama ist Abrechnung des Dichters mit sich selbst. Darauf beruht die sittliche Wucht. Der Dichter erlebt die Mächte seines Innern in ihrem Zusammenstoß. Die Bühne ist Innenraum. Aber im übrigen ist dieser subjektive Grund des Dramas für die Gesamtheit, an die sich der Dichter wendet, ohne Belang. Hier geht es um das eine: es ist Not über aller Not, die Wahrheit zu tun. Aber die Wahrheit ist das Leben. »In dieser Welt müßt ihr euch entscheiden. Durch sie euch hindurchkämpfen. Das ist euer Friede. Es gibt keinen andern, in ihm ist euch die Gnade ganz nahe. Aber mehr als diesen Frieden hat sie nicht verheißen. Streitet aus einer Kraft den Streit, der nicht enden wird.« – In der christlichen Tragödie scheitert die Welt noch einmal, wie sie an Christus gescheitert ist, während er an ihr zu scheitern

schien. Und damit verwandelt sich das Tribunal, in dem sie endet, in die Vorerscheinung des Endes überhaupt. Die letzten Szenen spielen, als Zeichen des Weltendes, in apokalyptischem Aspekt; doch dieser deutete sich schon mit der ersten Szene an und weitete sich mit einer jeden folgenden. Das kann auf eine sehr verhüllte, eine völlig unpathetische Weise geschehen, so wie auch die Geschichte, deren Ablauf sich im Drama reflektiert, von Vorerscheinungen des Endes erfüllt ist. Wie das christliche Leben keinen anderen Inhalt haben kann, als die noch so schwache, noch so unzulängliche, ja fast unkenntliche Nachfolge dessen, was der Herr gelebt hat, so kann das christliche Drama nur diesen Inhalt haben, nur von ihm seine Form empfangen. Es kann den Sieg nur im Opfer begreifen. Die Aussage der auf dem Konflikt zwischen Welt und Wahrheit aufgebauten Tragödie ist, daß alles, was nicht aus der Wahrheit ist, zerschellen wird an der Wahrheit; daß es aber tödlich und zugleich rettende Tat ist, in der Welt der Lüge die Wahrheit zu tun.

(13. 6. 1952)

FRIEDE

GEDANKEN DES FRIEDENS

1945 Vorwort

Die hier zusammengefaßten kleinen Schriften wurden unmittelbar nach dem Zusammenbruch in dem Bedürfnis geschrieben, so rasch wie möglich ein helfendes Wort zu sagen. Sie sind als Zurufe gemeint, eingegeben von der Not des großen Schweigens, das den entsetzlichsten Vorgängen und Enthüllungen folgte, und wollen den Augenblick nicht verleugnen, in dem sie entstanden sind. Da sie nun mit einer von den Umständen gebotenen Verzögerung die Öffentlichkeit erreichen, dürften ihre Anliegen an Dringlichkeit nichts verloren haben: sie wollen erinnern an die Schöpfung und ihre Ordnungen, die den Sturm der Geschichte überdauern, an das Erbe, das der Mensch nicht einbüßen kann, wenn er nur entschlossen ist, es zu wahren und seiner würdig zu werden; sie wollen den Frieden als eine große Möglichkeit, eine ernste Aufgabe – nicht etwa eine Gegebenheit – an die Herzen tragen. Denn der Friede muß vor allen Dingen getan werden in unserem inneren Leben, dessen wir mächtig bleiben und das wir verantworten müssen in jedem Falle. Keine Not des äußeren Daseins darf die Wahrheit übertäuben, daß alles abhängt von der Wandlung der Herzen, welche Wandlung nur geschehen kann in der unbarmherzigen Begegnung mit uns selbst und unserem Tun, mit der Geschichte, für die wir einstehen müssen; – und daß keine Macht der Welt uns zu befrieden und zu beschützen vermag, wenn wir nicht selber uns entschließen, Gedanken des Friedens zu denken. Das aber kann nur heißen, daß wir uns bereiten sollen für den unzerstörbaren Frieden, den Gott über die Schöpfung gebreitet und den der Auferstandene in das Leben der Menschen und Völker getragen hat. Auf der Wandlung, dem Vollzug des inneren Friedens ruht alle Hoffnung, und diese Hoffnung ist so groß, und in solchem Maße sind wir, ist die Welt auf sie angewiesen, daß vor ihr kein Opfer zu schwer werden darf. Der sich befriedende, der von Gott befriedete, in seiner Schuld, seiner Würde, in seiner Verfehlung, seiner Verantwortung wieder innegewordene Mensch kann und darf allein der Träger künftiger Geschichte sein.

Freiburg i. Br., 16. November 1945

GEDANKEN DES FRIEDENS

1956 Vorwort

Ein Teil dieser Aufsätze und Rufe wurde noch während des letzten Krieges geschrieben, als das Wort »Friede« den Wert einer fast vermessenen Hoffnung, eines nie versiegenden Trostes hatte. Sie waren im Sinne dieser Verse Schillers gemeint:

> Denn hört der Krieg im Kriege nicht schon auf,
> Woher soll Friede kommen? (Die Piccolomini 1, 4.)

Irgendwo mußte der Friede im Kriege beginnen. Und da der Mensch über nichts ernstlich gebieten kann als über sein Inneres, seine Gesinnung, so mußten Einzelne anfangen, Gedanken des Friedens zu denken und zu leben. Sie mußten versöhnungsbereit werden. Sie mußten ernsthaft mitleiden mit ihren Feinden, gerade mit denen, die die Welt zerrütteten. Sie mußten sich in einer von tödlichen Gegensätzen zerklüfteten Welt hindurchkämpfen zur Erkenntnis der Schuld aller, zum unzerreißbaren Zusammenhang des Menschseins. Friede bedeutete also in diesen Jahren das Aufhören alles dessen, was wirkungsmächtig zu sein schien, eine vollständig neue, noch nie betretene Ordnung. Im Grunde konnte man dem, was geschah, nicht entschiedener widersprechen als mit diesem Wort. Denn Friede ist ja niemals Sieg des einen oder des andern, sondern Versöhnung, Selbstaufgabe um des größeren Ganzen willen, ein gewisses Opfer, nicht an Überzeugung, aber an dem Recht, sie durchzusetzen. Friede bedeutet aber auch Einmünden in die Macht dessen, der geoffenbart hat, daß er Gedanken des Friedens denkt, nicht des Streites.

Andere Stücke wurden geschrieben, bewußt als Laienpredigt, im Frühjahr und Sommer 1945, unmittelbar in und nach dem schaurigen Ende, in einer Zeit herber Enttäuschung und Verwirrung, da der heraufkommende Friede die gorgonische Maske trug, noch vor der Menschheitskatastrophe von Hiroshima, also in den erschütternden Wochen, da die Völker einander mit entsetzten und entstellten Leidensgesichtern anblickten und keiner des andern Leiden verstand; da sie erkennen mußten, daß sie keinen Frieden schließen konnten, wie sie doch hätten tun sollen: weil zu Furchtbares zwischen ihnen geschehen war oder nur die Not sie miteinander verkettet hatte. Und doch war ein Schein von Friede über diesem Jahr, ein beglückender, trotz aller Trauer um Vergangenes, bitterer Selbstvorwürfe und sich ereignender Gewalttat, die den in Erfüllung gegangenen Fluch weitertragen sollte in kommende Jahre: es war ein Glück, in der Nacht oder beim Erwachen zu wissen, daß keine Schlachten tobten, keine Städte zertreten wurden, einem Weihnachtsfeste entgegenzugehen, dessen bescheidene Lichter sich nicht verstecken mußten, das von den wenigen noch gebliebenen Glocken gesegnet wurde und nicht verunehrt von Sirenen und Geschützen.

Dieses Jahr 1945 ist eines der kostbarsten des Lebens, wenn es auch den lange verschwiegenen Tod teurer Freunde endlich eingestehen mußte. Die ersten freundlichen Zeichen kamen über die Grenzen, daß das Bewußtsein des Weltzusammenhangs doch nicht erloschen war und der Einzelne dem Einzelnen Vertrauen bewahrt hatte oder schenken wollte.

Auf dem Grunde der Wahrheit und des Leidens, einer fast beispiellosen Erfahrung von Geschichte, wurden Freundschaften geschlossen, die nicht mehr zerrissen sind. Eine Generation begann sich als Einheit zu verstehen, indem ihr Angehörende aus den verschiedensten Völkern miteinander zu sprechen begannen. Das war wie Verheißung einer neuen Welt, ewigen Friedens. Die sich damals in die Augen sahen, können nicht mehr Feinde werden. Sie können miteinander untergehen – aber Feinde werden sie nicht mehr. Sie werden das Ärgernis des Friedens darstellen, wenn sich, was wir nicht glauben können, daß es geschehe, die Mächte den Tod bereiten. Während so nach außen sich Freundschaft zaghaft ausbreitete, ohne daß viel davon verlautete, bestand im Innern eine Leidensgemeinschaft. Gerettete kamen heim, nicht imstande, zu berichten. Aber sie waren doch da. Die sich nach der Wanderung durch Trümmer für streng bemessene Stunden in unverheilten Häusern und Räumen trafen, sind später einander nie mehr so nah gekommen. Da Not, Trauer und Hoffnung gemeinsam waren, so auch das Leben.

Das Jahr 1945 ist aber auch deshalb unvergeßlich, weil damals das gedruckte Wort etwas galt. Der noch erhaltene Satz, eine in der zertrümmerten, rauchgeschwärzten Druckerei wieder in Gang gekommene Maschine, das mühevoll errungene Papier und gar das erste gedruckte Heft, das erste, zum Jahresende fertig gewordene bescheidene Buch waren unschätzbare Geschenke. Die Arbeit verband noch einmal wie in den finstersten Jahren der Diktatur. Die Korrekturen wurden persönlich überbracht und zurückgegeben. Es gab kein Telefon, keine rechtes Vertrauen erweckende Post; die heilsame Mühe des Handwerks war uns noch einmal geschenkt worden. Das Buch war eine ganz persönliche Sache, ein Bündnis zwischen zwei Menschen, dem Verleger und dem Autor. Wenn der Titel des ersten, nach dem Ende des Krieges erschienenen Buches wieder vorgelegt wird, so, was den Autor angeht, aus Dankbarkeit. Er möchte auf diese Weise noch einmal danken dürfen für die hingebungsvolle Mühe, die damals kaum mehr glaubliche Schwierigkeiten überwunden hat, um eine Ordnung des Geistes und des Friedens aufzubauen. Wenn die Gedanken nicht aufbrechen, da die Trümmer noch rauchen, die Toten unbegraben liegen, der Haß wieder aufglüht: woher soll Friede kommen?

In ferner und der Gegenwart doch verwandter Zeit, nach dem ersten Weltkrieg, hat sich dem Verfasser die Frage aus einem Drama Grabbes eingeprägt:

> Frieden!
> Was nützt er, und was machen wir mit ihm,
> Wenn wir nicht seiner wert sind?
>
> (Heinrich der Sechste, 4, 3.)

Die Frage ist ihm nie verstummt. Es ist eine ganz persönliche Frage, die nur der Einzelne sich beantworten kann – und muß. Dem Frieden den existentiellen Wert zu verleihen, der ihn rechtfertigt, bleibt die Aufgabe. Freiheit und rechte Verwaltung der als Ganzes gesehenen Schöpfung mögen als dieser Wert angesehen werden, unter der Voraussetzung, daß keine Freiheit ist ohne Opfer. »Nur der Wille, der dem Gesetze gehorcht, ist frei«, sagte Hegel. Das Gesetz muß als der göttliche Wille verstanden werden. Friede ist nur erreichbar auf dem Wege der Überwindungen, am dritten Ort. Es ist eine harte, eine vielleicht fast unbeantwortbare Gewissensfrage, was der Mensch um des Friedens willen überwinden kann – und darf.

Im Schatten einer gewissen Wehmut liegen die Hoffnungen der letzten Kriegsjahre und des furchtbaren Gnadenjahres 1945. Waren es nur Träume, erlaubt, ermächtigt von der Teilnahme an kaum mehr tragbarer seelischer und physischer Not? Zu den wesentlichen Ergebnissen der seither verflossenen Zeit gehört die Erkenntnis, daß der Friede die Existenzfrage der uns noch bekannten Welt ist. In merkwürdigem Widerspruch dazu steht die Tatsache, daß sein Name den

Ernst einbüßte, den er vor und unmittelbar nach der letzten Katastrophe hatte. Guter Wille und böser Wille haben ihn verbraucht. Die Grenze zwischen Friede und Macht verschwimmt – wahrscheinlich auch zwischen Friede und Wirtschaft. Die erbarmungslose Pragmatik, die sich heute, von allen Seiten her, aller Werte bemächtigt, hat ihn längst in ihrer Gewalt. Vielleicht ist es darum nicht verfehlt, daran zu denken, was er uns einmal war: eine Haltung, eine Bereitschaft, ein Opfer. Das Opfer aber wird sich immer, neben anderen Haltungen, als geschichtsgemäße Haltung erweisen. Weder die Staatsmänner noch die Naturwissenschaftler und Führer der Wirtschaft, die heute wichtiger als die Staatsmänner sind, aber auch nicht mächtiger als sie, denn alle treten im Rad, haben sich je ernsthaft an Friedensschriften gehalten. Und es ist von diesen auch keine Lösung weltpolitischer Probleme zu erwarten. Wenn aber eine solche Lösung überhaupt gefunden werden kann – und das ist ja die Existenzfrage dessen, was noch ist –, so ist ihr Vollzug mit angewiesen auf die Friedenshaltung des Einzelnen, sei sie religiöser oder sittlicher Art. An der Glaubwürdigkeit liegt alles. Und die kann kaum anders erbracht werden als durch die Bereitschaft, für den Frieden zu wirken, zu streiten, ihn in den Menschen zu wagen. Mit der Abwertung soldatischer Ehre wäre ihm schlecht gedient: im Gegenteil, die den Frieden im Herzen haben, wissen wohl, daß er der Welt entgegen ist, nämlich als göttliches Geschenk. Wie das Leben des echten Soldaten zu einem großen Teil Opfer war und bleiben wird, solange die Welt seiner zu bedürfen glaubt, so das Leben dessen, der den Frieden will, hoffend wider die Hoffnung. Aber mit solcher Hoffnung bestätigt sich, mitten in der offenbaren Heillosigkeit der Geschichte, der Mensch. Er lebt im Advent des Friedens: in der unzerstörbaren Erwartung, daß die Völker ihr Eigenstes und alle Erfahrung ihrer Geschichte an das Ganze geben und wieder von ihm empfangen; daß durch ihre sich verschlingenden, unverwischten

Sprachen hindurch der Ewige Mensch redet von Ursprung und Schuld und Heimkehr, vom All und von Gott.

5. Juni 1956

VERSÖHNUNG DER GLÄUBIGEN

Daß alle eins werden

Aus den Kellern, über die der Tod hinweggebraust ist, steigen die Menschen empor. Sie haben miteinander, füreinander gebetet. Sollten sie sich nun nicht einmal die Hand reichen? Sollten sie das Gebet vergessen? Und wenn sie sich die Hand geben: darf das zum Abschied sein? Müßten sie einander nun nicht im Herzen behalten? Sie waren dem Ziel ihres Daseins ganz nahe, und es ändert sich im Grunde nichts, wenn sie auch wieder durch das Sonnenlicht schreiten und gar beginnen, ihr Haus, ihre Stadt, ihr Leben aufs neue zu bauen. Wo sie waren, werden sie wieder hingelangen: an eine Stelle, wo sie dem Richter ganz nahe sind, und die Schranke, die Seine Gnade noch nicht fallen ließ, wird niederstürzen, das andre, unausdenkbare Licht wird hereinbrechen – und vielleicht wird auf den Stunden, die sie einst unter den Todesschatten verbracht, ihre ganze Hoffnung auf Barmherzigkeit ruhn. Es konnte Augenblicke geben, da sie gewissermaßen gestorben sind, da sie bereit waren; mehr werden sie in einem langen Leben nicht mehr erreichen.

Vielleicht ist auch das Höchste geschehen: daß sich Christi Gebet unter ihnen erfüllte und sie alle eins waren. Diese Einheit wäre das kostbarste Zeugnis ihres Wandels gewesen, die bestandene Probe des Glaubens; im Vertrauen auf diese Einheit hätten sie vor Gott erscheinen dürfen. Und nicht nur der aus den Lüften drohende Tod und das Grauen der Schlachtfelder hat die Menschen das gemeinsame Gebet gelehrt, gewissermaßen das Bekenntnis ihrer verschiedenen Bekenntnisse, in dem sie wieder einig wurden. Auch die Verfolgung hat sie geeint. Neben den Greueln der Zeit, am dunkelsten Ort, erstrahlten unbegreiflich heilige Bilder; die Gemeinde war da und wußte nichts von der trennenden Gewalt der Geschichte, einander widerstreitender Traditionen. Wo so viel Leiden war, da kam, in einer Gnadenstunde, doch ein Leiden und vielleicht das bitterste zur Ruhe. Es war wieder *ein* Glaube, wie am Anfang. Und vielleicht sind diejenigen Fälle, da die Überzeugung sich wandelte, ein neues Bekenntnis abgelegt wurde, nicht die kennzeichnenden oder für die Zeit entscheidenden. Eine noch größere Hoffnung wagen wir zu setzen auf die Gemeinschaft, die vom Gegensatz der Bekenntnisse nicht mehr gestört wurde und auch gar nicht gestört werden konnte, weil Christus unter denen war, die versammelt waren in seinem Namen. Sie hatten sich freilich nicht versammelt, wie es sonst die Menschen tun: die Geschichte hatte sie zusammengeführt, zusammengezwungen. Aber es wurde offenbar, daß dieser Zwang Gnade war; daß den Bedrängten doch die Freiheit gelassen wurde, sich in Christi Namen zu versammeln, vor Ihm zusammen zu sein. In dieser Freiheit, die sie ergriffen, lag der Aufgang der Gemeinde.

Und darum erscheinen uns solche Vorgänge noch trostreicher zu sein als die Wendung Einzelner unter der gnadenreichen Führung der Not. Gewiß muß die Wahrheit einsichtig werden: es kann der Seele nichts Herrlicheres begegnen als die reine Klarheit der Erkenntnis, vor der sie nicht mehr fragen, nicht mehr zögern kann. Wenn der Seele die Wahrheit offenbar ist, so muß sie die Wahrheit liebend ergreifen und ihr ein jedes Opfer bringen, das sie verlangt. Aber solche Ereignisse, die vielleicht seltener sind, als es den Anschein haben könnte, entwachsen zumeist einer langen Seelengeschichte, einem ernsten Wechselgespräch zwischen der Seele und der Gnade; auch in ihnen wirkt die Zeit, entscheidet sich die Zeit; das Persön-

liche und das Geschichtliche bleiben fest miteinander verschlungen.
Über das Persönliche erhoben und für eine Weile von ihm befreit wurden jedoch diejenigen, die sich einig wußten, ohne diese Einheit noch ganz zu begreifen. Unter ihnen hat die Erkenntnis weit weniger entschieden als die Größe des Herzens, die Haltung, die sie der Gemeinschaft fähig machte. Wären sie in die Gründe eingedrungen, so hätten sie sich vielleicht wieder trennen müssen. Das Recht der Gründe soll nicht im mindesten bestritten werden. Aber in der Haltung, in dem mutigen Willen, die Einheit zu tun und zu leben: in der Bereitschaft zur Einheit –, von der wir nicht wissen, wieviel Überwindung sie gefordert hat –, lag das unaussprechliche Glück der Not. Und wir fragen noch einmal: Sollte dieses Geschenk wieder verlorengehen, diese Haltung aufgegeben werden, da sich in Wahrheit doch nichts an unserem Leben verändert hat? Denn in die Gewalt des Todes sind wir gegeben, und nur die Gestalten wechseln, deren diese Gewalt sich bedient. Christus hat den Seinen die Verfolgung angezeigt für die ganze Erdenzeit. Das ist ja gerade die Bedeutung der durchlittenen Jahre, daß sie nicht etwa einen Ausnahmezustand ausmachten, einen nicht wiederkehrenden Grenzfall der Geschichte, sondern daß sie das innerste Wesen, die unverrückbare Wahrheit der geschichtlichen Existenz mit einer freilich unerhörten Eindringlichkeit und Härte vergegenwärtigten. Nicht immer steigt die Versuchung und Bedeutung zu solcher Macht; nicht immer ist das Bekenntnis so schwer, so schicksalhaft. Aber immer sind wir der Versuchung ausgesetzt, wird das Bekenntnis von uns gefordert; immer stehen wir als Brüder vor Gericht. Immer werden wir kein besseres Zeugnis vor dem Richter haben, als daß wir eins waren in Ihm, eins sein wollten mit unserer ganzen Seelen- und Herzenskraft. Denn dieses Einssein ist das Zeugnis auch für Ihn und ein Widerschein seines Einsseins mit dem Vater. Wir sollen eins sein, damit die Welt glaube, daß Er vom Vater ge-

sandt worden ist (Joh. 17, 21). Dieses Einssein, das in der Geschichte sich herstellt, ist das Zeugnis der Geschichte für Christus, ihren Herrn, und ein offenbares Zeichen seiner Macht, seines Ursprungs. An der Einheit der Seinen wird Er offenbar; kraft dieser Einheit soll sein Reich sich ausbreiten.

Wir möchten die in der Not gefundene Haltung bewahren als ihr teuerstes Vermächtnis, und es will uns doch nicht recht gelingen, da die Not sich um wenige Grade lindert. Die Gründe, denen wir entrückt waren, melden sich wieder an – und wir können ihnen nicht Schweigen gebieten, schon um der Wahrhaftigkeit willen nicht; die Traditionen, die uns geprägt und geleitet haben, machen ihr Recht wieder geltend. Dem Leiden an der Spaltung entgehen wir nicht. Wir sind versucht, sie ein Verhängnis zu nennen oder das Wort des Erasmus von der »Tragödie« zu übernehmen, wären wir nicht überzeugt, daß die Gnade die Tendenz zum Verhängnis aufzuheben vermag, und daß der nicht unbegnadet bleiben wird, der sich dem Leiden stellt. Wie viele Gespräche endeten vor plötzlich aufsteigenden Mauern! An wie vielen Freundschaften arbeitete der Zwiespalt unablässig, bis die Bande locker, die Gefühle kälter wurden! Wie viele Gespräche und Freundschaften ließ er niemals zu! Denn auf eine viel entschiedenere Weise, als wir oftmals wahrhaben wollen, hat das Bekenntnis, hat der Gegensatz der Bekenntnisse zwei Gestalten gebildet, in die das Volk zerfällt, unter die sein geistiges Reich geteilt ist. Das Verhältnis zu Gott wie zur Welt, zum Menschen, zum Staat, zu allen Dingen des Lebens ist von einer dieser Gestalten bestimmt. Daß sie selten in völliger Reinheit auftreten, vielmehr als eine stärkere und eine geringere Kraft, in allen nur denkbaren Wandlungen sich verbinden, macht den Zwiespalt nur schmerzlicher, nur um so gefährlicher für alle Schwingungen und gerade die feinsten der Seele, des Herzens. Seit der Gegensatz aufgebrochen ist, wirkt er sich auf allen Ebenen des geschichtlichen Daseins und auf allen Schlachtfeldern aus; so tief wurde das Leiden, daß es zur Flucht vor dem Glauben selbst überreden konnte. Da eine Versöhnung nicht zu erhoffen war, erdachten sich die Deutschen einen dritten Standort, ein drittes Bekenntnis, an dessen Feindseligkeit gegen den Glauben die Verzweiflung an der Versöhnung keinen geringen Anteil hat. Ein jedes Bekenntnis will ein Reich, das sich bis in den Raum des Politischen erstreckt; ein jedes Reich muß in sich den Anspruch auf Ausschließlichkeit tragen. Wir wollen die Sünde des Abfalls nicht verringern, die Verkehrtheit ihrer Argumente wahrlich nicht verschleiern; aber vielleicht verstehen wir diese Sünde erst ganz, wenn wir vor ihr ein vielhundertjähriges Leiden am Glauben in Anschlag bringen. Daß *die* nicht eins sind, die eins sein sollen, ist ein furchtbarer Einwand; daß das Leben des Volkes nicht umschlossen und gefestigt ist vor der *einen gültigen* Form, ist eine grenzenlose, fort und fort in die Zukunft wirkende Not. Sie hat den Geist in die Irre getrieben und ihn losgelöst von der Mitte geschichtlichen Lebens; sie hat ein Mißtrauen ausgesät und Mißverständnisse geschaffen und bestärkt, deren auch die Menschen guten Willens nicht Meister werden. Seit die Spaltung aufklaffte, spricht das Volk gewissermaßen zwei Sprachen, und keinem seiner Dichter ist es gelungen, aus dem Bereich der einen mit seiner vollen Kraft in den der andern gestaltend hinüberzudringen und Bilder der Wahrheit zu formen, die gleich mächtig sind in beiden. Der Geist konnte nicht ausgleichen und versöhnen: im Gegenteil, das Gepräge der meisten großen Geisteswerke der neueren Zeit ist, willentlich oder unwillentlich, in solchem Maße bekenntnishaft, daß sie niemals hoffen dürfen, auszusagen, was alle bewegt, alle fordern müssen.

Es ist geschehen, was nie hätte geschehen sollen, und keine Gnadenstunde der Brüderlichkeit hilft über diese Tatsache wirklich hinweg. Was durch Jahrhunderte auseinanderstrebte und nebeneinander oder gegeneinander stand, das wird von einem Geschlechte in der ihm zugemessenen flüchtigen Zeit nicht wieder verbunden, und wäre dieses Geschlecht beladen mit dem tiefsten Leid der deutschen Geschichte. Das Erschütternde dieser Geschichte ist, daß sie wirklich vom Streit um das Haus des Vaters bewegt wurde: wir dürfen und müssen es sagen an der Stelle, wo sie in die tiefste Erniedrigung gesunken ist. »Brannte nicht unser Herz?«: dieses Wort war den Deutschen wirklich ernst, als sie den großen Streit begannen. Aber über dem Streit haben sie *den* verloren, für den das Herz gebrannt hat – so wie der zweifelnde forschende Geist, der aufgebrochen war, sich zu Gott hindurchzuringen, sein Ziel an das Zweifeln und Forschen verloren hat und verlieren wollte. Dann kamen Zeiten, da auch das Herz nicht mehr brannte – und der Dämon nach den erkalteten Herzen griff und ihrer sicher war, denn in der Eigenmacht des Streites waren sie erstarrt. Wie viele müssen bekennen, daß ihnen der Himmel wohl nicht mehr aufgegangen wäre, wenn nicht zuvor der Abgrund sich geöffnet hätte zu ihren Füßen! Wir müssen dies alles vor Augen haben, den ganzen schrecklichen Ablauf unserer Geschichte – gerade weil wir nicht verzweifeln wollen. Denn ein Sinn ist doch in dieser Wirklichkeit, und dem redlichen Leiden wird er sich aufschließen: es kann kein anderer sein als der, daß auf beiden Seiten der Kluft das inbrünstige Ringen um Christus und das Leben in Ihm aufgenommen werden muß. Je mehr es dem Herrn sich nähert, um so mehr wird die Kluft sich schließen. Ihr Überwinder ist Christus allein, in den wir gestorben sind.

Noch einmal: die Wahrheit kann einsichtig werden für die Augen eines jeden, der guten Willens ist. Von der Wahrheit kann nichts geopfert werden. Aber nur die Liebe kann die Wahrheit verwalten. Die Herzen der größten Bereitschaft werden auch zuerst in das Ansehen gelangen, Zeugen der Wahrheit zu sein. Wo der Wille zum Einssein mächtiger als alles Persönliche ist, da kann Christus nicht ferne sein. Diese Haltung ist es, die wir beitragen können. Sie maßt sich nicht an, die Disputation der Theologen zu stören, aber sie will und muß eindringen in die Geschichte, wie Gott sie führt, und sich fügen in den Plan seiner Gnade. Wir müssen den Mut und die Entsagung aufbringen, einander nicht überzeugen zu wollen: nicht, weil wir an der Möglichkeit der Überzeugung zweifelten, sondern aus Achtung vor den Fügungen der Geschichte, die uns zusammengeführt hat. Sie wird ohne Zweifel weiterhandeln nach einer Weisheit, die höher ist als die Vernunft; haben wir uns aber einmal die Hände gegeben im äußersten Ernst, in Erwartung des Herrn, so sind wir auch einander gewissermaßen angelobt. Wir wissen, was uns trennen will und unfehlbar trennen wird, wenn wir dem Wunsche nachgeben, einander zu besiegen; in diesem Augenblick sollten wir nicht vergessen, daß unser Herz weiser sein kann als wir und die verzichtende Liebe mehr erreichen kann als die höchste Wissenschaft. Wir sollen den Grund der Einheit legen: ja, – er ist schon gelegt von Gott. Sollten wir das Erdreich aufwühlen, das verborgene Wachstum wieder stören? Die wirklich für Christus gestritten haben gegen den Widersacher, müssen sich die Kraft dieser Verbundenheit bewahren können über den Streit hinaus. Wir wollen *die* nicht mehr aus den Augen verlieren, die uns in der dunkelsten Stunde gegrüßt, deren Wort uns erquickt, deren Beispiel uns erhoben hat. Wir dürfen nicht versagen vor den Toten, die als brüderliche Zeugen gestorben sind, eins in der Liebe, getrennt im Bekenntnis, dennoch einig in Christus, ihrem Herrn.

Die Überlebenden sind zu Verwaltern der Gnade dieser entsetzlichen Jahre bestellt. Wie, wenn sie einstmals als ungetreue Verwalter erfunden würden, weil sie ihre eigene Kunst und Rede höher schätzten als das ihnen anvertraute geheimnisvolle Gut: den Tod der Märtyrer, den Anfang des Einsseins! Wahre Versöhnung beruht auf einem Sein, einer neuen Beziehung der Menschen untereinander. Die große Herzensveränderung, die von dieser Zeit an allen Stellen gefordert wird, kann allein die Hoffnung tragen, daß diejenigen, die sich als Brüder fühlen durften in äußerster Gefahr, Brüder bleiben, in einem tieferen Sinne erst Brüder werden; daß sie einander entgegenwachsen aus der innigen Sehnsucht nach dem unbedingt christlichen Leben. Christus erweckt, bewirkt diese Bruderschaft: wie er den Namen »Bruder« nur dem gewährte, der ihm folgte, so wird er die umgestalten zu Brüdern, die seinen Anruf – dieses ernsteste Wort der von uns erlebten Geschichte an uns – erwidern in ihrem Leben.

Unser »Tun« ist darum die Herstellung der Bereitschaft, ein gewaltiges Werk, das nicht allein die Bewältigung unser selbst, sondern die Bewältigung eines schweren Erbes bedeuten würde. Wir können keine Grenze verwischen, die von der Wahrheit gezogen wurde, und vermögen uns keine Lösung zu denken, die nicht von oben geschieht; einen Anspruch haben wir auf sie nur, wenn wir für sie bereit sind. Wir müssen das Ziel noch mehr lieben als unser Eigentum. Unser Trost und zugleich unser stärkstes Tun bleibt das Gebet. Eine Gebetsgemeinschaft hat sich in diesen Jahren gebildet, deren Weite und Kraft wunderbar waren; sie darf sich nicht wieder lösen. Erscheint doch nun erst, da die düstere Wolke zerfließt, der Stern, an den wir geglaubt, zu dem wir uns emporringen müssen. Die Forderungen lösen einander ab, doch ist keine Stunde, die nicht von einer Forderung des Gottesreiches regiert wird. Wir empfingen die erste Botschaft der Einheit: nun sollen wir sie vollziehen, sollen wir nicht mehr voneinander lassen. Das wäre das größte Zeichen, das wir der Zeit geben könnten; und vielleicht würde die Welt dann glauben an den Herrn und an den, der ihn gesandt hat. Der Abfall ist es, der von uns die Einheit und ihr Zeugnis unabweisbar fordert.

Trügt uns nicht alles, so ist diese Zeit wirklich ein Ende. Das Wort Luthers geht uns nicht aus den Ohren: Germanien ist gewesen, und es wird nie wieder sein, was es gewesen ist. Dieses Wort war ein Prolog; es wurde von der Ära, die es einleitete, in seinem ganzen Umfang bewahrheitet. Vielleicht ist wieder die Stunde eines Prologs gekommen. Wir wurden auf unbegreifliche Weise, durch Sturm und Tod hindurch, ans Ufer geworfen und warten nun auf das Boot, das unsere Habe nachbringen soll. Aber dieses Boot wird nicht kommen. Die Vorstellungen, in denen wir denken, ruhen nicht mehr auf der Wirklichkeit: – es sei denn, sie seien von dem Felsen getragen, den Christus gegründet hat. Darum wagen wir es zu sagen, daß der Prolog, der jetzt gesprochen werden müßte, nicht eine Klage wäre, daß er vielmehr voll Zuversicht ist. Die große Schlacht der letzten Jahrhunderte haben die irrenden Geister verloren. Sie begannen mit dem Versprechen der Freiheit und rissen mit ihm die Völker vom heiligen Boden los. Aber dieses Versprechen führte zu einer Tyrannis ohne Beispiel. Wenn die Empörung gegen Gottes Ordnung sich nicht mehr anders glaubt halten zu können als durch die Gewaltherrschaft über alle Bezirke des Lebens und Geistes, wenn die zur Freiheit Aufgerufenen versklavt werden sollen bis in ihre Seele hinein – so steht die Empörung in der Phase des Zerfalls. Ihr ungeheuerliches Machtgebilde ist von keiner echten Idee belebt; es ist Anarchie unter Befehl und wird über Nacht des Befehls nicht mehr mächtige Anarchie. Das Gegenreich ist Gestalt geworden: da es Gestalt ist, löst es sich auf. Die Zeit des Reiches scheint zu kommen – und wir wollen uns in dieser Ahnung nicht verwirren lassen vom Gespenstertanz toter Ideen und Formen; das Reich aber geht aus von Gott: es ist das Leben für Gott in einem Raum, dessen Grenzen der Mensch nicht bestimmt. Vielleicht erkennen wir eines Tages, daß wir nur in Kammern und Zimmern gewohnt haben – aber nicht im Haus des Vaters. Das Bewußtsein des Hauses wird aufgehen: es ist der Raum, der unversehrt blieb und nicht zerbrochen werden kann. Nach diesem Raume sollten wir jetzt mit ganzer Seele streben, hinweg über vieles, das uns teuer war, wenngleich es das Zeichen irdischer Fragwürdigkeit trug. Wir werden nicht unbeschützt sein – auch wenn die Wände unseres Zimmers gefallen sind. Jetzt sollen wir uns endlich aufschwingen ins Große, in die Gemein-

schaft, in welche Zeiten und Vermächtnisse hinübergestorben sind.
Unter dem Stern einer gewaltigen, noch nicht zu schildernden Veränderung erscheint die Versöhnung der Bekenntnisse als eine geschichtliche Möglichkeit. Der Gegensatz hat sich an Grenzen verdichtet, die zerfallen. Mächte haben den Streit unterhalten, die nicht mehr sind. Über Gestürzten, Erniedrigten strahlt eine große Stunde auf. Möchten wir den Mut finden, ihr nicht zu entfliehen! Möchte unser Herz stark genug sein, in die Ferne zu lieben und sich frei zu machen von der Nähe! Könnte unser Auge als Herrn der Geschichte doch endlich Christus selber sehen, nicht ein Menschenbild! Ohne diesen Entschluß zum Großen, zum allumfassenden Raum, ohne eine Art von Todesverachtung, die über die Grenzen geht, erreichen wir die Versöhnung nicht. Aber sind wir nicht gemeinsam gestorben in den Kellergewölben der vergangenen Zeit? Dies war ja der letzte Raum, den sie noch hatte: die Zuflucht ihres Sterbens. Und sehnen wir uns etwa jetzt danach, wiedergeboren zu werden in diese Gewölbe? Wir wollen uns erheben: die *Welt* ist geblieben; die Welt erwartet unser Zeugnis, nur durch dieses Zeugnis können wir ihr helfen. Wir wollen versuchen, den Schatten der Verhängnisse von uns abzutun, die wir für undurchbrechlich hielten; die Geschichte selber hat diese Verhängnisse verzehrt, wie sie einstmals sie heraufgebracht hat. In dem großen Vorgang, der sich unser schon bemächtigt hat, vermögen wir kaum mehr zu leisten als den inbrünstigen Wunsch, seine Größe nicht völlig zu versäumen. Wir wollen uns Dem anbefehlen, der in Wahrheit herrscht, und füreinander beten und da sein und einander bestärken: wissen wir doch, daß Seine Güte fort und fort unser Herz beschämt.

(15. 7. 1945)

DER FRIEDE DER WELT

(Wiesbaden: Insel 1956)

Die andern kriegen immerzu hin
– sie werden mir nichts ab kriegen noch
von meines Schreibens wegen ihr Kriegen lassen,
weil ihr Kriegsgott, der Satan, ohn Unterlaß
in ihnen als in seinem Gefäß und Tempel
nichts kann dann lügen, trügen, kriegen,
dazu Schrift biegen, also daß Morden
ihr Orden ist. Ich will ihnen auch dies
Kriegsbüchlein nicht geschrieben haben,
weil sie es nicht annehmen, sondern denen,
so einfältig zwischen Himmel und Erden
in einem Zweifel hangen.
Sebastian Franck: Kriegsbüchlein des Friedens (1539)

Vorwort

Einziges Anliegen dieser Schrift ist, das Wort »Friede« so ernst zu nehmen wie irgend möglich, es also, wenn das überhaupt gelingen kann, dem Bereich der Pragmatik, des Mißbrauchs, der Lüge zu entziehen, die, nach Kant, Urheberin aller Zerwürfnisse ist. Vielleicht stehen wir in unserer Phase vor unlösbaren Problemen. Vielleicht liegt auf dieser scheinbaren Unlösbarkeit die Gnade eines Durchbruchs, dessen Möglichkeit und Ziel noch nicht erkannt werden kann. Selbst wenn ein Einzelner Vorschläge zu machen hätte, die ihm als Lösungen erscheinen, so wäre es doch anmaßend, sie vorzulegen. Die Lösung, wenn es eine solche gibt, kann nur gefunden werden im Ganzen des geschichtlichen Prozesses. Wir haben diesen einen, armen und doch großen Augenblick, da wir uns noch fragen können, vor der schonungslos eingestandenen Realität. Personale Freiheit ist dem Menschen so gemäß, daß er im Vertrauen auf ihre Unabdingbarkeit, ihre Wiederherstellung, scheinbar tödlicher Bedrohung ins Antlitz blicken kann ohne zu verzagen. (Und was den Christen angeht, so weiß er, daß es auf Schuld und Leid der Erde keine andere Antwort gibt, als die gekreuzigte Wahrheit in Fleisch und Blut. Aber der Christ hat längst nicht mehr die erste Stimme – und das nicht von ungefähr.) Die Frage ist: ob wir dem uns überantworteten Erbe im Falle seiner äußersten Gefährdung das Opfer der empirischen Welt zu bringen bereit wären, oder ob unser Glaube an die Gemäßheit und geistige und sittliche Macht freiheitlicher Überlieferung so stark ist, daß wir sie aus deren Wesen heraus und aus unserer Existenz, aber nicht mit Vernichtungspotenzen von letzter Tragweite, zu verteidigen suchen. Das bleibt durchaus Frage. Nur als Frage ist diese Schrift gemeint. Der Verfasser hat zu viel Achtung vor denen, die wirklich das Weltgeschick auf sich fühlen, als daß er sich ein Urteil anmaßen wollte; wichtig scheint es ihm nur, daß die propagandistischen Schleier zerrissen werden, daß das Denken von gestern, sei es politischer oder theologischer Art, in seiner Unhaltbarkeit durchschaut wird – womit keineswegs seine gestrige Berechtigung untersucht werden soll –, daß wir uns das Herz zum Augenblick fassen und, in der bittern Gnadenfrist gegenwärtigen Waffenstillstands, der nichts weniger ist als Friede, beratschlagen über das Denken, Tun, Wünschen, Forschen, Hoffen, über die Geistesverfassung also, in die allein der noch immer, fast wider die Hoffnung, erhoffte Friede der Welt wird einkehren können. Das kann nur innerhalb des schmalen Gebietes geschehen, in das wir eingeengt sind; denn Diktaturen sind, wie die Erfahrung lehrte, von außen kaum zu beeinflussen; es gehört auch kein Mut dazu, sich ihnen von außen zu widersetzen. Die Geschichte legitimiert im Sinne eines bestimmten Auftrags an einer bestimmten Stelle Denkweisen und Machtformen, die sie an der nächsten verwerfen wird. Das eigentlich Sittliche aber besteht unabhängig über dieser Legitimation. Wer sich im Geiste, im Glauben stark fühlt, kann ein ihm entgegengesetztes Denken und Tun, ja eine Macht

überdauern, ohne die Bindung an das höchste Sittliche zu opfern, wie Kant das gefordert und wirkend bezeugt hat.
Noch immer ist seine Friedensschrift, vielleicht die bedeutendste und reifste, auch gerechteste ihrer Art, unvernutzt. Das Ringen um den wahrhaftigen Frieden aber gehört zu den edelsten Kennzeichen europäischer Tradition, wir würden einen wesentlichen Zug ihrer Kontinuität einbüßen, wenn wir es unter dem Todesernst unserer Stunde nicht wieder aufnehmen wollten: nicht als politische Parole, sondern unter dem Soll des Augenblicks, wie es alle getan haben, an deren Kämpfen, Denken, Leiden hier erinnert wird.
Anfang unseres Jahrhunderts wurde in Korsbetningen, vor den Mauern und hohlen Türmen der Ruinenstadt Visby auf Gotland, das Massengrab derer entdeckt, die im Kampfe um die Stadt, bei dem schauerlichen Überfall des Dänenkönigs Waldemar Atterdag (Juli 1361), gefallen waren. Von scharfkantigen Pfeilen und Ästen durchbohrte Schädel, die, wie Mönchsköpfe in der Kapuze, noch in der Eisenhaube steckten, von Schwerthieben gezeichnete oder scharf abgeschlagene Knochen lagen zwischen den schweren dänischen Ring- und Plattenpanzern, vielzinkigen Gabeln, geschwungenen Beilschneiden, den Zweihändern und durchstoßenen krummen Schilden. Es fanden sich zahnlose Kiefer, ineinander verwachsene Wirbel: auch Greise und Krüppel kämpften in dem untergehenden Aufgebot gotländischer Bauern mit. Unter diesen Resten war das Haupt eines Ritters, an dem noch Fetzen des Rumpfes und der Arme hingen: Fleisch war zu Eisen geworden. Der Kopf und das schwarze Antlitz sind ganz von Erz umschlossen: es ist ein Schrei ohne Ende, stummer, verewigter Schrei, mitten unter uns. Ist er die Stimme unserer, aller Geschichte? Der Ritter hat bisher kein Grab mehr gefunden, und nun ist die Frage, ob dieser Schrei eine Antwort findet und dieses Denkmal namenlosen Leids aus Knochen und Erz einmal begraben werden kann.

Stockholm, August 1956

Friedensboten

Gegen Ende des Dreißigjährigen Krieges, im August 1645, wurde ein Segler, der, von Norden kommend, Kurs auf Lübeck genommen hatte, vom Sturme abgetrieben und an die pommersche Küste geworfen. Wenige Tage darauf, an einem Samstage, gelangte einer der Schiffbrüchigen, ein älterer Mann von ausgeprägten Zügen, im offenen Wagen, begleitet von sechs Dienern, nach Rostock. Er nahm Herberge, ohne seinen Namen zu nennen. Zwei Diener mußten ihn in den Saal geleiten. Er wünschte eine Suppe von Rind- oder Kalbfleisch, nicht mehr. Am Sonntag fragte die besorgte Wirtin einen der Bedienten, wie es seinem Herrn gehe. Dieser sei recht krank, war die Antwort. Die Wirtin erreichte es, daß, mit Einwilligung des Gastes, Meister Adam, ein alter erfahrener Chirurgus, gerufen wurde. Aber der erklärte bald, er traue sich nicht, den Fremden allein zu behandeln; er wünsche den Beistand eines angesehenen Arztes. Doktor Joachim Stockmann verordnete einige Arzneien und gab »guten Trost«. Aber schon am Montag abend, nach wiederholten Besuchen, mußte Dr. Stockmann gestehen, daß menschliche Hilfe erschöpft sei. Es schmerze ihn, daß ein so hochberühmter Mann so spät und in solcher Schwäche in seine Behandlung gekommen sei und in Rostock, fern seiner Heimat, sein Leben beenden müsse.

Nun erfuhr die Frau den Namen des Gastes: es war Dr. Hugo Grotius, gebürtig in Delft, ein gefeierter Rechtslehrer, der in Glaubensfragen schwere Verfolgungen erlitten hatte, bis vor einigen Jahren Gesandter der schwedischen Majestät in Paris und nun auf der Rückreise vom Hofe der Königin Christine. Bald darauf ließ der Fremdling um geistlichen Beistand bitten. Der lutherische Superintendent, Doktor Ludwig Quistorp, kannte den Namen des Sterbenden wohl. Als einen Reformierten fragte er ihn: ob er wisse, daß er ein Irrender und Sünder sei? Nur von Gottes Barmherzigkeit habe der Zöllner Erlösung erhofft. Ja, sagte der Gesandte, er sei dieser Zöllner. Er hoffe allein auf Jesus Christus. Die Wirtin übernahm in den letzten Stunden die Pflege. Als die Todesnot kam, faßte sie des Sterbenden Hand und »betete ihm vor, so gut es ihre Einfalt vermochte«. Dann verschied er sanft und ohne Kampf, zwischen zehn und elf Uhr. Alle Diener fielen auf die Knie und weinten und klagten so erbärmlich, daß sie fürchtete, der so sanft entschlafene Herr Gesandte werde wieder geweckt werden.

Der Bericht vom Tode des großen Völkerlehrers [1], vom Verkünder der Menschengemeinschaft als einer Gemeinschaft eingeborenen göttlichen Rechts, der als erster im Streite der Holländer mit den Portugiesen das Wort von der Freiheit der Meere gesprochen[2], hat etwas unergründlich Symbolisches. Grotius hatte die ganze Tragik einer geistigen Existenz in der Geschichte durchlitten. An der Seite Oldenbarneveldts war er als Verteidiger einer milderen Auffassung von der Prädestination gegen die streng calvinische, der die Mehrheit seines Volkes und die Staatsmacht, vertreten von Moritz von Oranien, anhing, verurteilt worden. Oldenbarneveldt, hochverdient um die Finanzwirtschaft, die europäische und koloniale Politik Hollands, wurde, nach glänzender Verteidigung, im Haag enthauptet (13. Mai 1619). Grotius, samt seinem Gefährten Hoogerbeets, mit dem Urteil zu lebenslänglicher Haft und Konfiskation des Vermögens bestraft, wurde im Schlosse Louvestein bei Gorkum mit Frau und Kindern in einem ärmlichen Gemach eingesperrt. »Ewiges Gefängnis« (eeuwige gevangenis) sollte er ausstehen. Aber daran glaubte er nicht. Über die Ewigkeit entscheidet nur Gott, gab er nach dem Spruche seinem Diener zu verstehn: ewig ist nur die Hölle. (Und wenn hier vom Frieden gesprochen werden soll, so auch nicht vom ewigen, denn dieser kann höchstens auf dem Friedhof erwartet werden, wie Leibniz und Kant bemerkten, sondern von dem in der Zeit, in der Geschichte, der fast so unfaßlich wie der ewige ist.) Aber auch das Urteil der hohen Kommission wurde von des Grotius Frau, Marie van Reigersberg, zunichte gemacht. Nach fast zweijähriger Haft gelang es ihr, den Eheherrn in einer zum Abtransport bestimmten Bücherkiste zu verbergen. Sie blieb zurück. Und gegenüber der Düsternis jener und aller Zeit ist es ein die Hoffnung auf den Menschen stärkender Trost, daß die Bittschrift der Freunde erhört und der tapferen Frau schon nach wenigen Wochen das Tor geöffnet wurde. Indessen hatte der Buchhändler in Gorkum eine lebendige Fracht empfangen – nicht Papier, sondern leidend bezeugte Wahrheit, Schicksal. Grotius floh nach Frankreich und fand die Unterstützung Ludwigs XIV. Sein im Jahre 1623 auf einem Schlosse bei Senlis ausgearbeitetes Buch »De jure belli ac pacis« wurde fast zum Gesetzbuch der kämpfenden protestantischen Mächte. Gustav Adolf führte es in seinen Feldzügen mit sich. 1634 zog ihn der schwedische Kanzler Oxenstierna zunächst als Staatsrat in die Dienste seines Landes. Aber dauernden Erfolg hatte der Holländer als Staatsmann nicht. Mazarin mißtraute dem Gesandten; der Kanzler war nicht zufrieden. Grotius bat um seine Entlassung, die ihm von Königin Christine gewährt wurde. Als er sie besuchte, wurde er wohl mit Empfängen ausgezeichnet, mit Geschenken geehrt. Aber er war ohne Amt, als er sich nach Lübeck einschiffte.

Er hatte gekämpft für die Einigung der protestantischen Bekenntnisse, einen bescheidenen Teilfrieden in der Christenheit. Er war keineswegs prinzipieller Gegner des Krieges, als welcher er später wohl mißdeutet wurde, sondern erfüllt von einem solchen Glauben an das Recht, daß er dessen Autorität auch im Kriege für gültig und haltbar erachtete. Nur an die christlichen Völker hatte er sich gewandt: sie sollten sich, von Gnaden der Vernunft, bewußt werden des ihnen eingeborenen, gemeinsamen Rechtes. Völkergemeinschaft wollte er als Rechtsgemeinschaft verstehen, von innen her, nicht unter einem Tribunal, sondern im Sinne eines dem Menschen eingepflanzten Naturrechts. Auch der Krieg sollte und konnte diese dem Menschen gemäße Verbindlichkeit nicht aufheben. Wo der Mensch ist, da muß auch sein Recht sein. Und Recht gilt für alle. Es ist das Menschliche selbst – und das heißt: das Göttliche im Menschen.

Aber der Träger solcher Lehre ist ein Schiffbrüchiger und erreicht das Ufer der Geschichte nur im Sterben. Er ist Gesandter einer Geistesmacht, die sich in der Geschichte nicht realisierte, von niemandem beamtet, auch nicht von der klugen Christine, die sich nach zehn Jahren einschiffen wird nach fremden Ufern, sei es zu landen, sei es zu scheitern. Er ist Zöllner, angewiesen auf den Bruder, der ihm seine Sünden und Irrtümer verzeiht. Im übrigen hatte der Herr Gesandte nicht über Schmerzen zu klagen in seinen letzten Tagen nach dem Schiffbruch – das bißchen Todesnot muß eben ertragen werden. Der Körper erwies sich bei der Sektion als kräftig, geschützt von einem Fettpolster von zwei Finger Dicke. Freilich: die Lunge war »wie altes Fleisch«, und das Herz, eingestandenermaßen »groß«, war »ganz verwelkt«. Der Passion des Urhebers folgt unabänderlich die des Werkes. Die kämpfenden Parteien der folgenden Jahrzehnte und Jahrhunderte bedienten sich aufs beste mit des Hugo Grotius Hinterlassenschaft, seine Gedanken losreißend von seinem Glauben, seiner Hoffnung und einander um die Köpfe schlagend.

Von William Penn (1644–1718), dem christlichen Streiter und Zeugen für Duldung und Gewaltlosigkeit, besitzen wir ein einziges authentisches Bild [3], das während seines Dienstes in Irland entstanden ist: ein Jüngling in spiegelndem Harnisch. Um diese Zeit war er bereits dem »mystischen Kreuz« verfallen, das, wie er sagte, »alle irdischen Wünsche der Menschen durchstreicht«. Cromwells Gottesreich war gescheitert. Die Pest, das »Große Feuer« hatten in London gewütet, die holländische Flotte war in die Themse gedrungen. Es war die heroische Zeit der Quäker. Auch der junge Penn hatte im Tower in vielmonatiger Einzelhaft für eine freimütige religiöse Schrift gebüßt. Aber seine große Stiftung, die Kolonie Pennsylvanien, verdankt er dem Krieg, den Waffentaten seines Vaters, des großen Admirals William Penn, der die Holländer schlug. Für die Schulden der Krone an den Vater, die auch zehn Jahre nach dessen Tod[3] nicht bezahlt werden konnten, erbat er sich das Gebiet zwischen Maryland und dem Delaware, nach Norden ausdehnbar »so weit es nutzbar ist«; also einem dynamischen Prinzip sich anschließend, das zu großen Ungelegenheiten führen sollte. Sein König, Karl II., erfüllte die Bitte bald (März 1681). Er blieb ihm gnädig, obwohl Penn – im übrigen ein gewandter Welt- und Hofmann – wie bekannt, auf die Weise der frühen Quäker, den Hut auf dem Kopfe behielt, als er zum ersten Mal vor »Freund Karl« erschien, worauf dieser belustigt den seinen abnahm, da eben doch unter ihnen *ein* Hut abgenommen werden mußte. Nun, Freund Karl war nicht damit zufrieden, daß die Kolonie, wie Penn vorschlug, nur Sylvania heißen sollte; der Name des »absoluten Eigentümers«, als welcher der Sohn des großen Admirals urkundlich erklärt wurde, sollte damit verbunden werden. Penn verzichtete auf Gewalt, aber keineswegs auf Autorität – die eine natürliche Wirkung seiner starken Persönlichkeit war – und nicht auf die Freuden der Welt. Als einen der Vorzüge seines Landes sah er es an, daß die Rebhühner, sobald es kalt wurde, in Schwärmen gegen die Häuser flogen; daß es hier, in Pennsbury, am Delaware, über einem prächtigen Wasserfall die besten Wildenten, Schnepfen, Schneehühner gab. Daß er ein gutes Glas Wein schätzte, versteht sich von selbst. Um ihn atmet noch echte Freiheit, die von Moralismus nicht angekränkelt werden konnte. Die apokalyptisch gestimmte, draufgängerische Kühnheit des George Fox war in Penn gemildert durch aristokratisch-bürgerliche Sitte, wenn es auch nicht ganz an Leuten fehlte, die behaupteten, daß er in seinem Lande »selbstherrlicher als der Türke« verfahre. Jedenfalls, der »Hexenjagd«, die in den Kolonien und Europa mit ähnlicher Leidenschaft betrieben wurde, wie die auf Reb- und Schneehühner, schloß er sich nicht an. Die noch in Pennsylvania ansässigen Schweden – ihnen hatte er bedeutende Vorarbeit zu verdanken – führten Margarete Matsdotter vor ihn und bezichtigten sie der Zauberei. Bist du auf einem Besenstiel durch die Luft geritten? Wirklich? Sie leugnete es nicht. Nun, das ist dein gutes Recht. In Pennsylvania gibt es keine Gesetze, die das verbieten.

Der Friede ist ja stark. Es ist männlich, für ihn zu streiten. Gegen den Wahn der Jahrhunderte und Jahrtausende ziemt eine erhöhte, soldatische Form. Und sicherlich gehören die Soldaten von gestern, die Geschichte erlebt haben wie Penn, – Revolution, Krieg, Pest, Feuer – die sich – wie sollte es anders sein – ihre Selbstherrlichkeiten und Narrheiten erlauben und sich emporschwingen zu Hauptleuten, Feldherrn auf einem Schlachtfeld, wo kein Blut vergossen, wohl aber das Dasein gewagt und von Gegners Seite mit Verleumdung, Spott und Schande geschossen wird; wohl gehören solche Soldaten zu den besten, den überzeugenden Trägern des Friedens. Aber seltsam bleibt es doch, daß er dem Krieg so nahe ist, so tief innerlich mit ihm zusammenhängt. Bertha von Suttner, die vielumstrittene Prophetin, war Tochter eines Feldmarschall-Leutnants, Witwe eines Offiziers. Und was die Verdienste der Familie Nobel um die Kriegsindustrie betrifft, den Bau von Kriegsschiffen in Petersburg, einer Eisengießerei, Maschinenanstalt und Gewehrfabrik dort, so ist darüber kein Wort zu verlieren. Die Einführung des Nitroglyzerins, des Sprengöls (1862), das mit demselben Recht auf den Namen Alfred Nobels getauft wurde, wie der Staat Pennsylvania auf den Namen William Penns, ist keineswegs das entscheidende Moment. Entscheidend ist die Tragik des in die geistig-geschichtliche Entwicklung, das Mysterium der Zeitalter und ihres Wechsels, eingeforderten Friede suchenden Menschen, der zum Instrument der Geschichte wird und tut, was er nicht will und gutmachen möchte, was er getan hat – und der Völker, die hinter ihm stehen und warten, glauben oder bangen. Und kaum ein geringerer Schaden als der lügnerische Mißbrauch einer geheiligten Sache, des geheiligten Wortes »Friede«, sind die armen Apostel und Wanderredner, die mit ein wenig Vernunft und gutem Willen, mit Argumenten, die auf dem Wege liegen und weiterhin da liegen werden, die Wunde geschichtlichen Daseins glauben heilen zu können.

Der Friede ist immer da und nie. Das große Bild dieser seiner zwiespältigen Existenz bietet die Natur. Wir blicken auf in der Nacht: der Wandel der Gestirne scheint ihn zu verkünden. In diese Stimmung nahm Johannes Kepler im Jahre des Heils 1617 die Konzeption der »Weltharmonik« wieder auf [4]. Sie war ihm vor achtzehn Jahren in Graz geschenkt worden, nach schweren Kämpfen um seine Existenz und wieder mitten in solchen. Für einen Lutheraner war damals die Steiermark »nicht mehr sicher«. Im Jahre 1598 soll Erzherzog Ferdinand, »der Gräzer«, auf einer Wallfahrt nach Loreto gelobt haben, das Land wieder katholisch zu machen. Vom Türken verlautete, daß er, wie Kepler seinem Lehrer Mästlin nach Stuttgart schrieb, »mit 600 000 Mann in Bereitschaft stehe«. Das Knäblein, das ihm seine Frau im vorigen Jahre geschenkt hatte, war gestorben nach einem Leben von sechzig Tagen. Nun wurde auch das Töchterchen, das ihm gefolgt war, zu Grabe getragen. Es hatte nur fünfunddreißig Tage erreicht. Kepler lebte in einer Todeswolke. In Ungarn, wurde berichtet, seien an den Körpern der Menschen blutige Kreuze erschienen. Und nun erblickte er selbst ein kleines, von Blutrot in Gelb übergehendes Kreuz an seinem linken Fuß. Er glaubte, gezeichnet zu sein. Aber Kopernikus hatte von einer bewunderungswürdigen Symmetrie der Welt geschrieben, und ihr forschte Kepler nach.

1617 also, in Linz, wieder unter calamitoso coelo, »unheilverkündenden Gestirnstellungen« (Caspar), am Vorabend des Dreißigjährigen Krieges, kehrte Kepler zur »Weltharmonik« zurück. Seine erste Frau war in Geistesnacht gestorben. Er hatte den gegen seine Mutter angestrengten Hexenprozeß durchgekämpft, hatte die Feindschaft der Gegenreformation erlitten, war aber in Linz aus der Gemeinde gestoßen worden, weil sein Gewissen ihm gebot, der Abendmahlslehre der württembergischen Konkordienformel zu widersprechen. Für die kirchliche Behörde war er ein »Schwindelhirnlin« und »Letzköpflin«. Er litt unsagbar an der Zerrissenheit der Welt. Aber in ihm war Harmonie: sie war Antwort an das Geschehen. Er war mit der Berechnung der Ephemeriden beschäftigt, als sein Töchterchen Katharina starb. Vom Tode des Kindes bedrückt, gab er die Arbeit auf. »Ich legte die Tafeln beiseite, da sie Ruhe erforderten, und lenkte meinen Geist auf die Harmonik hin.« So, im Widerspruch zur ganzen empirischen Welt, der persönlichen wie der geschichtlichen, und doch von ihr herausgefordert, baute dieser zur Versöhnung gestimmte Geist die Lehre auf von Zahlen und Figuren, die die Weltordnung konstituieren, überwältigt, in »heiliger Raserei«. »Ich habe die goldenen Gefäße der Ägypter geraubt, um meinem Gott jene heilige Hütte zu errichten, weitab von den Grenzen Ägyptens.« Das schrieb er im Mai 1618, vielleicht oder fast am selben Tage, an dem (26. Mai) aufständische böhmische Adlige in Prag zwei kaiserliche Räte und ihren Sekretär aus dem Fenster warfen und der Krieg entfesselt wurde, den Europa niemals überwunden hat. Aber der Freund der Sterne vernahm Musik: »Es sind also die Himmelsbewegungen nichts anderes als eine fortwährende mehrstimmige Musik (durch den Verstand, nicht das Ohr erfaßbar), eine Musik, die durch dissonierende Spannungen, gleichsam durch Synkopen und Kadenzen hindurch, auf bestimmte, vorgezeichnete, je sechsgliedrige Klauseln lossteuert und dadurch in dem unermeßlichen Ablauf der Zeit unterscheidende Merkmale setzt.«

Si vis pacem para mentem. »Es scheint«, sagte Einstein, als

er Keplers 300 Jahre nach dessen Tode gedachte (1930), »daß die menschliche Vernunft die Formen erst selbständig konstruieren muß, ehe wir sie in den Dingen nachweisen können.« Kepler habe uns zur Bewunderung der »rätselhaften Harmonie der Natur« erhoben, in die wir hineingeboren sind, also, im Sinne Einsteins, zur »kosmischen Religiosität« [5], zur Ehrfurcht nicht vor einem persönlichen Gott, sondern vor einer »höheren Denkkraft«, die das All gebaut hat. Die Harmonie also ist erkennbar, soweit wir sie in uns »konstruieren«, bilden, weitab von den Grenzen Ägyptens, der Geschichtswelt, als eine heilige Hütte für Gott. Wie hätte sich Kepler verhalten zu modernen Theorien, die das All als eine Explosion zu begreifen suchen, die Erde als eine »Insel aus Schießbaumwolle«, das Leben der Sonne als das Prinzip der Wasserstoffbombe! Und doch ist es wahr, daß in den Himmelstiefen kein Friede ist, daß Novae in wenigen Minuten zu hundertfacher Helligkeit aufflammen, Milchstraßen zusammenstoßen und einander durchdringen; daß, während vor unseren Augen die Lichter ruhn, die Welteninseln mit einer Fluchtgeschwindigkeit, die proportional ihrem Abstand von uns ist, hinausfliehen in das Ungemessene; daß der fortwährende Schöpfungsprozeß, die Katastrophen der Geburten, die Begrenzung der Zeit und Masse, die Kräfte der Himmel erschüttern.

Und wo ist Friede auf Erden? Die Meeresstille spiegelt blaugleißend in undurchdringliche Fernen, die Fischer liegen unter den Felsen am Strand in ihren Booten und verschlafen den heißen Mittag. Kaum schaukeln draußen die Korkbrocken ihrer Netze, in denen sich die Fische den Tod bereiten. Am Abend werden sie, eine Todesgemeinschaft, wie Völker Todesgemeinschaften sind, an den Stand gezerrt. Oder das Schattenkreuz des Flugzeugs gleitet tief unten über die See. Sie ist von Schaumkronen, die der Sturm aufwirft, gleichmäßig beschneit. Aber das Flugzeug bebt kaum. Und die Fläche unten bedeckt namenloses Grauen: das Entsetzen vor dem Hai, das Ringen der Riesenqualle mit dem Wal, die Finsternis der Tiefe, in der riesenmäulige, scharfzähnige Räuber, deren Leiber mit Lichtern besetzt sind, Räuber von gleicher, von mehrfacher Größe verschlingen oder der Teufelsfisch an angewachsener Leuchtangel die Beute in den Rachen zieht, andere Ungestalten, gelassen, mit wehenden Armen den Fraß sich in die Schlünde strudeln. Schopenhauer hatte den Blick für das sinnlose allgegenwärtige Leid unter dem Schönheits- und Friedensschleier der Natur. Er übernahm [6] einen Bericht aus Java. Dort fand ein Reisender ein unabsehbares Feld mit Gerippen bedeckt, so daß er es für ein Schlachtfeld hielt. »Es waren lauter Gerippe großer, fünf Fuß langer, drei Fuß breiter und ebenso hoher Schildkröten, welche, um ihre Eier zu legen vom Meere aus dieses Weges gehen und dann von wilden Hunden (canis rutilans) angepackt werden, die mit vereinten Kräften sie auf den Rücken legen, ihnen den unteren Harnisch, also die kleinen Schilder des Bauches, aufreißen und sie so lebendig verzehren. Oft aber fällt alsdann über die Hunde ein Tiger her.« Darüber spielt das Licht, glänzt der »Friede« der Sterne. Oder der Frühjahrsregen, in zaghaften Tropfen, fällt unter dem Lied der Amseln auf das frische Grab; die Birke im leichten Schleier zittert nicht, und kein Schritt ist zu hören an diesem dunkel-verheißungsvollen Abend. Aber durch eine Handvoll Erde schon zieht sich das kämpfende Gewimmel winziger Käfer und Krebse, mit Fühlhörnern bewaffneter Schläuche, hundertfüßiger Därme, lebender Schirme – und wer wagt zu denken, was tiefer unten geschieht: und wiederum tiefer: wer steht dafür ein, daß der Tote Friede hat? Und wir selbst: wir leben, solange wir zerstört werden, und wenn die Zerstörung ihr Ende erreicht hat, so auch das Leben. »Solange ein Organismus lebt, befindet er sich in völliger Zersetzung, und die aufgezehrte Materie wird immer wieder durch neue ersetzt« (Johannes Müller). Das geschieht auch, während wir schlafen – während wir Friede haben, sofern uns die Träume nicht schrecken. Der Friede ist immer da – und immer der Streit. Ein jeder erscheint nur unter dem Schleier des andern. Wem sollten wir es verargen, daß er die Aussage der Natur in die Geschichte überträgt?

Unüberwindlicher Streit

Friede und Streit der Natur sind nicht voneinander zu lösen. Beide sind Wirklichkeit. Keine Wirklichkeit ist ohne die andere. Das Wort vom Vater, ohne dessen Willen kein Sperling vom Dache fällt, bleibt ein dunkles Wort. Ja, man könnte, man müßte gestehen: der Friede ist Bild, von uns konstruiert, empfunden, konstituierte, in die Welt getragene Sehnsucht. Er ist Sache des wollenden Menschen, vielleicht seine heiligste Sache, die heroischste. Denn was gehört dazu, *aller* Erfahrung zu widerstreiten? Unter Friede soll hier verstanden werden: dauernder, in der Geschichte zu vollziehender Friede. Wer heute seine Sache zu ergreifen wagt, der möchte am liebsten mit einer Verteidigung des Krieges beginnen, um sich loszusagen von der Oberflächlichkeit oder Dürftigkeit der Friedens-Freunde; von den Lügnern in irgendeines Gewaltigen oder eines Wahnes Dienst, die ihn tagaus tagein im Munde führen, ohne ihn zu meinen und zu verstehen; von den Gläubigen, die im Sinne eines Vollzugs, eines Bruchs, einer radikalen Wendung, eines überzeugenden Opfers nicht an ihn glauben und glauben wollen, kurz, um sich mit Messers Schärfe zu scheiden von der schmählichen Mißhandlung einer erhabenen, einer geheimnisschweren Sache und um aller ungemäßen Gesellschaft und Gefolgschaft der Agenten und Narren, der Wechsler und Händler, Kipper und Wipper und unlauteren Theologen, die ihm am meisten geschadet haben und wahrscheinlich weiterhin schaden werden, zu entlaufen. Niemals aber ist der Mißbrauch einer Sache der geringste Einwand gegen sie selbst. Heute handelt es sich darum, daß der Friede zum wirklich ernsthaft-unausweichlichen Problem wird, Leiden am Dasein, auf die Gefahr hin, daß es sich als ein unheilbares Leiden erwiese.

Selbst wenn es zuträfe, daß dauernder Friede die Bedingung für die Existenz der uns bekannten Welt wäre und daß wir, wenn diese Bedingung nicht erfüllt wird, nur das Raum- und Traumschiff phantastischer Hoffnungen besteigen können: selbst dann wären wir nicht berechtigt, Krieg und Krieger der Vergangenheit zu verdammen. Wie wäre die uns überkommene Gestalt Griechenlands denkbar ohne den Angriff der Perser, den zerrüttenden inneren Streit, die Erfahrung des Tragischen als Form geschichtlicher Existenz! Nur diese fast tödliche Herausforderung zur Selbstbehauptung und Selbstgestaltung beflügelte Gesang und Gedanke, eine nie mehr erreichte Höhe zu erschwingen. Echte Tragik und echte Versöhnung verschwistern sich über dem Grabe des Ödipus. Wo der Verfluchte heimgeholt wurde, ist Friede, Gnade sogar, heiliger Ort: wo aus unerforschlichem Willen die tiefste Tiefe aufbrach, die Frage ohne Antwort, wird es still. Von den Eroberungszügen Alexanders, der Hellenisierung Kleinasiens, Ägyptens, dem Auftreten des Pompejus in Palästina, Cäsars in Britannien, der Kolonisierung des Rheintals, Frankreichs, Spaniens, der Donaulandschaft, vom Zusammenstoß des sich im Innern befriedenden Römerreichs mit dem Osten können wir sowenig wünschen, daß sie nicht geschehen seien wie vom Einbruch der Araber in die Iberische Halbinsel, dessen Nachhall noch immer deren Kulturen durchbebt und der die Berufung Karls des Großen einleitete und dann verstärkte. Und nicht anders steht es mit der Landung der Normannen in Frankreich, Sizilien, England, dem Zug der Waräger zur Wolga und gegen Byzanz, der Empörung des ersten Grafen von Portugal gegen den König von León, dem Ansturm der Slaven, gegen die das Kaisertum sich kämpfend behauptete, dem Streit zwischen Kaiser und Papst, der schicksalhafte geistige und religiöse Haltungen herausarbeitete. In all diesen Jahrhunderten zerstörte und baute der Krieg, vertrieb er die Männer des Geistes und beschenkte sie mit Aufträgen und Bestimmung.

Unzerstörbar ist der Nimbus des echten Feldherrn, dessen Befehl die Resonanz starken Menschentums, einer sich ausgestaltenden Innerlichkeit, hatte: so des portugiesischen Kronfeldherrn Nun'Alvares, der, nachdem er bei Aljubarrota (1385) die Tradition gerettet hatte, sich zu heiligen strebte und im Alter, als Mönch des Carmo-Klosters, niederblickte auf Lissabon, sühnend, betend. Oder Turenne, der mitten im Kriege den Weg seiner Seele ging, den Glauben wechselte in strenger »Lauterkeit seiner Überzeugung« [7], die Toleranz aber gerade nach dem Glaubenswechsel verteidigte: »Sire«, sagte er zu Ludwig XIV., »solange ich der protestantisch-reformierten Kirche angehörte, konnte ich vor Eurer Majestät meine Ansicht nicht vertreten wie heute; jetzt aber kann ich meiner Überzeugung davon Ausdruck geben, daß, wenn Eure Majestät ihre Einwilligung zu einem Massenmord gäbe, Sie dem Papst zwar einen großen Dienst leisten, sich selbst aber in schweres Unrecht setzen.« – »Was hat Herr von Turenne gewonnen, als er katholisch wurde?«, fragte sieben Jahre nach seinem Tode der große Arnauld. »Jeder weiß, daß er als armer Mann gestorben ist.« Oder Eugen, der Souverän blieb als Diener, frei aus der freien Wahl seines Dienstes, und Ungnade gelassen ertrug. Aber der amerikanische Dichter (Walt Whitman) fordert »Ehre für den geschlagenen General«. Generaloberst Beck – um mit des Einen Namen eine Gruppe edler Männer zu nennen – bereitete sich in schweren Kämpfen, Verdienst und Ansehen höherer Verpflichtung zu opfern: die Ehre war nun in der Unehre, keine neue Erfahrung, aber doch, in dieser Ausprägung in Schicksalen, ein bezeichnend moderner Widersinn. Vielleicht ist das ein Anfang – und wir erblicken eine tragische Reihe sich opfernder Männer wie Macbeth die kommenden Könige über dem Hexenkessel. Die Feldherrn nähern sich dem unverantwortbaren Befehl, die Soldaten dem unverantwortbaren Gehorsam. Vielleicht war auch die scheußlichste Fratze des Krieges noch Maske – vielleicht lüftet er sie jetzt? Und doch ist es reiner Menschlichkeit gegeben, vor dieser Wahreit frei in den Tod zu gehen.

Mensch und Unmensch erscheinen nebeneinander, dieser, wie zu erwarten, jener als Bestätigung eines Glaubens, der bis heute noch keinen zwingenden Grund hatte, sich selbst aufzugeben. Ja, es könnte scheinen, daß nicht in den politischen Ergebnissen und auch nicht in dem so gern und leichtfertig zitierten Zorngericht Gottes, sondern in der Selbstbehauptung der Einzelnen unter furchtbarster Belastung, im Aufleuchten des Menschenbildes gegen alle Wahrscheinlichkeit, der Sinn der Kriege liege. In allen Heeren zogen Männer, die das Göttliche in sich bewahrten, die Barmherzigkeit übten, Treue hielten, in Todbereitschaft unausführbaren Befehlen widerstanden, ihnen mit List und soldatischem Humor auszuweichen wußten, Städte retteten, indem sie nicht gehorchten. Nicht selten ist das im friderizianischen Heer geschehen, und nicht immer, aber doch manchesmal, hat solcher Ungehorsam das Verständnis des Königs gefunden. Mit nichts ist der Sache des Friedens schlechter gedient, als mit der Herabsetzung des Soldatentums überhaupt, der im übrigen die historische Wahrheit durchaus widerspricht. Ein Element der Freiheit jedoch mußte gewahrt, mußte von Einzelnen immer wieder zurückerkämpft werden. Erzwungener Eid stellt den ganzen Wert in Frage. Ein Eid ist niemals entlastende Selbstverständlichkeit; er muß Entschluß bleiben, Willensentscheidung. Schon darum haben die ihn Verweigernden ein echtes geschichtliches Amt: sie sind Zeugen der Freiheit, verkörpern ihr Dasein.

Aber dem Kriege scheint auch eine ihn aufhebende Tendenz innezuwohnen. Nicht ein jeder führt zu einem neuen Konflikt. Kriegsherde brennen, oft erst in Jahrhunderten, aus: so der zwischen England und Schottland, Spanien und Portugal, Frankreich und Flandern, Schweden und Dänemark, zwischen mittel- und südamerikanischen Staaten, die internen der Eidgenossenschaft, der Vereinigten Staaten, und noch vom schmerzlichsten widersinnigsten aller Feldzüge, dem des Jahres 1866, muß eingestanden werden, daß er Jahrhunderte alte Konflikte gewaltsam aufgehoben hat. Aber danach wurde kein echter Friede mehr geschlossen, das heißt keine Lösung der großen Konflikte gefunden, der Anlaß nicht ausgeräumt. Noch im Jahre 1880 schrieb Moltke: »Der Krieg ist ein Element der von Gott gesetzten Ordnung. Die edelsten Tugenden des Menschen entfalten sich darin: der Mut und die Entsagung, die treue Pflichterfüllung und der Geist der Aufopferung. – Ohne den Krieg würde die Welt in Fäulnis geraten und sich in Materialismus verlieren.« Die erste und die letzte Behauptung sind im höchsten Grade fragwürdig, eine militärische Naivität, gewiß ein vortrefflicher Schutz gegen Gewissensbeschwerden. Das übrige kann nicht bestritten werden als einseitige Wahrheit vom Krieg, auf die wohl heute kaum mehr jemand ein Gesamturteil zu gründen wagt, wie es hier schon anachronistischer Weise geschehen ist. Das Zeitgefühl so manches Zeitgenossen urteilte ganz anders als der ehrwürdige Feldherr in Kreisau. Er trug eine Denkweise zu Grabe und war wohl von dem Gesetz, nach dem er angetreten, darin legitimiert. Eben solche Sätze, ihre heute wohl von den meisten Menschen gefühlte Unhaltbarkeit, weisen voraus auf einen Bruch in der Geschichte der Völker, auf die Einheit der Erde.

Noch lange ist es nicht Zeit, davon zu sprechen. Wir müssen vielmehr zugeben, daß Europa seinen kriegerischen Feinden unendlich viel verdankt. Die Türkenherrschaft im Heiligen Land entfachte die Kreuzzugsbewegung: in religiöser Hinsicht eine höchst bedenkliche Erscheinung, aber doch Aufflammen eines Gesamtbewußtseins, das nicht mehr ganz erlosch; die arabischen Gelehrten in Córdoba und Sevilla wie in Palermo schütteten die Schätze des Orients und der Antike aus, sie gehören zu den Baumeistern des Abendlandes; der

Türkensturm, die Piratenflotten im Mittelmeer riefen zur gemeinsamen Dammbauarbeit – wenn es auch nicht an Mächten fehlte, die den Damm durchstießen. Welcher Pazifist möchte Starhemberg, Johann Sobieski, Eugen vorwerfen, daß sie Wien verteidigt haben, dem Juan d'Austria, daß er mit vereinigten Flotten die Schlacht von Lepanto schlug, Heinrich dem Frommen Liegnitz, dem Karl Martell Poitiers, den Griechen Salamis? Freilich: man wird immer sagen können: dahin hätte es nicht kommen dürfen. Es fehlte an vorbereitender Abwehr. Man wird immer träumen können von einer Kulturwelt ohne Krieg. Doch hier wird kein anderer Anspruch erhoben, als von der empirischen Welt zu sprechen: von der, die wir kennen und lieben.

Wenn nicht Gottes Ordnung, so doch ein Gesetz der Geschichte scheint bis zu dieser Stunde der Krieg zu sein. Jene Zusammenschlüsse, das Erlöschen gewisser Kriegsherde, geschahen ja nur auf dem Wege der Zusammenfassung von Mächten, die sich, verbündet, wieder kriegerisch formierten. Spaltung ist offenbar das Leben der über die Erde verteilten, in Völkern und ihren Staaten sich konstitutierenden Macht, und der Geist, sei es Forschung, sei es Kunst, sei es der Glaube, ist so innig mit diesem Leben, mit dem Widerstreit der Macht mit sich selbst verbunden, daß alle Aussagen des Geistes auch Aussagen von Geschichte sind. Sie gaben sich bisher nur kund in der Sphäre von Machtformationen und -kämpfen. Das Christentum aber ist nur in dieser Sphäre zu verstehen: als göttliche Antwort an die Geschichte, als Gottes Eingang in sie und seine geschichtliche Gegenwart. (Er also wäre die Person, wäre das Geheimnis, vor dem sich die Krieger zu verantworten haben, wie es ihnen Shakespeares König Heinrich V. vor der Schlacht zu verstehen gibt.)

Und so hat Kant wohl darin recht, daß die Weltgeschichte im Ganzen bisher nur Waffenstillstände, aber keinen Friedensschluß kenne, nur Friedenslügen, Verträge Erschöpfter, Besiegter, zur Einsicht Gelangter, die sich zum »Aufschub der Feindseligkeiten« entschließen, »dem das Beiwort ewig anzuhängen ein verdächtiger Pleonasmus ist«[8]. Friede, als Idee gefaßt, im eigentlichen Sinne des Wortes, bedeutet ja einen unveränderlichen Zustand. Erweist es sich, daß er gebrochen werden konnte, so ist auch erwiesen, daß es kein Friede war, sondern nur ein vorübergehendes, aus irgendeinem Grunde vereinbartes Einstellen feindlicher Handlungen, nicht aber, wie Kant formulierte, »das Ende aller Hostilitäten«. Es ist kennzeichnend für unser Dasein in der Geschichte, daß das Wort Friede in diesem echten Sinne fast gar nicht gebraucht wird, daß wir uns, wenn wir es aussprechen, stillschweigend mit der Bedeutung »Waffenstillstand« begnügen.

Eine tiefe Einsicht in das Wesen der Geschichte, des Krieges und des Friedens bekundeten germanische Stämme, als sie zwischen einem Friedensamt und einem Kriegsamt unterschieden. Das erste verwaltete der König, das zweite der Herzog. Der König stellte den Frieden dar[9], er war gleichsam seine Verkörperung; wer den Frieden störte, verletzte die »Ehre des Königs« und mußte ihm ein Friedensgeld zahlen. Friede also war des Königs Ehre. Es war nicht seines Amtes, mit in die Schlacht zu ziehen. Niemand hätte ihn deshalb für feige gescholten. Offenbar war die Friedens-Ehre des Königs die höchste; sie ruhte in seinem Amte; das Königtum konnte ursprünglich nicht aus dem Herzogtum hervorgehen. Die zwei Würden waren wesensverschieden: der Herzog ward für den Krieg erwählt, als sein Repräsentant, gewissermaßen als der Krieg selbst, so wie der König die Gegenwart des Friedens war, der auch während des Krieges bestand. Denn der König gebot in seinem Palast, während das Heer unter dem Herzog kämpfte. Der König war die Sichtbarkeit des Dauernden, Eigentlichen. Der Herzog hatte Gewalt über Leben und Tod, der König nicht. Vielleicht *muß* Blut vergossen werden. Der König aber ist zu edel für solchen Auftrag. Es ist eine Vorstellung, die das Mittelalter trotz aller Kämpfe durchleuchtete, zumal in Deutschland,

Frankreich, Spanien, nicht in Portugal, wo König Pedro zuweilen das Henkersamt übte, auch in den skandinavischen Ländern: Friede ist männlich königliche Ehre, der hohen Ehre des Schwertes noch übergeordnet; Friede zu wahren ist das Amt, dem zuerst Ehrfurcht gebührt. Es ist das Merkmal höchsten Adels.

Diese Vorstellung durchwaltet noch Shakespeares Werk, namentlich die Königsdramen, in denen die beiden Ämter zueinander in einer tragischen Konstellation stehen: der Herzog empört sich, wird Usurpator, zum Kriege, zum Aufruhr selbst, wie Percy, Gloucester, Macbeth, Bolingbroke, York, Warwick. Er will König werden, das heißt: er strebt nach einem Amte, das seinem Wesen entgegen ist; denn Königtum und Friede fallen zusammen, Herzogtum ist kriegerischer Dienst an der Friedensmacht, am Stärkeren, Dauernden, am Sinn. Wenn der Herzog König ist, so muß er nach Frieden trachten, wie etwa Heinrich IV. in seinen bittern und endlich begnadeten letzten Stunden, oder er scheitert, und zwar am Königsamt selbst, wie Macbeth oder Richard III. Er hat keinen Frieden, er kann nicht König sein; die Krone selbst vernichtet ihn. Den echten König aber umweht Friede, wie noch den todgeweihten Duncan, der ahnungslos, aber ganz als König, als Friedebringer, das Schloß Inverness betritt, den Bannkreis der Hexen und Schauplatz seines grausigen Endes:

> Dies Schloß hat eine angenehme Lage,
> Gastlich umfängt die leichte, milde Luft
> Die heitern Sinne.

So ist der Friede da, auch wenn er verfallen ist, wehrlos und doch in Macht. Heinrich VI. ist Friede, in der Heiligkeit der Unmacht; Heinrich V. verbreitet ihn, für einen Augenblick, auf der Höhe des Sieges und der Kraft. Es ist eine Wertordnung, die dem habsburgischen Haus eigentümlich war bis zum Ende: Friede bedeutet, im strengsten Sinn, höhere Ehre als Waffenruhm, dessen Geltung, an seiner Stelle, keineswegs angefochten wird. Unköniglich ist es, etwas zu tun zu haben mit Blutvergießen, königlich, allen Gnade zu erweisen, wie Heinrich V. vor Harfleur. Der König atmet, waltet in einem Friedenskreis, so wie ein Baum nur im gemäßen Erdreich, Klima, sich verzweigt. Von daher gesehen geht in der preußischen Geschichte das Königtum im Soldatentum unter: der König, der lieber die Uniform trägt als den Mantel, der die Uniform gar nicht mehr ablegt, ist nicht König im Sinne der Überlieferung, er ist nur Herzog – und ist auch das bald nicht mehr. Seine Söhne sind den Rangordnungen des Befehls, nicht der Adligkeit, unterworfen. Sie müssen einem jeden gehorchen, der einen Stern, eine Litze mehr am Kragen trägt. Das ist Selbstzerstörung des Fürstentums, aber – immerwährende, berechtigte Angst vor den terribles simplificateurs! – damit soll nicht verkannt werden, daß Friedrich der Große, nach der dämonischen Ouvertüre des ersten Krieges, der tragischen Symphonie seines letzten, nach den Harmonien sich sehnte, die über Shakespeares Tragödie spielten, und diese beendeten; daß er, daß seine Feldherrn und Soldaten, wie Schwerin oder Zieten, patriarchalische Väter wurden in der Mark, in Pommern, in Mecklenburg; Kirchenpatrone, Ehestifter und Waisenväter, auf die harte Art der Zeit; daß sie also der Wertordnung des Friedens noch nicht entfremdet waren. Auch in dieser Sphäre waltet noch etwas von der alten Vorstellung, die es nicht zuläßt, daß der König mit eigener Hand Blut vergießt: Friedrichs des Großen erhobener Degen ist im wesentlichen Zeichen, nicht schlagende Waffe. Er konnte von Kugeln getroffen werden, aber er feuerte nicht. Mit dem Ausgang der Ritterzeit, die Ebenbürtige einander gegenüberstellte, kann der König öffentlich nicht mehr töten; das gilt für Karl V. wie für die späteren Habsburger. Es gilt auch schon für die Feldherrn, nicht während des Aufstiegs, aber vom Augenblick an, da der König ihnen den Kommandostab in die Hand legt.

Was wäre zu sagen von der machtvollen Passion des Friedens in der Geschichte; von seinem Schmerzensweg, seinem Immer und Nie! Er ist immer Duncan vor des Macbeth Schloß. Aber er ist auch Edward der Bekenner, der heilende König, der Malcolm, den Rächer, Überwinder des Macbeth, beherbergt – und wieder Edward, dessen Reich dem normannischen Eroberer anheimfallen wird. Nie verstummt der Sphärenklang, der sich niedersenkt auf die Erde; immer sind Friedfertige, die ihn vernehmen; immer – bis zu dieser Stunde – ging er unter im Waffenlärm. Um 330 n. Chr. erschien mit einer gotischen Gesandtschaft am Hof Konstantins des Großen in Byzanz Ulfila, ein im Lande der Westgoten, im Norden der unteren Donau (G. Kaufmann [9]) geborener Jüngling cappadocischer Abkunft. Von einem Raubzug ins Innere Kleinasiens (276) heimkehrend, hatten die Goten seine Vorfahren in ihr Land verschleppt. Früh trat er in geheiligten Dienst. Um 341 wurde er in Antiochien von einem Arianer zum Bischof der Goten geweiht. Als Missionar dieses Glaubens trat er als Dreißigjähriger unter die heidnisch-kriegerischen Goten. Das Konzil von Nikäa (325) hatte die Lehre von der Wesensähnlichkeit des vom Vater geschaffenen Sohnes (statt der Wesensgleichheit des von Ewigkeit gezeugten) verworfen. Ulfila war also Ketzer, »von jeher Arianer«, wie er sagte. Aber die Goten strömten ihm zu. Ulfila dachte und lehrte vom Kriege wie die Christen des ersten und zweiten Jahrhunderts: der Christ habe mit dem Teufel um sein Heil zu kämpfen mit geistlichen Waffen; Ruhm und Sieg in der Welt seien eitel. Sein Wort war so mächtig, daß es das Volk zu verwandeln begann; die Goten entwöhnten, entfremdeten sich des Schwertes. Aber solcher Glaube steht in so tiefem Gegensatz zur Welt, daß er unversöhnlichen Haß erregt: die Fürsten wünschten ein kriegstüchtiges Volk. Wer nicht töten will, wird getötet. Schlimmer: er macht seine Widersacher zu Mördern. Nach Jahren blutiger Verfolgung führte der Bischof die ihm anhängenden Stämme nach Mösien, das Land südlich der Donau, zwischen Nicopolis und dem Schwarzen Meer, das Kaiser Constantius ihm angewiesen hatte (348). Dort regierte er über dreißig Jahre lang, ein lebensmächtiger Mann, der durch sein Dasein die Menschen leitete und formte. Er übersetzte seinem Volke die Schrift, ließ aber die kriegerischen Stellen des Alten Testaments aus. Er war der erste, der in gotisch schrieb. Auch Kaiser Theodosius, wiewohl ein Gegner der arianischen Lehre, ließ ihn walten. Der Wolf, der sich in seinem Namen bergen soll (Wulfila, Wölfel), war zum Lamm geworden, aber zum herrscherlichen, im Sinne des Evangeliums. Die ihm anhängenden Goten wurden ein Hirtenvolk. Kriegerische Stämme wälzten sich an ihnen vorüber, Westgoten, Ostgoten, ohne seine Gefolgschaft mit Abenteurerlust und dem Glanz der Beute zu verlocken. Unerbittlich war der Bischof im Streit um seine Lehre: der Ketzer war Ketzerrichter. Aber mit der Gefahr der Abspaltung vereinte sich Segen. Noch in der Mitte des sechsten Jahrhunderts soll sich das Hirtenvolk Ulfilas in den Tälern, auf den Hügeln südlich der Donau behauptet haben.

Es gehört zur Dialektik der christlichen Geschichte, daß der Friedensstaat des Goten-Bischofs innerhalb der Häresie aufgerichtet wurde. Aber der echte Friede wurde auch einmal in der Mitte gesehen und ergriffen: im Reich. Als im Oktober 1043 König Heinrich III., in frühen Jahren Sieger über Böhmen und Ungarn, nun auf der Heimkehr aus Burgund, wo er Agnes, die Tochter des Herzogs von Aquitanien, als Braut heimgeholt hatte, im Münster zu Konstanz mit dem Bischof vor den Altar trat, um geistliche und weltliche Herren und das Volk zum Frieden zu mahnen, da meinte er einen unverbrüchlichen. Er gelobte allen seinen Widersachern Verzeihung und bat und bedrohte die Anwesenden, es ihm nachzutun. Nach seiner in Ingelheim gefeierten Vermählung, um Weihnachten, erneuerte er sein Gelöbnis in Trier und wiederum im folgenden Jahre, als er an der Raab die aufständischen Ungarn geschlagen hatte: unter dem Gesang des

Kyrie, barfuß, im Bußgewand warf er sich an der Spitze des Heeres auf dem Schlachtfeld vor dem Kreuze nieder, dann umarmten sich die Krieger und entsagten der Zwietracht, Friede und Freundschaft für alle Zukunft versprechend. Wieder kündigte der Kaiser nahen und fernen Freunden und Feinden Verzeihung an. Zwei Jahre darauf, nach der Krönung, besiegelte er sein Gelöbnis feierlich am Petersgrab. In Aquitanien, der Heimat der Kaiserin, hatten die Bischöfe vor einigen Jahren, nach schlimmer Notzeit, unter der Begeisterung des Volkes, einen allgemeinen Gottesfrieden, Treuga Dei, verkündet (1031). Von Mittwoch abend bis Montag früh jeder Woche sollten die Waffen ruhen. Der Kaiser wollte offenbar mehr: er hoffte auf einen Wandel der Welt. Aber in den kurzen Jahren seiner Herrschaft (1039–1056) erwuchsen ihm mächtige Feinde in Lothringen, Kärnten, Schwaben, Bayern und unter den geistlichen Fürsten. Während des zweiten Italienzugs (1053) wurde ein Anschlag auf sein Leben geplant. Nachdem er auf seiner Burg Bodfeld am Harz gestorben war, entbrannte unter der Regentschaft seiner Witwe Agnes die Feindschaft aller gegen alle, der rücksichtslose Streit der Fürsten um Krone und Reich. Und doch geht noch immer ein Strahl aus vom Münster am See: Zeichen, daß ein Mächtiger der Erde den Frieden wahrhaftig verstanden und gewollt hat; daß er ihn unter dem Kreuze versprach und bereit war, ihm Opfer zu bringen.

Des Kaisers Hoffnung ruhte auf der religiösen Einheit. Ihr hat er, auf der Höhe des Reiches, einen ergreifenden Ausdruck verliehen. Wenigstens die Sinngebung des Reiches ist durch ihn vollzogen, dargestellt worden, und es gehört zum Großen der Geschichte, daß die Feuerzeichen, wenn auch nicht die Siegeszeichen des Gottesreiches sich von Gipfel zu Gipfel und über die Meere fortzünden; daß die Völker die Sehnsucht danach, einige Hochsinnige den Glauben bewahrt haben. Antike Formen, Ideen, Prophetien mit christlicher Sehnsucht verschmelzend, grüßte Dante den Weltmonarchen, den obersten Rechtswahrer und Schlichter über der farbigen Fülle der vielgegliederten Erde, der Völkerschaften und Städte; er ist Abbild des Königs der Könige, Friedefürst. Pietas, civilis benevolentiae, humanitas walten, kraft seiner Herrschaft, durch die ganze Welt. Er ist fern und scheint sich doch zu nahen: Kaiser Heinrich VII., der Luxemburger, ist wie sein Bote. Ja, der Gefeierte trägt schon die Züge des Wahrers der Weltgerechtigkeit. An ihn darf die Frage ergehen: ob er es ist, der da kommen soll oder ob wir eines andern warten müssen. Er ist aber auch in eine wildzerrüttete Welt gesandt, das Lamm, das ihre Sünde trägt. Der verbannte, leidenschaftlich in den Haß der Parteien verstrickte Prophet ruft den Kaiser gegen die eigene Vaterstadt auf, daß er sie bestrafe. Von dieser Herrschaftsidee her ist es verständlich, daß Dante den Engelpapst, papa angelicus, verdammte: nicht vom Papste, sondern vom Kaiser sollte die Ordnung ausgehen. Aber an der Gestalt des Engelpapstes dichtete innige Friedenssehnsucht der Völker, die immer wieder erwachte und enttäuscht wurde – und noch immer lebt. Cölestin V., der Einsiedler vom Berg Murrone in den Abruzzen, wurde von den Häuptern der Kirche auf dem Konklave von Perugia als Engelpapst gewählt (14. Juli 1294), in dem von ihnen sehr ernst gedeuteten weltgeschichtlichen Augenblick, da das Reich zu Ende war, die Fürsten nicht zu ordnen vermochten, da, nach ihrem Glauben, die Voraussage des Joachim von Floris sich erfüllen und ein ganz neues beginnen mußte: das Friedensreich des Geistes. Das fünf Monate währende Pontifikat des Petrus von Murrone, sein Verzicht, seine Flucht, seine Gefangenschaft und sein Ende in einem Turme vor Anagni im Volkskergebirge, Versagen seiner selbst und aller – und der Fluch, der sich daran knüpfte, sagen im Grunde alles, was auf dem Boden bisheriger Geschichte zu sagen ist von der Herrschaft des Lammes, vom Lose des Friedens in der Welt, vom Scheitern, von der Unsterblichkeit einer Hoffnung. Der Engelpapst wandelt durch die Papstgeschichte als ihre heilige Unmöglichkeit. Aus der tiefsten Not religiöser Wirren in Frankreich erhob Jean Bodin (1530–1596), erst Anwalt am Pariser Parlament, dann im Dienste des Herzogs von Alençon, später Richter in Laon, den Ruf nach Toleranz. Sie kann in glaubensstarken, um den Glauben ringenden Zeiten nicht als Verwischung der Grenzen, Verschmelzung der Lehren verstanden werden, sondern als Verbindung zwischen festen, einander gegenüber liegenden Stellungen, als gegenseitige Achtung vor inneren Notwendigkeiten, als geschichtlicher Ausdruck der Einsicht, daß nicht der Sieg das Kriterium der Wahrheit ist, sondern die Wahrhaftigkeit. Der französische Staatslehrer hatte erkannt, daß seit der Spaltung der Christenheit religiöse Duldung Voraussetzung jeglichen Friedens geworden war.[10] Das ist fortan, bis zu Söderblom, Gesetz, der Grund, warum die Verfechter dauernden Friedens stets in Gefahr sind, jeglicher Orthodoxie verdächtig zu werden. Wohl ist das paradox. Denn echte Toleranz ist ein Zeichen der Stärke: wer fest ist in sich selbst, kann dem anders Denkenden und Glaubenden die Hand reichen, ohne Ansteckung zu fürchten. Für den wahrhaftigen Glauben ist überhaupt keine Gefahr, außer der Anfechtung von innen. Bodins Schicksale sind ein Prolog: er war Katholik, entging aber mit knapper Not den in der Bartholomäusnacht nach ihm ausgesandten Mördern, mußte, da er nicht Vorherrschaft, sondern Frieden wünschte, den Reformierten verhaßt werden, obwohl er sich um sie hohe Verdienste erworben hatte, entschied sich für die Liga, die gegen die Hugenotten gewendete Partei des Herzogs von Guise, galt aber auch in dieser als Ketzer und suchte, seine Stellung widerrufend, bei Heinrich IV. Schutz, als ihm das Ketzergericht und die Verbrennung seiner Bücher drohten. Erst gegen die Mitte des vorigen Jahrhunderts kam das »Siebengespräch« unverfälscht ans Licht, in dem er nicht allein die Christen, sondern auch Heiden, Arianer, Juden und alle Sektierer ermahnte, in Eintracht miteinander zu wohnen.

Aber der Friede ist immer da – zum mindesten als sehnsüchtiger Glaube – und nie. Das Bild des Friedensreiches ist dem Menschen eingeboren, er kann nicht von seiner Verwirklichung lassen, muß es bezeugen, herabbeschwören, wie es Shakespeare, nachdem er die Tragödien der Herrschaft und Liebe, des Zweifels und der Dämonie, der Versuchung und Verblendung durchschritten hatte, in seinen Romanzen getan hat: am Ende von »Cymbeline« versöhnen sich Briten und Römer, das heißt die Besiegten und die Eroberer, in Frömmigkeit, Cäsars räuberisch-gieriger Adler entschwindet über Britannien im Licht, zwei Traditionen klingen zusammen, Gegensätze werden Harmonie, »feierliche Musik« – da ja Musik für Shakespare, der Geschichte wie kaum ein anderer erfahren, gestaltet, durchlitten hat, letzter Ausdruck der Ordnung ist:

Preis sei den Göttern!
Es wirble Rauch empor zu ihrem Sitz
Aus heilgen Tempeln! Ruft den Frieden aus
All unsern Untertanen. Ziehn wir heim,
Ein römisch und ein britisch Banner wehe
Freundlich vereint.

(Cymbeline V. 5.)

Die Erscheinung des Friedens in der Geschichte hat etwas Märchenhaftes, wie die Buße Heinrichs III. auf dem Siegesfeld. (Aber auch Schopenhauer ist noch wie Kant der Meinung gewesen, daß ein jeder Krieg mit einem Akt der Buße beschlossen werden müsse.) Ein solches Märchen, zwischen Mittwoch abend und Montag früh, spielte in Upland, einer ursprünglich schwedischen Kolonie in Nordamerika, die William Penn für die kriegerischen Verdienste seines Vaters übereignet worden war. Der Gouverneur reiste im Oktober 1682 im offenen Boot den Delaware hinauf, unter den Wäldern hin, umwimmelt von Kanoes. Er stieg aus; ein wohlgestalteter Mann in Kavaliershut und -kleidung, gegürtet mit blauer Schärpe, aß mit den Rothäuten Eckern und Maisgrieß, die sie ihm boten; ja er soll sich, was für einen Frommen ganz unziemlich war, nach der Mahlzeit auf Wetteifer im Laufen und Springen eingelassen und, kaum glaublicherweise, die neuen Freunde darin übertroffen haben. In einem noch vor einem Jahre in London datierten, mit »Meine Freunde« überschriebenen Briefe hatte er den Eingeborenen angezeigt, daß es dem großen Gott, dem alle Menschen für Leben und Gesundheit zu danken haben, gefallen habe, ihn mit ihnen zusammenzuführen und daß der König ihm ihr Land übereignet habe; er hatte ihnen Recht zugesichert und sein Kommen angekündigt. In der Gegend der Mündung des Schuylhill, vor dem Kreise der Wälder, erwarteten die Indianer dreier Stämme, Männer, Frauen und Kinder, den Gouverneur unter einer alten, ihnen heiligen Ulme. Die Häuptlinge trugen kostbaren Federschmuck.

Die Waffen haben sie abgelegt. Der oberste Häuptling[3] hat sein Haupt bekränzt und mit einem kleinen Horn geschmückt: er und der Ort sind unverletzlich. Waffenlos tritt Penn mit seinen Begleitern unter sie. Ein alter englischer Kapitän dient als Dolmetsch. Die Geschenke werden ausgebreitet. Penn entrollt den Vertrag: sie sind Brüder als Kinder desselben Vaters. Jeder hat das Recht, des anderen Wege zu gehen. Sie erweisen einander Gastfreundschaft, glauben bösen Gerüchten nicht und werden versuchen, deren Herkunft aufzudecken. Sie warnen einander in Gefahren, schädigen einander weder an der Person noch am Eigentum; etwa dennoch geschehene Übertretungen sollen genau untersucht, gutgemacht und dann vergessen werden, »begraben sein in bodenlosem Abgrund«. Sie leisten einander Beistand, wo und wie immer sie können. Das soll gelten »solange Ströme und Flüsse rinnen, und solange Sonne, Mond und Sterne bestehen«. Einer der Häuptlinge und Penn reichen einander die Hand. Ohne Eid ist die Übereinkunft geschlossen. Auf einem Gürtel aus Schneckenhäusern sind die einander die Hand gebenden Männer dargestellt: Penn und Onas, die »Feder«: ein mächtig breiter, wie ein Baumstumpf auf der Erde stehender Mann, und ein schmaler.

Hier, unter der Ulme auf dem Häuptlingsplatz, war der Friede in Wahrhaftigkeit gemeint und an die siebzig Jahre hat er angehalten, also wohl über die Lebenszeit der beiden Partner hinaus. Penn kehrte nach England zurück. Er bat König Jakob II. für die noch immer in den Kerkern liegenden Gesinnungsgenossen um Gnade; Verwaltungsfragen, die ungewisse Grenzziehung brachten Verdruß. In den folgenden Jahren sollte es sich zeigen, wie recht Jean Bodin hatte, als er religiöse Toleranz als Voraussetzung jeglichen Friedens in Europa betrachtete. Die Wendung Jakobs II. zur katholischen Kirche kostete ihm den Thron, Penn, der wegen seines Umgangs mit dem Stuart Verdacht erregt hatte, die Kolonie. Nachdem Wilhelm, Generalkapitän und Großadmiral der Niederlande, Schwiegersohn Jakobs II., auf Einladung der Protestanten in England gelandet, Jakob geflohen war (1688), Wilhelm den Rivalen, der, von Frankreich zurückkehrend, sich Irlands bemächtigt hatte, auch dort geschlagen hatte und von Schottland anerkannt war, verlor der »Jesuit, Verräter und Jakobiner« Penn allen Besitz, auch die irischen Güter, 1692 endgültig Pennsylvanien, woher traurige Nachrichten von religiösen Zwisten unter den Kolonisten kamen. Er selbst hatte einmal, im Sinne weltumfassender Religiosität, sich einen Katholiken genannt, aber nicht einen römischen. Er mußte fliehen, hielt sich jahrelang verborgen, auch viele seiner Freunde mißtrauten ihm; wiederholt wurde er vor Gericht zitiert. An ihn gerichtete Briefe des verjagten Königs wurden aufgefangen, aufgestöbert; Soldaten rissen ihn aus seiner Wohnung; lange lag er im Gefängnis. Hier besuchte ihn George Fox, der unbegreifliche Prophet seiner Zeit, Anwalt der Neger und Züchtiger der Sklavenhalter, der seinem Tode schon nahe war. Diesem ward einst in seiner stürmischen Jugend, als er über die Felder bei Coventry wanderte, geoffenbart, daß Gott nicht in Tempeln wohne, die von Menschenhänden gemacht sind, auch nicht mehr in denen, die er zu bauen befohlen hatte, sondern in seinem Volk. Das Wort Gottes war »wie ein Feuer« in ihm gewesen; erbittert vom Anblick der Kirchtürme Lichfields hatte er, im Winter, die Schuhe von den Füßen gerissen und sie Schafhirten hingeworfen; dann war er in die Stadt gelaufen, die »blutige« – denn Blut sah er durch alle Straßen rinnen, und der Marktplatz war wie ein Teich aus Blut – und hatte Wehe über sie gerufen. Und ein andermal hatte George Fox, von Gesichten überhäuft, gejagt, gepeinigt, wo Io von der Bremse der Hera, sich selber gesehen, wie er mit Freunden übers Feld ging. Er bat sie, in der Erde zu graben, und sie stiegen hinab und fanden Volk, das gefangen war von Erde, Felsen und Steinen. Und die Freunde durchbrachen das Erdreich und ließen die Gefangenen frei. Und wieder gruben sie auf sein Geheiß und stießen wieder auf ein in einer Höhle eingeschlossenes Volk. Und auch er, der Prophet, stieg hinab, und er sah eine Frau da sitzen, in weißem Kleide, auf die Zeit blickend, wie sie dahinschwand (looking at time how it passed away).[11]

Das Bild der Kolonie Pennsylvanien ändert sich rasch. Anfang der vierziger Jahre des achtzehnten Jahrhunderts reist eine seltsame Gesellschaft von Philadelphia den Delaware hinauf: ein Mann von voller Gestalt und bedeutenden Zügen, im leinenen Sommerkleid des geringen Mannes, begleitet von einem jungen, etwas leidenden Mädchen, seiner Tochter, umgeben von einem Gefolge wie ein großer Herr: es ist Nikolaus Graf von Zinzendorf und seine Tochter Benigna. Er segelte von London nach New York, mit Absicht auf einem unbewaffneten Schiff, das auch nicht im Schutze eines bewaffneten fuhr. Spanier und Engländer lieferten einander Gefechte auf See. Dem Grafen wäre es unmöglich gewesen, Zeuge eines solche zu sein. Sein Titel erregte Ärgernis. Im Hause des Gouverneurs in Philadelphia, vor vielen Zeugen

(Varnhagen von Ense: Biograph. Denkmale, 5. Teil), unter denen Benjamin Franklin war, legte er den gräflichen Namen in lateinischer Rede feierlich ab. Er erbaute sich am Strome, an den aufblühenden Kolonien der Brüdergemeinde, sang und predigte dort mit seiner mächtigen Stimme. Aber die puritanischen Prediger betrachteten ihn feindlich. Hinter den Bergen traf er auf Indianerhäuptlinge, die eben in Philadelphia den Friedensbund erneuert hatten. Mit Hilfe des Dolmetschers verkündete er ihnen das Wort. Sie hörten es freundlich an und reichten ihm zum Zeichen friedlicher Gesinnung eine Korallenschnur. Als er sich aber niedersetzte, ein Lied zum Preise der Indianer aufzuschreiben, wurde er samt seinen neuen Freunden von einem puritanischen Friedensrichter verhaftet. Es war nämlich Sonntag. Der Sabbatschänder mußte unweigerlich die festgesetzte Geldbuße bezahlen. Die Saat, die er unter wilden Indianerstämmen auswarf, fiel auf steinigen Grund. Sie trachteten ihm nach dem Leben. Seine herausfordernde Erscheinung, die schwärmerische Umgebung ihn begleitender Frauen, die er mit heimatlich-sächsischen Kosenamen bedachte, verstimmten die Kolonisten, reizten zum Spott, gaben seinen Feinden, vor allem den puritanischen Predigern, den erwünschten Stoff. Schlimme Gerüchte liefen ihm voraus, folgten ihm. Als er in Philadelphia predigend Abschied nahm (1743), mußte er wohl fühlen, daß hier der rechte Boden nicht war.

Die Erwartung des Reiches gebärdet sich als Narrheit vor der Welt. Volk um Volk west im Erdgrab, und die Zeit, die nie ergriffene, fließt an ihnen vorbei. Im unerbittlichen Winter kommt es auf die wenigen an, für die das Wort »wie Feuer« ist. In Wäldern und Höhlen Böhmens taten sich Brüder zusammen, um nach der Bergpredigt zu leben; sie sagten sich von der Kirche los, verwarfen Eid, Waffe, Staatsamt. Als sie sich weigerten, im Schmalkaldischen Kriege zu kämpfen, wurden sie nach Polen und Preußen vertrieben. Die Mennoniten brachen zur Wanderschaft auf aus Friesland und Holstein, aus Holland, nach Ost- und Westpreußen, weiter nach Rußland, von dort nach Nordamerika, nach Brasilien – wohin? Sie teilten sich in Flaminger und Ukewallisten, Taufgesinnte und Untertaucher, in immer andere Gruppen, vereinten sich wieder. Was die Mächtigen ihnen versprochen, hielten sie nicht. Sie schätzten wohl die Arbeit und Friedsamkeit der Pilger, nicht ihr Nein an Eid und Gewalt. Und diese trennten sich nicht von der Heimat allein, sondern auch vom Ursprung, dem Geiste der Stiftung. Sie nahmen die Farbe der Mächte an, die sie beherbergten. Der Mensch ersehnt Vaterland. Aber alles Vaterland wird Staat.

Die Spuren der Friedfertigen, derer, die den Frieden *tun*, ziehen sich verlöschend über die Erde. Sie enden vor blutbefleckter Wand. Sie morden nicht. Aber in dieser uns gegenwärtigen Welt sind sie immerfort in Gefahr, diejenigen zu Mördern zu machen, unter denen sie den Frieden tun. Wollen sie das meiden, so verraten sie sich selbst. Das ist Geschichte.

Mit genialer Intuition hat Schiller an den Anfang des »Wallenstein« das Bild des Friedens gestellt. Max Piccolomini träumt im Rathaus zu Pilsen von der fernen Heimkehr des Soldaten, des »Fremdlings« in sein »Eigentum«:

Mit breiten Ästen
Deckt ihn der Baum bei seiner Wiederkehr,
Der sich zur Gerte bog, als er gegangen.

Aber Max ahnt doch nicht, was der »Fremdling« gesehen, getan hat, getan haben muß, bis er wiederkehrt. Dann spricht er den Vorwurf an die Kriegführenden aus: als Verteidiger Wallensteins, der

Beim Feind Vertrauen zu erwecken sucht,
Das doch der einz'ge Weg zum Frieden ist;
Denn hört der Krieg im Kriege nicht schon auf,
Woher soll Friede kommen?

(Die Piccolomini, 1, 4)

Vielleicht sind es Gedanken Kants, der seine letzte kostbare Kraft, seine reife Erfahrung und Weltbetrachtung an diese Botschaft setzte, um die Zeit, da Napoleon in den Bügel trat, Hegels »Weltseele auf dem Pferde«, den Völkern die Sporen in den Leib zu stoßen. Der Bogen des Friedens ist über die Tragödie Wallensteins gespannt, die Bahn des Reichs-Verräters und Schwärmers, der eingestandenermaßen ein Wahnsinniger ist: denn er schlummerte als Knabe im Fensterbogen ein und stürzte zwei Stock hoch nieder:

> Von diesem Tag an, sagt man, ließen sich
> Anwandlungen des Wahnsinns bei ihm spüren.
>
> (Wallensteins Tod, 4, 2)

Da er gefallen ist, regiert der furchtbarste Aspekt: »Kein Sternbild ist zu sehn« (5, 3). Nun erst werden das Reich und der Schwedenkönig zum Todeskampf zusammenstoßen. Der Fremdling wird nicht in den Schatten des Baumes treten. Längst hat der Krieg ihn hinweggerissen. Nein: er hat sich verzweifelt in den Tod gestürzt und ist schuldig geworden am Untergang des ganzen Regimentes, das er ihm zuwarf. Sein heroischer Untergang strahlt in verdächtigem Glanz. Schillers großes Gedicht, das die Welt als Kriegslager sieht, ist ein Prolog der Napoleonischen Ära, der Herrschaft des Mars. Und in verwandter Perspektive spielt Grillparzers »Bruderzwist« das Vorspiel des Dreißigjährigen Mordens; hier spricht Kaiser Rudolf II., noch von einem Schimmer des wissenden Weltmonarchen umleuchtet, die Paradoxie des Friedens in der Geschichte aus: Fluch jedem Krieg! Doch besser mit den Türken als Bürgerkrieg, als Glaubens-, Meinungsschlachten. Der Türkenkrieg in Ungarn ist darum »gut« (3, 1).

Als das Kriegslager der Napoleonischen Ära sich auflöste, die Heere in ihre Völker zurückströmen sollten, träumte Johann Heinrich Jung, Augenarzt, einst Professor der Landwirtschaft und Kameralwissenschaften, Pietist, Romanzendichter und Geisterseher, nun badischer Geheimrat in Karlsruhe, von der Einigung aller Christen. Stellte sie sich nicht in der Verbrüderung der drei siegreichen Monarchen dar: »Was mir besonders auffällt, ist, daß unsere drei Befreier die drei Hauptkonfessionen darstellen, in welche die Christen zerfallen. Der Kaiser Franz ist der größte der römischen Katholiken, Kaiser Alexander der erste der Griechisch-Katholischen und König Friedrich Wilhelm der Hervorragendste unter den Protestanten. Es ist, wie wenn der Herr gewollt hätte, daß die Einigung aller Christen unter ihren bedeutendsten Führern das Götzenbild der Konstitution umstürze, das die angeblich freie Vernunft in Frankreich mit so viel Lärm aufgerichtet hatte.« [12] Die Wendung gegen die Revolution ist bezeichnend und schicksalsschwer. Wie Bodin sah Jung-Stilling im religiösen Frieden das Fundament des politischen in Europa.

Freilich: der Dämon kehrte noch einmal zurück. Auf der Reise zum neu sich eröffnenden Kriegsschauplatz, in das Hauptquartier zu Heidelberg, verweilte Zar Alexander, im Augenblick noch der mächtigste Mann Europas, der Welt – aber doch nicht ganz sicher, ob er es morgen noch sein werde – am 4. Juni 1815 in Heilbronn (nach Schwarz). Der schäumenden Lebenslust früherer Jahre war er müde geworden, auch der Menschen, vielleicht selbst des Ruhmes und der Macht; in ihm arbeitete die Sehnsucht nach Einkehr, vielleicht nach Sühne, Buße für bekannte oder verschwiegene Schuld. Er suchte Trost in pietistischen Ermahnungen und Verheißungen, in der »dunklen Wolke über dem Heiligtum«. Jung-Stillings Weisungen beschäftigten ihn. Er hatte den seltsamen Mann einmal in Bruchsal vor sich kommen lassen, ohne, wie es scheint, den erhofften Rat empfangen zu haben. Auch die Baronin Julie von Krüdener, die sich überraschenderweise an diesem Abend beim Kaiser melden ließ, war eine Verehrerin des nüchtern-überschwenglichen, erd- und himmelsnahen, gefühlsseligen und ein wenig eitlen Menschen- und Geisterfreundes in Karlsruhe. 1806 in Potsdam, bei der ersten Begegnung mit dem Zaren, hatte sie einen offenbar unvergessenen Eindruck auf den Selbstherrscher gemacht – während sie sich vergeblich um einen Einfluß auf die Königin Luise bemüht hatte. Inzwischen hatte sie den Mut und Aberwitz, eine »geheiligte Politik«, die die »Zügel aller Dinge« ergreifen sollte, zu proklamieren.

Aus dem dreistündigen Gespräch des Zaren mit der im Zwielicht widersprechender Urteile der Zeitgenossen schillernden Frau entwickelte sich Freundschaft – der Einladung nach Heidelberg folgte bald die in das bezwungene Paris; aus der Freundschaft der Bund der Siegermächte, die versöhnende Einigung der Sieger und Besiegten, der sich – Anfang 1818 – fast alle europäischen Staaten anschließen sollten, die erste Einigung Europas, die Idee eines europäischen Heeres. Im Lager von Vertus in der Champagne erlebte Julie von Krüdener, an der Seite Alexanders, unter den Fürsten den Aufmarsch der hundertfünfzigtausend russischen Soldaten als eine »Huldigung an die Religion der Liebe« (September 1815). Den Friedensbund umflimmert eine eigentümliche, verwirrende Ironie. Metternich sah ihn realistisch, als eine »Bruderfreundschaft«, die wenigstens für ein paar Jahre halten konnte, in dem sich mit der Allianz verschmelzenden Sektenwesen aber eine »gefährliche Verrücktheit«. Man muß es sich eingestehen, daß der Gedanke des Weltfriedens von einer großen Schar seiner Verfechter auf das schwerste belastet worden ist. Die Bemannung der Arche besteht zu einem bedeutenden Teil aus Leuten, die sich des Spottes der Welt erfreuen, so daß ein gewisser Mut dazu gehört, an Bord zu gehen. Eben diese Peinlichkeit, der die Sache bedrückende Mißkredit, gehört zum Ernst des Problems. Die Gefolgschaft schadete mehr als die Gegner, die sogar Nutzen stiften.

Frau von Krüdener, geboren in Riga (1764), Witwe des russischen Gesandten, erst in Kopenhagen, dann in Berlin, als

dessen Gattin sie höchst freizügig gelebt hatte, genoß in ihrer Jugend in Paris den Ruhm kühner Kostüme und ihres Schleiertanzes, ihrer weitbekannten Abenteuer, die Freundschaft mit Frau von Staël und anderen Berühmtheiten. In der Lebenskrise späterer Jahre erfuhr sie ihre Bekehrung in der Herrnhuter Gemeinde zu Riga, also unter Fortwirkung Zinzendorfs und der Tradition der mährischen Brüder, die er erneuert hat. Jung-Stilling führte sie beim großherzoglichen Hofe in Karlsruhe ein, dem Alexanders einsame Gattin, die Zarin Elisabeth, entstammte. Sie bekannte, eine große Sünderin gewesen zu sein, nun aber das Werkzeug des Heilands, erwählt, wie Alexander in ihren Augen der Erwählte war, der Friedensfürst, der »Abgesandte Gottes«. Man versteht den alten Blücher, der an Gneisenau schrieb: »Die Frömmigkeit des großen Mannes ist ein böses Zeichen, durch bigotterie wird man zu allem verleithet, zumahl wenn Weiber sich mit das Apostel Handwerk abgeben.«
Das ist das Urteil des Soldaten. Und doch! Wieder hatte der Krieg, einer der gewaltigsten, die über Europa hinweggetost sind, eine Friedenskonzeption hervorgebracht. Der Bleistiftentwurf des an die Völker gerichteten Manifestes ist von Alexanders eigener Hand. Gemeint ist eine Änderung »von Grund auf«, eine einzig auf die Religion Jesu Christi gegründete Ordnung der Dinge, die Übertragung der Gerechtigkeit, der Liebe und des Friedens, die bisher nach allgemeinem Glauben nur für das Privatleben angewandt wurden, in die Beziehung der Staaten, als »Richtschnur«, unwiderruflich, nach »unerschütterlichem Entschluß«. Alle Heere der Vertragschließenden sind brüderliche Glieder des einen Heeres, das berufen ist, die Religion, den Frieden, die Gerechtigkeit zu schützen. Ein jeder Bürger der alliierten Länder wird ermahnt, sich täglich in den Grundsätzen und Pflichten der Religion zu üben und zu befestigen: in einem jeden Einzelnen muß der Friede des guten Gewissens begründet sein, wenn die Welt Friede haben soll. Die bedeutendste Forderung war

vielleicht, daß die Fürsten sich in ernstem Sinne als Väter von Völkerfamilien verbünden sollten, daß Herrschaft noch einmal als Vatertum innerhalb der Familie verstanden wurde. Friedrich von Gentz hatte noch während des Wiener Kongresses, als dessen Sekretär, die Verpflichtung ausgesprochen, »jede andere Erwägung der unverletzlichen Aufrechterhaltung des Friedens unterzuordnen«. Im Jahre 1816 schlug der Zar der englischen Regierung »eine gleichmäßige Reduktion der bewaffneten Streitkräfte jeder Art« vor. Während der folgenden Jahre breitete sich der Bund über den Kontinent aus, selbst die Schweiz trat bei – nur nicht die Türken – und der Papst, der die liberale Gleichsetzung der Bekenntnisse ablehnte. Der Christ, erklärte der Zar, als ihm dies mitgeteilt wurde, bleibe jeder Regung des Zornes unzugänglich. England beschränkte sich auf eine Sympathiekundgebung. Ein Versuch, die Allianz über den Atlantik auszudehnen und die Vereinigten Staaten zu gewinnen, scheiterte.

Unter allen Unklarheiten und schönen Worten war eine aufrichtige Absicht, zum mindesten des Stifters, wenn er auch den Plan und den Versuch der Ausführung mit seinen persönlichen Eigenheiten beschwerte. Nie ist es gelungen, der »durchsichtigen Seele der Heiligen Allianz«, wie der preußische Geschäftsträger sagte, »einen festen Körper« zu geben. In Wahrheit war das Mißtrauen zwischen Österreich und Rußland, war auch die Sorge Preußens um Behauptung seines östlichen Besitzes nicht getilgt.

Der Befreiungskampf der Griechen, der im Frühjahr 1821 einsetzte und im Mai zur Eroberung Athens gelangte, verursachte eine Spannung zwischen Alexander und Metternich. Ursprünglich galt Alexander als Beschützer der Aufständischen, während der österreichische Staatsmann sie als Revolutionäre verwarf; später entschied sich Alexander gegen sie; er suchte aber den Krieg zu vermeiden, während die Prophetin der Allianz ihn schon als Eroberer Konstantinopels und

Stifter des goldenen Zeitalters, des »großen Sabbat«, am Heiligen Grabe sah. Die belgische Frage, die kolonialen Probleme, die immer dringlicher werden mußten, bargen schwere Gefahren. Immer entschiedener, seit der Französischen Revolution, handelten die europäischen Ideen und gerade solche, die dem Frieden dienen sollten, gegen Europa selbst. Unterrichtet vom Spiel der Gesandten Österreichs, Frankreichs, Preußens in Konstantinopel, entschloß sich der Kaiser endlich, den Weg zu verfolgen, »den ihm die wahren Interessen seines Reiches und seiner Würde« vorschrieben (1825). Alexander suchte den Anschluß an England. Der Bund der Liebe wurde in Metternichs Hand zum Instrument der Bedrückung, der Reaktion, die sich schon in den Ursprüngen angedeutet hatte. Längst war die Prophetin landflüchtig geworden: in Württemberg, in der Schweiz wurde ihr der Zutritt verwehrt, in einer badischen Enklave im Württembergischen, der Mühle zu Schlüchtern, in Leipzig, in Petersburg, wo Alexander sich verleugnete und sie auswies, auf ihrem Gute in Livland fand sie keine Ruhe. Auf der Reise in die Krim ist sie gestorben (1824).

Schwer hatte sich der Zar seine liebste Konzeption aus dem Herzen gerissen. Noch 1822, auf dem Kongreß in Verona, hatte er erklärt: »Heute dürfe es keine englische, französische, russische, preußische, österreichische Politik mehr geben, sondern allein eine zur Rettung der zivilisierten Welt allen Völkern und Herrschern gemeinsame gegen die Revolution.« [13] Hinter dem seltsamen Gebilde der Allianz deuten sich Einsichten und Ahnungen eines bedeutenden Denkers an: im Jahre 1814 hatte Franz von Baader (1765–1835) den drei siegreichen Monarchen gleichlautende Entwürfe einer »christlichen Politik und theokratischen Menschheitsorganisation« (Stählin) überreicht. Für ihn ging »eine jede Sozietät – in der Ehe, der Familie, des Volkes, des Stammes – von der unmittelbaren, darum verlierbaren Liebe aus und soll in der mittelbaren, konfirmierten Liebe sich vollenden«.

Ihn sollte die Ahnung europäischer Gefahren bald in die »tiefste Einsamkeit« rufen. Der früh erkannten Drohung einer widerreligiösen proletarischen Revolution[14] suchte er durch den Einsatz christlicher Kräfte zu begegnen, auf eine Einigung der Kirchen hinstrebend, für die die Autorität Roms zu opfern er endlich sich entschloß. (Das Papsttum konnte keine Stelle einnehmen in der Heiligen Allianz.) Wiedervereinigung Gottes mit dem Menschen war für Baader, der alles Wissen als Glaubenswissen, Schauen des von Gott Erblickten verstand, das fortgehende Werk der Weltgeschichte im großen wie die Geschichte jedes einzelnen Menschen im kleinen: in diesem Prozeß hoffte er auf die religiöse Kraft Rußlands, von der er glaubte, daß sie von der Aufklärung noch nicht wie die westliche versehrt worden sei. Aber der Verkünder solcher prophetischer Gedanken wurde, als er endlich, 1822, einer Einladung eines baltischen Adligen folgend, die Reise nach Rußland antrat, in Riga vom Gouverneur als verdächtiger Liberaler und Demagoge empfangen und dann auf Befehl des Zaren an die deutsche Grenze zurückgewiesen.[15] Gegen seinen hohen Gönner, den Minister Golicyn, in Petersburg spielende Intrigen mögen das bewirkt haben. Es ist doch von seltsamer Bedeutung: der Mann, der am tiefsten vielleicht von den Gefahren der Zeit wußte, vom Mangel an Liebe, gerade im sozialen Bereich, und aus reiner Einsicht an die Lösung glaubte, weil für ihn »Innenerkenntnis vertiefte Außenerkenntnis« war, dieser Mann mußte umkehren vor dem Reich des Erwählten. Bald sollte dieses Reich den Geistesmächten, gegen die Baader stand: Feuerbach, dem pragmatisch mißbrauchten Hegel und seinen Schülern ausgeliefert sein. –

Krieg und Revolution erscheinen von dieser Epoche an in einer neuen, sich ständig intensivierenden Wechselwirkung, die bald von der Technisierung und modernen Wirtschaft weitergetrieben wird und diese selbst weitertreibt: Rad greift in Rad in immer heftigerem Schwunge. Krieg und Revolution rufen einander hervor; der Krieg ist eine Form des Austrags der Revolution; Motor, von beiden geheizt, ist die Technik. Wie zuvor ohne religiösen Frieden kein politischer möglich schien, so ist nun faktisch ein solcher nicht möglich ohne soziale Befriedung; also: nicht Waffenstillstand feindlicher Parteien, sondern Friede. Es fehlte nicht am Epilog des Mars auf die Allianz, dem Kommentar des aus der Geschichte Geschleuderten, der vom Pferd gestürzten »Weltseele« auf St. Helena: das europäische Staatensystem wäre gegründet gewesen, erklärte Napoleon, wenn er in Moskau Rußland und der Welt hätte den Frieden diktieren können. Es hätte seinen Kongreß und seine Heilige Allianz gehabt. Das seien Ideen, die man ihm gestohlen habe. Das sei ja sein Vorhaben gewesen: die Interessen aller Herrscher im Familienkreise zu besprechen und als »gewissenhafter Buchhalter den Völkern Rechnung abzulegen«. Das ist nicht eines der Bilder, die die Prophetin liebte von »Kind und Held zugleich«, vom »Mithelfer Christi«, dessen spirituellen Körper nach ungeheuren Prüfungen göttliches Leben zu kristallener Reinheit läutern werde. Aber es ist doch ein friedliches Bild, das Aussicht gehabt hätte, die Zeitgenossen zu überzeugen: der Buchhalter im Familienkreis: dahin also war der Kriegsmächtige auf dem Wege bei Jena und Austerlitz und an der Beresina. Und doch ist es wahr, daß Europa seinem maßlosen Anspruch, seiner Herausforderung die Vertiefung seines Gemeinschaftsbewußtseins zu verdanken hat; daß er Dämme durchbrach, Ströme zusammenführte, Vermächtnisse und Verpflichtungen einander näherte; die Allianz war nur die Antwort und – das ist die Ironie der Friedens-Passion – das Werk des Kriegsdämons und seiner Helfer war um vieles besser gelungen, mit weit mehr Genie und Feuer getan worden als das der Friedensstifter.

Die Denker

Im Widerspruch zur empirischen Geschichte haben europäische Denker Gedanken des Friedens gedacht. Von den wenigsten Urhebern bedeutender Friedensschriften und -entwürfe ließe sich ernsthaft behaupten, daß sie weltfremd gewesen seien, wenn sie auch keine Staatsmänner waren; vielmehr haben sie Weltkenntnis mit einer Erwartung verbunden, für deren Erfüllung es bisher kein Beispiel gab. Ist es ein Vorwurf, daß sie vom Menschen mehr erhofften als er bisher geleistet hat, daß sie die Gegensätze der Geschichte für aussöhnbar hielten? Im Jahre 1516, von Basel aus, widmete Erasmus seinen »Fürstenspiegel« dem sechzehnjährigen »Fürsten Karl«, dem späteren Kaiser. Er pries den Jüngling glücklich, weil er in ein herrliches Reich hineingeboren wurde und sich nicht eines erobern muß wie Alexander: »wie jener sich mühte zu erobern, so wird es vielleicht deine Aufgabe sein, freiwillig auf einen Teil deines Reiches lieber zu verzichten, als ihn im Besitz zu halten« – das ist wie eine Vorahnung des großen Verzichts. Ohne Blutvergießen, wie Karl die Herrschaft erlangt habe, solle er sie verwalten. Alle Fürsten, triumphiert Erasmus Anfang des folgenden Jahres in Antwerpen, haben »von Grund aus« die Kriegsvorbereitungen aufgegeben: der katholische König Karl, Heinrich VIII. von England, Kaiser Maximilian, Franz von Frankreich (der vor zwei Jahren bei Marignano Mailand zurückgewonnen hatte) sei wie geschaffen für Werke des Friedens.

Der Weltfriede also war auf der Schwelle, jetzt, im Jahre 1517. So schrieb nicht ein stubengelehrter Idealist, sondern ein Mann von über fünfzig Jahren, dessen von ihm oft bemitleidetes »Körperchen« der Fährnisse gewohnt war: er hatte Räuber bestanden, schlimme Überfahrten und gefährliche Paß-Straßen, kannte sich aus im London Heinrichs VII. und Heinrichs VIII., in Oxford und Cambridge, im Paris Ludwigs XII. und Franz I., im Florenz der Medici, im

Rom Julius II., in den Schweizer Städten wie in der niederländischen Heimat, in Konstanz, Frankfurt, Straßburg; er kannte Fürsten und Völker, den Lauf der Welt. Und doch glaubte er, daß dieser sich wende, »von Grund aus«. In diesem selben Jahre des Glücks, 1517, veröffentlichte Erasmus die »Klage des Friedens« (Querela Pacis). War es, um abzuschrecken? War es, weil er der Absicht der Fürsten nicht traute? Die wahre Ursache des Krieges, hatte er dem jungen Fürsten Karl geschrieben, liege in uns selbst, im Sturme der Leidenschaften. Und darüber hatte der Friede zu klagen: »Alle Dinge«, schluchzte er, »sind so sehr durch Zwietracht verdorben, daß man schwerlich ein Haus finden mag, in welchem ich auch nur einige Tage verweilen dürfte.«

– Uns geht es in diesem ganzen Zusammenhange nicht um eine Geschichte der Friedensbestrebungen, nur um entschiedene Konzeptionen des Friedens, um ihre Stellung, ihr Los in der Geschichte, um die Bereitschaft ungewöhnlicher Männer, sie zu vertreten: gegen alle und alles. Eine solche, eine unbarmherzig radikale, war die des Erasmus (bleibe es dahingestellt ob aus pragmatischen Gründen oder unbedingt). Er gab keinen Plan wie die späteren Denker und begnügte sich, den Fürsten die Vermeidung von Erbschafts- und Teilungsstreiten anzuraten; Hauptanliegen war für ihn: seine Auffassung vom Christentum, die ihm gegenwärtige Gestalt Christi dem Krieg gegenüberzustellen. Schon das Vaterunser konnte der Soldat nach seiner Überzeugung nicht beten; er konnte schon den Anruf nicht sprechen, weil dieser den Vater Unser Aller meine, nicht die folgende Bitte um Heiligung, weil der Krieger ja den angerufenen Namen entheilige. »Kaum ein Friede ist so ungerecht, daß er nicht dem gerechtesten Kriege vorzuziehen wäre.« Welch eine Antwort an die Theologen des gerechten Kriegs! Der Friede begreift es nicht, »daß das Zeichen des Kreuzes in beiden Feldlagern und Schlachtreihen leuchtet«, auf beiden Seiten Gottesdienst gehalten wird. Was ist das für eine Ungeheuerlichkeit? Kämpft das Kreuz mit dem Kreuz, Christus gegen Christus? Der Fürst möge den Herrn betrachten, den leibhaftig-gegenwärtigen, wie er die Herrschaft angetreten, verwaltet hat: keine Kriegstrompeten bliesen bei seiner Geburt, es wurden keine Siege, keine Triumphe, keine Beute verheißen. »Dem friedlichen Volke singen die Engel ein ganz anderes Lied.«

Aber den bittersten Schmerz, den Zorn des Friedens erregen die zankenden Theologen. Orden streitet mit Orden, sie selber sind in sich zerfallen; Mönch rauft sich mit Mönch. Von da dringt der Unfriede in die Welt. »Bei den Christen entflammen die Gott geweihten Priester und die sich noch heiliger dünkenden Mönche die Gemüter der Fürsten und des Volkes zu Mord und Vernichtung.« Was aber, klagt der Friede weiter, habe die Mitra mit dem Helm, der Krummstab mit dem Schwert, das Evangelienbuch mit dem Schild zu schaffen? Besser wäre es, sich gegen die Türken zu vereinen, besser noch, »diese durch Belehrung, Wohltaten und einen lauteren Lebenswandel für den Glauben Christi zu gewinnen«. (Es ist die weltgeschichtliche, bis heute unbeantwortete Frage nach der Überzeugungskraft des Christentums durch die Christen.) Aber der Friede wird nun bescheiden: »Schließlich ist schon viel für den Frieden gewonnen, wenn man ihn aus ehrlichem Herzen will.« Und doch ist mehr vonnöten: ohne Verzicht ist er unerreichbar: eine neue Wertordnung müßte gelebt werden: »Derjenige soll für königlicher gehalten werden, der von seinem Rechtsanspruch abläßt.« In Wahrheit aber ist alles fehlgeschlagen, was Menschen versucht haben. Die einzige Hoffnung des Friedens ist die Begegnung mit Christus, ist Seine Gnade.

Das also ist die Klage des Friedens, gesprochen im Jahre 1517, als Christus eben noch ungeteilt war, gerade ehe seine Gefolgschaft auseinander brach und Mars von dieser Katastrophe mit theologischem Rüstzeug überschüttet wurde. Es ist die Klage, gerufen in das Jahrhundert des Stockholmer Blutbades, der sich auf die Erben fortzündenden Kriege Franz I.

mit Karl V., des Blutstroms von Frankenhausen, der Religionskriege in Deutschland und Frankreich, der Plünderung Roms, Erstürmung Antwerpens, Bestrafung Nowgorods durch Iwan den Schrecklichen und anderer moskowitischer Greuel, der Agonie der Moriskos in den Gebirgen Granadas, der Bartholomäusnacht, des Verendens indianischer Völker, des Untergangs der Gnadenpilger in England, Fest der Märtyrer beider Bekenntnisse und aller Häresien auf Towerhill, in Rom und Madrid und Genf, im Abendland, und Vorabend des großen Hexenfeuers in der Alten und Neuen Welt. Aber dem Manne, der den Frieden hatte klagen lassen, der glaubte, daß die Erde ihn tragen könne und doch die »Tragödie« der Spaltung – Schuld und Versäumnis aller – deutlich sah in ihrer geschichtsbestimmenden Macht, blieb die leibliche Augenzeugenschaft erspart, nachdem er der prophetischen genügt hatte: er entschlief am 11. Juli 1536 in Basel in Christus und im Frieden »um Mitternacht, als die dortige, um eine Stunde vorgehende Uhr schon den 12. Juli angekündigt hatte«.[16] Schritt er über die Mitternacht gerade hinweg, uns voraus? Oder war er, so dicht beim Basler Tod, auf dem Wege in tiefere Nacht?

Aber die Streiter des Friedens streiten unter sich selbst. Sebastian Franck, auf dem Wege zum Priestertum in jungen Jahren von Luther mitgerissen (1520) [17], dann auch von Luther sich scheidend und den »vierten Glauben« proklamierend, der schon auf der Bahn sein sollte, die unsichtbare, zeichenlose Kirche – also keineswegs eine Sekte – sondern »das freie Christentum« [18], Basti Franck, Geschichtsschreiber in Straßburg, Seifensieder in Eßlingen, Buchdrucker in Ulm, hier vom lutherischen Ketzergericht ausgewiesen, für sein letztes, früh gekommenes Jahr Schützling der Freiheit zu Basel, Bürger und Drucker dort (1541): er mußte mit Erasmus einig sein in der Liebe zum Frieden, in der Verabscheuung des Krieges. Aber er hatte in seiner »Ketzerchronik«, einem alphabetisch geordneten Verzeichnis aller vom Papst verworfener Ketzer mit anschließenden Charakteristiken, den Erasmus eingereiht, und dieser war nicht gesonnen, so gefährliche Nachbarschaft hinzunehmen. Franck meinte es anders: das Urteil des Papstes war ja keineswegs das seine. »Denn sollte ich urteilen, ich würde vielleicht das Spiel umkehren, und deren viel kanonisieren und in der Heiligen Zahl setzen.« Von Freiburg aus beschwerte sich Erasmus, Franck wurde in Straßburg verhaftet, kam vor Gericht; seine eben (1531) erschienene »Geschichtsbibel«, vielleicht die erste Weltgeschichte ihrer Art in deutscher Sprache, wurde konfisziert. Ende des Jahres kam er, als der Stadt Verwiesener, frei.

»Die Schrift nennt unser Leben einen Krieg, so muß es auch immer zugehen wie in einem Kriege. Der schlafen will, wenn andere fechten, es ist billig, daß der um den Hals komme.« So war sein Leben, und auch für den Frieden hat er ein Kriegsbuch geschrieben (Kriegsbüchlein des Friedens, 1539). Für ihn – darin ist er uns merkwürdig nah – bedeutete die Verteidigung des Friedens das Erleiden eines unerbittlichen Problems. Er war ja Geschichtsschreiber, und zwar ein wahrhaftiger, der wohl wußte, daß er die reine Wahrheit über die Vergangenheit in Büchern und Schriften überhaupt nicht finden konnte; der eingestand, daß er alles, was er berichtete, nur durch einen Nebel gesehen, alles also »ungesättigt, gleichsam nach der Wahrheit noch das Maul aufreißt« – also hungert nach Wahrheit. Nun, Geschichte hatte ihm in der Sache des Friedens nicht mehr zu sagen als ein vernichtendes Nein! an die Verheißung der Engel in der Heiligen Nacht. Er sagte es auf der ersten Seite, daß er sich mit seinem Büchlein – wiewohl er sich mit Fiktionen zu schützen suchte – keinen »Kranz ertanzen« werde, daß er nach keinem Bistum fische, sondern eher der Welt, der Krieger und blutgieriger Theologen Todfeindschaft auf sich laden werde. Warum also schrieb er? Zum Trost »allen Kindern des Friedens und des Lichts« – »nach dem Maße der Gaben Gottes und meines Gläubleins«. Die andern aber werden seines Schreibens wegen ihr Kriegen nicht lassen. Und doch schreibt er: denen zuliebe, »so einfältig zwischen Himmel und Erden in einem Zweifel hangen«. Es ist eine neue, eine fast vereinzelt gebliebene, kaum wieder erreichte, männliche Haltung: die eines Streiters, der wissend in der Geschichte steht. Er erkennt die Gehorsamspflicht des Kriegsmanns an unter der Bedingung, »daß kein Eid, Bündnis, Gelübde, Gehorsam wider Gott gilt«; er will nicht entscheiden, ob Christen Kriegsleute seien und sein mögen oder nicht, »sondern ein Bild eines Christen und seines Reiches und Königs« und dagegen »ein Muster Anti-christi fürreißen«; das heißt: nicht bestimmen oder befehlen, sondern zur inneren, personalen Entscheidung bewegen.

Und doch ist seine Überzeugung klar: im Reich Christi ist kein Lärm oder Kriegsgeschrei auf den Gassen; der Beleidigte erwidert nicht, hier ist »Frid mitten im Unfrid« (der Welt), das Leben im Tod. Überwindung in Leiden, Schweigen und Geduld. Christus kommt nicht mit einem gewaltigen Haufen, reisigem Zeug und gewappnetem Heer, sondern sanftmütig auf einem Esel, »nit in eines Greifen, sondern in einer Tauben Gestalt«. »Man muß den Teufel mit Gottes Kraft schlagen«, mit geistlichen, nicht mit eisernen Waffen. »Der Fried ist der Markstein des Reiches.« Er entwirft, sich an Erasmus anschließend, eine seltsame Geschichte des Tötens: erst habe man Tyrannen und einzelne schädliche Tiere, dann, bei den Heiden, aus Erbarmung Alte und Kranke getötet, dann aber sei man von den schädlichen Tieren übergegangen zum zahmen Vieh, Schafen, Hennen, Rindern. »Des Ochsen, so uns lang mit seinem Schweiß das Feld bauen helfen und ernähret hat, ward nicht verschonet, sondern als Feind niedergeschlagen und zubereitet ... Als sie nun die Tiere zu töten gewohnt und geübt waren, fingen auch die Menschen an, einander mit Knitteln, Kolben und Steinen zu Tod zu schlagen und zu werfen.« Das dunkle Bewußtsein vom Zusammenhang allen Lebens und Tötens meldete sich hier: die Ahnung oder die

Furcht, daß das Wort »töten« sich nicht abgrenzen lassen könnte; daß jegliches Töten, wenn es nicht klares Unrecht ist, doch mit einem Unrecht zusammenhängt; daß Leben für sein Dasein und seinen Fortbestand Unrecht entrichtet: es ist ein Menschheitsgefühl, wie auch die Bedrückung über das Unrecht der Jagd, das Entsetzen davor sich in Überlieferungen, Sagen, Märchen ausklagt und auch das Empfinden, daß dem gefällten Baum, dem abgehauenen Zweige, der gepflückten Blume Unrecht geschen sei, nicht verstummen will. (Ein portugiesischer Vizekönig des sechzehnten Jahrhunderts beklagte die Berge, deren Eingeweide der Mensch durchwühle, um Eisen zu fördern: und es ist kein Zweifel, daß auf der Spur solchen Naturempfindens, wenn es mit Einsicht vollzogen werden könnte, Friede wäre, zum mindesten aber mahnt es zum Frieden, lehrt es Ehrfurcht und Sorgsamkeit, darum darf es nicht übergangen werden.)
Krieg also ist Empörung gegen das geschilderte Reich. Und nun urteilt Franck doch: der Krieg »kommt vom Argen und ist wider die evangelische Vollkommenheit«. Das führt zur Polemik gegen Luthers viel angerufene Schrift »Ob Kriegsleute auch im seligen Stande sein können«. Luthers Frage ist übrigens von Shakespeare in dem nächtlichen Gespräche Heinrichs V. mit seinen Soldaten dahin beantwortet: daß der König verantwortlich sei für den Befehl, der Kriegsmann aber für sein persönliches Heil: dieser habe, immer vom Tod umgeben, sich so zu halten, daß er jeden Augenblick vor Gott gelangen könne. Ohne Luther zu nennen, ergießt Franck seinen Zorn über die Theologen, »die unter alle Ellenbogen ein Kissen machen«. Sein Christentum ist ja ausschließlich auf das Neue Testament gegründet. Das Neue Testament steht für ihn zum Alten nicht in der Beziehung eines Fortgangs, es ist »kein Konsequenz«, vielmehr verhalten sich die Testamente zueinander als »Widerspiel, Antithesis«. »Das ist dort, darum da nit, und nit darum da auch.« Das Priestertum ist aufgehoben wie Gesetz und Reich

Israels. Ein christlicher Krieg ist im Neuen Testament »so selten wie die Störche im Winter«. Jetzt aber ist letzte Zeit. Francks Friedenszeugnis, das ist von großer Bedeutung, ist von derselben apokalyptischen Stimmung erfüllt wie Luthers späte Jahre; es ist adventisch, als Bekenntnis vor dem kommenden Richter abgelegt; nur vor ihm hat er sich zu verantworten, nicht etwa vor Augustinus. »Christi Worte aber seind nit Gebote oder Gesetze, sondern ein Ruf der Gnadn und Verzeihung der Sünden, ein Freudengeschrei und Anbietung des Friedens.« Hierher gehört kein Schwert, »sondern ein arm, dürftig Herz«. So steht er ganz fest, kann er den Widerspruch der Weltgeschichte über sich niederrauschen lassen: die Wahrheit ist schon angegangen, »alle Figur hat aufgehört«, es gelten nur geistliche Waffen. Er reißt den Schleier von den Greueln des Krieges, den Wunden, die er den Seelen schlägt, seinem furchtbarsten Schaden. Da letzte Zeit ist, so ist eben jetzt Zeit des Krieges, wie es geoffenbart worden ist. Er sieht nichts denn eitel Verheeren, Lärmen und Sieg auf des Antichrists Seiten, dagegen nichts denn Niederlagen, Jammer und Unterdrückung auf Gottes und seines Volkes. »Du hörest hie nicht, daß Christus kriege oder siege, sondern leide und unterliege.« Das »wild Tier, Mundus, die Welt« wird obsiegen über die Heiligen. Dieses Unabwendbare hebt die Freiheit nicht auf: »So gedenke, welcher Art und Part du seiest.« Es gibt keinen uneingeschränkten Gehorsam, der in diesem Endprozeß ja auch Christen gegen Christen werfen könnte: allein Gottes Geist in uns, den wir höher achten müssen als Weib und Kind, Gut und Leben, weist den Weg durch diese furchtbare Welt, »wo die vom Geschütz verderbten Krieger, Marterhansen und Eisenbeißer warm im Pulverrauche zum Himmel fahren«, oder »von Läusen und Hungarischen Flöhen hinter den Zäunen gefressen werden«.

Das ist der Aufschrei eines verzweifelt zwischen allen Fronten dahinflüchtenden, von allen Seiten mit Steinen beworfenen Mannes, des freien, das heißt dem Heiligen Geist allein überlieferten Christen. Hinter den sich aufbauenden Kriegshaufen jeder Partei standen Theologen, uneinig im Glauben und in der Auslegung des Wortes, einig in der Rechtfertigung und Verteidigung des von ihnen für gerecht erklärten Krieges; einig auch im Reden vom Frieden, das niemand ihnen glaubte.

Erasmus und Franck gaben keine Friedenspläne, sie warfen Proteste in die Zeit: Wasser in Feuer gegossen, das nur um so wütender aufzischte. Die Denker, die im folgenden Jahrhundert Pläne der Weltbefriedung ausarbeiteten, mußten sich zugleich an Zeit und Zukunft wenden; die bedeutendsten unter ihnen wußten, daß sie im höchsten Falle nur mit einem Vollzug von Stufe zu Stufe rechnen konnten. Einig waren sie sich darin, daß sofort begonnen werden mußte: vor ihnen brannten, rauchten die Trümmerfelder des Dreißigjährigen Krieges, Cromwells Eisenreiter stoben vorüber, der brandenburgische Marsch erscholl bei Fehrbellin, auf Usedom und verhallte im kurischen Schnee, der Türkensturm wütete, die Kriege Ludwigs XIV. entrollten sich über die Meere zu einer Weltkatastrophe: in Wahrheit sollte der Krieg das ganze Jahrhundert gewinnen. Welche Schicksale hatten diese Projekte – hatten die Hoffnungen des Friedens selbst! Maximilian, Herzog von Sully, Jugendgenosse Heinrichs von Navarra, als Finanzminister Tilger seiner Schulden, bewunderter Kriegsmann in seinen Diensten, der in Savoyen für uneinnehmbar gehaltene Festungen nahm, Großmeister der Artillerie, Kapitän der Häfen und Flüsse, nach der Ermordung seines Herrn (1610) auf seinem Schlosse Sully an der Loire in noch frühen Jahren darauf angewiesen, Tatenlust und Eitelkeit mit Memoirenschreiben abzuspeisen: Sully erlaubte sich eine Fälschung, die erst nach fast drei Jahrhunderten aufgedeckt wurde. Es ist Heinrichs IV. »Großer Plan« (Grand Dessein), mit dem der einstige Minister seinen Herrn verklären, vielleicht auch den Gemeuchelten rächen wollte: der König hätte Europa gerettet, befriedet als Schiedsrichter der Christenheit, wenn er nicht ermordet worden wäre. Aber es ist – nach K. von Raumer – »eindeutig erwiesen«, daß der einstige Kriegsheld und Großmeister der Artillerie, nicht der König, Urheber des viel umstrittenen Planes war: fünfzehn etwa gleich starke Staaten sollten sich zur République Chrétienne zusammenschließen unter einem Generalrat und untergeordneten Provinzialräten, um aus der Kraft inneren Friedens mit einer europäischen Armee die Türken zu vertreiben. Sully wollte also auf den Krieg nicht verzichten; er wollte ihn nach außen lenken, damit ganz im Sinne europäischer Tradition verharrend, die den Türken (wie den Hunnen) ebensoviel Leid und Angst wie Förderung und Aufrüttelung zu verdanken hat, genau wie die Griechen dem Angriff der Perser. Heinrich IV. war auf dem Weg zum siegreichen Friedensfürsten, bereit, um Europas willen einer höheren Ordnung sich und Frankreich einzugliedern.

Der Gedanke einer Gesamtregierung verschwindet nun nicht mehr; er sollte sich zur Konzeption einer Weltregierung erweitern – welcher Traum noch über uns funkelt. Aber der etwa um dieselbe Zeit ausgesponnene Plan des Pariser Magisters Crucé ging verloren und sollte erst nach 250 Jahren wieder gefunden werden, als die Menschen sich seinen Gedanken wieder näherten: er wollte in Venedig, also auf unparteiischem Boden, einen die Völker regierenden Gesandtenkongreß zusammenrufen, fest vertrauend auf die Vernunft: entschieden steht er gegen Sully. Die Zeit, von Siegen und Triumphen zu träumen, versichert er, sei vorüber; die Türken müßten für den Frieden gewonnen und in die Ordnung einbezogen werden. Alle Gründe und Vorwände zum Kriege weist er zurück. Glaubensirrtümer dürften nicht bestraft oder korrigiert werden. An erster Stelle soll der Papst stehen, an zweiter der Sultan, da er Herr von Konstantinopel ist, der Hauptstadt des morgenländischen Reiches – es erscheint also noch einmal das vereinigte Römische Reich, aber in die Erddimension erweitert – an dritter Stelle der Kaiser. Perser, Äthiopier, Tataren, Chinesen, Japaner sind eingeschlossen in diesen freien Welthandelsstaat, in den weltgültiges Geld und Maß eingesetzt werden: »das Öl der großen Versöhnung« ist auf das Weltmeer gegossen. Unverletzlich ist der Gehorsam gegen Fürsten und Regenten. Etwas Ergreifend-Hochsinniges bei vieler Nüchternheit ist an diesem wieder ausgegrabenen Traum: auf Gott vertrauende Versöhnungsbereitschaft, Glaube an Gottes Werk im Menschen.

Aber auch das Gedankenwerk Leibnizens, der von früh an Probleme des Friedens durchforschte, wurde verschüttet und ist in seiner Vielschichtigkeit, auch einer gewissen Widersprüchlichkeit, nur schwer zu durchdringen. Er wußte wohl, daß mit Crucés naiver Frage: »Was wollen wir mit den Waffen?« und mit der Einfalt der Vernunft Geschichte sich nicht beschwichtigen läßt: er ist es zuerst, nicht Kant in der sarkastisch-unheimlichen Einleitung zu seiner berühmten Schrift, der, mit Bezug auf die Thesen eines anderen Projekte-Machers, des Abbé Saint Pierre, das Wort »Ewiger Friede« in hintergründigem Sinne nimmt: »Ich erinnerte mich dabei irgendeiner Aufschrift über einer Kirchhofspforte, welche lautete: ›Ewiger Friede‹. Denn freilich, die Toten schlagen sich nicht mehr, die Lebenden aber sind anderer Stimmung und die Mächtigsten unter ihnen zollen den Aussprüchen der Gerichtshöfe gar keine Achtung.« Halb im Ernst, halb im Spott meint er dann: es müsse in Rom ein Schiedsgericht erstellt und der Papst zum Gerichtspräsidenten gemacht werden. Das setze freilich voraus, daß die Geistlichkeit ihre frühere Autorität erlange, durch Bann und Interdikt in Schrecken zu versetzen, und daß der Papst die Kirchenverfassung aus der Zeit Karls des Großen wieder einführe, damit auch die Protestanten zustimmen könnten. Dann müßten aber auch die Päpste den ersten römischen Bischöfen ähnlich werden. Kurz, es ist ja erlaubt, Romane zu schreiben.

Ernst aber war es ihm durchaus mit den Versen an Kaiser Leopold I.:

> Höchster Ruhm ist es Dir, wenn durch Dich die Erde zur Ruhe
> Kommt und nimmer der Krieg Christen durch Christen zerfleischt.

Er steht also auf Seiten Sullys: weder sofort noch überhaupt kann er den Krieg verwerfen. Friedenswerke sollen die Völker Europas langsam von ihm abziehen; die Energien sollen sich vergeistigen, zusammenschließen, die Ziele sich verlagern. Ein Friede des Geistes, gemeinsames, sich wechselseitig steigerndes wissenschaftliches Streben der Völker soll den politischen Frieden vorbereiten. Man kann es wohl als ein Zeichen des Ernstes und der Überwindungsbereitschaft nehmen, daß Leibniz Ludwig XIV., der so viele deutsche Gelehrte gefördert hat, während er deutsche Länder verheerte, zum Monarchen dieses Geistesreiches ausersah. Dieser geistigen Repräsentation, die zugleich vorbereitend und erhaltend wirken soll, ordnet er eine politisch-geschichtliche zu: Kaiser und Papst, die sich in ihre Gewalten teilen. Dann mag Europa seine kriegerische Kraft, statt gegen sich selbst, gegen den »Erbfeind, den Barbaren, den Ungläubigen« richten und »Christi Reich erweitern«: die Franzosen sollen sich mit den nordafrikanischen Seeräubern schlagen und Ägypten erobern, welchen Rat dann Napoleon befolgte, Engländer und Dänen Nordamerika, die Holländer Ostindien kolonisieren. Aber das ist ein Luftschloß, solange die Voraussetzung nicht erfüllt ist: die Versöhnung der Gläubigen. Sie erweist sich für Leibniz als der von Sebastian Franck zitierte »stählerne Berg«, an dem wir »in Trümmer springen«. Der Donauwörther Prophet meinte damit Gott, an dem wir scheitern. Und die Versöhnung: das könnte ja die Begegnung mit Gott sein, die Erkenntnis, daß wir nicht recht haben, sondern Er. Es ist kein Friede ohne Verzicht.

Die Sonderbarkeiten hochstehender Menschen und selbst noch erlesenster, weltkundiger Geister in Sachen des Friedens sagen uns am besten, was es mit dem Frieden auf sich hat: er scheint eine notwendige Unmöglichkeit, oder, in der Sprache moderner Philosophie, eine unzugängliche Unumgänglichkeit zu sein. William Penn baute sich den Friedensstaat auf, das Märchen vom europäischen Reichstag, Parlament oder Staatenhaus – im Gefängnis unter dem Oranier, da cr Muße hatte, im Jahre des Heils 1693. »Cedant arma togae« schrieb er darüber. Nur wer der Nächstenliebe so bar sei wie die Welt des Friedens, der könne sich durch solch friedefördernden Vorschlag gekränkt fühlen. (Aber die Welt fühlt sich nicht sonderlich gekränkt. Denn sie hört nicht zu.) Penn also wollte den europäischen Reichstag zusammenrufen, und zwar das Deutsche Reich an erster Stelle, mit zwölf Stimmen, Frankreich mit zehn, Spanien auch, Italien mit acht, England mit nur sechs ... »Und wenn die Türken und Moskowiter auch aufgenommen werden, was nur billig und gerecht wäre, dann macht dies noch einmal zehn mehr.« Hierin war er mit dem Pariser Magister einig, gegen Sully und Leibniz. Das Sitzungszimmer müsse rund sein und verschiedene Türen haben ... Und so regierte er fort in seinem Gefängnis, in seinem kindlich-großen Glauben an die Vernunft, die Ehrenhaftigkeit, daran, daß es nur einen einzigen Heiligen Krieg gibt: den gegen den Teufel (was ja doch die Lehre des Evangeliums ist); daran, daß durch solche Institutionen »das Ansehen des Christentums sich bis zu einem gewissen Grade in den Augen der Ungläubigen wieder erholen müßte« (was bis heute eine bittere Notwendigkeit bleibt, wie hoch auch das Martyrium unserer Missionare zu verehren ist). Auch heiße es nicht, daß das Lamm beim Löwen ruhen solle, »sondern der Löwe soll ruhen beim Lamm«. Und nun, ärgerlicherweise, das bedeutet: daß »Soldaten Eremiten werden sollen«. – Aber vielleicht bedeutet es noch mehr: vielleicht ist es der Löwe, der des Schutzes bedarf. Das Lamm, das »wie geschlachtet« ist, wird ja herrschen. Das Lamm ist stärker als der Löwe – und nicht vor dem Löwen, sondern vor dem Lamm werden die Menschen erzittern, wenn die Sterne fallen.

Gewiß, räumt Penn ein, die Türken bedrohen uns: aber ohne die Sorglosigkeit, das Einverständnis, »wenn nicht gar Hilfe einiger christlicher Fürsten« wäre es nicht so weit gekommen. »Gebet und Tränen, Verrat und Blut und Verwüstung« – das Leiden – »müssen den Kredit unseres Vorschlages erhöhen«. Nein, die Menschen werden nicht verweichlichen, wenn das Soldatenhandwerk nicht mehr geübt wird: einfaches Leben und strenge Arbeit, technische Kenntnisse und Naturwissenschaft, »wie sie die Ehre des deutschen Adels sind«, würden die jungen Menschen zu Männern machen, »aber nicht zu Weibern oder Löwen: denn Soldaten sind ja das andre Extrem der Verweichlichung«. – Wie sich das Lob wissenschaftlich-friedlicher, nicht kriegerischer oder rauflustiger Ehre des deutschen Adels jener Zeit begründet, wissen wir nicht. Aber das Ganze ist die Rede eines Kindes von genialer Intuition. In der Mitte, zwischen den Extremen der Verweichlichung, sollte männliche, frauliche Liebe sein. Den Fürsten und ihren Häusern fehlt es an gegenseitiger Zuneigung von Mann und Frau, daher Fehde und Verzweiflung. Aber glückliche Fürsten würden glückbringend sein, – das ist eine Idee, die Novalis wieder aufgenommen hat. – Penn, der Gefangene seines Königs, hätte es gewünscht, daß die Völker England solche Ratschläge zu danken hätten. Aber! Der Wahrheit die Ehre! Sie sind der Ruhm Heinrichs des Großen von Frankreich; er, der Gründer von Pennsylvania, hat sie nur in Erinnerung gebracht, »zugunsten des Friedens und der Wohlfahrt Europas«, allerdings in diesem »kritischen Zeitpunkt«, im Jahre 1693, da gekämpft wird von der Nordsee bis Ungarn, ganz anderes noch zu erwarten ist, und, wie die Kulturgeschichte meldet, der Name »Höllenmaschine« für Sprengschiffe erfunden wurde.

Zu Anfang des achtzehnten Jahrhunderts hatte ein aus der Normandie stammender Geistlicher – Charles Irénée Castel, Abbé de Saint Pierre, Mitglied der Akademie und Beichtvater des Herzogs von Orléans – derselbe, über den sich Leibniz lustig machte, einen Reiseunfall. Die Achse seines Wagens brach. Er mußte aussteigen und konnte nachdenken. Warum brach die Achse? Weil die Straße miserabel ist. Warum ist die Straße so miserabel? Weil der König Krieg führt. In den folgenden Jahren arbeitete er sein »Projet de Paix perpétuelle« aus (1713–14). Er hatte übrigens den Mut, sich die Ausweisung aus der Akademie durch strengen Tadel der Verschwendungssucht Ludwigs XIV. zu verdienen und soll der französischen Sprache das Wort »bienfaisance« geschenkt haben. Eine Art von Berufung war auf diesen Mann gefallen, dessen Schriften, wie es heißt, keineswegs ungewöhnlich, ja kaum mehr lesbar seien. Wie viele Achsen sind gebrochen! Aber wer fragte wie er?

Der Abbé wurde das Opfer der Fiktion Sullys und mit ihm Rousseau, der von Saint Pierre die Idee eines unauflöslichen, von einem Abgeordnetenkongreß regierten europäischen Staatenbundes übernahm. Er sollte Staaten von gleich verteilter Macht vereinen und aggressive oder defensive Sonderpolitik ausschließen. Vorbild an erster Stelle war das von ihm aufrichtig bewunderte Deutsche Reich, trotz einiger Mängel seiner Verfassung; an zweiter die Eidgenossenschaft und die Generalstaaten. Aber ihn leitete ein schon modern anmutendes Bild Europas als einer lebendig gegliederten geschichtlichen, geistig-rechtlichen, religiösen Einheit, die »Völkergemeinschaft Europa«, deren Grundlagen von Gebirgen, Meeren, Flüssen gegeben war: »Man kann sagen, daß die politische Gestaltung dieses Erdteils in gewisser Hinsicht ein Werk der Natur ist.« – Es ist kein Zweifel, daß die Verteilung der Macht, ein völlliges Durcheinanderwerfen überkommener Grenzen, von der Sully seinen Plan abhängig machte, den erbittertsten aller Kriege entfesselt hätte: daß also Heinrich IV., wenn er sich auf diesen Wahn eingelassen und ihn bestanden hätte, blutüberströmt durch das Triumphtor gezogen wäre. Rousseau war keineswegs des Glaubens des Abbés, des »ehrenwerten Mannes«, daß man »nur einen Kongreß einzuberufen brauchte, um dort seine Artikel vorzulegen, damit sie unterzeichnet würden, und daß dann alles geschafft wäre«. Karl V., meinte Rousseau, konnte nach der Universalmonarchie streben, weil er über »großartige Mittel des Erfolgs und Genies« verfügte und den einen Teil der Welt beherrschte, den anderen erzittern lassen konnte. Heinrich IV. setzte sich in Macht für seinen Plan, »er füllte seine Schatzkammer mit Geld, seine Arsenale mit Artillerie, Waffen, Munition«, er gebot über sechzigtausend Mann und zwanzig Kriegsschiffe und verfügte über hohes diplomatisches Geschick. Man gebe uns einen Heinrich IV. und einen Sully zurück, »und der ewige Friede wird wieder ein vernünftiger Plan werden!« »Doch ist es leicht, sich darüber zu trösten, daß der bewundernswerte Große Plan nicht ausgeführt wurde «, fährt Jean Jacques fort, »denn das kann nur durch gewaltsame und für die Menschheit furchtbare Mittel erreicht werden.« Ein solcher Bund läßt sich nur durch »Umwälzungen« realisieren. Wer wollte zu sagen wagen, ob er zu wünschen oder zu fürchten ist? »Er würde vielleicht mit einem Schlage mehr Unheil anrichten, als er für Jahrhunderte verhindern könnte.«

In dieser Perspektive liegt das Friedensreich am Vorabend der Revolution. Wird sie sich seiner bemächtigen? Wie sollte sie es nicht? Ist die Sehnsucht nach Frieden auf Erden nicht eine Waffe ohnegleichen im Kampfe der Revolution um ihre rechtlichen und widerrechtlichen Ansprüche, um die Durchsetzung ganzen und halben Rechts, um die Macht der Agenten und Diktatoren, die die aufgärende Masse belohnen mit dem Wahn, Herrin zu sein?, für die Tyrannei der Idee und Abstraktion? Der Friede erhebt sich mit feurigen Flügeln und schüttet Feuer über die Welt.

Während die Revolution schon im Gange war, meldete sich in England ein höchst unerschrockener politischer Ketzer: Jeremy Bentham mit der Forderung: »Gebt alle Kolonien auf. Gründet keine neuen.« Auswärtige Besitzungen lägen nicht im Interesse Englands, so wenig wie eine Seemacht zu bestreiten »über das Maß dessen, was genügend ist, um seinen Handel vor Seeräubern zu schützen«. Für den Verzicht auf Gibraltar und Ostindien zählte er lange Reihen von Gründen auf, unter denen die Vermeidung von Kriegsgefahr eine wichtige Rolle spielte. Wohl versprach er sich für seinen auf Reduktion und Festlegung der Streitkräfte und Emanzipation der Kolonien, auf Welt-Gerechtigkeit gegründeten Friedensplan die Zustimmung von den Kanzeln, den Beistand des Gebetes. Sein wesentliches Argument blieb doch die problematische, für eine gewisse Industrie nicht zutreffende Banalität, daß der Krieg dem Wohlstand schädlich sei. Das Gottesreich ist auf Erden angekommen, aber es hat die Zeichen seiner Herkunft verloren.

So scheint die Wahl zu stehen zwischen dem Sturz in Blut und Feuer oder dem Tode im Kontor des Wohlfahrts- und Handelsstaats. Aber Immanuel Kant setzte sich neben dem verunglückten Wagen an der vom Kriege zerbeulten Straße nieder und dachte nach über das Problem des von Leibniz und Voltaire verspotteten geistlichen Philantropen. Gerade war wieder die Achse gebrochen. Im Herbst 1794, nach der Niederlage der Österreicher in Belgien, waren die Truppen der Französischen Revolution in Köln, Bonn, Koblenz eingezogen, in Polen erlag der todesmutige Kosciuszko russischer Übermacht. Im April 1795 schloß Preußen in Basel »Frieden« mit Frankreich, der dem Sieger das linke Rheinufer überließ. Nach im Januar vorausgegangenem österreichisch-russischen Geheimvertrag wurde im Oktober 1795 Polen endgültig aufgeteilt: ein Unrecht wurde in Kraft gesetzt, dessen verhängnisvolle Auswirkungen bisher nicht überwunden werden konnten, so wenig wie der auf Prag lastende Fluch. Obwohl ja nur Preußen aus dem Kampfe geschieden war, nicht Österreich und das Reich, so regte sich doch die Hoffnung, daß der Krieg mit der Revolution zu Ende gehe. Der Sturz Robespierres (Juli 1794) schien sie zu erlauben. In Wahrheit konnte die Problematik als Friedensschlüsse bezeichneter politischer Verträge nicht krasser erscheinen als im Jahre 1795: schon im September verbündeten sich Österreich, England, Rußland zum erneuten Kampf gegen die Revolution.

Inmitten dieser Vorgänge, am 13. August 1795, schrieb Kant an seinen Verleger Friedrich Nicolovius in einem einzigen Satz: wenn er zur Michaelismesse eine Abhandlung von etwa fünf Bogen, deren Manuskript vor nächster Woche eingehe, zu einem Honorar von 10 Reichstalern für den Bogen fertigstellen könne, so solle er im Meßkatalog unter der Rubrik fertiger Schriften folgendes setzen: »Zum ewigen Frieden. Ein philosophischer Entwurf von Immanuel Kant.«

Wir können es uns nicht versagen, ein wenig im Briefwechsel dieses Jahres zu blättern, um mit dem geschichtlichen das menschliche Klima zu spüren, aus dem die Schrift kam. Am Tage darauf, indem der Philosoph für »ein vortreffliches Werk«: »Der vernünftige Glaube« dankt, erwähnt er »bedeutender und vielvermögender Winke«, die ihm vor einem Jahre gegeben worden seien, und die, was ihn angehe, aller Schriftstellerei dieser, also religiös-philosophischer Art, ein Ende machen: er steht im gespanntesten Verhältnis zur Obrigkeit, der er seinen wichtigsten Dienst erweist. Im Oktober 1794 hat ihm der Kultusminister Friedrich Wilhelms II. bei Androhung höchster Ungnade Seiner Majestät verboten, weiterhin seine Philosophie zur Entstellung und Herabwürdigung des Christentums zu mißbrauchen. – Wenige Tage darauf schreiben die vier Kinder seines Bruders aus Altrhaden: sie werden wohl nie das Glück haben ihn kennenzulernen und ihm die Hand zu küssen, er möge erlauben, daß sie sich einmal schriftlich an ihn »anschmiegen«, den Bruder ihres Vaters und berühmten Mann, den sie mit innerem Stolze verehren und von dem sie geliebt sein möchten. »Bei dem allem bleiben Sie uns doch immer abwesend, immer entfernt.« Sie wagen zu bitten um ein Geschenk, einen Gegenstand, der ihre Vorstellung belebt, eine Locke von seinen ehrwürdigen grauen Haaren. Sie werden diese in einen Ring fassen und dann sich einbilden, sie hätten ihren Onkel bei sich. – Und wieder: sein Berliner Freund Johann Gottfried Carl Kiesewetter, dem er Korrekturen anzuvertrauen pflegte, hat ihn im vorigen Jahre mit Teltower Rübchen so verwöhnt, daß die ostpreußischen seinem Gaumen nicht mehr behagen wollen. Kant bittet um einen Scheffel dieses Hausbedarfs an die Adresse des Kaufmanns Jacobi gegen Erstattung der Kosten, denn es wäre unbescheiden, die Höflichkeit zur Gewohnheit werden zu lassen. Inzwischen wird ja wohl Kiesewetter seine Rêveries »zum ewigen Frieden« von Nicolovius bekommen. – Der Freund kündigt nach ein paar Wochen die Rübchen an, zugleich dankt er für die Schrift, die er verschlungen hat und deren »Offenheit« ihn entzückte. Aber sie wird nicht überall die gleiche Aufnahme finden: Herr Genz wird wohl dagegen schreiben, auch ein gewisser privatisierender Professor Meyer, der eine kleine Pension vom Hofe zieht ... Auch der Verfasser der bedeutendsten Schrift über den Frieden, der keineswegs ein Vereinfacher des Geschichtlichen oder unbedingter Gegner des Krieges ist, steht einsam, zwischen Kirche und Staat, verdächtig, bedroht: Widerruf und Verleugnung, notiert er im Entwurf seines Rechtfertigungsschreibens an den König, sei »niederträchtig«. Schweigen ist im gegenwärtigen Falle Untertanspflicht. Er schwieg fortan über die Religion. Man wird die Friedensschrift von diesen Vorgängen her betrachten müssen. Und doch, bei äußerster Klugheit der Ironie, welche Offenheit grundlegender Überzeugung von Staat und Politik!

Kants Forderungen sind bekannt: Friede wäre nur dann geschlossen, wenn die Anlässe zu künftigen Kriegen, bekannte wie unbekannte, *vernichtet* wären. Wo die Ehre des Staates in der Vergrößerung der Macht gesehen wird, ist ein Friedensschluß überhaupt nicht möglich. Der Staat muß als eine »moralische Person« angesehen werden, also wie ein Mensch, in der Würde seiner Freiheit: er kann nicht verhandelt, vertauscht, verkauft werden, und ebenso steht es mit den Landeskindern, den Truppen. Stehende Heere sollen langsam abgebaut werden; das Recht auf freiwillige periodische Waffenübungen zur Verteidigung wird anerkannt. Dem modernen Kreditsystem, das den Staaten die Aufhäufung einer »gefährlichen Geldmacht«, nämlich eines »Schatzes zum Kriegführen«, ermöglicht, ist durch geeignete Verbote entgegenzuwirken. Einmischung in die inneren Angelegenheiten eines anderen Staates ist nicht erlaubt, auch dann nicht, »wenn ein Staat sich durch innere Verunreinigung in zwei Teile spaltete, deren jeder für sich einen besonderen Staat vorstellt, der auf das Ganze Anspruch macht«. Solange nämlich dieser innere Streit nicht entschieden ist, würde die Einmischung »Verletzung der Rechte eines nur mit seiner inneren Krankheit ringenden Volkes« sein, wobei freilich angenommen wird, daß dieses Volk »von keinem anderen abhängig sei«; wir sind ja noch im Jahre 1795. Vielleicht aber die wichtigste Erkenntnis schließt sich der Forderung an, daß, wenn es doch zum Kriege gekommen ist, in diesem nichts unternommen werden darf, das im künftigen Frieden wechselseitiges Zutrauen unmöglich macht. »Denn«, fährt Kant fort, »irgendein Vertrauen auf die Denkungsart des Feindes muß mitten im Kriege noch übrigbleiben, weil sonst auch kein Friede abgeschlossen werden könnte, und die Feindseligkeit in einen Ausrottungskrieg (bellum internecinum) ausschlagen würde.« Der Ewige Friede wäre dann zu finden auf dem großen Kirchhof der Menschengattung: Kant weist damit noch einmal auf das Schild eines holländischen Gastwirts, das er zu Beginn in seinem Friedenstor aufgehängt hat: es zeigt einen Kirchhof mit der Inschrift, die er zum Titel seiner Friedensschrift erwählt hat. Der Titel steht also über Gräbern. (Welche Ironie des Leidens an Mensch und Menschheit!) Das also wäre Friede, auch im Jahre der Friedensschlüsse und Verträge, 1795, die wohl nicht einer einzigen dieser Forderungen Rechnung tragen. Alles, was Kant im folgenden ausführt über die Errichtung eines Friedensbundes der Völker – nur moralische Personen können ein Bündnis schließen, nur Menschen sich die Hand reichen, unpersonale Staaten schließen Verträge, die sie morgen brechen werden, der Bund aber hat das Ziel, »alle Kriege auf immer zu endigen«; über die den Bund tragende »republikanische Verfassung«, das heißt die größtmögliche Mitverantwortung und Beteiligung der Untertanen an der Regierung und weiter über das allen Menschen zustehende Besuchsrecht, das auf dem Recht »des gemeinschaftlichen Besitzes der Oberfläche der Erde« ruht: all das, wie die folgenden Zusätze über die Garantien des Friedens, hängt also hinsichtlich seines Vollzugs von der gelassen ausgesprochenen Voraussetzung ab: daß irgendein Vertrauen auf die Denkungsart des Feindes auch im Kriege übriggeblieben sei. Wo dies nicht der Fall ist, hat auch Kant nichts zu raten, es sei denn unter Beherzigung seiner Einsichten, in Ernst und Wahrhaftigkeit, in Glaubwürdigkeit die Stiftung neuen Vertrauens anzustreben – nachdem der Krieg nichts übriggelassen hat, was dazu berechtigen könnte. – Ohne eine Art von Großmut und Verzicht, die Überantwortung eines Rechtes in die Hand des Gegners, wird das nicht zu bewirken sein.

Humboldt bemerkte enttäuscht, Kants Schrift enthalte »keine einzige neue Idee«. Es ist möglich, daß an wegweisenden, konstruktiven Gedanken in dieser Sache schon damals nichts Neues zu erbringen war (wieviel weniger heute); anders mag es stehen mit Erkenntnissen und Formulierungen: etwa der Gefährlichkeit der modernen Geldwirtschaft oder der im Kriege aufgekommenen »höllischen Künste«, die »sich nicht lange innerhalb der Grenze des Krieges halten«, sondern auch in den »Friedenszustand übergehen und so die Absichten desselben gänzlich vernichten würden«. Nicht viele werden die heraufziehende Zeit so deutlich gesehen haben wie der Weltweise im Schatten höchster Ungnade, der sich übrigens, drei Jahre darauf, nach dem Tode des Königs, doch die Rache gönnte, jenes ministerielle Edikt zu veröffentlichen (1798).

Das Einzigartige der Schrift Kants beruht aber darin, daß sie die schärfste Ansicht der empirischen Geschichte und Politik mit erhabener Moralität verbindet. Das »Ist« und das »Soll« sind mit derselben Unbestechlichkeit ausgedrückt. Er gestattet sich nicht die mindeste Idealisierung. Die »Bösartigkeit der menschlichen Natur« läßt sich »im freien Verhältnis der Völker unverhohlen blicken«. Friedenszustand ist kein Naturzustand, vielmehr ist dies der Krieg oder mindestens die immerwährende Bedrohung durch ihn. Schon durch ihr Nebeneinander »lädieren« sich Völker im Naturzustande, genau wie einzelne Menschen. Es ist damit zu rechnen, daß »selbst ein Weltteil, wenn er sich einem andern, der ihm übrigens nicht im Wege ist, überlegen fühlt«, das Mittel der Verstärkung seiner Macht durch Beraubung oder Beherrschung nicht unbenutzt lassen wird, daß also der Kampf der Weltteile begänne, auch wenn sie einander nicht im Wege sind, weil ja eben »nach aufgeklärten Begriffen« die Ehre des Staates in ständige Steigerung der Macht gesetzt wird. Der Krieg ist von der Natur – Kant gebraucht ausdrücklich dieses Wort statt »Vorsehung«, um sich keinen »ikarischen Flügel« anzusetzen, also in der Geschichtsdeutung nicht abzustürzen –, instituiert; er hat dazu gedient, die Menschen vom Eismeer bis Feuerland über die Erde zu verteilen. Der Krieg bedarf keines besonderen Beweggrundes, er »scheint auf die menschliche Natur gepfropft zu sein und sogar als etwas Edles ... so daß »nicht bloß, *wenn* Krieg ist (wie billig), sondern auch *daß* Krieg sei, von unmittelbarem großem Wert zu sein geurteilt wird« ... es wird also in den Krieg eine »innere Würde« gesetzt. So eben hat es die Natur eingerichtet, ungeachtet des Ausspruchs der Griechen: »Der Krieg ist darin schlimm, daß er mehr böse Leute macht, als deren wegnimmt.« Und Kant selbst ist der Meinung, daß man nach einem jeden Kriege einen Bußtag ausschreiben soll, um Gnade für die große Versündigung anzurufen, und daß religiöse Siegesfeste mit der moralischen Idee des Vaters der Menschen nicht zu vereinen sind.

So wird in ständiger Entsprechung auf zwei Ebenen geforscht, gedacht. Kant rechnet gar nicht damit, daß der *weltkundige* Staatsmann (das ist wieder verhüllte Ironie) sich an die Lehren eines Philosophen halte – darauf beruht ja seine Freiheit, die eine Art Narrenfreiheit ist: wenn er dem Staate gar nicht gefährlich werden kann, so kann er auch sagen, was er denkt. Hugo Grotius, Pufendorf und andere Staatsrechtslehrer werden »immer treuherzig zur Rechtfertigung eines Kriegsangriffs angeführt, ohne daß es ein Beispiel gibt, daß jemals ein Staat durch mit Zeugnissen so wichtiger Männer bewaffnete Argumente wäre bewogen worden, von seinem Vorhaben abzustehen«. Aber nun nimmt der Philosoph Staatsmänner und Völker beim Wort: diese Huldigung, die der Staat dem Rechtsbegriff erweist – wenigstens den Worten nach, wie Kant in Klammer hinzufügt, beweist doch, daß eine zur Zeit zwar schlummernde, doch größere moralische Anlage im Menschen sei. Auf ihr gründet eine nicht zu leugnende Gemeinschaft: eine an einem Platz der Erde geschehene Rechtsverletzung wird von allen gefühlt. Durch die Zwietracht der Menschen, wider ihren Willen, gleichsam als Nötigung, als Schicksal, läßt die »Natur« Eintracht emporkommen; gerade die Verschiedenheiten der Sprache, Religionen ermöglichen, tragen Bindungen; nur Entschiedenes und Festes kann ja verbunden werden. Die Moral, das Trachten nach dem Reiche der reinen praktischen Vernunft, der Gerechtigkeit hat das Eigentümliche, daß sie, gerade durch die Lösung vom Vorteil des Einzelnen zur Vereinigung des Wil-

lens aller führt und damit zum Wohl. Dies gilt selbst im schlimmsten und doch sehr wahrscheinlichen Falle: für ein »Volk von Teufeln«. Der politische Moralist fertigt sich eine pragmatische Moral als Werkzeug seiner Politik; der moralische Politiker strebt, Staatsklugheit und Moral zu vereinen. Das geschieht zur Stunde keineswegs. Aber die Möglichkeit ist doch im Menschen angelegt. Der moralische Politiker kann, muß, auf der zu erstrebenden Höhe moralisch-geschichtlichen Bewußtseins, Staatsmann werden. Mit größter Bestimmtheit äußert sich dieser Glaube: »das moralische Prinzip im Menschen erlischt nie«. Die auf den Vollzug des Rechts gerichtete Vernunft wächst. »Der Grenzgott der Moral weicht nicht dem Jupiter (dem Grenzgott der Gewalt).« Das Recht des Menschen muß heilig gehalten werden, mag das der herrschenden Gewalt noch so große Opfer kosten. »Man kann hier nicht halbieren und das Mittelding eines pragmatisch-bedingten Rechts (zwischen Recht und Nutzen) aussinnen, sondern alle Politik muß ihre Knie beugen vor dem ersteren, kann aber dann hoffen, obzwar langsam, zu der Stufe zu gelangen, wo sie beharrlich glänzen wird.«
Damit ist eine geistig-sittliche Entscheidung postuliert, für jetzt, für das Friedensjahr 1795, in dem Polen vom Bären und dem zwei- und einköpfigen Adler zerfleischt und verschlungen wurde. Aber nur im Sinne einer »ins Unendliche fortschreitenden Annäherung« ist die Auswirkung erhofft, die tatsächliche Herstellung öffentlichen Rechts, der Advent des Ewigen Friedens, der die sogenannten Friedensschlüsse, die Waffenstillstände zwischen Lügnern sind, ablösen soll.
Ein Jahr später ließ es sich Kant nicht nehmen, Angriffen zum Trotz und ohne den Wert geistigen Kampfes zu verkennen, wenigstens den Abschluß Ewigen Friedens in der Philosophie anzukündigen: er sollte dann schon, und zwar ohne Kapitulation, geschlossen sein, wenn man sich nur versteht. Und dann tritt er aus seiner humanen Skepsis heraus, um auf das einfachste zu sagen, was den Frieden stört und wor-

auf er ruht: Die Lüge, die er ausdrücklich vom »Vater der Lügen« ableitet, »durch den alles Böse in die Welt gekommen ist« –; sie ist »der faule Fleck in der menschlichen Natur«. – »Das Gebot: Du sollst nicht lügen, zum Grundsatz in die Philosophie als eine Weisheitslehre innigst aufgenommen, würde allein den Ewigen Frieden in ihr nicht nur bewirken, sondern auch in alle Zukunft sichern können.« Wahrheit und Friede also sind eins: Wahrheit, die als Wahrhaftigkeit vollzogen und damit glaubwürdig wird. Sie ist etwas anderes als Übereinstimmung: ist nicht »Kapitulation«; sie ist Friede. Sollte dieses Wort in der geistigen Welt gelten und in der politisch-geschichtlichen nicht? Aber es gilt ja weder in der einen noch in der anderen. Es ist nicht in Kraft.

Christliche Not

Kant hatte die Herstellung Ewigen Friedens aus der praktischen Vernunft, den Maximen allgemein gültiger Sittlichkeit als eine nach und nach aufzulösende »Aufgabe«, nicht »leere Idee«, gefolgert. Er hatte dabei die »Kugelfläche der Erde« vor Augen, auf der sich endlich doch alle nebeneinander dulden müssen, wo keiner ursprünglich mehr Recht hat, am Orte zu sein, als ein anderer. Ihm gereicht es zur Ehre, daß er die Verbrechen in den »Negerländern« – Negerfang und -handel – woran etwa Nettelbeck in seiner Jugend auf das naivste teilgenommen hat, brandmarkte, diesen furchtbaren Makel einer Zeit hoher Kultur, die ihn sich eben so selten zu Herzen nahm wie etwa die Kinderarbeit in Spinnereien und Fabriken. Geistlicher Waffen aus christlichem Glaubensgut bediente Kant sich nicht. Und damit hat es in der Tat eine besondere, eine fast tragische Bewandtnis. Im Widerspruch zu den ersten zwei Jahrhunderten, mindestens aber seit die Kirche sich in die konstantinische Gefangenschaft gegeben hat – was wohl unabwendbar war – lehrte sie, daß es gerechte Gründe für einen Krieg gebe; daß es erlaubt, ja sogar

Pflicht sei, in einem gerechten Kriege zu töten. Todsünde aber ist es, in einem ungerechten Krieg zu kämpfen. Augustin, Thomas von Aquin, Cajetan, Luther, Franz von Vitoria haben diese Lehre aufgestellt und ausgebaut. Mit besonderer Eindringlichkeit hat der letzte, der als der größte spanische Jurist gilt, seinen Studenten eingeschärft, daß Untertanen, deren Gewissen gegen die Gerechtigkeit eines Krieges Einwände hat, an ihm nicht teilnehmen dürfen, auch wenn sie mit ihrer persönlichen Überzeugung im Unrecht sein sollten. Auch das irrende Gewissen verpflichtet. – Die Lehre vom gerechten Krieg scheint, bei aller Kompliziertheit der Konstruktionen, ein unerschütterliches Gebäude zu sein. Wohl hat es nicht an ernsten einzelnen Theologen und Laien gefehlt, die die Ächtung des Krieges forderten. Aber nicht allein die im ganzen doch feste Kontinuität der Lehre christlicher Bekenntnisse macht es unwahrscheinlich, daß ein solcher Spruch gefällt wird; auch die für die Kirche zu erwartenden, nicht absehbaren Folgen halten ihn auf: er wäre eine Herausforderung sondergleichen an Wesen und Gefüge des Staates und der modernen Wirtschaft. Er würde voraussichtlich bedeuten, daß die Christenheit sich als Sebastian Francks kleiner »Rest« der Verfolgung überließe. An Breite des Daseins würde die Kirche also größte Verluste erleiden, wahrscheinlich aber nicht an Intensität der Verkündung, Tiefgang, Glaubwürdigkeit, im Gegenteil. Ihre Gestalt würde sich dann verändern; sie würde den Charakter des Reiches verlieren und zum reinen Zeichen werden, was sie ja einmal war.

Franz von Assisi stellt die Kirche vor das Problem, als er in seinem Brief an alle Gläubigen die uneingeschränkte Beobachtung des Evangeliums auch von dem in der Welt Lebenden forderte. (Augustin Gemelli: Das Franziskanertum. 1936.) Er verbot zu schwören, Waffen zu tragen, öffentliche Ämter anzunehmen – sprach also jene Verbote aus, die wieder und wieder laut wurden in Südfrankreich, Holland und

Friesland, Böhmen und Polen und Rußland und die Unruhe des christlichen Gewissens verraten. Die dem Heiligen verpflichteten Tertiaren waren somit auch dem Lehnsverhältnis gegenüber einem Herrn oder einer Stadt enthoben – und dadurch der Verfolgung weltlicher Mächte ausgeliefert. Honorius III. nahm sie in Schutz und erklärte sie für befreit vom Kriegsdienst, Gregor IX. (1227–1241) löste sie auch aus der Steuerpflicht, aus jedem weltlichen Gehorsam, indem er sie ganz der Kirche unterstellte. Kaiser Friedrich II. und sein Kanzler spürten die der Staatsmacht drohende Gefahr, die, falls die franziskanische Idee sich mit der Schnelligkeit des Aufbruchs weiterhin ausbreitete, in der Tat nicht abzusehen war. Aber bald widerrief Gregor IX.: er erlaubte den Schwur zur Herstellung des Friedens, zur Bewahrung des Glaubens, zur Selbstverteidigung und Zeugenerklärung. Schon Ende des dreizehnten Jahrhunderts hob Papst Nicolaus IV. das Waffenverbot unter bestimmten Voraussetzungen auf. In der ganzen Frage handelt es sich nicht allein um die Not des einzelnen Christen, sondern um eine echte Not der Kirche: allein schon die Künstlichkeit und Widersprüchlichkeit der den Krieg behandelnden Moraltheologie, ihre zum Teil kläglichen Ausflüchte und Erschleichnisse, verraten eine unüberwindliche Schwierigkeit. Der Ernst, die Wahrhaftigkeit der kirchlichen Friedensermahnungen, die in ihnen sich aussprechende Sorge um die Menschheit sind nicht anzuzweifeln. Die Aussicht auf Wirkung ist aber gering; denn die geschichtliche Haltung der Christenheit wird als abschwächender Widerspruch empfunden. Vor der streng durchgedachten Lehre von der Christenheit als dem mystischen Leibe Christi ist ein Kampf der Christen mit Christen unvertretbar.[19] Ein solcher wird sich aber in einem jeden größeren Konflikt abspielen. Praktisch hat die Lehre von der Erlaubtheit eines gerechten Krieges die eine Folge: daß die Staaten, ohne auf religiösen Widerstand ihrer Untertanen zu stoßen, sich bewaffnen und für den Krieg bereit sein können.

Weitere Folgen – ins Sittliche hinüber – hat sie für die Öffentlichkeit nicht. Denn bei Ausbruch eines Krieges wird ja schwerlich von der Kirche darüber entschieden werden, ob er gerecht oder ungerecht ist; das geschieht höchstens, nachdem die Entscheidung gefallen ist. Viel eher werden zu Beginn die kirchlichen Autoritäten auf beiden Seiten die Sache der Völker, in denen sie beamtet sind, für gerecht erklären. Wir brauchten nur die Predigten aufzuschlagen, die im August 1914 in aller Welt gehalten wurden. Also muß sich der Einzelne in der Stunde der Katastrophe die Frage beantworten, die Pater Vitoria zur Zeit Karls V. seinen Studenten ans Herz legte. Wie aber soll das geschehen in Ansehung der völligen Durchgiftung des Nachrichten- und Propagandawesens bei einem Kriegsausbruch? Die Lehre vom gerechten Krieg muß vernünftigerweise einen Angriff gestatten: dann nämlich, wenn die feindliche Absicht des Gegners, seine für Aggression bestimmten Rüstungen, erkennbar werden. Darüber aber sich ein Urteil zu bilden, ist dem einzelnen Staatsbürger meist unmöglich.

Der Christ hat also nur sich selbst, sein Gewissen. Diesem aber werden die Prämissen gar nicht geliefert, nach denen es entscheiden könnte. Aber hat er denn nun wenigstens ein klares Gesetz? Bis heute ist sich die Christenheit nicht darüber einig geworden, welchen Geltungsbereich das fünfte Gebot hat. Die Meinung ist doch durchaus vertretbar, daß es überhaupt nicht abgegrenzt werden kann. Und mit dem Verbot zu schwören steht es doch nicht anders. Wer fühlt das nicht bei gewissen Anlässen, etwa der Vereidigung der Schweizer Garde! Selbst aber, wenn eine Einschränkung oder Überschreitung gerechtfertigt werden könnte, so ist doch das Gebot der Nächstenliebe und Feindesliebe von weit schwererem Gewicht, weil es eben nicht ein Nein ist, sondern ein Auftrag, Vollzug christlichen Lebens. Wenn nun ein Christ das fünfte Gebot und das Gebot der Liebe absolut nimmt, uneingeschränkt, was soll er dann tun? Er weiß wohl: genügen kann er dem Gebot nicht. Aber verleugnen kann er es auch nicht. Das Nicht-Genügen-Können legt ihm menschliche Begrenztheit auf: das Verleugnen des Gebotes aber, so wie er es versteht, so wie es der Herr und die ihm Nachgefolgten ihm vorgelebt haben, wäre Sünde. Es ist von eigentümlicher Bedeutung, daß ein Teil der Konzilsväter des Vatikanischen Konzils (1870) den Antrag stellte: das Konzil möge alle Kriege der modernen Staaten für moralwidrig erklären und das Konzil möge den Geltungsbereich des fünften Gebotes festlegen. Es war offenbar ein für den Kriegsdämon gefährlicher Augenblick und höchste Zeit, daß er die Emser Depesche auf den Weg brachte, die die Einheit des Konzils zerbrach. Der Antrag wurde nicht mehr aufgenommen.[20]

Nun haben Christen fast zweier Jahrtausende miteinander gekämpft und Kriege gegen Andersgläubige geführt. Sie haben das für Recht und Pflicht und Ehre gehalten, waren guten Glaubens, wurden darin von ihren Oberhirten getröstet und befestigt. Oder sie sahen in solchem Streite die tragische Notwendigkeit geschichtlichen Daseins und versuchten später in Bußgesinnung und guten Werken ihr Gewissen zu beschwichtigen; so konnte es etwa D. João I. von Portugal (1385–1433), der Gründer der bedeutenden Dynastie Avis, nicht verwinden, daß er Christenblut vergossen hatte. Wir haben kein Recht, über ferne Zeiten zu urteilen. Das Christentum ist ja Freiheit. Aber diese Freiheit ermächtigt auch zum Widerspruch. Die lebendige Wahrheit ist über jeder Autorität: im Religiösen als Gegenwart des Herrn, als das Aug in Auge, in das keine Instanz sich einmischen kann, im rein Sittlichen nicht minder als Achtung und Ehrfurcht vor der Einheit allen Lebens, die nationalen Bindungen übergeordnet ist. Die Entscheidung ist rein personal. Sie kann nicht zum Urteil über eine entgegengesetzte Entscheidung erheben. Im Hohen Wallis, am Fronleichnamstage, geleiten die Bauern mit geschulterten Gewehren das Allerheiligste über ihre Felder, die steilen Hänge hinauf, an den Kapellen der Sieben

Schmerzen vorüber und zurück in die Kirche. Voraus gehen Sappeure in der Uniform der napoleonischen Zeit mit blanken Äxten, die bekränzten Kinder, Körbchen voll künstlicher Trauben tragend – der klare starke Wein, der in großer Höhe gedeiht, ist ja Gottes Geschenk an das karge Land – die würdig geschmückten Frauen. Von allen Bergen krachen Schüsse. Unter der Ehre ihrer Waffen und ihrer Fahne, in bewundernswerter Ordnung betreten die Männer die Kirche, verteilen sie sich um den Altar: Ehrenwache ihres Heilands. Wenn der Herr unter den Worten des Priesters auf den Altar herniedersteigt, tritt der Fahnenträger vor, ihn mit gesenktem Banner zu grüßen. Die Trommeln rauschen. – Es wäre Frevel, in diese vom Volke gedichtete Handlung zum Ruhm seines Gottes, seiner Heimat, seines Erbes und seiner Art die oben angeschlagene Problematik zu tragen. Hier ist vollkommene Ordnung, die Einheit der religiösen und geschichtlichen Existenz; noch ist kein Riß sichtbar zwischen beiden. Hier ist reiner Glaube, einer der unbegrenzten Aspekte des Christentums – freilich in ergreifender, vereinsamender Ferne von der Ära.

Solche Ordnung steht bis heute unter dem Segen des heiligen Eidgenossen Nikolaus von Flüe, der als Bauer wie ein jeder unter der Waffe gedient hatte, dann aber in Gebet, Buße und Selbstheiligung zum Schieds- und Friedenssprecher wurde und, abwesend in seiner Klause, durch sein überbrachtes Wort, in der Stunde, da Entzweiung drohte, Friede unter den Eidgenossen stiftete (Stans, 1481). Und als ihm die Berner für diesen Dienst dankten, schrieb er ihnen: »Fried ist allweg in Gott, denn Gott ist der Fried, und Fried mag nicht zerstört werden, Unfried aber würde zerstört ... Den offenen Sünden soll man wehren und der Gerechtigkeit allweg beistehen. Ihr sollt auch das Leiden Gottes in euren Herzen tragen ...« Das ist die Ordnung, die Segen erwarb.

Um die Mitte des vierten Jahrhunderts, als Julian der Abtrünnige sein Heer gegen die über den Rhein hervorgebrochenen Franken und Alemannen geführt hatte und im Lager vor Worms, vor der erwarteten Schlacht eine Geldspende verteilen ließ, weigerte sich Martinus, ein Offizier der Reiterei, sie anzunehmen. »Bis heute«, sprach er zum Kaiser, »habe ich dir gedient, erlaube mir, daß ich jetzt Gott diene. Ich bin Soldat Christi. Es ist mir nicht erlaubt, zu kämpfen.« Julian warf ihm Feigheit vor. »Wenn du in der Feigheit, nicht im Glauben, den Grund meiner Weigerung siehst, dann will ich mich morgen unbewaffnet vor der Schlachtreihe aufstellen, und im Namen des Herrn Jesus, mit dem Zeichen des Kreuzes, ohne Schild und Helm, furchtlos in die Reihen der Feinde dringen.« Der Cäsar ließ ihn ins Gefängnis werfen und gebot, ihn am andern Tage schutzlos gegen die Barbaren zu senden. Aber es kam nicht zur Schlacht. Die Feinde baten um Frieden, damit nicht, wie der Jünger des heiligen Martin schreibt, »durch den Tod anderer die Augen des Heiligen beleidigt würden ... Denn keinen andern Sieg durfte Christus seinem Soldaten schenken, als die Unterwerfung der Feinde ohne Blutvergießen«.

Hier, vielleicht zum letzten Mal, erscheint die altchristliche Haltung, ohne Zweifel eine echt christliche, die nicht abgelehnt werden kann. Der Widerspruch aber, aus dem Martin von Tours sich löste, indem er seinen Stand aufgab und den mönchischen wählte, kann überhaupt nicht aufgehoben werden. Er ist der christlich-geschichtlichen Existenz wesenseigen, ist eben eine Erscheinungsform des Kreuzes auf Erden, und es ist nicht wohlgetan, das zu verschleiern und zu verlangen, daß mit dogmatischem Ja oder Nein diese schmerzlichste aller Freiheiten vernichtet werde. Ein Blick für diese Not, ein menschlich-mitfühlender, ein wissendes Wort der Seelenhirten wäre freilich zu wünschen. Es ist wirklich nicht möglich und durchaus unpriesterlich und unreligiös, ja es ist unmenschlich, die hier pragmatische Friedenspropaganda zurückzuführen, oder auftretenden echten Konflikte auf Sentimentalität oder auf Feigheit; es geht ja nicht um das Getötet werden, sondern das Töten, und es gehört ohne Zweifel mehr Mut dazu, dieser Unmöglichkeit einsam sich zu stellen, als in der Reihe zu gehorchen.

Aber – das ist die kennzeichnende Situation – eine wirkliche Befreiung bedeutet in der modernen Welt auch die Weigerung nicht. Es ist für das feinere Gewissen kaum mehr ein Unterschied, ob wir direkt oder indirekt töten. Dem Widerstrebenden werden Dienste aufgenötigt, die dem Kriege zugute kommen. Er rettet Verwundete, pflegt sie gesund für den Kampf. Noch im Gefängnis setzt er, allein durch sein Dasein, die Existenz eines tötungsbereiten Staates voraus, weshalb ja auch Hitler erklärte, daß die Kriegsdienstverweigerer »im Sinne einer höheren Gerechtigkeit« in den Gefängnissen verhungern müßten, da sie ja an dem kämpfenden Erwerb der nötigen Nahrungsmittel nicht teilnehmen wollten (F. v. Hippel: Die Perversion von Rechtsordnungen, 1955). Der sich Weigernde hat keinerlei Grund, sich unschuldig zu fühlen; er bleibt vielmehr im Zusammenhange einander mordender Menschen und wird mit ihnen, mit dem Ganzen seiner Zeit, vor Gott gelangen. Er hat nichts als diese seine arme Notwendigkeit und Unmöglichkeit; einen Protest, der ihm Schande bringt, nichts als diese innere Nötigung, vom Töten sich so weit zu entfernen, als er eben vermag, und damit seine Überzeugung zu bekennen, also zu handeln, wie ein jeder sollte und wie es die andern auch tun, die überzeugt sind, zur Verteidigung berufen zu sein. Der Unterschied liegt nur in den Prämissen, in der Beschaffenheit des Gewissens, im Verhältnis zu Gott, zur Sittlichkeit. Auch wird der sich Weigernde kaum mit der Frage fertig werden, ob er der nächsten Gemeinschaft, der Familie, dem Volk, dem Kulturzusammenhang nicht Unrecht oder Schaden zufügt, indem er sich entzieht und das Beispiel solchen Entzugs gibt. Gewiß: er kann in einer höheren Ordnung, der er sich verpflichtet glaubt, diese Frage entscheiden. Aber er muß sie durchlitten haben.

Am 3. Juni 1940 schrieb Dr. Hermann Stöhr, Gründer des »Deutschen Versöhnungsbundes«, an eine Verwandte aus dem Gefängnis: »Um eine Weltordnung aufzurichten, die auf die Liebe sich gründet, müssen jene, die an dieses Grundgesetz glauben, es selbst völlig annehmen. Sie müssen die Folgen auf sich nehmen, die sich in einer Welt ergeben, welche diese Ordnungen noch nicht anerkennt. Deshalb ist es uns als Christen verboten, Krieg zu führen.« Hermann Stöhr starb am 21. Juni. Er steht hier für eine große Schar, einen Bauernsohn aus dem Sudetenland, einen Bauern aus Tirol, Zeugen Jehovas, Pfarrer Max Josef Metzger, für Unzählige auf allen Seiten, von denen wir nichts wissen. Etwas ist im Menschen, das ihm verbietet zu töten: etwas, das im strengen Sinne Kants den Ewigen Frieden will – schon jetzt, nicht erst in der von Kant erhofften Zukunft. Es ist der tiefste Widerspruch zwischen dem Einzelnen und der Geschichtswelt. Im Innersten des Menschen ist der Friede gegrundfestet. »Denn Gott ist der Friede, und Friede mag nicht zerstört werden«, weil er eben Gott ist. Es ist das Göttliche im Menschen, das den Frieden will. Wohl würde Gerechtigkeit Frieden schaffen. Aber oft ist sie schwer zu erkennen, und oft findet sie ihre Sprecher nicht. Sobald der Sturm anbricht, steht der Friedfertige vor einem stummen Tribunal. Er hat nur seinen Frieden und seine Not.

Aber wo ist die Anerkennung der Weltordnung verheißen, für die der edle Hermann Stöhr gestorben ist? Etwa im Evangelium? Das ist der Traum der Alten Welt, Rückerinnerung Ovids, Sehnsucht der Propheten, Hoffnung des Humanismus und Idealismus, der humanistischen Pazifisten. Der Christ weiß, daß Volk wider Volk, Reich wider Reich aufstehen werden; daß der Krieg nicht aufgehoben wird (Matth. 24, 7). Das ist aber nur der »Anfang der Nöte«. »Alle Völker« werden die Jünger hassen, die Ungerechtigkeit wird überhandnehmen (24, 12). Der Bruder wird den Bruder überliefern, der Vater den Sohn (Markus 13, 12). Mit der vollendeten Zwietracht der Reiche und Völker wird sich unter der Predigt falscher Propheten und der von ihnen vollbrachten ›Zeichen und Wunder‹ (Markus 13, 22) die religiöse Verwirrung vollenden, um, wo möglich, auch die Auserwählten zu verführen. Ist das möglich? Ist es das nicht? – Aber was bleibt? »Habet aber Acht auf euch selbst« (Markus 13, 8). Wohl muß das Evangelium vor dem Ende allen Völkern gepredigt worden sein. Aber es ist nicht gesagt, daß sie es annehmen, sondern daß alle Völker seine Träger hassen. Ausharrend werden die letzten Christen selig werden. Nicht sie selbst werden sich vor ihren Peinigern verantworten: sondern der Geist wird aus ihnen reden.

Der Christ ist also im Streit für den Frieden in einer tragischen Situation. Der Humanist, Pazifist, Idealist, der Mann der sittlichen Vernunft, der Verkünder der Heiligkeit des Lebens können sich und denen, die ihnen folgen, eine Hoffnung machen, sogar eine starke, eine heroische Hoffnung nach Maßgabe ihrer Kraft und ihrer Liebe, ihres Glaubens an den Menschen und das Recht, der es einfach nicht zuläßt, daß die Ungerechtigkeit überhandnehmen könne. Auch Kant schloß seine Schrift mit dem Ausblick, daß die Zeiten, in denen gleiche Fortschritte geschehen, hoffentlich immer kürzer werden, wenn er auch diesen vorsichtigen Satz in vorsichtige Klammern setzte. Vielleicht kann sich der Christ trösten mit der Hoffnung auf das Tausendjährige Reich (wenn es nicht, wie einige glaubten, schon dagewesen ist). Aber das Ende bedeutet Gewißheit, Seligkeit einiger Weniger unter äußerster Drangsal. Die Hoffnung ist: daß diese für alle stehn, daß ihr Gebet, ihr Opfer für alle nicht verworfen wird. Der Christ soll die Feinde lieben, Christus in jedem Hungernden, Dürstenden, Gefangenen empfangen; als Friedfertiger wird er Kind des Vaters genannt werden, als Sanftmütiger das Erdreich besitzen: er kann in der Stille überall sein; wo er ist, da ist das Reich, das Reich ist ja in ihm. Aber die Trauer um die Welt verläßt ihn nicht, sowenig wie die

himmlische Schwermut des »Komme bald«. Eine jede Zeit trägt apokalyptisches Gepräge. Geschichte in christlicher Sicht ist Adventszeit, Bereitschaft für das Ende und das Kommen. Sie ist Agonie des Fürsten der Welt, der von der Welt nicht lassen wird, eh das Zeichen am Himmel aufflammt, und zugleich erlösende Agonie des von Christus gestifteten, in ihm lebenden, des geheimnisvollen, in Zeichen sich kundmachenden, des auferstehenden Reiches. Geschichte ist dieses Verschlungensein der irdischen und der himmlischen Agonie, des Sieges und Todes, der Krankheit zum Tode und zum Leben. Denn der Herr ist der Arzt. Dem Christen ist von Kriegen des Endes gesagt, aber unzweifelhaft von solchen, mit denen er nichts zu schaffen hat, deren leidender Zeuge er sein wird.
Niemand kennt die Stunde. Aber der Christ ist gerüstet für diese Welt und Zeit mit dem Helm des Heils, dem Schwert des Glaubens. Es ward ihm alles gegeben, dessen er bedarf. Um Wirkung und Sieg kann es ihm nicht gehen, das ist Gottes Sache, sondern nur um die Tat, das Leben der Liebe. Er soll einer Welt walten, sie zu ordnen suchen, von der er weiß, daß ihr Gefüge zerrüttet werden wird. Und wenn er wüßte, daß die Welt morgen untergeht – was er ja nicht wissen kann –, sollte er nicht heute, nach Luthers Beispiel, ein Friedensreis pflanzen? Und wenn ihn dabei die Posaune überraschte: wäre es nicht sein bestes Ende?

Gegenwart

Für die im Jahre 1950 in Lucca gehaltene Tagung der »Società Italiana per il Progresso delle Science« schrieb Albert Einstein eine Botschaft, deren Titel in der Übersetzung lautet: »Zur Erniedrigung des wissenschaftlichen Menschen.«[21] Er bekennt sich zu der Überzeugung, daß das Begreifen der erfahrbaren Welt ein selbständiges, nicht von »praktischen« Zielen abhängiges Streben sei. Der Forscher als solcher stellt also den Anspruch auf Freiheit, er wird »sozial betrachtet zum extremen Individualisten«. Aber dennoch hat er seine Stellung, und zwar eine höchst einflußreiche, im »sozialen Körper der Menschheit«. Er ist, wenn auch indirekt, Urheber radikaler Umgestaltung des wirtschaftlichen Lebens, und »bedrückt« davon, daß seine Forschungsergebnisse eine akute Bedrohung der Menschheit herbeigeführt haben; daß sie in die »Hände seelenblinder Träger der politischen Gewalt« gefallen sind. Seine Arbeit hat dazu beigetragen, daß wirtschaftliche und politische Macht in den Händen kleinerer Minoritäten konzentriert wurde, von denen die amorph werdenden Massen abhängen: ja, dieser Vorgang wirkt gegen ihn selbst, er bedroht seine Existenz »von innen«. Die Macht, die sich mit Hilfe der Forschung herausformte, hat es verstanden, sich raffinierte Mittel geistiger und seelischer Beeinflussung zu schaffen, die sie gegen die Heranbildung unabhängiger Persönlichkeiten einsetzt. Der Forscher hat also in »übermenschlicher Anstrengung« seine Versklavung und Vernichtung ermöglicht: er muß sich einen »Maulkorb anhängen lassen«, wird gezwungen, als Soldat sein Leben zu opfern und fremdes zu zerstören, »auch wenn er von der Sinnlosigkeit solchen Opfers überzeugt ist«. Der Umstand, daß Nationalstaaten Träger der unter seiner Leitung und Weisung hergestellten Waffen sind, muß »zur Vernichtung aller« führen. Eine übernationale Rechtsordnung – die von Einstein bei vielen Gelegenheiten geforderte »Weltregierung«, die schon von Crucé und Penn erhofft wurde – könne allein noch den Menschen vor der nackten Gewalt retten. Nun aber ist es schon so weit, daß der Forscher die von den Nationalstaaten verhängte Tyrannei als unabwendbares Schicksal hinnimmt, »daß er auf Befehl die Mittel für die allgemeine Vernichtung der Menschen weiter zu vervollkommnen hilft«. Einstein schließt mit einem Protest im Namen unverletzlicher innerer Freiheit und Würde: »Einen innerlich freien und gewissenhaften Menschen kann man zwar vernichten,

aber nicht zum Sklaven und blinden Werkzeug machen.« Der Gelehrte müsse einmal Mut und Zeit finden, seine Lage und Aufgabe zu überdenken, dann könne die geschilderte internationale Gefahr wesentlich gemildert werden.
Das ist mit imponierender Offenheit gesprochen. Man kann hinzufügen, daß die moderne Forschung ohne großzügigste Hilfeleistung des Staates kaum arbeiten kann, daß also dieser, indem er die nötigen Einrichtungen stellt, schon ein Recht auf die Forschungsergebnisse erlangt. C. F. von Weizsäcker (Zum Weltbild der Physik. 1954) hat von Fällen gesprochen, »in denen der Wissenschaftler so weit gehen muß, nicht nur auf Anwendungen, sondern auf das Forschen in einem bestimmten Gebiet bewußt zu verzichten, weil er weiß, welche Folgen bestimmte Entdeckungen in einem bestimmten Augenblick haben würden«. Das ist die von Einstein geforderte innere Freiheit und widerspricht der von Edward Teller, dem Konstrukteur der H-Bombe, geäußerten Überzeugung: »Das Wichtigste in jeder Wissenschaft ist, zu tun, was getan werden kann.«[22] Um ein Tun geht es allerdings. Denn die Grenze zwischen Erkenntnis und Anwendung scheint kaum mehr haltbar zu sein. »Dieser Zusammenhang zwischen Theorie und Praxis wird immer enger und unausweichlicher. Die Atombombe ist von theoretischen Physikern konstruiert, die sich, als sie in ihrer Jugend ihren Beruf wählten, von der technischen Anwendung der Atomphysik nichts hätten träumen lassen.« (Weizsäcker.) – Wie also unter bestimmten Bedingungen eine Welle »Korpuskel-Aspekt« hat, so erscheint Theorie in einem bestimmten Geschichtsbereich als Feuer, das hunderttausend Menschen verbrennt. Wenn aber der Forscher sich jene Freiheit bewahrt, wenn er vor gewissen Fragegebieten Halt macht, auf Konstruktionen und Erfindungen verzichtet: macht er sich dann nicht schuldig am Staate, in dessen Diensten er steht, und am Volke, das dieser vertritt? Wo er verzichtet, gehen vielleicht die Forscher auf der Gegenseite weiter. Die ganze For-

schungs- und Konstruktionsarbeit dieser Zeit gleicht doch einem Bergwerk, in dem, von verschiedenen Einfahrten her, die Bergleute ihre Stollen einander entgegentreiben, sich belauschen und nur allzugut wissen, wo die andern stehn. Die Denk- und Fragebereiche der äußersten Vorhut sind von unerhörter Sensibilität: von der leisesten Berührung eines Fadens zittert das Netz, ganz abgesehen von Spionage und Verrat, welch letzter Folge innerer Unsicherheit sein kann. Der Verzicht eines Forschers auf eine nicht verantwortbare Konstruktion mag von persönlich-sittlichem Werte sein, im Nationalgeschichtlichen kann er als Schuld und Verhängnis angesehen werden. Ein weltgeschichtliches Verdienst würde er nur bedeuten unter einer dauerhaften Weltregierung. So aber schweigen die Selbstvorwürfe nicht: der Forscher versucht, sie mit dem Paradox zu erschlagen, daß der Erfinder der furchtbarsten Waffe dem Frieden den besten Dienst erweist, weil er den Gegner in lähmender Furcht hält. Da aber die Röhren kommunizieren, bewirkt diese Absicht nur wechselseitige Steigerung der Vernichtungspotenz, die die Machtgestalt unserer Ära ist. Wenigstens ist sie die tödliche Spitze heute sich manifestierender Macht: es geht nicht um die militärische Niederlage, sondern um Vernichtung der gesamten gegnerischen Potenz, deren Schwerpunkt sich immer mehr nach der zivilen Seite, in den Produktionsprozeß verschiebt. Kants Ahnung vom »Ausrottungskrieg« geht also in Erfüllung. »Wo die Vertilgung beide Teile zugleich und mit dieser auch alles Rechts treffen«, kann Ewiger Friede nur stattfinden auf »dem großen Kirchhof der Menschengattung«. Solches Denken kann sich in der uns bekannten Streitwelt nicht anders realisieren als ein Prozeß und Progreß zum Tode hin. Fragwürdig bleibt doch das verzweifelte Bemühen des Forschers, sich selbst als Denker und Konstrukteur von der Geschichte zu distanzieren und den Staatsmann für die Anwendung verantwortlich zu machen: der Staatsmann empfängt ja die Welt, die bestimmte Gestalt der kriegerischen Macht und der Wirtschaft aus den Händen des Forschers. Dieser ist es heute, der der Geschichte den Weg bahnt. Und es ist freilich absurd, daß er mit Axt und Spaten vorangeht und danach als Letzter, ein Protestschreiben in der Hand, sich dem Zuge wieder anschließt. Vom Staatsmann aber ist es nicht zu verlangen, daß er die Welt umwandle. Mit seinem Amt nimmt er auch ihre Gestalt an. In dieser Realität muß er versuchen, Ordnung zu schaffen, muß er Macht verwalten und ausüben, vor seinem Gewissen: der Forscher legt die Macht in Gestalt der Waffe in seine Hand.

»So sind«, wie Hegel, Baumeister, Prophet und Opfer unserer Ära, sagte, »Wissenschaften und das Verderben, der Untergang eines Volkes, immer miteinander verpaart.« Auf der Ebene wissenschaftlicher Ethik spielt sich eine Not ab, die der Not der Kirche und Theologie entspricht. Denken wir an Einsteins Einsatz für und gegen die Atombombe! Niemand hat sich mit schärferer Abneigung über das Militär geäußert als er. Offen sprach er die Überzeugung aus, daß der »gewaltsame Weg der Militärdienstverweigerung« der beste sei im Kampf gegen die Rüstung, vorausgesetzt, daß Organisationen die Verweigerung stützen. Als aber junge Belgier den Vertreter dieser Überzeugung fragten, wie sie sich im Falle eines Angriffs auf ihr Land verhalten sollten, antwortete er kurz und bündig: »In diesem Falle hat jeder, so gut er kann, für die Freiheit seines Vaterlandes Belgien zu kämpfen.«[23] Der Vorwurf der Inkonsequenz ist leicht gemacht. Wenn Einstein den Militarismus bekämpfte aus Haß gegen die von ihm befürchtete Tyrannei, so ist es – wie man auch in der Frage denken mag –nicht ganz unverständlich, daß er unter einer ganz bestimmten Konstellation das Opfer seiner Überzeugung brachte, um der Tyrannei zu begegnen.

Hier wird davon nur gesprochen, um deutlich zu machen, daß es auf der Ebene unserer Erfahrung keinen Ausweg gibt; daß sich in der gegenwärtigen Phase der Macht-Gestaltung, Potenzierung, Verteilung geschichtliche Notwendigkeiten realisieren, die auch Menschen von überragendem Mut und hohem Ethos von Fall zu Fall bezwingen. Immer bleibt das Opfer. Aber auch vom Opfer kann nicht gesagt werden, daß es nicht in einer Beziehung stände zur Schuld. Es ist vielleicht der entschiedenste Akt zur Freiheit hin, Zeichen, das zurückleuchtet. Vielleicht aber gibt es Verantwortungen, die auch das Opfer nicht erlauben.

Nach der Menschheits-Katastrophe von Hiroshima soll ein führender Forscher gesagt haben: »Wir haben die Sünde kennengelernt, und das ist eine Erkenntnis, die wir nie wieder verlieren können.«[24] Im Schatten dieser Erkenntnis gehen wir unseren Weg, wie es die Schlange vorausgesagt hat: Ihr werdet mitnichten des Todes sterben. Ihr werdet sein wie Gott. Völkerscharen wimmeln wie Ameisenheere, die die Wurzeln einer mächtigen Fichte zerfressen, in den Laboratorien des Todes, an den Wurzeln der Weltesche. Auch ein mäßiger Zeitungleser, der sich mit seinem Lokalblatt zufriedengibt, kann sich in wenigen Tagen eine Sammlung von Nachrichten aus diesen Laboratorien anlegen, die freilich in der nächsten Woche schon weit überboten sein wird: fünfzig Pressevertreter sind nach einem Atoll geflogen, um die neuesten Versuche aus achtzig Kilometer Entfernung zu beobachten; das größte Kriegsschiff der Welt ist eben vom Stapel gelaufen als die »größte Ansammlung tödlicher Waffen«, die es jemals auf einem Platze gab; um den Vorsprung vor der Gegenpartei zu sichern, wird eine zusätzlich beantragte Summe für Langstrecken-Atombomber vom Typ 52 verwendet; ein neues Wunderflugzeug wird im Steilflug Überschallgeschwindigkeit erreichen und waagrecht mit doppelter Schallgeschwindigkeit fliegen; auch die Bundesrepublik hofft, bald mit ihren bescheidenen Mitteln einen kleinen Beitrag auf dem Gebiet der ferngelenkten Flugkörper liefern zu können; aus hundert Meter Meerestiefe kann ein neues sowjetisches U-Boot-Geschoß abgefeuert werden und ein 185 km entferntes Ziel auf der Oberfläche treffen. Über München ist im November und Dezember 1955 radioaktiver Regen niedergegangen, fünfmal stärker, als ihn der Mensch ohne Schaden zu nehmen ertragen kann. In den Knochen von Schafen wurden bereits vierzig Prozent der ohne Gefahr gerade noch zulässigen Quantität Strontium gefunden. Und sicherlich, wenn die Gegenpartei nicht verschwiegener wäre, ließen sich die Gewichte gerecht verteilen. Das alles bewegt sich auf der Linie der erstaunlichen, von einem Abgeordneten des Bundestags uns zur Verfügung gestellten Paradoxie: daß Aufrüstung der beste Beitrag zur Abrüstung ist (weil sie nämlich den Gegner veranlassen wird, abzurüsten). Das ist echter Krieg: Eroberung von Vernichtungspotenzen, Okkupation von Todesbezirken. Niemals wird es darüber oder in der Nachbarspalte an Ermahnungen zum Frieden und Äußerungen der Friedensliebe fehlen. Der Zirkel ist rasch durchlaufen. Einstein hat das klar ausgedrückt: übernationale Vereinbarung, die allein hemmen und regulieren könnte, setzt einen hohen Grad gegenseitigen Vertrauens voraus. »Besteht jedoch ein solches Vertrauen, so gibt es auch keine Kriegsgefahr mehr. Das hat mit der Bombe schon nichts mehr zu tun.« So kommen wir zu Kants erster Forderung zurück, die sich bis jetzt als unerfüllbar erwies, und dies gewiß nicht ohne ernste Gründe. Entfaltung der Wissenschaft und der Kriegstechnik sind wesensgemäß verknüpft. Sie treiben einander unaufhaltsam. Sie müssen es. Und doch sind verschiedene Haltungen möglich. Stellen wir sie einander dokumentarisch gegenüber: »Mit einem Gefühl der Erleichterung, daß der Krieg beendet sei, und des Stolzes auf die führende Stellung der Vereinigten Staaten auf dem Gebiet der Naturwissenschaften reagierte das amerikanische Volk auf die Bekanntgabe der Atombombe und der japanischen Kapitulation, die bald darauf erfolgte.« (Philipp Frank, Einstein.) »Wir sind jedoch der Ansicht, daß es sehr wichtig ist, einen Feldzug gegen die Atom- und Wasserstoffbombe nicht mit antiamerikanischen Gefühlen zu verbinden, gerade weil eine

so niedrige menschliche Gemütsbewegung wie der Haß zwischen zwei Volksgruppen die Herstellung und Erprobung von Waffen zu rechtfertigen scheint, die, wie die Atom- und Wasserstoffbombe, auf Massenvernichtung gerichtet sind. Es ist ganz gewiß nicht meine Absicht, daß meine Worte irgendwie zum Entfachen größeren Hasses gegen irgendeine Gruppe meiner Mitmenschen benutzt werden. Dagegen bete ich aufrichtig, daß sie zum Ausgangspunkt größerer Liebe, des Verstehens und gegenseitigen Vertrauens zwischen den Menschen werden mögen.« (Dr. Yasuki Nishiwaki, von der Universität Osaka, nach Den Doolaard.)
Leukipp und sein Schüler und Gefährte Demokrit haben, angeregt vielleicht von Empedokles, das Atom als »unzerschneidbare Größe« konzipiert und die Welt als Mischung und Entmischung solcher unzerteilbarer Teilchen verstanden: sie bestand aus Atomen und dem leeren Raum. Es ist wohl eine Weltfrömmigkeit denkbar, die sich scheut, den Baustein des Alls zu zertrümmern. Aber die Heraufkunft rücksichtslos fragenden Geistes, der fragt auch um den Preis faustischen Zerscheiterns, ist doch Menschheitslos, bewirkt von Einzelnen im Ganzen der Geistesgeschichte: die Forscher, die die »Sünde« kennen lernten, haben die Sünde aller ausgetragen. Und Menschheitstragik ist es, daß das Geheimnis sich dem Fragenden entzieht, indem es, gewissermaßen um sich zu rächen, Kräfte in seinen Händen läßt, die sein Schicksal werden. Noch ist es ungewiß, ob der Mensch »seine eigenen Erfolge zu überleben« vermag (Louis de Broglie). Aber die Geschichte bestimmende Entdeckung ist nicht nur ein zweideutiges Geschenk: sie war offenbar eine Notwendigkeit und könnte die Menschheit retten, wenn sie die wärmenden Kräfte der Erde ausgebeutet hat. Unter demselben Schleier bergen sich Leben und Untergang, Licht und Tod, Apoll. Und hervortreten wird, wer gerufen wird. Wir leben von der Möglichkeit der Vernichtung. Ende und Zukunft sind komplementär.

Jedenfalls hat sich die bisher größte geistige und sittliche Katastrophe der Menschheit vor unseren Augen ereignet, setzt sie sich einen jeden Tag fort: in Gestalt des Erdenkens, der Konstruktion und Herstellung der modernen Waffen. Sie tut sich kund in gigantischen Schwertern, Feuerkugeln, Rauchsäulen in der Form von Fragezeichen und Giftpilzen über dem Pazifik oder der sibirischen Wüste und zwar mit Vorliebe an hohen Feiertagen der Christenheit. Schon werden Regenfälle mit nicht unberechtigtem Mißtrauen erduldet: Regen könnte vergiftet sein. Wenn der Nachbar den Garten, den Acker, die Quelle des Nachbarn schädigt, so wird dieser vom Richter in Schutz genommen. Unter Völkern verhält es sich keineswegs so. Öffentlich mit Empörung verfemte Abstufungen in der Bewertung der Rassen scheinen im verborgenen wirksam geblieben zu sein. Gerade das Verbrechen der Versuche mit nicht eindämmbaren Kräften, deren Auswirkung, wie einst die der Röntgenstrahlen, nur bis zu einer gewissen Grenze bekannt zu sein scheint, macht die Einheit der Welt, des Völkerlebens offenbar: es trifft alle. Aber welche Folgerungen haben sich bisher ernsthaft manifestiert? Wird die Welt als Versuchsfeld beansprucht: so müßte sie auch einem Weltrecht unterliegen. Es blieb beim Protest der Machtlosen, bei wenig glaubwürdigen oder nicht ausreichenden Erklärungen im Staatssolde stehender Fachleute. Ende des vorigen Jahrhunderts schrieb der große portugiesische Historiker und Staatsmann Oliveira Martins, Vorbereiter der Wiedererstarkung seines Volkes: »Eine Welt, in der die Liebe nicht herrscht, ist eine verdammte Welt. Ein Volk, das nicht fähig ist, die Demütigen verehrend zu erhöhen (incapaz de consagrar os humildes), ist ein sterbendes Volk (povo moribundo).« – Was wir fürchten, ist längst da, gehört zu uns. Und nur die Frage nach dem Ausmaß und der Intensität der Auswirkung ist offen, wird und muß von den nachgerade bemitleidenswerten Staatsmännern dieser Zeit beantwortet werden.

An dieser Stelle befinden wir uns. Hegel müßte nun das Eingreifen des höheren Prinzips erwarten. Aber »das höhere erscheint für das frühere, niedere immer als Verderben, als solches, wodurch die Gesetze der bestehenden Welt verneint, nicht anerkannt werden«. Ist eine andere Hoffnung?

Das unwahrscheinliche Notwendige

Wenn der Sache des Friedens überhaupt ein Dienst erwiesen werden kann, so nur in unbarmherzigem Realismus. In Sachen der Politik verstände sich das von selbst, hier aber geht es nur um das »Vorfeld« (Eliot), um Haltungen, um unbarmherzigen Realismus des Geschichtsbildes. Fassen wir zusammen: die ganze empirische Geschichte, das Los der Friedenspläne, denen Neues kaum hinzuzufügen ist, die Fesselung, die Unmacht des repräsentativen Christentums, die Verkettung von Wissenschaft, Wirtschaft und Kriegstechnik, ihre Entpersönlichung, das Scheitern der Ethik in ihrem Gebiet, die Abwesenheit des Vertrauens zwischen den großen Partnern, die, wie gesagt, wohl zu begreifen ist, verneinen bis zu dieser Stunde die Aussicht auf einen Friedensschluß im Sinne Kants. Es ist verhängnisvoll, wenn die Wahl zwischen Vertrauen und Stärke gestellt wird, denn Stärke ohne Vertrauen reicht nicht aus. Stärke bewährt sich erst dann, wenn sie in selbstgewisser Entsagung Vertrauen schafft. Mehr und mehr scheinen die Zeitgenossen sich der Meinung zuzuneigen, daß die Katastrophe unabwendbar sei, sich aber nicht mehr zu ihren Lebzeiten ereignen werde: es ist eine frivole Resignation. Als Plus könnte nur die beispiellose Macht drohender Zerstörung angesehen werden: ein Motiv, das in solcher Wucht noch nicht aufgetreten ist. Aber an neuen Motiven hat es auch vor der Ära der Weltkriege nicht gefehlt. Denken wir an Tolstois »Sewastopol«: das war in dieser Wahrhaftigkeit doch fast ein neues Wort: »Betrachten wir lieber den zehnjährigen Knaben, der in einer alten, jedenfalls von seinem Vater stammenden Mütze, mit Schuhen an den nackten Füßen und in Nankinghosen, die nur durch einen Riemen gehalten werden, gleich nach Beginn des Waffenstillstandes über den Wall gekommen ist, sich lange in der Schlucht aufgehalten, mit stumpfer Neugierde die Franzosen und die auf der Erde liegenden Leichname betrachtet und blaue Feldblumen gepflückt hat, von denen dieses Tal übersät ist. Da er mit dem großen Blumenstrauß nach Hause zurückgeht, hält er die Nase zu vor dem Geruch, den ihm der Wind zuträgt, bleibt bei einem Haufen zusammengetragener Körper stehen und betrachtet lange einen schrecklichen, kopflosen Leichnam, der in seiner Nähe liegt. Nachdem er ziemlich lange gestanden, tritt er näher heran und berührt mit dem Fuß den ausgestreckten erstarrten Arm des Leichnams, – der Arm bewegt sich ein wenig. Er berührt ihn noch einmal, stärker, – der Arm bewegt sich und kehrt wieder in seine Lage zurück. Der Knabe schreit plötzlich auf, verbirgt das Gesicht in den Blumen und läuft spornstreichs fort nach der Festung.«

Was Dostojewskij angeht, so dachte er anders. Er warf Tolstoi vor, daß er sich in scharfen Widerspruch zur Geschichte seiner Zeit stellte, als er vom Russisch-Türkischen Krieg des Jahres 1877 erklärte, dieser sei nicht echtes Anliegen des russischen Volkes. Dostojewskij glaubte an das ideale Ziel dieses Feldzugs, der unternommen werde, um slavischen Völkern nicht Leben und Freiheit zu nehmen, sondern zu bringen. Imperiale Ideen von slavischer Wiedergeburt und die Bereitschaft zum Opfer klangen zusammen. Aber das Christusbild Dostojewskijs ist mit Gewalt nicht vereinbar: unter einer »Christus ...« überschriebenen Notiz des letzten Jahres (1880) steht die Frage: »Weshalb ist es unsittlich, Blut zu vergießen? Wenn ich das Gegenteil behaupte, werden Sie meine Behauptung natürlich auf keine Weise widerlegen können.« Und im selben Jahre entdeckte er, im Zuge der von ihm unternommenen Umwertung aller Werte, das heißt im Sinne der von ihm entdeckten und heute offenbar völlig untergegangenen »russischen Welt« das geheimnisvolle »Gesetz des Blutes« in der Geschichte. Er notierte: »›Nur das ist stark, wofür Blut vergossen wird‹ – bloß vergessen die Nichtswürdigen, daß es sich nicht bei denen als stark erweist, die das Blut vergießen, sondern bei denen, deren Blut vergossen wird. Und das, gerade das ist das Gesetz des Blutes auf Erden«.[25] Aber, wie gesagt, Zeichen eines Daseins dieser Wertwelt sind nicht mehr zu erkennen.

Im Jahre 1899 erschien in Berlin das sechsbändige Werk des russischen Staatsrats Johann von Bloch: »Der Krieg«. Der Fortschritt der Kriegstechnik seit 1870, führte er aus, »sei größer als die Entwicklung der Waffentechnik von dem ersten Bogenschützen bis zu diesem Jahre«.[26] Das um jene Jahre eingeführte Gewehr war dreizehnmal wirksamer als das im siebziger Kriege gebrauchte; die französische Artillerie soll um 1891 schon die 166fache Schießwirkung der Artillerie von 1870 erreicht haben; die Schnellfeuerkanone soll es bald auf das 233fache gebracht haben. Daraus folgerte Bloch die Notwendigkeit einer neuen Taktik; doch ging er weiter und erklärte, daß ein solcher Krieg Selbstmord sei und daß es keine Sieger geben könne. Schon damals kam das Wort auf, daß nicht der Friede, sondern der Krieg Utopie sei. Der General v. d. Goltz erklärte, daß die Schlacht der Zukunft eine Sphinx sei, deren Rätsel niemand zu lösen vermöge. Schlieffen übernahm in einem Artikel die Blochsche Darstellung kriegstechnischer Umwälzungen, Wilhelm II. las diesen Aufsatz einigen Generälen vor und pflichtete ihm bei.

Aber um dieselbe Zeit etwa, da Blochs Werk Aufsehen erregte, war mit der Entdeckung Röntgens (1895) und der anschließenden des Urans durch Becquerel (1896) eine neue Ära der Physik angebrochen, die in unaufhaltsamer Entfaltung, herausgefordert und zugleich gefördert durch das Verbrechen des zweiten Weltkriegs, an die Stelle führte, wo vom

Offizier der nicht mehr verantwortbare Befehl, vom Soldaten nicht mehr verantwortbarer Gehorsam gefordert wird; wo der Befehl den Befehlenden, der Gehorsam den Gehorchenden von innen überfordert und zerstört; wo aber auch die Weigerung beider der Problematik nicht entrinnt. Das neue Motiv, das in der Zeit, in der es auftrat, doch gewiß bestürzend hätte sein können, hat nichts bewirkt, und es wird nun die Aufgabe militärischer Erziehung sein, den Soldaten für den unverantwortbaren Befehl und Gehorsam einzuschmelzen und zu härten; sonst könnte sich das Unglück wiederholen, daß der die Bombe abwerfende Pilot sich selbst zerstört oder daß er nach einigen Jahren im Kloster verschwindet. Der Paradoxie des Friedens: der Notwendigkeit des Unwahrscheinlichen, steht die noch härtere des Krieges gegenüber: die Notwendigkeit des Untragbaren. Der Soldat muß zum »seelenblinden« Träger, Hebel, Auslöser der Waffe werden, die ihm die Wissenschaft liefert; er stirbt, indem er tötet, das heißt: er tötet sich selbst, seine Seele, seine Menschlichkeit. Es wird tödlich sein, der auf dem Schlachtfeld der Zukunft lagernden Sphinx in die Augen zu blicken.

Nun, es ist des Menschen immer würdig, mit Martin von Tours und Franz von Assisi, mit Erasmus und dem »letzköpflin« Sebastian Franck, oder dem »schwindelhirnlin« Kepler, mit Penn, mit Leibniz, dem verlachten Abbé Saint Pierre, Rousseau und Immanuel Kant, mit Tolstoi und Albert Schweitzer, Henri Dunant, Romain Rolland und Fritjof Nansen, mit Friedrich Wilhelm Förster und Albert Einstein, Hermann Hesse und Leopold Ziegler, dem Verkünder des »Evangelischen Friedens« und der Friedensmission des Reiches, zu hoffen, zu streiten, zu leiden. Es wird immer eine Ehre des Menschen sein, zu hoffen auf den Menschen, zu glauben gegen den eigenen Unglauben.

Die »Weltregierung« ist eine olympische Versammlung in den Wolken. Sollte sie sich uns nur um weniges nähern, so müßte zuvor die Welt als Einheit empfunden werden, was sie in Wahrheit, unter äußerster Bedrohung längst ist, und das wäre eine Wandlung von Grund aus. Nicht mehr mit »Erleichterung« sollte die Nachricht von dem staunenswürdigen Effekt der Atombombe vernommen werden; auch die sinnreiche Kombination jener Siegestage mit Marienfesten (Monsignore Fulton Sheen) würde besser verschwiegen. Der indizierte Immanuel Kant, dessen Stadt als Burg des Atheismus nach frommer Meinung von Gott gerichtet wurde (wir sind bereit, den Nachweis zu erbringen, würden es aber nicht gerne tun), hat einen christlicheren Vorschlag zu bieten: nämlich den Sieg mit einem Bußtag zu begehen.

Immer näher ja scheinen wir dem Weltstande zu rücken, den Johann Peter Hebels Aetti und Bueb, auf der Straße nach Basel, also zum Basler Tod, vor dem Röttler Schloß geahnt haben:

Der Himmel stoht im Blitz un d'Welt im Glast.

Und danach:

Der Belche stoht verchohlt,
Der Blauen au, as wie zwee alti Türn,
Und zwischedrin isch alles uusebrennt
Bis tief in Boden abe. D'Wise het
Ke Wasser meh ...

Ja, und wenn sie noch Wasser hätte und ein Mensch noch schöpfen, ein Tier noch trinken könnte: so tränken sie den Tod. Ein französischer Forscher, Charles-Noël Martin, hat im Jahre des Heils 1955 festgestellt, daß die »entfesselte Atomkraft alles verändert hat außer unserer Denkweise« (nach Den Doolaard). Ja. Uns müßten die Fische, die Vögel, die Bäume, das Wasser, die Luft fast ebenso erbarmen wie die Menschen, gleich welcher Rasse und Denkweise, unter allen Umständen aber die künftigen Generationen genau wie wir selbst. Denn das Leben ist eins. Was auch bleibt uns sonst als Antwort, als Haltung vor der grenzenlosen kosmischen

Verlassenheit der Menschheit? Wir treiben auf einem Schiffe, ohne zu wissen wohin, ohne Aussicht, einem andern zu begegnen, einen Rettungsring aufzufangen, eine Botschaft und Weisung oder gar einen Lotsen, den wir wohl gebrauchen könnten: sicher ist nur das Eine: daß das Schiff einmal scheitern, die ganze Mannschaft im irdischen Sinne untergehen wird. In der Zeit, in der sich die Milchstraße ein einziges Mal um ihre Achse schwingt, bis also die Sonne dort wieder steht, wo sie eben steht, es sind 225–250 Millionen Jahre, geht alles unter, was auch die kühnste Phantasie an Geschichte vorzustellen vermag: ein einziges Milchstraßenjahr wird sie weit überschreiten, und viel mehr als 30 bis 40 solcher Jahre sind für den Kosmos wohl nicht zu erwarten. Unsere Teleskope fangen Konstellationen, Wirklichkeiten auf, die um 500 Millionen Jahre zurückliegen mögen, der Radius der Milchstraße wird mit 50 000 Lichtjahren, die Entfernung des nächsten Systems, des Andromeda-Nebels, mit 720 000 beziffert. Wir können mit Pascal den Stolz empfinden, das All in unserem Geiste zusammenzufassen, mit Einstein die Verwunderung, daß etwas an dieser Welt uns begreiflich ist. Wir können es uns doch nicht verheimlichen, daß unsere Lebenskraft und Lebenszeit im kläglichsten Mißverhältnis zur Reichweite unserer Himmelsphotographie und unserer astronomischen Tafeln steht. Und nun erleiden wir dieses Ausgeliefertsein, wir alle mit uns anvertrauten Geschöpfen, auf einer Erde, die schön ist und leuchtet wie ein vom Rad in die Nacht sprühender Funke. Sollen wir diese Erde sprengen? Sollten wir einander nicht um den Hals fallen in grenzenlosem Erbarmen? Nicht heute – das wäre ja nicht möglich – aber die Anpassung der Denkweise an die Wirklichkeit müßte doch ernsthaft aufgenommen werden, – von einigen wenigen, die zuerst, die in Gottes Namen den Mut finden, aus der Bahn zu biegen. Die Menschheit müßte doch einmal beginnen, sich vor dem Kosmos zu konstituieren, in dem ihre Flamme verbrennt. Aber wissen wir denn, wo wir sind? Wir werden geboren mit einem Schleier vor Augen, halbblinde Geschöpfe, die niemals sehen werden. Wir erforschen nur die Reaktion unbenennbarer Kräfte auf bestimmte Versuche und Fragen. Wer da antwortet, wissen wir nicht. Die Antwort ist nur ein Zurückweichen des Geheimnisses, Erforschung nur neue Frage. Gesetz ist doch, daß der Geist der Geschichte voraus ist, daß er berufen ist, sie zu führen, wenn auch nicht von ihr gelöst, sondern im Gespräch mit ihr, erkennend, antwortend, vorausschauend. Gesetz ist, daß im Gedanken Geschichte sich anbahnt. Gesetz ist freilich auch, daß die aufgerührten geschichtlichen Mächte, seien sie politischer, wirtschaftlicher, sozialer Natur, sich der Werke des Geistes bemächtigen, sie umbiegen, ausplündern, Waffen, Brecheisen aus ihnen schmieden – oder zersprengende Kräfte aus ihnen gewinnen. Diese Passion der Geisteswerke ist unausweichlich. Das ändert aber am Auftrag und Vorsprung des Geistes nichts. In der Geschichte kann nur geschehen, was er vorbereitet hat. Er kommt zuerst an die Kreuzung: er allein kann den Wandel des Welt- und Wertbewußtseins vollziehn. Auf irgendeine Weise wird dieser Vollzug zurückwirken, eindringen in die nachstrebenden Kräfte: indem sie gegen ihn ankämpfen, werden sie sich in einem gewissen Grade verändern. Er führt das Steuer. Das Meer, den Sturm beherrscht er nicht. Er ist nicht Herr, aber er hat das erste Amt und ist frei, zum Tod zu entscheiden wie zum Leben. In diesem Angewiesensein des Menschen auf die Freiheit gründet eine Macht, die wir bis heute nicht hinreichend realisiert haben.

Moltke nannte den Ewigen Frieden einen Traum und nicht einmal einen schönen. Er fürchtete Verweichlichung, Erschlaffung; der Krieg hat ja auch keineswegs einsinnig Kultur zerstörend gewirkt, sondern auch hervorrufend und verbreitend. Moltkes Urteil ist verständlich von der Zeit her, aus der er kam, nicht mehr ganz am Ende des vorigen Jahrhunderts, da sich auch andere Stimmen meldeten. Zutreffend ist es nicht. Keineswegs müssen mit dem Kriege die männlichen Tugenden verschwinden. Es wird immer Mut gefordert werden. Die Persönlichkeit wird immer im Kampf stehen mit der Umwelt und Mehrheit. Tätige Hilfsbereitschaft wird immer das Leben kosten, die Lebenskraft; Wissenschaft und Kunst verzehrende, zerstörende Hingabe – die Wissenschaft der Zukunft ist höchst wahrscheinlich ein heroisches Unternehmen, wie Wissenschaft noch kaum gewesen ist. Das Recht ist immer in Gefahr, mißhandelt zu werden, immer angewiesen auf Verteidiger, die es höher als ihr Leben schätzen. Opfer über Opfer werden gefordert werden. Die Errichtung des Ewigen Friedens würde an den tragischen Gegebenheiten unseres Daseins nicht das mindeste ändern, sie würde uns nur gewähren, die unlösbaren Konflikte in einem reineren und strengeren Sinne zu erfahren. Wo keine Persönlichkeit ist und sein kann, wo die Menschen verbrannt werden wie Stroh, der das Geschoß Werfende ein stummer Hebel ist, ein Knopf, auf den die anonyme Hand eines Stabes oder Staates drückt: da ist überhaupt keine Tragik, weil keine Würde da ist und keine Person; da sind nur Greuel, Angst und Verbrechen, Entstellung der Menschengestalt, die zum scheußlichen Klumpen zusammenschrumpft und an abstoßender Mißbildung nur noch von der Seele des unglücklichen Täters übertroffen werden könnte – falls sie sichtbar würde. Das ist ja nicht mehr Krieg in dem Sinne, in dem das Wort noch in unseren Büchern steht, nämlich im Sinne bisheriger Geschichte; das ist ein Vorgang, vergleichbar nur der heute von Flugzeugen über absterbenden Wäldern geübten Insektenvertilgung. Die Welt nämlich, in der wir bisher lebten, geht in jedem Falle zu Ende; das ist die unausbleibliche Folge gemachter und angebahnter Entdeckungen und Erfindungen: die Frage ist nur, ob der Krieg das Ende vollziehen wird oder der Friede. Wir befinden uns in einem Zwischenzustand, der nach allem Ermessen nicht lange wird dauern, nicht lange wird unentschieden bleiben können. Wir sind alle frei: wer die Waffe ergreifen und verantworten will, hat dazu das Recht; er muß nur wissen, vor welchen Gegebenheiten er das tut, statt sich von den Schlachten von Kesselsdorf oder Sedan leiten zu lassen, die wahrlich furchtbar genug gewesen sind, – wie kaum ein Bericht sie schildert.

Ungewiß bleibt es bis zur Stunde, ob die Menschheit fähig ist, sich als solche zu verstehen. Alle Erfahrung spricht dagegen. Aber alle Erfahrung sagt über das Mögliche nicht das letzte Wort. Die Unvergleichlichkeit der von der Geschichte, vom Denken heraufgerufenen Situationen steigert sich von Jahrhundert zu Jahrhundert, von Jahrzehnt zu Jahrzehnt, von Jahr zu Jahr. Wo die Klimax endet, ob sie im Geschichtlichen gipfelt, ob die Entwicklung umschlägt, wissen wir nicht. *Gewiß ist: es müßte geschehen, was noch niemals geschehen ist, wenn die uns bekannte Welt, der uns noch bekannte Mensch gerettet werden sollen.* Es müßte geschehen: ein Denken des Friedens von Grund aus, wahrhaftig in jeder Faser. Freilich: die Bedrohungen auf der einen, der Wille zur Selbstbehauptung und Wahrung des Erbes auf der andern Seite können von so erbitterter Entschiedenheit sein, daß die Menschheit sich selber wagt um der Wahrheit oder des Wahnes und Zwanges willen: jedenfalls um ein Ziel, das sie sich dann entschließen muß, über alles zu setzen, was uns im Irdischen vertraut ist und was wir lieben. Es mag sein, daß es nach dem großen Krachen, in dem die Himmel vergehen, die Elemente vor Hitze zerschmelzen und die Erde samt den Werken auf ihr verbrennen (2. Petr. 3, 10), Überlebende gibt, schwerlich aber Menschen.

Man kann für die Freiheit sein Leben wagen. Dies Recht hat jedermann. Ob aber Millionen Kinder? Und die werdende Mutter, die sich während des Großangriffs durchs Feuer rettet und niemals Mutter werden wird? Und ob es eine Mutter geben wird, eine christliche oder nichtchristliche, die, unter allen Schmerzen, das Ausbleiben des Sohnes weniger fürchtet als seine Heimkehr mit von den modernen Waffen befleckter Hand und zerstörter Seele? Da nach der dankenswert-wahrheitsliebenden Erklärung des Generals James Gavin vor dem Ausschuß für Luftstreitkräfte des amerikanischen Senats in einem totalen Atomkrieg mit »mehreren hundert Millionen Toten« zu rechnen ist – wo und wie der Wind weht –, so haben die Kriegführenden doch wenigstens den Tod von hundert Millionen Kindern zu verantworten, die weder nach Freiheit noch nach Unfreiheit gefragt werden können. Hier aber, nicht in der Wahl des Mündigen zwischen Freiheit und Tod, die einfach wäre, spielt der eigentliche, der heillose Ernst der Enscheidung, die die Menschheit auf ihrem tragischen Wege heraufgerufen hat.

Epilog

Der Schwerpunkt der hier in Rede stehenden vor- oder überpolitischen Vorgänge und Gefahren liegt außerhalb des Christentums, dessen Vertreter sie nur mit in ihrer Unmacht und Widersprüchlichkeit ergreifenden Warnungen und entsetzten Beschwörungen begleiten können. Der Christ weiß, daß nicht der Mensch die Erde aufhebt, sondern der wiederkehrende Herr, und daß auch das furchtbarste Tun des Menschen Spiel ist in Gottes Hand. Er weiß, daß Gebet und Opfer Verheißungen tragen, und daß sie darum Mächte sind. Er ist sich mit Liebe und Bewunderung der wahrhaft verehrungswürdigen Erscheinungen und Vermächtnisse einer Geschichte bewußt, die mit nicht zureichendem Rechte eine christliche genannt wird und mit Schmerz der Wahrheit, daß sie nur einen geringen, einen noch immer abnehmenden Teil der Menschheit vom Glauben an den Gott, der Friede ist (Epheser 2, 14), zu überzeugen vermochte. Er weiß sich gleich wohl gesendet zu allen Geschöpfen, nicht den Menschen allein (omni creaturae, Marcus 16, 15), hat also das Amt eines Hirten der Seelen und des Lebens, der Schöpfung überhaupt und ist in der Verwaltung dieses Amtes durchaus frei. Dem großen Wort des Lehrauftrags »Alle Völker«, mit dem der Auferstandene die Menschheit noch einmal zusammenfaßte, wie er das schon durch sein Erscheinen getan, steht ein anderes zusammenfassendes, des sich zum Kreuze Wendenden gegenüber: »Alle Völker werden euch hassen« (Matth. 24, 9). Der Christ steht zwischen beiden Worten in der Geschichte, für alle Völker und gegen sie, um Seines Namens willen: es sei denn, die Völker würden Sein einiges Volk werden, was wohl geboten, aber nicht verheißen ist; was möglich scheint und nach dem, was der Herr vom Ende gesagt hat, unmöglich ist, wie es ja auch möglich sein mußte, daß Christi Botschaft zur Zeit seines Wandels angenommen worden wäre – wie hätte er sonst mit solchem Ernste um sein Volk geworben – und wieder unmöglich, weil das Opfer von Anfang beschlossen war und allein retten konnte. Die Völker werden in den verwirrenden Schrecknissen des Endes abfallen bis auf wenige Zeugen. Ehe der neue Himmel und die neue Erde aufgehen, wird Satan losgelassen und verführen die Völker an den vier Enden der Erde (Geheime Offenb. 20, 7). Wohl hat der Herr gesagt, daß er, wenn er erhöht sein werde, alles an sich ziehen werde, nämlich an das Kreuz, wo er erhöht wurde. Was aber hoch ist vor den Menschen, das ist ein Greuel vor Gott (Lukas 16, 15). Das Kreuz zieht die Völker an sich: sie werden es erst sehen, wenn es am Himmel steht über der berstenden Welt.

Der Christ steht also dort, wo untragbare Gegensätze aufeinander stoßen. Sie müssen mit dem Ablauf, der Erfüllung der Zeiten immer schmerzhafter werden. Er ist der angefochtenste, der fast unverständliche, im Grunde unerwünschte Narr in Christo, Träger des Skandals, Jünger dessen, der unter die Übeltäter gerechnet wurde, der Mensch, der ohne Hoffnung hofft, wider die Wirklichkeit glaubt und zur Beglaubigung seiner Friedfertigkeit nichts erbringen kann als das Kreuz seines Lebens. Heinrich III. hat auf dem Schlachtfeld als Büßer vor dem Kreuz den Frieden des Reiches verkündet; der Friede hat kein anderes Zeichen als das Kreuz; es ist auch heute noch denen, die nicht glauben, das Friede gebietende, die Kranken und Verwundeten schützende Zeichen. Das heißt: auf dem Opfer gründet Friede; auf der furchtbaren Gerechtigkeit, die sich nur durch das Blut und die äußerste Verlassenheit des Sohnes versöhnen ließ. Den Friedensschlüssen der Welt, die nach Kant nur Friedenslügen waren, Verträge zwischen zum Vertragsbruch bereiten Partnern, steht der Friede Christi gegenüber, der Friede gibt, nicht wie die Welt gibt (Joh. 14, 27), durchaus unzerstörbaren, weil Christus die lebendige Wahrheit ist, und Wahrheit und Friede zusammenfallen, die Lüge aber, noch einmal nach Kant, das Prinzip des Krieges ist.

Wir können es nicht enscheiden – und vielleicht kann diese Entscheidung nie getroffen werden – wie sich der Friede Christi verhält zum Frieden der Welt. Gewiß ist, daß der himmlische in den irdischen übergehen, ihn durchdringen, festigen will – und doch wird sich am Ende Reich gegen Reich erheben, weil sie eben nicht das Reich sind und niemals werden können. Denn das Reich kann nicht zerfallen in sich selbst. Der Christ ist also arm an irdischem Trost, in Wahrheit ein Bettler unter der Treppe im Palast der Mächtigen, der Staatsmänner und Abgeordneten, Präsidenten, Staatslehrer und Parteichefs, die so reich an Verheißungen sind, aber auch der Humanisten, Idealisten und Pazifisten, gutgläubigen Philanthropen und Sektierern jeglicher Art, die alle Könige der Versprechungen sind. Der Christ ist mit der heiligen Armut gesegnet. Unangetastet sind die Rechte der Obrigkeit. Aber die Freiheit in Christus ist stärker. Was bleibt dem Kaiser außer Münze und Schwert, da doch Gottes alles ist, Seele und Leib? Und wird Petrus das ihm verwiesene Schwert noch einmal ziehen? Wie wird er streiten für Christus? Wie vieles blieb offen! Wie groß ist die Freiheit! Der Herr hat die Schöpfung geheiligt, indem er sie betrat: Eltern- und Kindschaft, Stall und Haus, Tisch und Speise, Arbeit und Schlaf, Lamm und Esel, Fisch, Taube, Adler – das Pferd ist der

Apokalypse vorbehalten –, Acker und Garten, Ähre, Weinstock, Netz, Pflug und Boot, den Feigen- und Ölbaum, die vier Elemente, Stein und Fels, er hat geheiligt Siechtum, Mißhandlung, Spott, Essig, Agonie, Leichnam, Grabtuch und Grab. Ungewiß ist es mit der Schrift: der Herr hat nur einmal geschrieben, unverstandene Zeichen in den Sand. Und er hat nicht geboten, daß sein Leben in ein Buch geschlossen, daß ein Buch Zeichen des Glaubens sein solle, wie heilig sein überliefertes Wort uns auch ist. Stark also ist der Christ in dem Einen: daß die Welt, Völker, Geschöpfe, Natur, angewiesen ist auf unteilbare Liebe und daß alle Kräfte des Willens und Geistes, wie unabdingbar sie sind, ihr nicht zu helfen vermögen, wenn nicht das noch mutigere Herz sie zusammenfaßt. Helfen? Der Sinn ist Dasein. Bitten wir, daß die Liebe uns nicht zerbricht –, daß die Liebe von oben uns nicht verläßt, daß gegen alle Feuer, die wir bereiten in den Laboratorien des Todes, in Nevada oder Sibirien, Christus das verheißene Feuer auf die Erde schleudre, das in Wahrheit unverlöschliche, und daß dieses Feuer das Todeswerk dieser Stunde samt allen Gedanken des Todes verbrenne!

Dem Christen droht einen jeden Augenblick die Frage des verborgenen Gottes, ob er – nicht allein im Handeln, das ja keineswegs allein entscheidet, sondern im Denken und Wünschen, die der Geschichte die Steige richten – Hüter seines Bruders war; ob er den Mut hatte, den Tendenzen zum Untergang, einer ganzen Welt entgegen, einen neuen Gedanken zu denken – oder ob er dachte in der Strömung des Untergangs. Gedanken bestimmen das Klima der Tat; aufgehäufte Vernichtungspotenzen den Gang des Schiffes. Der Bruder aber ist nicht nur der Feind, den zu lieben geboten ist, der Hasser, der nach Verständnis hungert: es ist alles Erschaffene, das Leben, das Hölderlin, der Dichter der Friedensfeier, das heilige grüne der Welt genannt hat. Es ist die Kreatur, deren Vorwurf die Droste lebenslang auf sich fühlte, seufzend unter der mystischen Mitschuld an all ihrem

Leid, deren geheimnisvolle Unantastbarkeit Hebbel am Ende entdeckte: sein letzter Held, Demetrius, sollte sterben an der plötzlich erkannten Unmöglichkeit des Tötens. Es ist die verstümmelte Kreatur, deren Aufstand Gertrud Kolmar erblickte, ehe sie im Feuerofen entschwand: heiliger Statt unsäglichen Verbrechens.

Aber es ist ein Irrtum, daß wir völlig frei seien vor den Waffen dieser Zeit. Ihr Dasein hat die Realität verändert, mit der Politiker und Soldaten zu rechnen haben. Der Umstand, daß auch der Gegner über sie verfügt, schränkt die Entschlüsse ein. Nämlich: eine jede Erfindung solcher Art kostet ein Stück Freiheit. Bald nachdem Bertold Schwarz seinen Schrecken in der Freiburger Klosterküche erlebt hatte, mußten Fürsten, Räte und Päpste sich nach tüchtigen Stückgießern umsehn, und die Armbruster und Pfeilschnitzer kamen in Not. Die modernen Waffen sind schon mit Freiheit bezahlt – und es stehe nun dahin, wie weit sie noch Freiheit schützen können. Eben die Tatsache, daß sie Freiheit kosten, ist ein Blitz ihrer Dämonie. Wohl ist Freiheit möglich, müssen wir verbissen festhalten daran, daß sie möglich sei: aber diese Möglichkeit ist auf fast nicht mehr tragbare Weise beschwert.

Wie echter Friede im Kriege hätte beginnen müssen, so ist der Krieg die Folge einer im »Frieden« oder im Waffenstillstand geschehenen geistigen, sittlichen, politischen Katastrophe, schon nicht mehr die Katastrophe selbst, ebenso, wie nicht die Anwendung, sondern die Erfindung der unsere Ära bestimmenden Waffen die sittliche und geistige, also schon effektuierte Katastrophe der Menschheit sind. Wir haben keinen Frieden, sondern Waffenstillstand. Und dieser ist vielleicht einem auf lügenhaften Verträgen gegründeten »Friedensschluß« vorzuziehen. Er beschenkt uns mit – dem Anscheine nach – noch unentschiedener Zeit. Kommende Geschichte wartet auf das Klima, das wir ihr bereiten. Macht ist blind ohne die Führung des Geistes. Das Klima wird mitbestimmt von einer jeden, auch der verborgensten Existenz, wie von der verborgensten, nur Gott kund werdenden Entschließung des mächtig-unmächtigen Forschers und Staatsmanns. Endlich erleben die Völker, die von Gnaden des Schicksals heute Menschheit sind, ohne diese Tatsache bewußt zu realisieren, was sie sind, denken, wünschen.

Der Christ, die Gemeinde, die Kirche aber müßten sich ermuten zu dem ungeheuerlichen Glaubenswort Martin Luthers: »So lange ich bete, wird noch Friede sein.« Nicht also Sieg, wie unter des Mose erhobenen, gestützten Armen: sondern Friede. (1956)

Anmerkungen

1. Wiedergegeben von Erik Wolf in ›Große Rechtsdenker‹. Tübingen 1944.
2. Kurt von Raumer: Ewiger Friede. München 1953.
3. Emilie Fogelklou: William Penn. Hamburg 1948.
4. Max Caspar: Kepler. Stuttgart 1948.
5. Albert Einstein: Mein Weltbild. Zürich 1953.
6. Schopenhauer: Welt als Wille und Vorstellung, 2. Bd. Kap. 28.
7. Weygand: Turenne. München 1937.
8. Kant: Zum Ewigen Frieden.
9. Georg Kaufmann: Deutsche Geschichte. München 1880.
10. Hans Prutz: Die Friedensidee. 1917
11. Journal of George Fox.
12. Wilhelm Schwarz: Die Heilige Allianz. Stuttgart 1935.
13. Karl Stählin: Geschichte Rußlands. Bd. 3. 1935.
14. Ernst Benz: Abendländische Sendung.
15. Hans Grassl in der Einleitung zu Franz von Baader: Über Liebe, Ehe und Kunst. München 1953.
16. Walter Köhler: Erasmus von Rotterdam. Briefe. 1938.
17. Walter Nigg: Das Buch der Ketzer. Zürich 1949.
18. W. E. Peuckert: Sebastian Franck. München 1943.
19. Johannes Fleischer: Das fünfte Gebot. Donaueschingen 1955.
20. Josef Fleischer: Die Kriegsdienstverweigerung. 1949.
21. Albert Einstein: Mein Weltbild. Zürich 1953.
22. A. den Doolaard: Die Zukunft in deinen Händen. Hamburg 1955.
23. Philipp Frank: Einstein. 1949.
24. Robert Oppenheimer: zitiert von Den Doolaard.
25. F. M. Dostojewski: Literarische Schriften. München 1921.
26. Alfred H. Fried: Handbuch der Friedensbewegung.

DER FRIEDE DER WELT

Rede Reinhold Schneiders
anläßlich der Verleihung des Friedenspreises
des Deutschen Buchhandels in Frankfurt
am 23. 9. 1956

Indem ich für die hohe Ehre danke, die mir der deutsche Buchhandel erweist, möchte ich an die Worte erinnern, die Albert Schweitzer an dieser Stelle vor fünf Jahren gesprochen hat. Er sagte, man könne diesen Preis nur als neue Verpflichtung entgegennehmen. Denn niemand werde von sich behaupten wollen, daß er genug für den Frieden getan habe. Gewiß, es kann ja niemand genug für ihn tun. Und daß bis heute nicht genug für ihn geschehen ist – oder geschehen konnte –, kann niemand bestreiten. Wir leben ja nicht im Frieden, sondern im Waffenstillstand. Ich möchte damit die scharfe Unterscheidung anwenden, die Kant gelehrt hat in dem an lügenhaften Vertrags- oder Friedensschlüssen ertragreichen Jahre 1795. Ein Friedensschluß, erklärte er, bedeute, daß zwischen den Vertragschließenden alle Ursachen zu einem künftigen Kriege, auch die ihnen nicht bekannten, *vernichtet* seien. Von dieser Definition geleitet, kam er am Ende seiner Schrift zu dem Schluß, daß die Geschichte bisher keinen Friedensschluß gesehen habe, sondern eigentlich nur Waffenstillstände.

Nun ist das im einzelnen nicht ganz richtig, wohl aber, was den Frieden der Welt angeht. Einzelne Kriegsherde sind ausgebrannt oder für immer gelöscht worden: die zwischen den Schweizer Kantonen, also Zürich und Luzern, zwischen Oldenburg und Bremen, Meiningen und Sachsen-Gotha, den Staaten der USA und südamerikanischen Republiken, den deutschen Bundesstatten, zwischen England und Schottland,

Dänemark und Schweden, Spanien und Portugal und hoffentlich deren noch weit mehr, für immer. Das Ergebnis solcher Friedensschlüsse aber, darin hat Kant recht, besteht zu einem Teil – die Schweiz ausgenommen – darin, daß sich die Mächte zu vergrößern suchten, um nicht behobene Hostilitäten auf ausgedehnteren Schlachtfeldern auszutragen. Ich will auf Urteile verzichten. Man kann in diesem Prozeß einen Zwang des Geschichtlichen sehen, der bisher unüberwindlich war. Ich möchte hier überhaupt nur sprechen von der furchtbaren, fast ausweglosen Not, die die Sache des Friedens heute ihren Verfechtern bereitet, vorausgesetzt, daß sie diese Sache nicht als Devise, nicht in irgendeinem pragmatischen Sinne im Dienste einer Macht oder als fromme, unverbindliche Phrase nehmen, sondern todernst um ihrer selbst und der unteilbaren Welt willen, im Sinne Immanuel Kants und als eine Aufgabe, die, wie er sagt, »nach und nach aufgelöst« werden muß. Wir sind ja in eine Phase eingetreten, in der Friede nur noch im Sinne Kants als Vernichtung jeder möglichen Kriegsursachen verstanden werden kann. Die Gnade dieser Stunde ist, daß eine Bedrohung ohne Beispiel die Welt als ein Ganzes erweist und die Räume, in denen sich Kriege und die ihnen vorausgehenden Experimente abspielen, nicht mehr abgegrenzt werden können. Friede kann nur noch Friede der Welt und Ewiger Friede sein; ist er das nicht, nun, so hat Kant, darin Leibniz folgend, sein ironisches Vorwort bereit von dem Schilde eines holländischen Gastwirts, auf dem, über dem Bilde eines Friedhofes, das Wort Ewiger Friede steht. Ausdrücklich meint der Königsberger Philosoph, der den modernen Ausrottungskrieg und den Todeskampf der Erdteile miteinander vorausgesehen hat, damit den »großen Kirchhof der Menschengattung«, um deren Bestand er also ernstlich in Sorge war, nachdem er die Entdeckung gewisser »höllischer Künste« gemacht hatte, die sich nicht lange innerhalb der Grenze des Krieges halten, sondern in den Friedenszustand übergehen, und nachdem er sich auch über den Zusammenhang zwischen Krieg und Wirtschaft klargeworden war.

Es handelt sich also um das Existenzproblem der empirischen Welt. Nun ist dem Frieden mit nichts weniger gedient als mit gewissen, wenn auch wohlgemeinten pazifistischen Verheißungen und Programmen, die meinen oder vorgeben: die Regierungen brauchten nur ihre Völker anzuhören und ihren Willen zu tun und die Waffen niederzulegen, dann werde ewiger Friede sein. Daneben aber gibt es einen starken, männlichen, wissenden, mit der Geschichte vertrauten Pazifismus, der eine Auszeichnung europäischer Tradition ist, von Erasmus und Sebastian Franck über Crucé, Penn, Sully, Leibniz, Kant, auch Saint-Pierre und Rousseau, und weiter zu Friedrich Wilhelm Foerster, zu der Botschaft Hermann Hesses und dem Denken Leopold Zieglers und zu Albert Einstein, und es ist gar nicht einzusehen, warum Europa diese Überlieferung, die eine Ehre seiner Freiheit ist, verleugnen soll. Denn ohne sie erschiene Europa in der Entscheidung über eine brennende Menschheitsfrage nicht frei. Größere Bilder stehen dahinter: Dantes Weltmonarch, der Papa Angelicus des Joachim von Floris und der Spiritualen, die das mittelalterliche Reich krönende, seinen Sinn aussagende Friedensverkündung Kaiser Heinrichs III. im Münster zu Konstanz im Jahre 1043, sein Friedens- und Vergebungsgelöbnis vor dem Kreuze auf dem Felde der Ungarnschlacht an der Raab – er erschien barfuß als büßender Sieger –, endlich der tragische Friedensstaat des Gotenbischofs Ulfilas, der sich nördlich der unteren Donau immerhin erstaunliche Zeit gehalten hat.

Wer sich ernstlich mit den Taten und Lehren solcher Männer und ihren Schriften befaßt, der wird kaum einem den Vorwurf machen können, daß er welt- und geschichtsfremd gewesen sei: nicht einmal ganz wird es für den vielverspotteten Abbé Saint-Pierre zutreffen, der zum mindesten das Verdienst hat, das Problem im achtzehnten Jahrhundert neu aufgeworfen und Rousseau und Kant zur Äußerung herausgefordert zu haben. (Wer den Frieden will in der Geschichtswelt, kann dem Vorwurf der Torheit nicht entgehn. Es ist fast unvermeidlich, daß er in Gesellschaft von Narren gerät. Aber besser, auf einem Narrenschiff zu reisen als auf einem Flugzeugträger.) Nun, der Abbé Saint-Pierre, immerhin Beichtvater des Herzogs von Orléans, Mitglied der Akademie, aus der ihn erst der Zorn Ludwigs XIV. hinausjagte, Teilnehmer am Kongreß zu Utrecht, hatte, wie Kurt von Raumer in seinem wichtigen Buch über den Ewigen Frieden erzählt, um das Jahr 1708 auf einer Reise in Frankreich einen Wagenunfall. Die Achse war gebrochen, und er konnte sich an die Straße setzen und warten und nachdenken: Warum ist die Achse gebrochen? Weil die Straße miserabel ist. Warum ist die Straße miserabel? Weil der König Krieg führt. Das ist doch eine symbolische Situation. Wir sitzen neben dem verunglückten Wagen. Denken wir wirklich nach? Wir reparieren zu schnell. Und dann rasen wir weiter, auf der miserablen Straße mit der geflickten Achse. Wir müssen uns klar sein, daß der Wagen nur noch einmal verunglücken kann. Und dann tödlich. Eine Aussicht auf den dritten Unfall besteht kaum.

Nun hat es mit den genannten Zeugen des Friedens eine eigentümliche Bewandtnis: Dante etwa forderte Kaiser Heinrich VII. auf, erst einmal Florenz zu bestrafen, bevor er die Weltmonarchie vorbereite, Leibniz suchte die kriegerische Kraft europäischer Völker nach außen zu wenden, nach Ägypten oder gegen die Türken, nach Nordamerika, Penn verdankte seine Kolonie den kriegerischen Verdiensten seines Vaters, des Admirals, der die Holländer schlug. Kant bestritt es keineswegs, daß der Krieg an der Ausbreitung der Kultur einen bedeutenden Anteil hat: ja, er gestand, immer in seinem leise ironischen Ton, der Krieg scheine auf die menschliche Natur gepfropft zu sein und sogar als etwas Edles. Ein so radikaler Antimilitarist wie Albert Einstein antwortete einem ihn befragenden jungen belgischen Pazifisten, es verstehe sich von selbst, daß sie ihr Land, wenn es überfallen werde, verteidigen müßten. Tolstoi, den wir in diesem Zusammenhange nicht vergessen dürfen, legte einem jungen Pilger das Ja oder Nein auf sein eigenes Gewissen. Dostojewski hat in der ganzen Sache vielleicht das tiefste Wort gesprochen, nämlich, daß nicht der sich als stark erweise, der Blut vergieße, sondern der, dessen Blut vergossen werde. Das sei das Gesetz des Blutes auf Erden. Aber die ganze Wertwelt Dostojewskijs, eine radikalere Umwertung als die von Nietzsche erstrebte, ist, nach allem Anschein, entschwunden, jedenfalls ohne jegliche erkennbare Auswirkung; und seine Prophetie schwebt in den Wolken. Aber auch der Prophet des russischen »neuen Worts« an die Welt hat den russisch-türkischen Krieg des Jahres 1877 als eine heilige Sache leidenschaftlich bejaht. Er konnte es Tolstoi nicht verzeihen, daß er diesen Krieg, von dem er selber die Wiedergeburt des Slawentums erwartete, verwarf, weil er nicht eine Sache des russischen Volkes sei. Doch auch Tolstoi stellte den echten Soldaten, den er ja kannte, über den Heuchler und ließ das Nein an der Waffe nur gelten als personale Fatalität.

Krieg und Frieden sind auf eine wahrhaft tragische Weise ineinander verschlungen, und ohne den Einsatz für den Krieg ist der Gang menschlichen Forschens und Denkens unbegreiflich. Ich möchte erinnern an die Statue der heiligen Felicitas in Lüdinghausen: als Beschützerin ihrer sieben Söhne stützt sie sich mit der Rechten auf das Schwert; in der Linken hält sie den Palmzweig. Auch dient niemand dem Frieden durch Beleidigung oder Herabsetzung des Soldaten. Ich liebe und verehre die großen Feldherren, die ihren Namen wirklich verdienten; den portugiesischen Kronfeldherrn Nun'Alvares, der seine Tradition behauptete und dann, nachdem seine Tat getan war, ein Kloster baute in Lissabon; und ebenso teuer ist mir spanischer Rittersinn und Wagemut, sind mir die schwedischen Feldherrnkönige und Marschälle, Turenne,

Prinz Eugen, Clausewitz, der Graf zur Lippe, Friedrich, Scharnhorst, Radetzky, Moltke, Schlieffen. Höhere Ehre vielleicht gebührt dem Namenlosen, dem unbekannten Soldaten, der die Schuld dieser Welt mitgetragen und Blut vergossen hat und dessen Blut wieder vergossen worden ist: das Opfer der Geschichte, das keinen Ausweg fand. Mit dem Generaloberst Beck aber erscheint eine neue Gestalt: der Feldherr, von dem ein unverantwortbarer Befehl verlangt wird: dem sein Gewissen befiehlt, auch die Ehre zu opfern. Er steht nicht allein, sondern für eine Gruppe edler Männer, die in den bisher gültig gewesenen Ehrbegriffen erzogen worden waren. In einer ganz bestimmten Situation mußten sie erkennen, daß die Pflicht nicht mehr heilig, der Sieg nicht mehr Ruhm, der Befehl nicht mehr gültig war; daß die Darstellung äußerster Freiheit von ihnen gefordert wurde. Die höchste Freiheit des Menschen aber ist die: sich zu opfern. Wohl denen, die glaubten! Sie gehorchten verheißungsvoller Notwendigkeit. Sollte man aber die nicht noch mehr bewundern, die nicht glaubten; die nur das Gesetz hatten in ihrer Brust, das Preußentum Immanuel Kants?
Wer wollte denn ernstlich griechische Kultur verstehen können ohne Angriff und Abwehr der Perser und die heillosen Bürgerkriege; wer die Römer unter der Verleugnung Cäsars, des Pompejus, des ungeheuren Kampfes mit östlichen Völkern, der unserer Kultur Thema und Inhalt gegeben hat bis zu diesem Tag; wer sollte wünschen, daß Karl Martell und Karl der Große und Otto I., Heinrich der Fromme nicht geboren worden, daß Wien nicht verteidigt worden wäre? Wer verzichtet auf die Ära Ludwigs XIV., den ehernen und zugleich betörenden Versklang ihrer Tragiker, dessen Resonanz Ludwigs Kriege sind, wer auf die Tragödie zwischen Kaiser und Papst, in der letzte Menschheitsfragen dramatisch gegeneinanderstanden – wer auf den Hohenfriedberger Marsch? Zu unserem großen Unglück gehören die terribles simplificateurs. Europa verdankt seinen Feinden fast eben-

soviel als eigener Kraft. Was die Türken wider ihren Willen zur Erweckung und Festigung europäischen Bewußtseins und Gemeinschaftsgefühls getan haben, ist kaum zu ermessen. Mit den Arabern steht es kaum anders. Übrigens verhält es sich mit dem Schriftsteller an seiner bescheidenen Stelle ähnlich, sofern er, was ja nicht immer der Fall ist, sich als soziale Existenz empfindet und der Öffentlichkeit gegenüber ein Gewissen hat: er verdankt nächst seinen Freunden seinen Feinden das Beste, und ich möchte nicht vergessen, auch diesen Dank abzustatten.

Mit all dem möchte ich sagen, daß der Verfechter des Friedens einer Geschichte, einer Kultur, einer Leistung gegenübersteht, die ihm durchaus widersprechen. Die zum Frieden strebende Tradition, von der ich zuerst sprach, und die kriegerische sind gar nicht auseinanderzuwirren. Aus dieser Verstrickung folgt namenloses Leid, und dennoch Größe und eben: Europa: das heißt, die Welt, die wir lieben, das Klima, außerhalb dessen wir nicht atmen können. In Europa stellte sich bisher dar: der Mensch zwischen unvereinbaren Forderungen, der Mensch, der sich immerfort anficht und zerstört und in dieser Zerstörung wissender, böser, verwegener, europäischer wird: ein tragisches Phänomen.

Es ist durchaus zu verstehen, daß sich der Lebensinhalt der heute lebenden europäischen Generation auf die Spannung zwischen Westen und Osten zusammenzieht: das ist ein uraltes Motiv, und vor hundert Jahren etwa hat ihm Mommsen prophezeit, daß es ebensoviel Zukunft vor sich habe wie hinter sich Vergangenheit. Europa aber wird sich, wie ein jeder Kulturzusammenhang, eine jede große geistiggeschichtliche Form, nur behaupten aus dem Ganzen seines Wesens, seiner Existenz. Die zweite Komponente ist im Augenblick fast aus unserem Bewußtsein geschwunden; ich meine die Spannung zwischen Norden und Süden, die sich in den Zügen Karls des Großen nach Katalonien, der Normannen nach Byzanz und Sizilien, im Kampfe zwischen Kaiser und Papst ausgetragen hat. Innozenz III. erbebte noch vor dem Sturm aus Mitternacht, der Macht Heinrichs VI., und Gustav Adolf war der selbst den Papst schreckende Löwe aus Mitternacht. Die Mittelmeerkultur fühlte sich vom Norden wie von der Vernichtung bedroht. Natürlich haben wir es in diesem Zusammenhang nicht mehr mit kriegerischen Aufgaben zu tun; aber etwas ist doch geblieben: Kant und Thomas von Aquin oder gar Bonaventura, Kierkegaard und die spanische Mystik, Wittenberg und Rom und Genf. Das ist ein unschätzbares, ein unvergängliches Erbe. Europa besteht nicht allein in der Defension, in Abwehr des Ostens; es trägt die Fülle fruchtbarer Konflikte in sich selbst; und wenn es dieser nicht bewußt bleibt, wird es die Kraft seiner Existenz in der Geschichte nicht vollziehen. Und wie soll es sich dann behaupten? Man kann Europa ganz anders sehn. Ich denke nicht daran, andere Perspektiven zu bestreiten. Für mich, von dem Sie ja wohl nicht mehr als ein Bekenntnis erwarten, hat es die Gestalt des Kreuzes.

Die zwei Strömungen aber, geistiger, geschichtlicher Kräfte – nicht wir haben das so gefügt –, kreuzen sich in Deutschland; man könnte, wenn man es wagen wollte, einen geographischen Ort zu suchen, sagen: in der Gegend der Wartburg, wo die Heilige aus Ungarn ihr verzehrendes Liebeswerk übte und Martin Luther sich dem Teufel stellte und dem deutschen Wort. Nicht weit davon, in Hochheim bei Gotha, ist Meister Eckhart geboren worden, und von Eisenach und Weimar brauche ich nicht zu sprechen. Dieser immense Gehalt muß sich doch noch auf irgendeine Weise existentiell in der Geschichte vollziehen lassen – sonst ist ja die Felge aus dem Rad geschleudert und die Achse gebrochen. Mit nationalen Prätentionen hat das nichts zu tun. Es sind nur noch existentielle. Wenn man von einem Volke einen neuen Einsatz verlangt, so muß man ihm ein Bild geben, das es führt, was auch vorausgegangen sein mag. Die meisten westeuropäischen Völker haben noch solche Bilder kontinuierender Geschichte. Wie weit sie berechtigt sind, kann und darf ich nicht entscheiden. Das deutsche Volk aber hat, soweit ich sehe, und es ist ja sehr schwer, Zerrissenes zu übersehen, ein solches Bild nicht mehr. Was soll denn nun den schlichten Mann, der Blut vergießt und dessen Blut vergossen werden wird, begeistern? Für ihn ist doch Europa, das wir inständig ersehnen, noch gar nicht da.

Ein Schriftsteller kann sich nicht damit abfinden, daß er nur für einen Teil seines Volkes, die Hälfte oder zwei Drittel, schreiben kann. Natürlich denkt er nicht daran, daß alle ihn lesen. Aber er möchte doch aus allen den und jenen erreichen, dem er vielleicht etwas sagen kann. Das Gebiet der Sprache ist doch für ihn geschlossen: unteilbar. Und nun bemerkt er, daß die Sprache sich teilt; daß diesseits und jenseits etwa die Wörter: Person, Freiheit, Staat, Macht, Volk, Arbeiter und Arbeit, Glaube, Geschichte, Kunst, Forschung, Erziehung, Freude, Natur, Spiel, Erholung, deutsch, europäisch wenigstens in offiziellen Verlautbarungen eine widerspruchsvolle Bedeutung erlangen. Und unabwendbar – wir haben das ja schon erlebt – kommen die von den Machthabern oder ihren Beauftragten geprägten Münzen in Umlauf: Es ereignet sich eine Entfremdung, die unannehmbar bleibt. Unter der väterlichen Aufsicht gewisser deutscher und nichtdeutscher Stellen, die um meine geistige Selbständigkeit besorgt waren, habe ich mir erlaubt, eine Zeitlang in östlichen Zeitungen diese Akzentverschiebung zu verfolgen, und zwar mit tiefem Kummer. Was aber ist schmerzlicher, als an einem Herbstabend – wenn man etwa aus den glänzenden nordischen Hauptstädten kommt – im kalten, regenschweren Nebel durch das Brandenburger Tor zu fahren, von dem die *andere* Fahne weht, über den Platz, wo das Schloß stand und unter dem noch immer, wer weiß wo, die alten Kurfürsten begraben liegen, in fremdes Land, das doch Heimat ist!

Eine Macht wie diejenige, in der sich heute, in einem gewissen Grade, die Ideen Feuerbachs, des Karl Marx, Hegels darstellen, manifestiert sich nicht ohne geschichtliche Berufung und Legitimation, ganz abgesehen davon, daß sie von uns in die europäische Geschichte zurückgerufen worden ist. Ich meine nicht die sittliche Legitimation. Ich trenne diese so scharf von der geschichtlich-politischen, wie Kant sie getrennt hat, der ausdrücklich forderte, daß der Staat »moralische Person« sei, und als moralischer Politiker, nicht politischer Moralist, unnachgeblich verlangte, daß das Recht des Menschen heiliggehalten werde und alle Politik vor ihm die Knie beuge. Auch wird keine Idee so in der Geschichte vollzogen, wie sie gedacht wurde, und keiner der genannten drei für die heutige Lage mitverantwortlichen deutschen Denker, unter denen Hegel einen ganz eigenen hohen, selten verstandenen Rang hat, würde sich mit der gegenwärtigen Gestalt seiner Auswirkung einverstanden erklären. Ich möchte mich genau ausdrücken: die Legitimation, die Berufung scheint mir in der Durchführung der Technisierung und der mit ihr zusammenhängenden Regelung der Arbeits- und Lebensverhältnisse zu liegen, die, wie ich glaube, unumgänglich war und von einem jeden anderen System auch vollzogen werden mußte. Das hier Erstrebte, Geleistete oder Erwartete kann nicht ignoriert werden. Es ist Weltgeschichte und ist wahrscheinlich die Grundlage bisheriger Konstanz.

Aber unsere Vorstellung von Freiheit, vom Sinn des Lebens ist eine völlig entgegengesetzte. Und die Frage ist also nun: wie die beiden konträren Machtgestalten sich einigen können über den Frieden der Welt. Die Einigung ist in der gegenwärtigen Phase in hohem Grade unwahrscheinlich, und es wäre ganz verkehrt, sie mit heiterer Zuversicht zu erwarten. Wenn wir uns aber hier versammelt haben, so doch wohl, um den Glauben an die Macht geistiger Veränderungen zu bezeugen, die Johann Gottfried Herder aus Mohrungen in Ostpreußen – als führende Kraft der Geschichte erkannt hat.

Herder? Geschichtsbetrachtung? Philosophie? Aber die Führung liegt ja gar nicht mehr in solchen Händen. Die führende Geistesmacht dieser Epoche ist die Naturwissenschaft. Sie entscheidet nicht allein die künftigen Lebensformen, sondern auch das Denken, und um dieselben Dimensionen, um die sich unsere Vorstellung des Kosmos von der des Mittelalters entfernt hat, wurden auch die Möglichkeiten geschichtlich-politischen Handelns in neuen Raum, ins Unbekannte versetzt. Nun aber ist es eine Fiktion, daß die im höchsten Grad bewundernswerte Leistung der Naturwissenschaft, die eigentlich geniale, in der Sternstunde stehende dieser Jahrzehnte, eine freie sei, also wirklich führen könne. Frei ist nur das sittliche Bewußtsein. Und der Preis dieser Freiheit ist immer der Tod, die Bereitschaft dazu. Die Proteste der Forscher, ihre Angst und ihre Warnungen vor den Folgen ihrer Entdeckungen sind ergreifend und gewiß durchaus ernst gemeint. Es fehlt ihnen aber in gleichem Maße die Durchschlagkraft wie den Warnungen der Kirche: weil nämlich die Bereitschaft oder auch nur die Möglichkeit unbedingten Neins in ihnen nicht enthalten ist. Sie liegen im Kraftfeld moderner Staatsmacht, weil ohne diese moderne Forschung gar nichts durchgeführt werden kann. Das ist keine Anschuldigung, zu der ich in keiner Weise berechtigt wäre, sondern nur Bezeichnung eines tragischen Zusammenhangs. Die Forscher, die, fast unausbleiblich, auch Konstrukteure sind, tragen nur die Kontinuität der Geistesgeschichte aus. Und es ist mit Recht gefragt worden, ob und wo die Forschung auf ihrem Heranzug von der Antike her denn hätte haltmachen sollen. Niemand ist ganz frei. Auch die Forscher sind es wahrlich nicht. Das auszusprechen, den Mut hatte Albert Einstein, im Jahre 1950 in einer nach Lucca gerichteten Botschaft, die »Zur Erniedrigung des wissenschaftlichen Menschen« überschrieben ist. Er gesteht darin, daß der moderne Forscher selber – ich zitiere – »die Mittel zu seiner äußeren Versklavung und zu seiner Vernichtung von innen her geschaffen hat«. Er muß sich – wörtlich – »von den Trägern der politischen Macht einen Maulkorb anhängen lassen«. »Er erniedrigt sich«, wörtlich, »sogar so weit, daß er auf Befehl die Mittel für die allgemeine Vernichtung der Menschheit wieder zu vervollkommnen hilft.« Er wird gezwungen, als Soldat sein eigenes Leben zu opfern und fremdes zu zerstören, auch – wörtlich – »wenn er von der Sinnlosigkeit solchen Opfers überzeugt ist«. Dieser Feststellung setzt der große Forscher und Mensch das Bekenntnis entgegen, daß man einen *innerlich* freien und gewissenhaften Menschen zwar vernichten, aber nicht zum Sklaven machen kann; daß doch Aussicht ist, die gegenwärtige gefahrvolle internationale Situation wesentlich zu verbessern: kraft unvernichtbarer sittlicher Freiheit. Aber der hier von einem Berufenen und Bewährten aufgedeckte Sachverhalt, der durchaus einleuchtet, sollte inständig beherzigt werden. Er bedeutet eine nicht unerhebliche Einschränkung aller Erklärungen der Sachverständigen über die Wirkung moderner Waffen, welche Erklärungen einmal aufwühlen, dann wieder einlullen, meisterlich stilisiert, fast von kurialer Vollkommenheit, was die Kunst gleichzeitigen Gebens und Nehmens angeht. Aber dahinter ist entsetzliche Not: die des zwischen Ja und Nein gekreuzigten Menschen unserer Tage, unseres Westens, des Menschen, der tut und tun muß, was er nicht will und was doch nicht wegzudenken ist, dessen Wertwelt – zu seiner Ehre! – immerfort sein Gewissen beunruhigt.

Die These aber, daß der Feind mit der böseren Waffe niedergehalten werden könne oder müsse, ist entweder Wahn oder Unaufrichtigkeit. Denn die Welt ist ja längst ein Ganzes geworden; Erfindungen teilen sich lautlos mit, und namentlich die Gedanken des Teufels sind kaum mehr auf die ihnen von Verrätern oder Spionen gebotene Reisevermittlung angewiesen. Sie laufen ungehemmt um die Welt.

Geschichtlichen Katastrophen pflegen Devisen voranzulaufen oder vorangeschickt zu werden, die die Situation entstellen, indem sie diese vereinfachen. Eine solche ist die Alternative: Freiheit oder Leben? Ein jeder Mündige hat das Recht, seinen Tod der Versklavung, einer ungemäßen, unwürdigen Lebensweise, vorzuziehen – sofern er in dieser Sache mit seinem Gott in Frieden ist; ein jeder das Recht, sein Leben für die Verteidigung der Seinen, der geliebten Heimat, der Kultur, der er verdankt, was er ist, hinzugeben. Diese Alternativen beleben aber nur den Vordergrund der Bühne, auf der das Drama dieser Zeit spielt. Der amerikanische General James Gavin hatte das Verantwortungsbewußtsein und den Freimut, auf eine Frage zu erklären, daß in einem totalen Atomkrieg mit mehreren hundert Millionen Toten zu rechnen sei. Wo? Nun, das wird in einem gewissen Grade die Windrichtung entscheiden. Dort eben, wohin der Wind weht. Das würde doch wenigstens den Tod von hundert Millionen Kindern bedeuten, die nach Freiheit und Unfreiheit nicht gefragt werden können. Und diese entsetzliche Last bedrückt heute diejenigen, die sich in Wahrheit verantwortlich fühlen und mit Geschichte vertraut sind; das heißt, die wissen, daß ein Staat, eine Ideologie, die am äußersten Rande um ihre Existenz kämpfen, mit sehr geringer Wahrscheinlichkeit auf die letzte sie vielleicht noch verteidigende Waffe verzichten werden. Der Herr der zwölf Jahre hätte es gewiß nicht getan.

Natürlich geht es in der ganzen Sache nicht um das Getötetwerden, sondern um das Töten. Und der Fall ist doch immerhin denkbar, daß eine Frau, eine Mutter weniger zittert vor dem Ausbleiben des Mannes, des Sohnes, als vor seiner Heimkehr mit vom Gebrauch der modernen Waffen befleckter Hand, zerstörter Seele, zerrüttetem Geist. Der Mensch, der auf diese Weise tötet, zerstört sich selbst. Die Welt, wie wir sie vor uns sehen, ihre Arbeit, ihre Tendenz scheint bereits einen Befehl, einen Gehorsam vorauszusetzen, die nicht verantwortbar sind und also mit unserer überkommenen Vorstellung vom Soldaten und seiner Ehre nichts mehr zu tun haben. Es kann ja sein, daß künftig Abmachungen diese Tatsache in Frage stellen. Heute kann davon keine Rede sein.

Es wäre einfach, wenn wir zwischen Freiheit und Leben zu entscheiden hätten. Aber es ist nicht so. Ich selber – nehmen Sie das bitte nicht als subjektive Anmaßung, sondern als bescheidenen Versuch, Irrtümern und Mißdeutungen zu begegnen, die die Folge oberflächlicher Beschäftigung und Kenntnis sind –, ich wäre sehr froh, wenn ich Pazifist sein könnte. Aber ich bin das nicht und habe das, ich weiß nicht wie oft, erklärt: Für mich spielt alles Geschichtliche unter einem Gewitterhimmel, und die furchbaren Worte, die im Evangelium von den Letzten Dingen dieser Welt gesagt sind, dröhnen mir in den Ohren. Wie inständig wünsche ich, es werde nicht so kommen! Aber es ist eben gesagt – und wir haben die Welt nicht gemacht –, und in der Erschütterung darüber möchte ich gerne einen Ort halten in der Nähe der Gefolgschaften des heiligen Toren von Assisi, der bekanntlich auch den ihm sich anschließenden Laien Eid und Waffe verboten hat. Das ist eine rein personale Entscheidung, aus der nichts für meine Mitmenschen folgen kann. Aber ich neige mich in dieser Frage der demütigsten und – für mich – zugleich größten Autorität der den Aposteln folgenden Zeit; sie steht mir höher als alle Abschwächungen, die ein so bedenklicher Radikalismus später erfahren hat; höher als die ihr widersprechende herrschende Lehre und Moraltheologie, von der es ein jeder, der Geschichte und die Stellung des repräsentativen Christentums in ihr kennt, gar nicht erwarten und fordern kann, daß sie sich dem Heiligen von Assisi anschließen werden. Denn die Welt, wie sie ist, würde darauf antworten mit erbarmungslosem Haß und zugleich der Vernichtung aller religiösen Repräsentationen und Darstellung, auch der Liebeswerke, weil nämlich damit ihrem ganzen Gefüge, dem politischen wie dem wirtschaftlichen, ein unerträgliches Nein entgegengesetzt würde.

Aber auch wer sich in diesem Sinne entschließt, kann sich in keiner Weise entlastet fühlen. Er lebt ja doch in einem Staatsverbande, der anders gesonnen ist und vielleicht sein muß und dessen Schutz er genießt. Er ist immer Bruder seiner Brüder und immer unter der Schuld seiner Welt und Zeit.

Auf dem Radarschirm in der Kapitänskajüte ist deutlich der Umriß des Todesschiffes zu sehen, das von seinem Kurse nicht abweichen wird. Biegen wir aus? Was soll denn nun getan werden? *Es müßte geschehen, was noch niemals geschehen ist, wenn die Welt, die wir kennen und lieben, gerettet werden soll.* Das heißt: es müßte zum ersten Mal seit Anfang Friede geschlossen werden im Sinne Kants. Aber Kant machte eine Vorbedingung, nämlich die, daß mitten im Kriege ein Vertrauen auf die Denkungsart des Feindes übriggeblieben sein müsse; sonst könne kein Friede geschlossen werden, und die Feindseligkeit müsse in Ausrottungskrieg ausschlagen.

Nun, dann also Waffenstillstand. Der läßt doch noch eine Hoffnung. Wir können ja noch arbeiten im Vertrauen auf die Macht geistiger Veränderungen. Solche Veränderungen realisieren sich in der Geschichte in Existenzen, als Menschen, die Gedanken des Friedens leben, erleiden, an ihnen scheitern. Kaiser Heinrich III., von Schlachtfeld zu Schlachtfeld getrieben, bekannte den Frieden vor dem Kreuz. Das heißt: ohne Opfer ist kein Friede. Und das echte Opfer allein würde dafür zeugen und die Friedenslüge vernichten, oder den Willen zum Frieden glaubwürdig machen. Wir können in dieser unserer Zeit noch Natur empfinden. Ob das künftigen Geschlechtern beschieden oder zugänglich sein wird, weiß ich nicht. Wir können noch eine Mondnacht an den unberührten Schilfufern des Mälar erleben oder über die im Sonnendunst schwelende Stille finnischer Kiefernwälder fliegen; uns einen Abend gönnen in einem rebenüberdachten Garten des nördlichen Portugal beim Rascheln der Palmen und sanftmütigen Schritt der hoch bejochten Ochsen oder einen Morgen im Angesichte des Schwarzwalds, wenn die Bauern die Ställe offenhalten und der Hauch durch die Täler herunterweht in die Stadt: auch das steht auf dem Spiele mit allem, was lebt und webt, mit der schuldlosen Kreatur. Und also, in Gottes Namen, wollen wir versuchen, den Frieden zu tun. Kein Schriftsteller, der seine Sache ernst nimmt, wird sich einbilden, daß er Staaten und Völkern etwas vorschreiben kann. Auch weiß er wohl, daß für die Lenker der Staaten und Völker Gesetze gelten, von denen er frei ist: er ist nun wirklich, in seiner geistigen Entscheidung, nicht in seiner Beziehung zur Öffentlichkeit, eine einigermaßen freie Existenz. Als solcher kann, möchte er nur, aus der ganzen Kraft seines Herzens ein Zeichen sein, und zwar der Liebe: gegen alle Wahrscheinlichkeit muß an der Stelle, wo wir angelangt sind, eine Hoffnung sich erheben, ein Bemühen entfacht werden, die den heute gedachten, vollzogenen Gedanken des Todes entgegen sind. Alle Katastrophen der Geschichte haben sich im Geistigen und Sittlichen ereignet, ehe sie sich in materiellen Machtkämpfen dargestellt haben. Sie sind also angewiesen auf ein bestimmtes Klima des Denkens, Glaubens, Wünschens; wo sie dieses nicht spüren, brechen sie nicht vor. Um dieses Klima geht es in dieser Stunde unheimlichen Waffenstillstandes. Wir sollten der drohenden Katastrophe dieses Klima verweigern. Wer seiner Sache sicher ist, kann opfern, ausharren, hoffen. Geschichtliche Berufungen, Legitimationen wechseln, zerfallen, wenn ihr Ziel erreicht ist; nicht das Sittliche, das personaler Freiheit anvertraut ist. Es könnte eine Gnade sein, daß uns Deutschen, uns allein, die nationale Geschichte in Scherben vor den Füßen liegt. Vielleicht sollen wir anfangen in der Richtung auf einen neuen Gedanken, in der Richtung auf das Leben der Welt. Wer erwartet, daß sich die Geschichtswelt mit einem Schlage verändert? Aber eine Änderung ist überhaupt nicht zu erwarten, wenn sie nicht in einzelnen plötzlich geschieht, wie der Sturz des Paulus vom Pferde, wie im Abbé Saint-Pierre, dem sein Reiseunfall Stoff und Zeit zum Nachdenken schenkt. Wenn der Krieg im Kriege nicht aufhörte, woher dann Friede kommen solle, hat Schiller gefragt. Nun, der Krieg hat im Kriege nicht aufgehört. Aber in gewisser Weise haben wir ja noch Krieg: das heißt, wir können noch immer versuchen, ihn in uns und vom Menschen zum Menschen zu beenden. Voraussetzung im Innern ist soziale Gerechtigkeit, die Achtung vor einer jeden reifen Überzeugung, die Würdigung der Arbeit und jeder echten Leistung.

Der deutsche Buchhändler, der deutsche Schriftsteller sind dem Geistesleben eines Volkes verpflichtet, das, wider Willen geteilt, sich auf den Brückenköpfen der abgerissenen Brücke gegenübersteht. Es gibt ohne Zweifel noch viele nicht genutzte Möglichkeiten, der drohenden geistigen Entfremdung und Sprachentzweiung entgegenzuwirken. Zum mindesten auf privatem Wege könnte und muß sehr viel mehr geschehen, wie auch die geistige Isolierung und drohende Stagnation West-Berlins vom einzelnen noch viel ernster genommen werden müßte. Das ist nicht Sache der Regierungen allein, sondern eben eines jeden.

Freilich ist es wahr: Friede als solcher ist nicht der höchste Wert; sittlich-personale, geistige, religiöse Werte sind ihm übergeordnet. Friede aber als geschichtliche Darstellung glaubensstarker Liebe zu Gott, der Menschheit und aller Kreatur könnte wohl der höchste Wert sein. Wir sind hier nicht weit vom Grabe Arthur Schopenhauers, und heute ist der 23. September, der Tag, an dem vor vierundneunzig Jahren der Tote im Schmuck eines Lorbeerkranzes hier zur Leichenkammer getragen wurde. Er war übrigens mit Kant der Meinung, daß man einen jeden Krieg mit einem Bußtag beschließen müsste. Er hat Liebe als Mitleid definiert, und was das Kreatürliche angeht, so hat er recht. Wir haben Grund zu einem grenzenlosen Mitleid mit der gegenwärtigen Welt und aller Kreatur.

Unsere Aufgabe ist: durch unser ganzes Sein und Wirken eine nach Tyrannis strebende Ideologie, eine höchst unzureichende, auf längst überholten Vorraussetzungen ruhende Auffassung von Mensch und Geschichte durch eine überlegene Erkenntnis und Haltung zu beantworten. Die Antwort finden wir leicht, und sogar in Rußland selbst, in dem Geiste, der es vor einem Jahrhundert ahnend und freilich auch irrend geführt hat: in dem, was Dostojewskij als Ergründer der Menschenseele von der ins Metaphysische reichenden Tiefe, dem Ankergrund der Menschenseele, gesagt hat: Es ist der Abgrund der Liebe und des Bösen, dem kein Programm beizukommen vermag. In diesem Sinne ist Geschichte Manifestation des Menschen, des sich wandelnden und bleibenden, in Abhängigkeit und Freiheit zwischen Himmel und Hölle.

Und mit dem letzten Wort komme ich abschließend zu dem Königsberger Lehrer der Völker zurück – wie sehr wünschte man, daß er unser Lehrer wäre! Er hat seiner von ungeheurer Anstrengung ermüdenden Kraft ein Jahr nach Veröffentlichung der Friedensschrift ein letztes Wort vom Frieden abgerungen. Da er ihn, wie er wohl wußte, in der Welt nicht herbeiführen konnte, so versuchte er es wenigstens auf seine ironisch-gütige Weise, in der Anmut seiner Humanität, mit der Verkündigung eines ewigen Friedens in der Philosophie. Hier spricht er am Ende von der Lüge, die er ausdrücklich vom Vater der Lüge, also dem Fürsten der vorhin erwähnten Hölle – aber, nach dem Evangelium, auch der Welt – ableitet. Der Friede, sagt er, wäre nicht nur bewirkt, sondern für alle Zukunft gesichert, wenn das Gebot »Du sollst nicht lügen« Grundsatz werden würde. Und somit bleibt einem jeden von uns das wichtigste Friedenswerk überlassen – und es steht einem jeden frei, die Resonanz zu beobachten, die das Geschehen in uns und um uns, in der ganzen Welt, im Raume solchen Ernstes, solcher Sittlichkeit hat.

Und das ist ja der Inhalt der von uns von dieser Stunde auferlegten Einsicht, daß geschehen muß, was noch nie geschehen ist, wenn die Welt, die wir vor uns sehen, die wir lieben, der wir dienen möchten, gerettet werden soll.

DER FRIEDE DER WELT

Rede Reinhold Schneiders nach der Verleihung des Friedenspreises des Deutschen Buchhandels, in Düsseldorf, Robert Schumann-Saal, 27. 9. 1956

Lassen Sie mich mit einem Bilde bisheriger Geschichte beginnen. Wenige Jahre vor dem ersten Weltkrieg, ehe also die von Nietzsche prophezeite Kette von Kriegen aufgenommen und abgehaspelt wurde, ist das Sonderbare geschehen, daß Geschichte einmal ihre Toten wiedergab, die sie sonst zu verbergen pflegt. Ein schwedischer Artillerieoffizier war mit Planierungsarbeiten vor Visby auf Gotland beschäftigt: es ist die Hansestadt, die, nicht gerade zur Freude der Einheimischen, den Handel von Nowgorod, Byzanz, dem Orient aufnahm, beherrschte und weiterleitete durch das Kattegat und Skagerrak, um Jütland herum, nach Westen. Ihre Reichtümer lockten im Jahre 1361 den Dänenkönig Waldemar Atterdag zu einem Raubzug; das Aufgebot gotländischer Bauern stellte sich ihm entgegen, während die Stadt verhandelte und sich ergab; vielleicht war auch, wie die Sage will, Verrat im Spiel. Nun, der Artillerieoffizier fand zwischen dem südlichen Hafen und der Stadt, wo ein Steinkreuz um die Toten klagte, ein von einer Kalkschicht bedecktes, flach unter der Erde liegendes Massengrab. In diesem waren in den absurdesten Stellungen die Knochen der Freunde und Feinde, gotländischer Bauern und eisenschwerer dänischer Ritter und Knechte durcheinandergeschüttet. Der Schlachttag fiel in den heißen Juli, drei Tage nach Sankt-Jakobstag, und die Überlebenden hatten die Toten zu fürchten. Da lagen nun die Bauernschädel, in denen vierkantige Bolzen steckten, Beinknochen, in die übereinander drei oder vier Kerben geschlagen waren, andere, die scharf durchhauen waren, wie abgeschnitten, Äxte, Beile, mit gewaltig gerundeten Schneideflächen, vielzackige Gabeln: kurz all die Werkzeuge, mit denen der Mensch in einer uns noch menschlich scheinenden, mindestens den personalen Kampf übenden Zeit den Menschen sich aus dem Weg zu schaffen suchte. Köpfe waren noch in das Netz der Kettenhelme geschlossen und sahen nun wie Mönchsschädel aus, die in der Kapuze steckten. Zwischen ihnen lag der zerfetzte Oberkörper eines Ritters, an dem noch Reste der Arme hingen, im Kettenpanzer, der mit dem Leibe eins geworden war. Unter dem Helme lag ein schwarzes Gesicht. Der Mund war weit aufgerissen und noch mit allen Zähnen besetzt. So ist er mit den Schädeln der Bauern, dem verwachsenen Rükkenwirbel und Kniegelenk zweier verkrüppelter Kämpfer im Historischen Museum zu Stockholm zu sehen: ein stummer Schrei, der nicht enden kann, erzenes Denkmal höllischer Qual und – wer sollte es leugnen? – Symbol bisheriger Geschichte. Es geht nun darum, ob wir auf diesen Schrei eine Antwort finden, ob der Ritter vom Kreuze von Korsbetningen bei Visby begraben werden kann, worauf er doch ein Recht hätte, ob wir seiner Mahnung nicht mehr bedürfen.

Nun werden Sie vielleicht enttäuscht sein: das Wesentliche, was ich Ihnen sagen möchte, ist: wie schwer diese Antwort zu finden ist. Der Widerspruch unserer Lage besteht darin, daß bisherige Geschichte von einer neuen, die sich natürlich nicht programmatisch vorzeichnen läßt, heute unabweislich getrennt werden muß; daß wir in diesem Augenblick uns über die langsame, kluge, beharrliche Überwindung jahrtausendealter Gesetze aussprechen, klarwerden müssen, fast wider die Hoffnung und Wahrscheinlichkeit, von Gnaden der Notwendigkeit. Wir sind ja an der Stelle, wo es um alles oder nichts geht: und das heißt um Frieden oder Krieg. Der Sache des Friedens aber ist mit nichts weniger gedient, als mit Vereinfachungen und Abschwächungen der ungeheuren ihm entgegenstehenden Schwierigkeiten. Kaum wagt man, von ihm zu sprechen, weil sein Name der am meisten mißbrauchte aller Namen ist: tote und heuchlerische Propaganda, halbe Einsatzbereitschaft, hinter der sich Hintergedanken verstecken, nicht ganz überzeugende Frömmigkeit, eine Art listiger Moraltheologie, Warnungen ohne Durchschlagskraft, oberflächlicher, optimistischer Pazifismus, der streng zu unterscheiden ist von einem männlichen, wissenden, geschichts- und wirklichkeitsnahen: im ganzen eine heillose Pragmatik, die ohnehin ein Kennzeichen ist unserer Zeit und unseres politischen Lebens, haben dem Frieden weit mehr Schaden zugefügt, als seine offenen Gegner, mit denen weit eher zu diskutieren ist als mit den Halben und Unaufrichtigen und Phantasten. Auch ist es das Schicksal derer, die für ihn kämpfen möchten, daß sie unter allen Umständen – ich erinnere an Sebastian Franck, Penn und Zinzendorf, an Bertha von Suttner und Tolstoi – eine Gefolgschaft von Narren hinter sich haben, deren Gutwilligkeit rasch in Böswilligkeit umschlägt, wenn sie enttäuscht werden. Und was soll man von Verleumdern sagen, die jede ihnen konträre Erscheinung umfälschen, ohne zu fragen, wofür sie wirklich steht! Ich will versuchen, mir all diese Schädlinge aus dem Pelze zu schütteln, was mir aber mit Vertretern der zwei zuletzt genannten Sorten sicherlich nicht gelingen wird.

Mein Plan für nicht viel mehr als eine Stunde ist also: nach einer kurzen Definition wahren Friedens den Zusammenhang von Krieg und Kultur und den Wert echten Soldatentums an ihrer Stelle – einem passierten Ort – zu kennzeichnen, dann, in einem nur das Charakteristische heraushebenden Überblick, am Ringen der uns vorausgegangenen Jahrhunderte die immense Schwierigkeit der geschichtlichen Lösung zu verdeutlichen, mich dann mit dem Neuen, das die moderne Forschung und Technik heraufgebracht hat, auseinanderzusetzen und endlich von der Not zu sprechen, in der sich die repräsentativen Vertreter des Christentums und der einzelne Christ heute bewähren sollen: vor beispiellosen Drohungen und Forderungen. Ich halte mich während des ganzen Vortrags im Vorfeld geistiger und ethischer Entscheidungen, die ja durchaus das erste sind und bleiben müssen.

Und zwar halte ich darin, wie in so vielem, an Kant fest, der gesagt hat: »Das Recht des Menschen muß heilig gehalten werden, mag es der herrschenden Gewalt auch noch so große Aufopferungen kosten. Man kann hier nicht halbieren und das Mittelding eines pragmatisch bedingten Rechts (zwischen Recht und Nutzen) aussinnen, sondern alle Politik muß ihre Knie vor dem ersteren beugen.« – Was aber ist das Recht des Menschen, das jeglicher politischen Forderung übergeordnet ist, wenn nicht die geistige und sittliche Entscheidung? Kant hat dieses Recht und die Politik in kompromißloser Rangordnung voneinander geschieden: und gerade dadurch die beiden Wertreihen unlösbar miteinander verbunden.

Nun, als Kants Schrift vom Ewigen Frieden zur Herbstmesse des Jahres 1795 erschien – es war ein Jahr, in dem sich die führenden europäischen Mächte auf das unbefangenste mit lügenhaften Friedensschlüssen und Bündnissen betrogen –, da meinte Wilhelm von Humboldt: sie enthalte keinen einzigen neuen Gedanken. Vielleicht ist es richtig, vielleicht war über das Grundlegende des Friedens, das Geistige und Sittliche, schon damals nicht mehr viel Neues zu sagen, geschweige denn heute: der Plan einer Weltregierung, eines Weltgerichtshofes, wirklich zu vollziehenden Weltrechtes ist längst formuliert. In welchem Grade dieses Weltrecht von seiner Verwirklichung entfernt ist, beweisen die Versuche in Nevada, im Pazifik und in Sibirien, die den Lebensraum fremder Völker in einem unbestimmten Grade verseuchen, während doch im bürgerlichen Leben der Nachbar, der des Nachbarn Brunnen vergiftet, seine Bäume schädigt, sich vor Gericht zu verantworten hat.

Es geht aber in dieser Frage gar nicht um den neuen Gedanken, sondern um den sittlichen Ernst und um die Vertrautheit mit der Geschichte, um weise Resignation und ungebrochenen Mut, um tapfere Weltverbundenheit und ahnungsvolle Sorge, um unerbittlichen Realismus im Sittlichen wie im Historischen: das alles sind Züge, die die Schrift des Königsberger Philosophen in hohem Grade auszeichnen. Ich halte sie in ihrer schwerfällig eindringlichen Sprache und tiefen Ironie nach wie vor für den bedeutendsten Beitrag der Deutschen zu unserer Sache – auch wegen ihres klugen Verzichts auf theologische Argumente und möchte darum Kants Definition des wahrhaftigen, und das heißt für ihn Ewigen Friedens übernehmen. Ewiger Friede? Nun, das schrieb ein holländischer Gastwirt auf sein Schild über das Bild eines Friedhofs; das ist, wie das Vorwort andeutet, die eine Möglichkeit – die andere wäre: bisher noch nie geschehene, noch gar nicht gesichtete Geschichte. Denn Kant sah sehr wohl, daß er vor einem Bruch zwischen den Zeiten stand; daß Wirtschaft und Geldmarkt die Beziehung zum Kriege gefunden hatten, satanische, im Kriege entdeckte Künste in den Frieden übergingen und diesen zerstörten; daß Ausrottungskriege und der tödliche Kampf der Erdteile miteinander drohten.

Aber Kant hielt in dieser seiner Zeit, der Epoche der Französischen Revolution, der Teilung Polens, der Koalitionskriege, nach einem erfahrungsreichen Leben eine ganz neue, noch nie vollzogene Gestalt der Geschichte für möglich, und zwar befand er sich schon in dem Verhältnis zur Geschichte, das für uns gar nicht mehr abweisbar ist: es muß etwas Neues kommen. Es muß geschehen, was noch nie geschehen ist. Und dieses Muß abweisen, prinzipiell, als Unmöglichkeit, das hieße daran glauben, daß das moralische Prinzip im Menschen erlischt, während Kant an der Überzeugung festhielt, daß es nie erlöschen werde. Wenn nicht der Ewige Friede, den die Menschheit seit Urzeiten als Traum mit sich trug – ein durch die Geschichte irrendes wunderbares Bild –, Geschichte wird, nun, so wird die Menschheit sich selbst ausrotten; sie wird sich, zugleich mit dem moralischen Prinzip, das in ihr lebte und litt, vernichten, und Ewiger Friede bedeutet dann der »Kirchhof der Menschengattung«. In der Geschichte aber wäre Ewiger Friede, das ist bis heute die entscheidende Definition, das »Ende aller Hostilitäten«: das heißt: es kann kein Friedensschluß als ein solcher angesehen werden, der mit »dem geheimen Vorbehalt des Stoffes zu einem künftigen Kriege« gemacht worden; ja, Kant geht noch über den geheimen Vorbehalt hinaus und erklärt selbst die den Paktierenden noch nicht bekannten Ursachen eines künftigen Krieges, also jegliche unbewußte, latente Feindseligkeit, müßte vernichtet sein. Nur ein solcher Abschluß gilt für Kant, im Jahre 1795, in dem alle geschlossenen Verträge nur der Vorbereitung neuer Kriege dienten: als Friede bisher aber, sagt er, habe die Geschichte nur Waffenstillstände gekannt.

Von da an, heute in höchst gesteigertem Grade, ist es die Menschheitsfrage, ob wir aus dem Zeitalter der Waffenstillstände in das des Friedensschlusses übergehen. Natürlich hat Kant das nicht für den Augenblick erwartet; was er erwartete, war der Aufbruch zu einer Sinnesänderung, einem im Angesichte der Wirklichkeit sich über alles Gewesene hinaus verstärkenden moralischen Bewußtsein. Er forderte nach und nach die Auflösung stehender Heere, weil ein Gebrauch von Menschen als bloße Maschinen und Werkzeuge sich mit dem Rechte der Menschheit in unserer eigenen Person nicht vereinigen läßt, ließ aber den Wehrdienst gelten. Sein Humanismus hat einen heroisch-tragischen Zug: denn er wußte wohl, daß der Krieg im Grunde gar keines Beweggrundes bedarf, weil er »der Menschennatur aufgepfropft zu sein scheint«. Und doch forderte er das entschiedene Nein an den eingeborenen Trieb zum Kriege und an den »Kriegsmut«.

Freilich machte er eine Voraussetzung, die uns in Schrecken versetzt und uns jeden Mut nehmen könnte: nämlich, daß im vorausgegangenen Kriege, dem letzten also der Weltgeschichte überhaupt nichts geschehen sein dürfe, das das »wechselseitige Zutrauen im künftigen Frieden unmöglich machen müsse«. Irgendein Vertrauen auf die Denkungsart des Feindes müsse übriggeblieben sein: sonst drohe der Ausrottungskrieg, das Schreckbild, von dem Kant zu seiner Friedenstat aufgerufen wurde. Nun, nach allem Ermessen sind im letzten

Kriege Dinge geschehen, werden heute andere vorbereitet, die jedes Vertrauen auf die Denkungsart des Gegeners vernichtet haben oder aufs neue unmöglich machen. Wollen wir uns also an Kant halten, so wären wir verloren: nämlich wenn es zu einem Friedensschluß gekommen wäre. Aber davon ist ja glücklicherweise nicht die Rede. Wir leben im Waffenstillstand, besser noch: im kalten Krieg. Man könnte noch weiter gehn: der Gegner wird ja offiziell als Todfeind bezeichnet. Und so gilt für uns noch immer Schillers Kant nachgesprochene Frage: woher denn der Friede kommen solle, wenn der Krieg nicht im Kriege schon aufhöre?

Nun, es käme von einer noch nie im Geschichtlichen wirklich realisierten Haltung, von einem der bisherigen Geschichte entgegen gerichteten Leben. Längst ist die Einheit der Welt als physikalische Tatsache erwiesen, nur noch vom Winde hängt es ab, wohin der Tod kommt. Und der Wind weht, von wannen er will. Die Welt ist also längst eins: die Menschheit aber in ihrem Bewußtsein gar nicht und natürlich nicht ohne Grund.

Wir können uns auf das, was wir tun sollen – und jeder kann etwas tun, denn das Klima des Denkens, Wünschens, Handelns wirkt mitbestimmend auf die Geschichte –, wir können uns darauf nur vorbereiten, indem wir uns rückhaltlos eingestehen, wie schwer die von Schritt zu Schritt zu lösende Aufgabe ist. Wer auf die europäische Geschichte zurückblickt, kann den Krieg wohl anklagen, aber nicht verwerfen. Wir müssen eingestehen, daß wir unseren Feinden unendlich viel verdanken. Der Ansturm der Perser entwickelte Griechenlands höchsten Gehalt, der Alexanderzug, eine sprühende Feuerbahn, warf bis heute nicht erloschenes Licht auf Westen und Osten, ein brutaler Angriff, der Brand der persischen Königspaläste, wirkte verneinend; der Kampf mit den Parthern, den germanischen Stämmen formte das römische Imperium mit; ohne den Einbruch der Araber wären weder Spanien noch Portugal zu ihrer eigentümlichen, uns teuren Gestalt aufgerufen worden, noch Karl Martell und Karl der Große zu ihrer großen Bestimmung; die Kreuzzüge, trotz der entsetzlichen Judengreuel, die ihnen in Europa vorausgingen, trotz des Blutbades in Jerusalem und Byzanz, führten europäische Kräfte zusammen; der vernichtende Streit zwischen Kaiser und Papst wurde zur höchsten, sinnfälligsten, vielleicht gar nicht zu erschöpfenden Darstellung letzter Menschheitsprobleme zwischen Glauben und Macht; den Mongolen verdanken wir ein verstärktes Reichsbewußtsein, der türkischen Sturmflut die unsterbliche Glorie Wiens, verstärktes europäisches Bewußtsein, große Friedensentwürfe des ausgehenden siebzehnten und des achtzehnten Jahrhunderts. Im Siebenjährigen Krieg formte sich das Bild eines Offiziers und Edelmanns, das wir durchaus nicht missen können: Lessings Tellheim, auch aber Ewald von Kleist, Held und Idylliker zugleich, der Waffe unterworfen, lebend aus dem Herzen. Napoleon war wirklich, wie Hegel sagte, die Weltseele auf dem Pferde, nämlich dämonischer Ausdruck einer ins Totale strebenden Geschichtsführung, und vielleicht hat er in der Richtung auf Europa mehr zuwege gebracht, als die zwielichtige und verschwommene, zum mindesten aber von Alexander I. ernst genommene Heilige Allianz. Im Kriege ist nämlich Zweifaches wirksam: etwas, das gegen ihn selbst wirkt und vereinen und zum Frieden drängen möchte, also ihn aufheben will, und etwas, das neue Zündschnüre und Minen legt. Er will sich fortgebären und will sich töten. Aber in unserem Jahrhundert hat er sich ohne Zweifel übernommen: nun will er wirklich siegen, nicht mehr sich zugleich bestreiten: er will die Welt fressen, mit dem Widerspruch, an dem er leidet, endlich eine Ende machen – und das eben könnte sein Selbstmord sein. Das müßte sein Selbstmord werden.

Ehe ich aber darauf eingehe, möchte ich ein Wort vom Feldherrn und vom Soldaten und von der großen Torheit gewisser Pazifisten sagen, die glauben, sie herabsetzen zu müssen.

Nein! Wir können nicht auf sie verzichten, nicht auf das Menschentum, das in ihnen sich ausgeprägt hat, wenn auch oft unter unmenschlichen Befehlen. Der Preußenkönig, der die Canaille frägt, ob sie ewig leben will, ist auf seinem dämonischen Pferd über die Grenze des Menschseins gesprengt. Aber dann ist er wieder da, wie der gute alte Gleim ihn gesehen hat, der sich in Potsdam seinen fleckigen Dreispitz erbettelt hat: auf seiner Trommel sitzt der Held frierend, von Zahnschmerzen geplagt, von Gicht, von allen denkbaren Beschwerden, ein eingekreister Wolf oder ein Adler, mehr: ein Vater, ohne Kinder zu haben, der Vater seiner Soldaten und der gewissenhafte Hausvogt seines Volkes, im übrigen aber der Gefangene in der Tretmühle der von ihm in Gang gebrachten Notwendigkeit. Wer wollte auf die tragischen griechischen und römischen Feldherren verzichten, wer auf Karl den Großen und Roland und Cid, das Lechfeld und Otto den Großen, die ersten streitmächtigen Könige der Portugiesen und ihren heiligen Kronfeldherrn, auf die schwedischen Heldenkönige, auf Alexander Newski, den viel geschlagenen Christian IV. von Dänemark, auf Cromwells Eisenreiter, auf Scharnhorst, den das Glück wahrlich nicht verwöhnte, und Gneisenau, den nüchtern-wahrhaften Ernst Schlieffens und – nun kommen wir an das Ende – das Opfer des Generalobersten Beck! Hier reißt die Reihe ab, die sich um unzählige Namen vermehren ließe. Der Ruhm schlägt in die Schande um, und eine Soldatengestalt leuchtet auf, die den nicht verantwortbaren Befehl nicht mehr vollzog. Aber es ist ein großes Unrecht, die Gipfel zu nennen und nicht ihre Träger, die unbekannten, den immer entbehrenden, immer wartenden, frierenden, hungernden, ruhmlosen, stumm mit dem unausführbaren Befehl ringenden, an ihm zerbrechenden Soldaten. Ich glaube, die Schar solcher Männer war nie größer als im letzten Krieg und vielleicht in Deutschland. Ich könnte das beweisen, wenn es mir noch möglich wäre und ich es für erlaubt hielte, Tausende und aber Tausende von Briefen vorzulegen. Ich frage mich oft, wohin diese Besten unseres Volkes, die ich für die Zukunftsträger hielt, gekommen sind, in denen sich der Krieg seine Überwinder erzog. Viele werden nicht mehr leben, andere im verborgenen da sein, als unsichtbare Pfeiler der Welt; viele aber, so fürchte ich, werden nicht mehr wissen, was sie waren. Einem jeden echten Opfer seine Ehre, auch wenn es unter einem Irrtum gebracht worden ist! – wie ja nach christlicher Lehre der Mensch seinem Gewissen verpflichtet bleibt, auch wenn es, ihm unbewußt, irrt.

Zum mindesten seit der französischen Revolution, früher schon in der englischen, die ja das Vorbild aller Revolutionen bleibt, hat sich der Krieg mit sozialen Umwälzungen verbunden, deren Anspruch in höherem oder geringerem Grade anerkannt werden muß: auch diese Verbindung mit geschichtlich bedingter Revolution hat den Krieg innerhalb des Geschichtlichen legitimiert: so wirkten sich in Österreich, Preußen und Rußland die Kämpfe mit Napoleon aus, bis ursprünglich gemäßigter echter Freiheitsanspruch unter Bedrückung in Aufstand ausschlug. Der erste Weltkrieg hat die soziale Revolution an vielen Stellen ans Ziel getragen: sie kann kaum mehr weiter kommen. Bereits im achtzehnten Jahrhundert, etwa von Bentham und Kant, wurde die zum Kriege treibende Kraft des Geldes, der Wirtschaft überhaupt erkannt. Rad greift in Rad, aus der Wirtschaft steigt die Revolution, sie bedient sich des Krieges, und der Krieg bedient sich ihrer, die Welt zerrüttend, aber auch gestaltend, immer ungeheurer wird die Bewegung, glühend der Schwung der Triebräder der Geschichte. In welche Perspektive wir auch blicken, der Krieg ist nicht wegzudenken, und das gilt natürlich auch für das geistige Leben, die Kunst nicht ausgenommen, die ihn immerfort anklagt und feiert; die von ihm mißhandelt wird und beschenkt mit Aufgaben, mit dem Gewitterhimmel der Schlachtfelder, der tragisch-heroischen Resonanz, ohne die es bisher keine europäische Tragödie gab.

In der tiefsten Tiefe aber der Not und des Leids ersinnt die Kunst Bilder des Friedens, wie etwa im Dreißigjährigen Krieg, oder als Hölderlin, mitten im napoleonischen Unwetter, seine Friedensfeier hielt; die Kunst beginnt Frieden zu schließen, ehe der Krieg endet, auf daß dann wirklich Friede sei. Auch im gegenwärtigen Waffenstillstand gehört das zu ihrer Berufung.
Wenigstens in unserem Jahrhundert ist der Schleier vor dem Zusammenhang zwischen Forschung und Rüstung zerrissen. Ich möchte gar nicht bestreiten, daß die Forschung aus reinen Motiven die erste Frage stellt, einfach, um zu wissen, um durch bestimmte Experimente das Verhalten der Weltsubstanz, des Rätsels festzustellen, das wahrscheinlich nie aufgelöst werden wird. Jede Entdeckung ist nichts weiter, als das Auftreten des Rätsels in neuer Gestalt, neue Szene im selben Verkleidungsspiel; der Komödie des Menschen mit der Sphinx, dem Weltstoff, das heißt mit Gottes Weltgedanken. Aber man kann dem Menschen das Recht auf seine Frage nicht bestreiten, wenngleich es auch eine Art ehrfurchtsloser Frage gibt: ich denke an die experimentelle nach letzten Geheimnissen des Lebens, von der ich nicht sicher bin, ob eine gewisse Weltfrömmigkeit und Ehrfurcht sie gewagt hätte. Wohin wir auch kommen: wir stehen immer vor der verschlossenen Tür. Aber, wie gesagt; innerhalb der Physik etwa läßt sich das Recht auf experimentelle Fragestellung nicht einschränken; die ganze europäische Geistesgeschichte von den Vorsokratikern an setzt sich für sie ein, und Faust, sofern wir ihn als einen Repräsentanten dieses Geistes ansehen dürfen, hätte wahrscheinlich das Experiment riskiert, das uns heute den Untergang zu bereiten droht: Goethe in der Zeit seiner Reife wahrscheinlich nicht. Was aber die Physik angeht, ich meine die Kernphysik, so fällt die Antwort auf die von ihr gestellte Frage unabänderlich in das Kraftfeld der Macht. Denn ein Privatmann stellt die Frage nicht, wie etwa Galilei oder Kepler, Pascal und Leibniz es waren, son-

dern ein Forscher in einem staatlichen Institut: was er hier entdeckt, gehört gar nicht mehr ihm. Ohne die vom Staate gestellte und erfüllte ungeheuer komplizierte Voraussetzung seines Experimentes kann er dieses gar nicht vornehmen. Er kann, von der Ahnung der Folgen geschreckt, die Größe haben, seine Entdeckung zu verschweigen. Ob er das Recht dazu hat, ist schon sehr die Frage: denn er ist ja keineswegs völlig frei, sondern verpflichtet, die Einsichten, die er mit den vom Staate ihm überantworteten Apparaten erreichte, diesem zur Verfügung zu stellen. Aber auch der Verzicht auf die Mitteilung der Entdeckung, auf den Ruhm, der heute oder morgen in eine bittere Tragikomödie, in das Opfer ständigen Mißbrauchtwerdens sich umwandeln muß, würde im Ethischen zwar vielleicht viel, im Geschichtlichen kaum etwas bedeuten: denn die Menschheit ist längst eine Einheit, und zwar von Gnaden des Geistes, der Technik und des Todes, aber leider nicht von Gnaden der Sittlichkeit. Die schlimmsten Gedanken laufen auf leisen Sohlen um: was heute in einem Laboratorium in New Jersey gedacht und entdeckt wird, das stößt morgen in einem Laboratorium in Moskau eine Tür auf und umgekehrt. Die Spionage kann mithelfen. Aber sie ist es nicht, die das geistige Klima der Epoche bestimmt.

Sehr verehrte Damen und Herren! Ich würde lieber von einfachen Dingen reden als nur von Widersprüchen. Aber so ist die Welt gemacht, in der wir eine Haltung finden sollen. Die Entdeckungen, die sie vor unseren Augen verwandeln, sind, nach allem Ermessen, unausbleibliche Folge bisheriger Geistesgeschichte: sie können zum Heil, sie können sogar unsere Rettung sein, weil sonst auf der sich verbrauchenden Erde kein Feuer mehr brennen würde, an dem wir uns wärmen können. Hegel, der Denker, der am nächsten der Geschichte war, der Geschichtsmächtigste zum Heil und Unheil, hat es längst gesagt, daß Wissenschaft und Untergang eines Volkes immer miteinander verpaart seien. Nur geht es heute nicht mehr um ein Volk: es geht um Menschheit. Solange die Staaten auf Rüstung bedacht sind – und es gibt keinen Staat, der das nicht ist –, solange das sich so verhält, wird der Staat die Arbeit des Forschers in den Dienst der Rüstung stellen. Nicht der Staatsmann ist es ja, der die gegenwärtige Welt baut, sondern der Forscher. Aber der Forscher ist nicht frei. Es ist einfach nicht wahr, daß er frei ist. Er steht unter einer Art Verdammnis, unter grauenvoller Notwendigkeit. Und in gewissem Grade könnte man sagen, daß er Menschheitstragik austrägt an erster Stelle. Seine erschrockenen Warnungen sind gewiß ehrlich gemeint, und wir können ja nicht einmal wünschen, daß er seine Entdeckungen nicht gemacht hätte; sonst würden vielleicht morgen unsere Kinder erfrieren – so aber ist es möglich, daß sie morgen verbrennen. Denn mit dem Tode einiger hundert Millionen Menschen ist nach der dankenswert freimütigen Aussage eines amerikanischen Sachverständigen, des Generals James Gavin, im Falle eines Atomkrieges zu rechnen. Und wenn man hundert Millionen Kinder einrechnet, so ist das wohl nicht zu hoch gegriffen. Ich werde noch einmal darauf zurückkommen: Jetzt möchte ich nur sagen, daß in der gegenwärtigen Welt, die wir lieben und die sich selbst in Frage gestellt hat, vielleicht notwendigerweise Forschung und Rüstung miteinander verkettet sind: daß außerhalb der Geschichte eine bestimmte Forschung gar nicht gedacht werden kann, daß wir der Kriegsbereitschaft der Staaten entscheidende moderne Erkenntnisse, zum Teil unser Weltbild verdanken; daß aber die Liebe der Macht zur Wissenschaft keineswegs eine platonische ist. Albert Einstein, der sich diesem Sachverhalt wirklich stellte – während ihm andere begreiflicherweise entfliehen –, hat von der Erniedrigung des wissenschaftlichen Menschen gesprochen, der bewirkt, was er nicht will, seine eigene Freiheit vernichtet unter dem Gebote seiner Berufung und tötet, während er das Töten und die Ausbildung dazu verabscheut. Dem ist nichts weiter hinzuzufügen als daß, nach antiker Anschauung, Licht

als Tod erscheint; das ist ja Apollo, der die Sonnenpfeile der Pest auf die Völker sendet und die Musen schützt. Wir leben bis heute von der Todesmöglichkeit. Und nun geht alles, alles darum, daß wir diese Todesmöglichkeit vernichten: es müßte also etwas ganz Beispielloses geschehen. Wir müssen an etwas glauben, etwas zu tun versuchen, was gegen alle Wahrscheinlichkeit ist, was aller bisher bekannten Geschichte widerspricht: das ist der ungeheure, zerbrechende, uns wieder ermutende Auftrag des Augenblicks.
Von seiner Bewältigung, selbst von der Art, wie sie geschehen könnte, kann noch kaum die Rede sein. Denn vor unseren Augen ereignet sich nichts als dieses: die Rüstung befiehlt nicht allein der Physik, sondern sie stellt auch der Biologie und Psychologie Aufgaben, eigentlich jeder Wissenschaft, und diese prägt wieder die Gestalt oder Ungestalt der Rüstung aus. Es ist ein Zusammenwirken, das sich nicht mehr in Anstoß und Folge gliedern läßt; jede Folge wird Ursache. Selbst wenn, wie zu erwarten, der Vorstoß in den Weltraum vollzogen wird – gegenüber der Tatsächlichkeit des Raumes freilich ein armseliges Unternehmen –, wenn also der erste Satellit herausgeschleudert wird, so werden die militärischen Interessen führen, wenn sich auch astronomische mit ihnen verbinden. In diesem Prozeß erleidet menschliche Freiheit ein erschütterndes Drama. Wenn ich etwa heute in der Badischen Zeitung vom 3. September 1956, auf der ersten Seite, ein mutiges Gutachten des Radiologischen Instituts der Universität Freiburg lese, das besagt, daß Landwirtschaft und Ernährungswirtschaft infolge der Verseuchung der Weiden bereits in einem das zulässige Minimum überschreitenden Grade von radioaktiven Teilen betroffen seien, und zwar im Hochschwarzwald um das Fünffache stärker als in den Niederungen; wenn dem hinzugefügt wird, daß erst ein Zehntel der ausgestrahlten Teilchen zurückgestrahlt wurde, also unabänderlich die Verseuchung noch um das Neunfache steigen wird, – unter der kühnen Voraussetzung, daß keine weiteren Ver-

suche vorgenommen werden: wenn ich das also lese, so kann ich darauf gefaßt sein, daß morgen oder übermorgen eine Autorität erklärt: dem sei nicht so, oder es treffe nur in einem Ausnahmefall zu, oder der Grad der Schädlichkeit stehe noch nicht fest. Auf Schritt und Tritt beraubt sich die Wissenschaft selbst ihrer Autorität, ihrer Freiheit, wie das Einstein zugegeben hat, und zwar, könnte man sagen, aus Treue zu ihrer eigensten Berufung: die Möglichkeit eines absoluten Neins zu der einmal in Gang gekommenen Rüstung und Forschung, zur Waffe unserer Zeit, ist ihr nicht gegeben, weil es sie im gegenwärtigen Weltstadium in einen Konflikt mit dem Staat setzen würde, der ihr die Fortarbeit unmöglich machen würde. Und ähnlich verhält es sich mit bestimmten kirchlichen Verlautbarungen: es bleibt bei durchaus ernst gemeinten, sorgenschweren Warnungen. Aber das Wort ist nicht in Kraft. Wenn es sich aber so verhält, wie das Radiologische Institut in wirklich mutiger Freiheit erklärt hat, wenn es so ist: dann wäre es eine Lüge, zu sagen, daß gegenwärtig ein Völkerrecht gilt und vollzogen wird. Denn während der Bauer im hohen Schwarzwald nach hartem Arbeitstag schläft, werden seine Weide, die schmale Gartenerde, sein Vieh, sein Wasser vergiftet und er doch mutmaßlich auch, und am andern Morgen, in Gestalt von Milch und Honig, fährt er den Tod in die Stadt. Der Krieg ist also schon da, nur daß er ein wenig langsam und im verborgenen arbeitet, dafür aber vermutlich auf Generationen. Er hat an Raffinesse gewonnen und legt es vorläufig auf die Keimzellen und die Gehirne an. Was soll man aber von einer Generation halten, die es nicht fertig bringt, den Kindern reine Milch zu bieten? Der Krieg hat sich als unbestreitbarer Förderer der Wissenschaft legitimiert. Aber dieses Mäzenatentum hat ihn in den Stand gesetzt, die ganze Welt zu beanspruchen. Anders tut er es nicht mehr. Er ist zur zerstörenden Selbstzerstörung geworden. Denn wenn er die Welt hat, so wird er enden: das ist ja Kants Vision am Anfang der von der französischen Revolution eingeleiteten

Epoche, zwei Jahre nach Einführung der allgemeinen Wehrpflicht, also zur Zeit des Aufbruchs zur Totalität. Die Wissenschaft kann uns auch das Leben bringen, ich bestreite das keineswegs, und dann hätten wir womöglich dem Kriege dafür zu danken, daß er uns auf die Spur neuer Energien führte, daß die Waffe zur Wünschelrute wurde. Das ist möglich. Ich bestreite das gar nicht. Ich stelle nur fest, daß wir auf dem äußersten Grade gehen – und zwar, wie mir scheint, mit verschleierten oder gar verbundenen Augen, auf Messers Schneide zwischen Leben und Tod, zwischen der Heilung der Welt oder einem bodenlosen Verbrechen an ihr, das in Ewigkeit nicht von uns genommen werden würde. Es müßte also von uns das Unwahrscheinlich-Notwendige, das Beispiellose entweder getan oder doch ergriffen, doch wenigstens gesucht werden.

Doch hier will ich mich noch einmal zurückwenden, um in wenigen Bildern zu zeigen, wie schwer der Weg des Friedens durch die europäische Geschichte war, wie sehr das von uns Geforderte jeglicher Erfahrung widerspricht. Wir können vielleicht allein daraus den tragenden Gedanken gewinnen. Um die Mitte des vierten Jahrhunderts gründete der Westgotenbischof Ulfilas seinen Friedensstaat südlich der unteren Donau. Er suchte das Volk, dem er das Christentum gebracht hatte, der Waffe zu entwöhnen, er übersetzte die Schrift, ließ aber die kriegerischen Stellen des Alten Testamentes aus. Heute mögen wir die Kriegsläufte preisen, die dieses erste Denkmal gotischer Sprache gerettet haben: Gustav Adolf, König der Goten, Wenden und Schweden, ich will hier einen in schwedischen Museen mit Vorliebe verwendeten Ausdruck gebrauchen, Gustav Adolf führte die Handschrift heim, und zwar mit anderen Schätzen aus der Prager Kaiserburg, dem Magdeburger Dom, dem Schloß der Würzburger Bischöfe – und also ist sie gottlob! in ihrem matten Silberglanze noch in Upsala zu sehen, während wir sie wahrscheinlich schlechter verwahrt hätten. Ulfilas gehört zu den wenigen, die nicht den Sieg wollten, sondern nur das Leben in der Wahrheit. Und

dieser Verzicht auf den Sieg scheint mir allerdings Voraussetzung wirklichen Friedens zu sein. Wo nämlich der Sieg gewollt und gar gefeiert wird, wo der Krieg nicht mit echter Erschütterung, mit Buße, auf beiden Seiten – wo sollte kein Anlaß sein? – abschließt, da wird der in der Luft treibende Sprengstoff nicht verzehrt, und es ist gar keine Aussicht auf Frieden. Denn nur das Mea culpa aller, der Schuldigsten natürlich zuerst, kann ihn herbeirufen. Ulfilas suchte also die Überzeugung erster christlicher Jahrunderte in seinem Staate als geschichtliche Form zu verwirklichen: kein Wunder, daß er den Zorn kriegsmächtiger Fürsten erregte. Da er aber der von dem Konzil von Nikäa verworfenen arianischen Lehre anhing, war er ein Ketzer. Ich kann auf diesen Streit nicht eingehen. Ich stelle nur fest, daß der erste Friedensstaat, der sich übrigens erstaunlich lange gehalten hat, im Bereich der Häresie aufgerichtet wurde und daß die Verfechter Ewigen Friedens, durch den alle Hostilitäten vernichtet werden, das Odium der Ketzerei auf sich nehmen müssen: auch Kant schrieb ja seine berühmte Schrift gewissermaßen unter Kirchenbann: es war ihm unter Androhung höchster Ungnade der hohen Kirchenbehörde und Serenissimi verboten worden, seine Philosophie weiterhin zur Entstellung und Herabwürdigung des Christentums zu gebrauchen.
Kaiser Heinrich III., 1039–1056, wird von älteren Historikern als Vollender des mittelalterlichen Reiches, Herrscher auf dem Gipfel, gefeiert, von neueren als idealistischer, der politischen Umsicht ermangelnder Vorbereiter des Reichsverfalls angeklagt: hier geht es darum, daß er auf der Rückkehr von seiner Brautfahrt nach Aquitanien im Münster zu Konstanz vor dem Altare feierlich all seinen Widersachern verzieh; daß er im Jahre 1044 seinen entscheidenden Sieg über die Ungarn an der Raab damit besiegelte, daß er barfuß, im Büßergewand sich auf dem Schlachtfeld vor dem Kreuze niederwarf, Friede und Freundschaft verkündete und allen seinen Gegnern Verzeihung gelobte. Das Leben des Kaisers

ging dennoch unter in Streit; die Fürsten verschworen sich gegen ihn und sein Haus und nach seinem frühen Tode brach das Reich mitten entzwei. Aber er hat uns das große Bild hinterlassen: die Buße des Siegers, die Einsicht, daß alle schuldig sind, wenn auch natürlich in verschiedenem Grade; daß es die Schuld ist, die uns verbindet; und so verkörpert er, wenn auch als Herrscher ohne dauerndes Glück, den höchsten ethischen und religiösen Gehalt unseres mittelalterlichen Reiches, das ja ein Abbild und Zeichen, eine Vorform des Reiches Gottes sein wollte und sollte: und das Reich Gottes ist das Reich der Liebe und Vergebung. Wenn nämlich Gott, an dem das furchtbarste Unrecht geschah, vergibt, wenn er sich besiegen läßt in der Welt: was haben dann wir zu verfechten?
Die der Waffe absagen, können sich still, vorwurfslos, nur ihrer selbst und ihres Glaubens gewiß neben den Heiligen von Assisi stellen, der nun wirklich kein Ketzer war. Er hat bekanntlich nicht allein den Brüdern – man möchte sie nicht Ordensleute nennen in der frühen und entscheidenden Zeit –, sondern auch den Laien, die ihm folgen wollten, in seinem Brief an alle Christen, also doch an alle, den Schwur und die Waffe untersagt. Es war damals, vor der ideellen Vollendung, dem politischen Zusammenbruch der mittelalterlichen Welt, ein Augenblick ähnlich dem, in dem wir leben: das franziskanische Feuer, die Kreuzigung von Alverno drohte die Welt zu erfassen. Aber es war doch die Welt der Lehnsherrschaft, im höchsten Grade komplizierter, ineinandergreifender Verpflichtungen, die auf Rechtsgründen ruhten: wenn nun die Laien den Eid verweigerten; den Waffendienst, was war dann des Kaisers? Christus hat aber nicht gesagt, was des Kaisers ist, sondern nur, daß wir ihm das Seine geben sollen. Ich glaube, das ist nicht viel. Denn Gottes ist alles. Franziskus bedrohte also die damalige Weltordnung – und es ist wahrlich nicht verwunderlich, daß der Kaiser sich dagegen verwahrte; daß die Päpste, nachdem sie des Heiligen Gebot zuerst zu schützen suchten, was ihnen zu

großer Ehre gereicht, es dann abschwächten, aufhoben und Eid und Waffendienst unter gewissen dialektischen Einschränkungen wenigstens der zivilen Gefolgschaft gestatteten. Den feineren Gewissen konnte das nicht viel helfen. Denn der Widerspruch zwischen dem Absoluten der Heiligkeit und der weltunterworfenen Autorität war offenbar. Aber Geschichte wehrt sich wie ein Drache, wenn es ihr ums Leben geht, und das bisherige Leben und noch der zu Tode verwundete apokalyptische Drache verwundet zu Tode.

Ich möchte Sie nicht länger mit Details ermüden. Kurt von Raumer hat in seinem im Jahre 1953 erschienenen Buche «Ewiger Friede» eine Anzahl wichtiger Friedensschriften veröffentlicht und in ihrer historischen Situation vorzüglich kommentiert. Wer sie studiert, von Erasmus und Sebastian Franck über den schlauen Betrüger Sully und Crucé bis Penn, Bentham, Saint-Pierre, Rousseau, Kant und Gentz, dem wird weh ums Herz. Er möchte sich, wie der Abbé Saint-Pierre, zu Anfang des achtzehnten Jahrhunderts, neben dem Reisewagen, dessen Achse gebrochen ist, nicht nur an die Straße setzen, um darüber nachzudenken, warum unsere Straße so schlecht ist und die Achse brach; er möchte weinen um die Menschheit, der alles gesagt wurde, was ihr in Sachen des Krieges gesagt werden kann, der aber nicht geholfen werden konnte. Denn natürlich denkt kein Staatsmann – außer etwa dem sonderbar-unergründlichen Zaren Alexander I. – ernstlich daran, Vorschläge literarischer Friedensstifter zu beherzigen. Erasmus scheint noch irgendeine Hoffnung gehabt zu haben: sein Protest gegen den Krieg gründet auf der ehernen Überzeugung, daß es mit der Nachfolge unvereinbar, daß der Christ nicht Soldat sein könne, welcher Lehre, wie bekannt, die offiziellen Vertreter aller christlichen Konfessionen leidenschaftlich widersprechen. Denn sie können sich nicht entschließen, auf den »gerechten Krieg« zu verzichten; dieser bleibt aber für den einfachen Christen eine Abstraktion, weil natürlich kein Staat bei Kriegsausbruch erklären wird, daß der Feind Recht habe und daß dieser Staat also entschlossen sei, eine ungerechte Sache zu führen. Und auch unter den Geistlichen werden nur wenige Märtyrer das wagen. Sebastian Franck aus Donauwörth, ursprünglich katholischer Theologe, dann von Luther mitgerissen, wieder von ihm abgestoßen, träumender Apostel einer dritten, umfassenden Konfession, glaubte schon nicht mehr, daß er die Welt bessern könne: er wollte sich keinen Kranz ertanzen, wie er sagte; er wollte der Welt Todfeindschaft und etlicher blutgieriger Theologen Haß auf sich ziehen und nur denen ein Büchlein schreiben, »so einfältig zwischen Himmel und Erden in einem Zweifel hangen«. Mir scheint er der Unanfechtbarste unter allen zu sein; er trug den Frieden mitten im Unfrieden, vertrieben aus Straßburg, aus Esslingen, wo er sich als Seifensieder durchbringen wollte, aus Ulm, früh endend als Schützling der Basler Freiheit, verfolgt von Katholiken wie Protestanten, selbst von dem Friedensanwalt Erasmus; ein Mann, der Geschichte am eigenen Leibe erfahren hatte, der von allen ihren Rätseln wußte und es als seine Bestimmung ansah, denen, die über die Kraft an ihr litten, aus seinem Glauben, den er nur sein »Gläublein« zu nennen pflegte, einen Trost zu bringen. Ihm war es klargeworden, daß seit der Reformation die religiöse Versöhnung Bedingung jeglichen Friedens in Europa war. Da er aber einen Frieden zwischen den Gegnern nicht für möglich hielt, so sagte er sich von einer jeden Bindung los, außer der an Christus selbst: Ketzer, von allen mit Steinen beworfen, irrte er verzweifelt zwischen den sich unter dem Eifer zankender Theologen formierenden Streiterscharen des Schmalkaldischen Krieges in seinen Tod. Der Gedanke, daß der Ewige Friede, wenigstens innerhalb Europas, von religiöser Versöhnung ausgehen müsse, wird mitten in den Greueln der Religionskämpfe, von französischen Staatsdenkern des sechzehnten Jahrhunderts, auf großartig vorurteilsfreie Weise in England von William Penn, dann wieder von Leibniz aufgenommen.

Wäre es noch im achtzehnten Jahrhundert zu einem Verständnis gekommen – womit ich natürlich nicht eine Verwischung und Vermischung meine, sondern Brüderlichkeit fester Überzeugungen und Traditionen und gemeinsamen Dienstes an der Welt –, so wäre der Glaube vielleicht länger führende Macht geblieben. Heute ist er das nicht mehr. Im gegenwärtigen Weltstande würde auch eine innereuropäische Versöhnung gar nicht mehr ausreichen. Es müßte ein Bündnis vorbereitet werden, unter allen, die überhaupt noch glauben an eine übernatürliche Realität. Der Christ dieser Zeit kann den Islam und die Religionen Ostasiens nicht mehr beurteilen wie der Christ des Mittelalters – was natürlich nicht bedeutet, daß er ihre Lehre anerkennt. Gelänge es, zwischen allen bestehenden religiösen Überlieferungen feste Verbindungen zu schaffen – was etwa Leopold Ziegler anstrebt, was heute die Quäker praktisch versuchen, für welche Aufgabe aber auch Albert Schweitzer, Gandhi, Rolland, Tolstoi sich einsetzten – so könnte eine wirklich geschichtsmächtige Friedensmacht entstehen. Das ist also, nach dem Verzicht auf den Sieg und seine Feier, nach der Forderung nach Buße, der dritte unabdingbare führende Gedanke des Friedens, den ich aus der Vergangenheit heranführen möchte: religiöse Welttoleranz und Brüderlichkeit. Es ist kaum anzunehmen, daß diese in absehbarer Zeit die Führung erlangt. Es ist vielleicht nicht einmal zu wünschen. Aber von einer stillen, tiefen, mächtigen Wirkung könnte sie sein.

Lassen Sie mich für einen Augenblick noch unter der Ulme am Delaware verweilen, wo William Penn, der Gründer von Pennsylvanien, sich im Oktober des Jahres 1682 mit den indianischen Häuptlingen traf: er selbst im Kavaliershut mit blauer Schärpe, die Häuptlinge im Federschmuck. Alle hatten die Waffen abgelegt: Brüder als Kinder desselben Vaters. Unter den Sätzen ihres Vertrags scheint mir der wichtigste der zu sein: daß ein jeder gelobte, bösen Gerüchten über den andern nicht zu glauben und ihre Herkunft aufzudecken.

Das ist auch heute unabdingbare Voraussetzung des Friedens zwischen Menschen und Völkern. Da wir sie aber schon im Privatleben so oft nicht beachten – und wieviel weniger in der Publizistik –, so ist gar nicht zu erwarten, daß sie zwischen Völkern eine Rolle spielt. Diese Begegnung Penns mit dem Häuptling Onas, das heißt »Feder«, ihr Händedruck ist die schönste, die erlösende Antwort auf die Greuel europäischer Kolonialgeschichte, vergleichbar dem, was die Jesuiten in Paraguay getan haben.
Damit ist also doch, von der Geschichte her, ein Weg der Überwindung bisheriger Geschichte gewiesen: ich fasse zusammen: ohne Opfer kein Friede, Sieg bedeutet Fortgang des Krieges, alle religiösen Kräfte der Welt müßten sich in der Richtung auf den Frieden vereinen, und eine jede Befriedung unter ihnen, immer zuerst an der nächsten Stelle, wird befriedend wirken. Das Wichtigste aber ist die Wahrheit. Das hat, ganz im Sinne Penns, Kant als sein letztes Wort vom Frieden gesagt. Ein Jahr, nachdem er seine Friedensschrift in die Welt des Krieges gesandt hatte, sozusagen dem aufbrechenden Napoleon entgegen – nicht mehr als ein Palmblatt unter den Hufen des apokalyptischen Kriegshengstes, – versuchte er, auf seine ironisch-menschenfreundliche Art wenigstens Frieden zu stiften in der Philosophie: hier, sagte er, sei der Friede sogleich geschlossen, wenn das Gebot »Du sollst nicht lügen« beobachtet würde. Und der Denker, dessen Name so lange dem Index zur Zierde gereichen sollte, hielt sich, was die Lüge angeht, streng an die Schrift, besonders, in seinen letzten Jahren, an die Apokalypse: er leitete die Lüge vom Teufel ab, der eben der Fürst der Lüge ist und – bis heute – der Welt; damit fällt aber auch der Krieg, dessen Wurzel die Lüge ist, in satanischen Bezirk.
Aber wir lieben diese Welt doch, auf der noch immer der Widerschein des Schöpfungstages liegt, und vor allem haben wir sie zu verantworten, nicht nur vor uns, unseren Kindern, sondern vor allen künftigen Generationen und der gesamten

unschuldigen Kreatur und Pflanze und Wasser und Stein. Und nun scheint es sich doch so zu verhalten, daß der unsichtbare Tod unaufhaltsam auf diese Welt herabregnet und in sie eindringt und daß wir, indem wir verteidigen wollen, das zerstören, was wir verteidigen. Ich möchte das Recht auf Verteidigung nicht dogmatisch erörtern. Es läßt sich meines Erachtens nur auf eine personale Entscheidung begründen, aber nicht auf eine Pflicht oder gar ein göttliches Gesetz. Auch wird man zugeben müssen, daß es ganz verschiedene Weisen der Verteidigung gibt, und daß der Einzelne die Freiheit haben muß, die ihm mögliche oder als richtig erscheinende zu wählen. Verteidigung ist schon eine echte Existenz im Sinne europäischer oder christlicher Tradition; die stärkste Macht ist der Geist: er hat, und zwar im wesentlichen der deutsche Geist, deutsche Philosophie, die Macht heraufgerufen und geformt, von der wir uns heute bedroht fühlen und deren Weltsicht und Wertwelt, deren Anschauung von Mensch, Arbeit, Freude, Würde, Bestimmung der unseren freilich völlig widerspricht: es ist gar kein Zweifel, daß nur eine geistige Veränderung sie wirklich, das heißt von innen her, umgestalten kann. Wohin der Geist gerichtet ist, dahin geht die Welt. Und wenn die stärksten Potenzen und Erfinderkräfte sich auf der Bahn des Todes bewegen, so wird die Welt in diese Bahn fallen und das erleiden, was sich in gewissen Gehirnen – ich möchte nicht Köpfen sagen – längst ereignet hat. Das ist ganz unausbleiblich, vom Menschen her gesehen, wenn Gott nicht eingreift. Und wie sollten wir dann dieses Eingreifen erwarten, wenn wir uns nicht wenden; wenn wir nicht die Gedanken des Lebens mit einer überlegenen Intensität den Gedanken des Todes entgegenwerfen? Das geschieht aber nicht. Wir leisten die intensivste Arbeit in den Laboratorien der Vernichtung.

Ein jeder hat das Recht, sein Leben einzusetzen für seine Freiheit und die der Seinen, für Glaube und Kultur, denen er verdankt, was er ist. Aber leider ist es eine Verfälschung oder

Verkürzung, den Gehalt unserer Zeit in dieser Alternative zu sehen. Es geht ja gar nicht um unsere persönliche Freiheit, sondern um Weltverantwortung und um die Frage, nicht ob wir getötet werden, sondern ob wir zu töten bereit sind mit den Waffen, die uns nun einmal in die Hand gefallen sind und die gemäßer Ausdruck sind unseres Denkens, unserer Erkenntnis, unserer Epoche.

Unsere eigenste Geistesgeschichte, vor der niemand sich lossagen kann, deren Opfer weit eher als deren Führer die heute lebenden Forscher sind, diese Geschichte des europäischen Geistes, Faustens möchte ich sagen, der von Anfang an wußte, daß er samt der Welt zerscheitern werde: diese Geschichte hat uns vor die Frage gezwungen: ob wir ihr widersagen; ob wir den Anspruch des Krieges zur Totalität zurückschlagen und selber zur Totalität durchbrechen, zum Vollzug der Einheit der Welt. Ich sehe keine Verheißung auf dieser Stunde; sie kann gleichwohl eine Verheißung tragen, aber ich sehe klare Notwendigkeit, und diese ist Kraft in dem, der sie annimmt, eine Kraft vielleicht ohnegleichen. Ich glaube unerschütterlich an die geschichtliche Macht geistiger Veränderung, die Johann Gottfried Herder gelehrt hat. An keine Art der Verteidigung, auch nicht an die durch Atombomben, ist das Versprechen des Sieges ergangen – und dieser Sieg würde nicht mehr bedeuten als Tod. Denn nach dem glorreich abgeschlossenen Atomkrieg wird der in den Atmosphären aufgespeicherte Tod sachte, Tag um Tag, herniederrinnen auf die Sieger und die Überlebenden vernichten. Aber eine Macht dieser Zeit wird, wenn es um ihre Existenz geht und um die ihrer Ideologie oder ihres Wahns, nicht auf die Waffe verzichten, die sie noch retten – oder rächen kann. Auch ist der Feuerstrahl der Hölle nicht abzudämmen. Morgen kann ein Dämon im Besitz der heute geschaffenen Waffe sein. Ihr Dasein schon bedeutet Gegenwart dämonischer Macht. Denn der Sünden erste ist es, sie ersonnen zu haben. Der sie aber wirft, ist nur das Opfer heute herrschender Gedanken.

Wir müssen also das Schiff herumwerfen, wie das noch nie geschehen ist – oder wir sind verloren. Wie gesagt, einige, ein einziger müßte sich heute wenden, morgen mehr. Die Aufgabe muß, wie Kant sagte, nach und nach aufgelöst werden. Ich wage aber zu sagen: wenn nicht einer heute abend den Anfang macht, wird nie ein Anfang geschehen. Der Denkzwang bisheriger Geschichte muß wenigstens von einem einzigen durchbrochen werden. Es ist Wahn oder Lüge, daß die stärkere Waffe den Gegner niederhält. Denn sie wird nur durch die noch stärkere hervorgerufen. Dieses ganze Denken bewegt sich im Zirkel des Todes.

Sehr verehrte Damen und Herren! Ich hätte gerne einen Trost gebracht. Statt seiner habe ich nur die blanke Notwendigkeit und den Glauben an den Geist, der uns ja hierhergeführt hat, wo wir sind. Hilfe ist nur in der Wahrheit und ihrem Vollzug. Ich will abschließend ein paar Worte vom Christen sagen in dieser Zeit. Er hat wirklich, wie Sebastian Franck sagte, keinen Kranz zu erwarten oder zu ertanzen: er sei denn mit Dornen wie Christi Krone geflochten. Denn es ist ihm ja klar geoffenbart, daß die Geschichte einer Katastrophe entgegenstürmt, daß Volk sich wider Volk erheben wird und daß die Völker in dem einen einig sein werden, daß sie ihn, den letzten Jünger, hassen. Das ist gesagt und gesetzt, unabänderlich. Und doch liegt eine unbegrenzbare Verheißung auf dem Gebet, und doch werden die Füße des Friedfertigen gepriesen, ist er anerkannt als Macht. Hier, an dieser Kreuzung, unter diesem Kreuze steht der Christ. Der Aspekt der Geschichte, der heute aufging, ist von einer so unerhörten Größe, daß Lehrer und Autoritäten jenseits der Schwelle an ihr versagen. Denn sie stammen ja aus einem Geschichtsraum, der abgeschlossen werden muß; das Evangelium aber nicht; denn es lehrt, es erwartet, es stiftet Freiheit. Die höchste ist immer das Opfer. Der Christ hat die Gnade, seine Existenz hinüberzutragen – ich meine nicht, daß er es wirklich kann, aber er kann es ersehnen – seine Existenz hinüberzutragen in das Gebet für die

Brüder, für alle, alle, ohne jegliche Einschränkung und für alle Kreatur. Er hat die dem Anschein widersprechende, für den Glauben aber nicht zu entwurzelnde Verheißung, daß nicht der Mensch die Erde aufhebt, sondern Gott, und daß die Schrecken des Endes der einzige, in Wahrheit zu ersehnende Triumph sind: die Herabkunft der Liebe und göttlicher Gerechtigkeit. Hier aber, auf Erden, in unserer Zeit gilt Luthers gewaltiges Wort: »So lange ich bete, wird Friede sein.« Beten in diesem Sinne aber bedeutet die Darbringung tätiger und wissender Existenz als Bitte für den Frieden der Welt. Und Luther ist in diesem fast vermessenen Glauben nicht enttäuscht worden: er hat den Schmalkaldischen Krieg nicht mehr erlebt. Ich will damit sagen: unserem Wirken sind enge Grenzen gesetzt. Aber innerhalb dieser, in der Stunde gegenwärtigen Waffenstillstandes, können, müssen wir etwas tun, nämlich betend, verzichtend, überwindend, der Katastrophe das Klima des Hasses und des Todes verweigern, das sie sucht. Ich bin überzeugt, daß sie sich nicht ereignen kann, wenn wir ihr die Gewalt eines von Grund aus neuen Denkens und Lebens entgegenwerfen. Geschichte verwirklicht, was wir in unserem tiefsten Wesen sind. Das Ende bisheriger Geschichte ist auf jeden Fall nahe: entweder sie endet im Feuer oder im Frieden, der nur unter dem Kreuze des Verzichtes geschlossen werden kann. Der Verzicht auf den Sieg aber ist nicht Verrat des Selbst, des Erbes und Auftrags, vielmehr Treue und Zeichen wahrhaftiger, in Wahrheit vollzogener Stärke. Nicht die politische Macht rufe ich an, die wir ja nicht haben und erwarten können, so wenig wie eine echte militärische Macht. Unsere Macht ist die der geistig-sittlichen Existenz. Die nationale Geschichte liegt in Scherben vor unseren Füßen, von keinem anderen Volke kann das mit dieser Bestimmtheit gesagt werden. Ungeachtet berechtigten Schmerzes sehe ich darin eine große Bestimmung. Denn nun sollten wir Weltgeschichte beginnen: ohne Traum, ohne Versprechen, vielleicht ohne Ideal die Abkehr von einem nicht mehr verantwortbaren Denken. Unsere Tragik ist: daß politisch-geschichtliche Vorstellungen von gestern über Kräfte verfügen wollen, die eine neue Ära aufgebrochen haben. Unser Denken hat sich der Wirklichkeit noch nicht angeschlossen. Das ist ein höchst gefährlicher und doch keineswegs hoffnungsloser Weltstand. Die Umrisse der neuen Ära lassen sich noch kaum entwerfen. Ich wage das jedenfalls nicht. Aber auf dem Radarschirm in der Kapitänskajüte ist das uns entgegenfahrende Todesschiff längst deutlich zu sehn. Und da es von seinem Kurse nicht abbiegen wird – es fehlt ja das sittliche und geistige Vermögen –, so geht alles darum, ob wir die Kraft, die Hoffnung, die Überwindungsbereitschaft unserer Herkunft und Zukunft finden: ob wir sicher genug sind, eine noch nie befahrene Straße zu wählen, geleitet von unserem Gewissen, von unserer Liebe zur unteilbaren Welt, geleitet von Imanuel Kant, der am Ende seines Wirkens in dem Gebot: »Du sollst nicht lügen« das Fundament jeglichen Vertrauens und des Ewigen Friedens entdeckt hat.

Friede ist nämlich Herrschaft der Wahrheit. Und die Wahrheit allein macht frei, sie ist die Freiheit selbst. Und da wir den andern nicht zur Wahrhaftigkeit zwingen können, da wir uns damit schon an der heiligen Wahrheit versündigen würden: so müssen wir in Gottes Namen anfangen bei uns selbst und versuchen, in der Stille, fern der Pragmatik und dem Pathos unserer verdorbenen Realität zu überzeugen durch die Wahrhaftigkeit unserer Liebe zum Frieden und das heißt zur Welt. Noch immer kann ich mich nicht entschließen darin, daß Kants Einsicht: Wahrhaftigkeit trägt Frieden, unterdrückt wird – ich habe das aber nach meiner Frankfurter Ansprache wieder erfahren –, ein Zeichen unserer Umwelt oder schlechten Gewissens zu sehen. Das würde ja bedeuten, daß wir unserer letzten Hoffnung noch sehr ferne sind. An der Richtung unseres Bemühens, an unserem Auftrag ändert das aber gar nichts: wir haben den Krieg verloren, den

Frieden bisher nicht gewonnen: noch ist Waffenstillstand, scheinbar unentschiedene Zeit, eine Handbreit Raum für die überzeugende Abkehr vom Denken des Todes.

SCHWERT UND FRIEDE

Die Verheißung »Friede den Menschen auf Erden« kündigte den Erlöser an; Friede war seine Botschaft, den von ihm empfangenen Frieden weiterzutragen sein großer Auftrag an die Jünger; »Friede« war das erste Wort des Auferstandenen, der durch die Schrecken des Todes und des Totenreiches gegangen war; Frieden verhieß er wieder, als er acht Tage darauf den Unglauben des Apostels Thomas überwältigte. Aber dieser Friede ist ein Geheimnis; es ist sein Friede: »nicht wie die Welt ihn gibt, gebe ich ihn euch« (Joh. 14, 27). Es gibt den Frieden der Welt und den Frieden Christi. Es gibt auch das Schwert der Welt und das Schwert Christi. Der heilige Petrus zieht das weltliche Schwert zur Verteidigung des Herrn. »Da sprach Jesus zu Petrus: ›stecke dein Schwert in die Scheide‹« (Joh. 18, 11). Es ist das Schwert, von dem der Heiland sagt, daß der durch das Schwert umkommen werde, der es ziehe. Und doch fordert auch Christus das Schwert. »Nun aber, wer einen Beutel hat, nehme ihn, desgleichen auch die Tasche, und wer es nicht hat, der verkaufe seinen Rock und kaufe ein Schwert« (Luk. 22, 36). Sie aber sprachen: Herr, siehe hier sind zwei Schwerter. Er aber sprach zu ihnen: Es ist genug!« Der Herr meint ein anderes Schwert: das, von dem er gesagt hat, daß er gekommen sei, es statt des Friedens auf die Erde zu bringen: »Ich bin nicht gekommen, den Frieden zu bringen, sondern das Schwert« (Matth. 10, 34). Statt des Friedens, sagt der Herr, habe er Trennung gebracht, »denn von nun an werden fünf in einem Hause uneins sein, drei mit zweien und zwei mit dreien« (Luk. 12, 52). Und gleichwohl gibt es Frieden: »Wenn ihr aber in ein Haus geht, so grüßet dasselbe und saget: Der Friede sei mit diesem Hause! Und wenn das Haus dessen würdig ist, so wird der Friede über dasselbe kommen« (Matth. 10, 12–13). Es gibt Häuser des Friedens auf der Erde, die bereit sind für diesen Gruß; es leben »Kinder des Friedens« (Luk. 10, 6), die den Gruß und seinen Segen empfangen. Frieden ist mitten in der Welt, in der sich die Jünger zerstreuen und den Herrn allein lassen werden; denn so sagte Christus am Ende: »Dieses habe ich zu euch geredet, auf daß ihr Frieden in mir habet. In der Welt werdet ihr Bedrängnis haben, aber vertrauet, ich habe die Welt überwunden« (Joh. 16, 33). Der Friede, den Christus hinterlassen, ist in ihm; darum ist er den Mächten der Welt nicht erreichbar; er ist aber überall, wo ein Haus des Friedens, ein Kind des Friedens ist. Es kann sich keine Bedrängnis erheben, die diesen Frieden zu übermächtigen vermag; denn das Kind des Friedens ist in Christus geboren, dem Sieger über die Welt und den Tod. Frieden haben, das heißt, in ihm leben, weben und sein. Der aber diesen Frieden hat aus der Macht, der Wahrheit, dem Königtum dessen, der der Wahrheit Zeugnis gab, indem er sie lebend vollzog, ein solcher vom Frieden Begnadeter, der muß arbeiten als ein »guter Kriegsmann Christi« (Tim. 2, 3), er wird zum Streiter dessen, von dem es heißt: »Denn er ist unser Friede« (Eph. 2, 14). Die rechten Streiter sind diejenigen, die den Frieden haben, die Kinder des Friedens: sie sind in Christus stärker als die Welt. Der Friede der Welt ist umschirmt oder erworben vom Schwert der Welt, das Petrus auf des Erlösers Geheiß in die Scheide steckte; der Friede, den die Boten der Wahrheit empfangen haben und in die Welt tragen sollen, ruht auf dem Frieden des Herrn mit sich selbst, im Herzen des Erlösers.

Auch die Welt »gibt«, aber ihre Gabe ist der Geschichte abgerungen, mit dem tötenden Schwerte erkauft. Der Friede Christi entspringt nicht dem geschichtlichen Dasein, dem Ringen der Menschen und Völker mit sich selbst, ihrer Umwelt und ihren Feinden im Abgrund; er senkt sich vielmehr wie ein Engel auf die Schlachtfelder herab, die mit irdischen Kräften nicht befriedet werden können. Denn auch die Schlachtfelder, die das Geschehene nur noch wie eine Sage umweht und unter denen längst vergessene Tote und Waffen liegen, pflügt einmal der Krieg wieder auf, und auch das ernsteste Trachten nach dem irdischen Frieden vermag den Feind aus dem Abgrund und seine die Geister der Menschen blendende Macht nicht von der Erde zu verbannen. In Ewigkeit gegrundfestet ist allein der Friede Christi. Aber die gepeinigten Menschen und Völker werfen sich vor den apokalyptischen Reitern in den Staub und flehen um Frieden. Welchen Frieden meinen sie: den die Welt gibt auf ihre Weise, Dauer vortäuschend, wo nichts dauert, tröstend mit einem Troste, der kaum hinreicht, die Anzeichen neuen, noch schrecklicheren Unheils zu verbergen – oder den Frieden des Herrn, der aus den Augen der Menschen guten Willens leuchtet; das schadhafte Werk der Menschen, deren Macht verfällt, deren Wort schon morgen nichts mehr gilt – oder die wahrhaftige Macht der verheißenen Gnade? Ist es der Friede, der durch das Schwert kommt, oder der Friede dessen, der als der Einzige des Bösen gewaltig ist und seinen Jüngern die Gnade überantwortete, den Bösen zu bestreiten, Schlangen aufzuheben, Geister zu bannen, die Welt zu reinigen von den Anschlägen des Feindes?

Wir wissen: der Mensch, die Völker bleiben dem Ansturm des Zerstörers ausgeliefert; noch haben wir nicht »bis aufs Blut widerstanden« (Hebr. 12, 4). Mit dem Ablauf der Geschichtszeit nähert sich die Kirche der furchtbarsten Heimsuchung; die Versuchung wird über den ganzen Erdkreis kommen, »zu versuchen die Bewohner der Erde« (Offb. 14, 10), und schon vor dieser »einen Stunde Macht«, die nach dem Tiere die ihm gleichenden Könige empfangen werden (Offb. 17, 12), dringt die Versuchung in allen ihren Verkleidungen in die Geschichte ein: als Versuchung der Macht und des Geistes, als Versuchung der Furcht und Versuchung zur scheinhaften Heiligkeit. *Der Friede Christi wird nicht siegen über die Welt, ja dieser Friede wird vielleicht immer weiter zurückgedrängt werden in das Verborgene, oder gar einer furchtbaren Niederlage zu.* Haben wir aber einmal die Stimme Christi vernommen, so können wir nicht anders als nach diesem Frieden trachten. *Es geht nicht um den Sieg dieses Friedens; es geht darum, daß wir ihn haben und tragen und daß wir stark wie Schwerter sind in der Bewahrung dieses Friedens.* Wie sollten wir wissen, welche Bezirke er gleichwohl reinhält vor den heraufquillenden trüben Fluten der Unterwelt? Wie sollten wir wissen, welche Gewichte die Welt in Schwebe halten über den dunkelsten Tiefen? Aber noch einmal: Es geht nicht darum, sondern um Gottes Auftrag, und so können wir nicht anders: angesichts der düstersten Nacht müssen wir doch mit der ganzen Herzenskraft danach streben und dafür streiten, daß der Friede Christi in die Häuser komme – und wenn keine Häuser mehr stehen, so um so mehr in die Herzen – und daß diejenigen Träger dieses Friedens sein mögen, die der Welt Ämter tragen. Denn wer ruht in Gott und wessen Seele den Frieden hat, ist erwählt, die Geschicke der Menschen zu überschauen und mit Gottes Hilfe zu leiten; der den Frieden hat, ist mächtig, nicht im Sinne des weltlichen Schwertes, sondern insofern er begnadet ist und als gläubiger Verwalter einen Anteil gewonnen hat an Gottes Macht. Seien es wenige, seien es viele – die Menschen werden das Zeichen erkennen auf seiner Stirn und sich beugen und einem andern gehorchen in ihm. Der andere *ist* der Herr und bleibt es; Gottes Ordnung wird wohl unablässig überschwemmt von den Wassern, aber sie besteht wie ein Land unter der Sturmflut; sie wird als die tragende Macht nicht erkannt, aber sie trägt die Welt, und die in ihr wurzeln, sind die eigentlich Mächtigen und gleichen den erwählten Königen, die ihre Kronen hinübernehmen dürfen in die himmlische Stadt. Kann die Erde doch aus keinem andern Grunde dauern und bewahrt werden, als weil ihr das Gericht, das Ende, die Wiederkunft ihres Königs bevorsteht: weil es doch seine Ordnung, sein Plan ist, auf dem sie ruht. Die Menschen, die in dieser Ordnung stehen, ragen über die Wasserwüste empor wie die letzten Bäume einer überfluteten Landschaft. Sie bekunden durch ihr Dasein: hier ist Land, das Eigentum eines andern; es wird sichtbar werden, wenn die Stunde der Fluten um ist. Wir wissen es, und wir müssen dieses Wissen bezeugen, indem wir uns der Bedrängnis der Welt aussetzen, den Schwertern, die mächtig sind zu töten, aber zersplittern an der Wahrheit.

Friede ist das Leben in Christus, das Wissen vom Herrn und vom Ende, vom ewigen Leben und der Gerechtigkeit, von der Liebe, die alle die Ihren vereint. Er ist die unvergängliche Stiftung Christi; nur wo dieser Friede ist, da ist der Herr; die Grenzen dieses Friedens sind die Grenzen des Reiches Christi in der Geschichte. Wohl ist er ein Geschenk der Gnade, aber sie erreicht nur ein zu Christus gewendetes Herz; Menschen können uns dieses Geschenk nicht nehmen. Dieser Friede vereint schon auf Erden die weithin Versprengten und Getrennten; über den in die Welt sich zerstreuenden Jüngern betete Christus (Joh. 16, 32); in Ihm hatten sie ihre Mitte. Das weltliche Schwert kann die Bande nicht zerschneiden, die der himmlische Friede gewirkt hat. Und so blicken wir empor zu den Sternen und bitten um den Frieden, der von oben kommt; wir wissen: in ihm sind wir eins mit allen, um die wir bangen. Ihre Worte und Zeichen finden uns nicht mehr im Dunkel und Sturm der Erde; alle Wege sind aufgewühlt, die noch die Menschen auf sichtbare Weise verbinden, und wenn uns doch ein Zeichen erreicht, so ist es gleichsam tot und leer; das Grauen, die langen, sorgenbeschwerten Tage, durch die es gegangen, haben ihm alle tröstende Kraft genommen. Nein, wir sind nicht mehr auf die gewohnte Weise mit unseren Nächsten verbunden; auf die Mittel der Welt können wir nicht mehr zählen; jetzt verbindet allein der Herr. Sein Friedensreich lebt unversehrbar unter der Gewalt der weltlichen Schwerter. Die von der Erde Gerissenen verlassen dieses Reich nicht; sie werden nur tiefer hineingeführt von ihren Engeln, indessen wir noch an der Grenze stehn und überstürmt werden vom Rauch und Qualm und den Schrecken eines andern Reiches. Aber hier, wo uns der Friede schon umschließt und das Entsetzen noch nicht gebannt ist, hier ist der rechte Ort, für die zu beten, die keinen Frieden haben und, da sie einmal losgerissen sind von der Liebesmitte der Welt, durch alle Räume stürzen.

Es gibt ein furchtbares Verlangen nach dem Schwert, das verdirbt. Es ist die letzte Versuchung, vielleicht die stärkste Macht des Teufels. Der Zerstörer muß endlich sich selbst zerstören; ja er lebt nur, indem er sich zerstört, und wo dieses furchtbare Dasein sich ereignet, bildet es Wirbel, die die Geister und Schicksale an sich reißen und in den Schlund hinabziehen. Der sammelnden, einenden, ordnenden Liebesmitte wirkt die Mitte in den Kreisen der Zerstörung entgegen; beide streiten um die Menschen, Völker und Reiche. Die von der Liebe Gezogenen schreiten mit stiller Seele durch den Aufruhr; die von den Wirbeln des Abgrunds Ergriffenen vermögen nicht mehr zu ruhn; die Ruhe erscheint ihnen als das fremde, das tödliche Element. Wohl hat das Gebet eine Grenze; wir schaudern vor den Worten des Apostels: »Es gibt eine Sünde zum Tode; und für diese sage ich nicht, daß jemand bitten solle« (1 Joh. 5, 16). Da wir uns dieser Worte erinnern, möchte unser Gebet erlahmen, die Namen der Friedlosen weiterzutragen vor Gott. Unsere Lippen wollen diese Namen nicht sprechen an heiliger Stätte. Aber wir schließen die Augen und bitten noch einmal mit einem stummen Drängen unseres Herzens. Es ist uns nicht gegeben, die zu erkennen, auf denen die Sünde zum Tode liegt; wir kennen nur schuldige Brüder, Mitbrüder unserer Schuld. Schon überkommt uns das Glück, im Wachsen des Friedensreiches zu stehn, das nicht von dieser Welt ist. Begnadete Tage gehen auf; das Wissen von der Bedrängnis der Welt verläßt uns niemals, aber das Licht der Berge, auf denen der letzte Schnee sich zerlöst, verklärt uns den Weg und die Räume; die Amseln verkünden im Abenddunkel des Frühjahrs den Frieden und wiederholen die Verheißung am Morgen, wenn der Mond verschwimmt in den Wolken. Und ob dann auch andere, furchtbare Stimmen Gewalt erlangen, so vergessen wir doch nicht, daß das Lied der Amseln, das Heulen des Eisens, aus dem es wie das »Heulen der Geschlechter« tönt, überleben wird. Es werden immer wieder »Kinder des Friedens« die Erde betreten; ihre Spuren werden leuchten oder auch unsichtbar bleiben: die Wege, die sie gegangen, sind Wege zur Ewigkeit. Die Schrecken der Erde werden nicht enden, aber sie sollen uns nicht verwirren; mit ganzer Seele wollen wir darum flehen, daß wir »Kinder des Friedens« sein dürfen, mitten im Streit, und Christi Schwert unter den weltlichen Schwertern. Gott in seiner Barmherzigkeit möge uns bereit machen zu einem jeden Opfer, das diese Kindschaft, diese letzte Unbedingtheit bewahrt.

(1944)

DER FRIEDE JESU CHRISTI

Neben die nicht nachsprechbaren Worte unseres Herrn, mit denen er sich Weg, Wahrheit und Leben, die Tür und der Hirte genannt hat, tritt das Zeugnis des Apostels: »Denn er ist unser Friede« (Eph. 2, 14). Der Apostel hat nicht gesagt: Christus lehrt uns den Frieden, sondern er *ist* es. Wir müssen in ihm sein und er in uns, wenn wir Frieden haben wollen. Aber dieser Friede ist auch der einzige, von dem wir wissen, daß er dauern wird bis an der Welt Ende, weil bis zum Ende der Welt Glaube sein wird auf Erden. Freilich wird dieser Glaube immer mehr bedrängt, seine letzten Zeugen werden der Verfolgung und dem Tode überantwortet werden.

Keinem aber kann der von Christus empfangene Friede genommen werden, sofern der Beschenkte ihn bewahren will.
Aus der frühen Zeit unseres Glaubens wird von einem greisen Mönch erzählt, der in der Umgebung Alexandriens von einer ungläubigen Menge geschmäht und auf das schwerste beleidigt wurde. »Was für Wunder hat euer Christus, den ihr anbetet, getan?« höhnten die Verfolger. »Dieses«, antwortete der Mönch, »daß ich mich durch diese Beschimpfungen und noch größere, die ihr mir antun wollt, nicht erregen noch beleidigen lasse.« Dies war ein Zeugnis für Christus aus Christi Frieden. Der Friedefürst war in dem Beleidigten zur Macht geworden, die überzeugen mußte.
Christi Friede ist eine Gabe, die wirklicher ist als ein sichtbares Geschenk. Mit der äußersten Bestimmtheit hat Christus von ihr gesprochen: »Wenn ihr in ein Haus gehet, so grüßet dasselbe und saget: Der Friede sei mit diesem Hause! Und wenn das Haus dessen würdig ist, so wird euer Friede über dasselbe kommen; ist es aber dessen nicht würdig, so wird euer Friede auf euch zurückkehren« (Matth. 10, 12–13). Der Friede ist also eine Kraft, die von uns ausgehen und zu uns heimkehren kann; er ist nicht von der Welt, nicht gegeben, wie die Welt ihn gibt (Joh. 14, 27). Der Friede ist höheren Ursprungs; er ist das Zeichen der Überlegenheit des Christen über die Welt, die ihm auch dann bleibt, wenn die Welt über ihn triumphiert.
Es ist der Friede des Geistes, der weiß, daß nur einer Lehrer ist; es ist der Friede des Glaubens, dem gesagt ist, daß der Fürst dieser Welt schon überwunden ist – auch wenn dieser Fürst erst »kommt« (Joh. 14, 30), also seinen Anspruch auf Herrschaft aufs neue und immer entschiedener erhebt; und es ist der Friede des Gewissens, das sich von Schritt zu Schritt zu verantworten sucht vor Christus. Immer und überall das Gewissen bei sich zu haben »als Schiedsrichter der Taten«, ja auch der Gedanken: das macht, nach der Lehre der Väter, den »festen und ständigen Frieden« der Reinheit aus, die eine

immerwährende Reinigung unter dem immerwährend vor Christus beunruhigten Gewissen ist.

Fester kann der Friede nicht gegründet werden. Alle Abmachungen, die Menschen treffen, können ihn nicht sichern, wie er hier gesichert ist. Denn der Friede Jesu Christi will vollzogen werden von allem, was göttlich ist im Menschen, von den Kräften, die nicht zerstört werden können. Da er auf dem Göttlichen ruht, so hat er den Widersacher zum Feind. Er wird angefochten werden von Zweifeln, von der Unruhe des Geistes und Herzens, von der Versuchung zur Auflehnung. Doch die Anfechtung bedeutet noch nicht Verderben: »Die Angefochtenen sind solche, die zu Überwindern bestimmt sind, aber ihre innere Not muß mithelfen, muß mit den Satan stürzen helfen. Aber im Feuer bleiben wir, bis alles hell wird und der Sieg ganz da ist«, schrieb Christoph Blumhardt, der die Siegesbotschaft Jesu Christi in eine sie immer weniger verstehende Zeit getragen hat.

Wir bleiben im Feuer: unser Friede ist ein Ringen mit dem Unfrieden in uns; und er ist durchaus nicht der Friede der Welt, wenn auch die einzige verläßliche Friedensverheißung an die Welt der Friede Jesu Christi ist. Er hat sie am eindringlichsten ausgesprochen, nachdem er den Tod überwunden hatte und vom Jenseits dieser Welt noch einmal in sie zurückkehrte: nun als ein Unverwundbarer, der des Leidens nicht mehr fähig war, den der Widersacher nicht mehr ansprechen konnte, der auch das Verlassensein vom Vater bestanden hatte. Nun war er nur noch Friede: Lichtgestalt, die von keinem Schatten des Erdenstreites mehr erreicht werden konnte.

Aber den Zwiespalt zwischen diesem Frieden und dem Tun der Welt heben wir nicht auf. Christ sein heißt Friede haben – und dieser Friede Christi ist nun in der Tat der Friede um jeden Preis, der allein gestört werden kann durch den Verrat am Herrn, durch die Sünde. Wir können ihn nicht in Gebote fassen; er ist viel mehr: er ist ein Ruhen und Ringen, ein Sich-Verantworten und Sich-Hingeben, ein Flehen und Sich-

getröstet-Wissen. Es ist der Friede des Menschen, der in aller Not sein Ziel kennt, sein Eingehen in Christus: des Menschen, der seine Seele verlieren will an ihn.
Was er zu tun hat in Leben und Zeit, das wird er um so deutlicher erfahren, je inständiger er betet und ringt; die Welt hat über die Gewißheiten, die in ihm erwachsen, nicht zu richten. Er ist vollkommen frei, sofern er gebunden ist an Jesus Christus. Sein Weg kann sehr viel schwerer sein, als es die Wege derer sind, die sich den Gesetzen der Welt unterwerfen um den Preis der unbedingten Unterwerfung unter Jesus Christus. Aber ein solcher wird Frieden haben: die unsichtbar mächtige Gabe Jesu Christi, von der ein Segen ausgeht auf alle, die ihn empfangen wollen, mag es dem Träger des Friedens beschieden sein, ein Haus des Friedens zu gründen, oder mag er ein Gast sein in den Häusern, in die er gesendet ist.

Judas Thaddäus fragte den Herrn, warum er sich den Jüngern und nicht der Welt offenbare (Joh. 14, 22). Jesus antwortete: nur wer ihn liebe, werde sein Wort halten. Also ist auch der Friede Christi ein Geheimnis seiner Liebe. Er ist todernst, ein streitender Friede. Denn die Welt hat ihn nicht. Wer den Frieden Christi trägt, tritt in Streit mit der Welt. Eng mit der Friedensverheißung verschlungen ist das Wort des Herrn, daß er nicht gekommen sei, den Frieden zu bringen, sondern das Schwert: es ist der Kampf des Gewissens, des Glaubens, des Geistes, die bereit sind, alles hinzugeben für Christus – und für das kühne Ärgernis seines Friedens. Es muß die moderne Welt entschiedener herausfordern als die, in der es gestiftet wurde. Denn je mehr der irdische Streit die Lebensweise der Menschen, Denken und Forschen, Staat und Gesetz bestimmt, um so größer muß dieses Ärgernis werden, um so mehr aber auch wird die Welt des Zeichens Jesu Christi: des Menschen, der seinen Frieden lebt, bedürfen.

(19./20. Oktober 1951)

FRIEDE AUF ERDEN

Friede auf Erden. Wir rücken das erschütternde Wort nicht von der Stelle: es heißt Friede auf Erden, die der Ort der Geschichte ist. Es ist in der geschichtlichen Stunde gesprochen, die den Scheitelpunkt der Geschichte ausmacht, und es will wieder in die Geschichte dringen.

Sicherlich ist der Friede derer, die an die Verheißung glauben, zunächst ein innerer Friede. Es ist der Friede des Geistes, der allen auf ihn einstürmenden Fragen nach dem Sinn des Daseins immer wieder die Gewißheit entgegenzusetzen vermag: Jesus Christus und sein Reich. Es ist der Friede des Gewissens, das im Streite der Leidenschaften, im Widerspruch der Pflichten und Rechte – in einem Zwiespalt, aus dem oftmals kein Gesetz und keine Autorität zu helfen vermögen, sich die Frage vorhält: kannst Du es tun, denken, leben vor Jesus Christus? Dieser innere Friede also schließt die Anfechtung keineswegs aus. Das ist ja gerade sein Wesen, daß er lebendiger, streitender Friede ist. Je tiefer die Welt in den Unglauben sinkt, je deutlicher wir des Nichts inne werden, das in uns und um uns aufzubrechen vermag, je rätselhafter, unheimlicher das von der Forschung entworfene Weltbild wird, um so angefochtener muß auch der Friede des Geistes sein. Er ist keineswegs leicht zu behaupten; die Argumente, die ihm entgegengeworfen werden, sind immer wuchtiger, immer schmerzhafter geworden. Wir können in sehr große Not um diesen Frieden geraten: in die heilige Not, die uns endlich den Ruf auf die Lippen zwingt: Herr, Du bist der Friede – und Du allein. Dich, die göttliche Gestalt selbst, wird kein Argument verdrängen. Es gehört zum Unvergleichlichen des Christentums, daß Christus der lebendige Friede ist: der Friede als menschlich-göttliche Gestalt.

Wie also der Geist des Christen zugleich streitet und ruht, so auch sein Gewissen. Mit Recht ist gesagt worden, daß nichts verdächtiger ist, als ein ruhiges, ein »gutes« Gewissen. Ein

Gewissen, das sich keine Vorwürfe zu machen hat, kann ein christliches Gewissen kaum mehr genannt werden. Denn immer steht in diesem Christus – sein lebendiges Gesetz – ein Richter, der die ganze Umwelt und auch noch die Schöpfung und Kreatur zu Zeugen aufgerufen hat: Christus, vor dem uns ein jedes unnütze Wort zum Verderben werden wird; Christus, vor dem wir Denken und Erkennen, Rede und Kunst zu verantworten haben. Und doch hat ein solches gepeinigtes Gewissen seinen Frieden. In dem Maße, in dem es sich in die Nähe Jesu Christi betend durchgerungen hat, ist es sicher. Es weiß unbedingt, was Recht ist vor dem Recht als Gestalt, das sich in kein Gesetzbuch fesseln läßt.

Ein solcher Friede des Geistes und Gewissens ist nun in die Welt gesendet: »Zuerst halte dich selbst im Frieden, dann erst wirst du anderen den Frieden schenken können.« (Thomas a Kempis.) Wir wissen aber, daß kein Friede auf Erden sein wird. Dies gehört zu dem Wenigen, was uns von der Zukunft gesagt ist. Das Ende der Geschichte ist die scheinbare Katastrophe nicht nur des Gottesreiches, sondern der Menschheit. Wenn dem aber so ist, so zeigt sich in diesem schrecklichen Ende das Wesen der Geschichte selbst, und dieses Wesen muß an einem jeden Tage spürbar sein. Es wird um so deutlicher gesehen werden, je heller das Geschichtsbild der Offenbarung unsere Geschichtserfahrung erleuchtet, je entschiedener es sie durchformt. Bernanos hat den Christen seiner Zeit vorgeworfen, daß ihnen der Sinn für Tragik fehle. Das ist richtig. Eben darum fehlt ihnen auch der Sinn für christlichen Frieden. Denn dieser steht durchaus in einem tragischen Verhältnis zur Welt, es ist eben ein tragischer Friede. Nirgendwo ist gesagt, daß er die Welt befrieden wird, und doch ist er da und soll in uns sein. Ihn ins Idyllische umfärben zu wollen ist ebenso verkehrt, wie ihn in eine außergeschichtliche Sphäre zu verbannen – als ob es für den Christen eine solche gäbe, dessen ganzes Leben als eine Hingabe an den Herrn und Richter der Geschichte doch ein geschichtliches ist! Für den Christen gibt es nicht eine mehrfache Ethik, sondern die eine, deren Gesetz der Erlöser ist. Es ist nicht zu begreifen, wie man die Übertragung des Friedensgebotes – die in der Botschaft ohne alle Frage vollzogene Aufhebung der Gewalt – dadurch meint einschränken, gar rein halten zu können, daß man sie von der Sphäre der Politik ausschließt. Der Christ muß immer Christ sein, gleichgültig, ob er Staatsmann oder Ordensmann ist. Freilich versteht man, was Dostojewskij meinte, als er die Zahl der Christen, die bisher gelebt haben, auf etwa zehntausend geschätzt hat. Auf die Gefahr, Ärgernis zu erregen, muß das Geständnis gewagt werden, daß diese Schätzung sehr hoch erscheint.

Der Friede ist da. Aber er wird nicht getan. Schlimmer noch: das Gebot wird an den Wirkungen gemessen, während doch Gottes Gebot schlechthin gilt und schlechthin die Verheißung, die seine Befolgung haben soll, erschienen ist.

Und doch ist keine stärkere Macht im Menschen als der Friede des Christen: dieser Friede allein befähigt ihn, in diese grauenvolle Welt zu treten, und das in dieser Not, an Vorzeichen kommender Not, vor einer Stunde, die an Ernst und vor allem kommender christlicher Gewissensnot, vielleicht einzigartig ist: wahrlich kein leicht wiegendes Bekenntnis im Munde einer Generation, die die zwei Kriege erfahren hat. Der Herr hat seinen Jüngern gesagt, daß sie sich von den Häusern abwenden sollen, die nicht Häuser des Friedens sind. Der Friede ist ihr Gruß; streitender Friede ihr Zeugnis, das Zeugnis ihre geschichtliche Tat. Der Friede drängt nach Verwirklichung, einfach, weil er geboten ist. Es geht nicht an, daß wir Gott die Folgen vorwerfen, die unseres Erachtens die Befolgung seines Friedensgebotes haben muß. Wir wissen von diesen Folgen durchaus nichts – so viel wir auch darüber grübeln mögen. Wir wissen aber, daß wir, wenn wir uns handelnd oder leidend, denken oder wünschend, am Frieden der Welt versündigen, keinen Frieden in uns haben.

Und also müssen wir versuchen, den entsetzlichen und doch begnadeten Weg über die Erde zu gehen, den die Spur Jesu Christi zeichnet: ein sehr schmaler Weg, zu dessen beiden Seiten einstürzt, was Menschenhand gebaut hat; ein Weg durch die unermeßlichen Leiden und Anfechtungen, denen den Frieden entgegenzusetzen wir aufgerufen sind. Ist nicht etwa die Botschaft: Frieden auf Erden denen zum furchtbaren Geschick geworden, die sie zuerst vernommen haben: dem heiligen Paar, den ersten Sendboten? Ist der Einzige, der Friede genannt werden kann, nicht in den Tod gegangen? Was sollen wir denn von einer Welt erwarten, in der Er gekreuzigt worden ist? Die Nacht, in die Judas hinausging, ist da bis zum Ende. Und die Nacht, in der die Hirten vorm Lichte erschraken, ist bis zum Ende da. Zwischen beiden Nächten können wir uns entscheiden. Schrecklich sind beide. Aber das Schreckliche der zweiten ist nur die Übermacht des Lichtes, dem sich die Erde nicht aufschließen kann, dem sich die Seele nicht angleicht. Und so ist unser Friede allerdings ein Leiden. Aber es ist kein Gut, das wir über dieses Leiden setzen können. Denn, um uns noch einmal Trost zu holen von Thomas a Kempis: »Wer die Kunst zu leiden am besten versteht, der wird den höchsten Frieden gewinnen.« Und die allein aus allen Völkern der Erde, die an diesem Leiden und diesem Frieden tragen, sind in dieser Stunde einig und haben Frieden auf Erden.

(Manuskript Badische Landesbibliothek, Karlsruhe, Reinhold-Schneider-Archiv, 13. 12. 1950)

EUROPA UND DIE WELT

EUROPA ALS LEBENSFORM

Wie das Wort »Friede« erweckt der Name »Europa« sofort ein Widerstreben. Dieser Name ist, aus durchaus verständlichen Gründen, in den letzten Jahren so oft genannt worden, daß er seine ehrwürdige mythische Bedeutung und seinen hohen Geschichtsgehalt mehr und mehr zu verlieren droht. Europa ist im wirkenden Bewußtsein kaum noch die phönikische Königstochter, die der Gott in Stieresgestalt geraubt hat, Mutter der Heroen, die in den Mysterien Kretas göttliche Ehren genoß. Europa ist nicht mehr die Verdunkelte, die dem dunkelnden, gegen Sonnenuntergang gewendeten Festland den geheimnisvollen Namen gab – während sie unter neuem Namen fortstrahlte in uralt östlich-griechischer Kultur; sie hat also uns ihren ersten dunkeln Namen hinterlassen und sich gleichsam als Mutter und Göttin im Osten verjüngt: sie hat Untergang und Aufgang verbunden. Was bedeutet das uns? Wir geben uns alle Mühe, unsern Namen loszuwerden – was freilich eine schwierige Sache ist. Denn der Name haftet am Selbst. Nicht allein die Umgestaltung der Macht und ihrer Ausübung, die in diesen Jahren sich durchsetzt, vielleicht auch das Verlangen nach einem neuen Geschichtsgehalt an Stelle des alten, gezeichneten, scheinen es zu bewirken, daß die Bezeichnungen »Euratom« oder gar »Euromarkt« den Namen »Europa« verdrängen möchten. Der mythische Name und die Benennung des geplanten Unternehmens bedeuten eine Unterscheidung, wie sie kaum schärfer sein kann. Euratom weist auf eine politische Zielsetzung unter dem Zwange der aus der Wissenschaft entwickelten Technik, die mit elementarer Gewalt ihre Bahn beanspruchen möchte; sie erhebt sich ohne Zweifel aus geschichtsbildender Kraft und hat das Forschen, Denken, die

Geschichtserfahrung des Abendlandes seit der Konzeption des Kosmos durch die frühgriechischen Denker zur Voraussetzung; die Pause, die das frühe Mittelalter setzte, hat diese Entfaltung nicht abgelenkt. Europa hingegen bedeutet eine Lebensform, eine bestimmte Art zu sein und zu denken, geschichtliche Auswirkung dieses bewegten Innern unter der Einwirkung weltlicher und überweltlicher äußerer Mächte, ein Dasein, könnte man zu sagen wagen, zwischen Aufgang und Untergang, in ihnen beiden. Es ist von tiefsinniger Bedeutung, daß eines der ersten verbürgten Fakten unserer Geistesgeschichte die Voraussage der Sonnenfinsternis ist, die Thales von Milet, einer der frühesten Denker und Frager, für das Jahr 585 gewagt hat.

Ich möchte diese europäische Lebensgestalt nicht auf eine Formel bringen: sie hat noch immer das Elementare lebendiger Überlieferung. Ich möchte versuchen, mit konkreten Beispielen auf sie hinzuweisen, denn das Konkrete eines Geistigen ist nach Kierkegaard das Historische. Vor allem will ich mich zu dieser Lebensgestalt bekennen. Was ich sagen möchte, ist also leider ganz subjektiv, eine Art Zusammenfassung dessen, was mich lebenslang als Aufgabe beschäftigt hat; ich bin unfähig zu systematisieren und kann dem unergründlichen Thema natürlich auch nicht entsprechen. Meine Absicht ist allein, nach den erschütternden Erfahrungen der letzten fünfzig Jahre einen geringen Beitrag zum Verständnis der Zeit zu leisten; auf eine Haltung hinzuweisen, eine Selbstbehauptung, eine in sich gegründete echte Existenz. Überzeugen will ich nicht und wollte ich nie; ich kann nur bezeugen. Keine Sensation! Ich kann nur in sich verengender Bahn eine Lebensgestalt umkreisen, deren innerste Glut ich nicht erreichen werde. Nach dem Versuch, die Geistesgestalt zu umreißen, will ich über die Staatsidee zur Wirkung der Außenmächte übergehen, dann auf das Leben gewisser Traditionen in der Gegenwart und weiter zur Gefahr der Stunde und der sie aufnehmenden Haltung. Alle Einzelheiten, die vielleicht etwas Verwirrendes haben, möchten nur in stellvertretendem Sinne angesehen werden als Hinweise auf eine widerspruchsvolle Einheit: eben auf die Lebensgestalt des unzerreißbaren europäischen Zussamenhangs.

Alles kommt darauf an, daß »Euratom«, wenn diese defensive Organisation unvermeidlich ist, nicht Inhalt werde, sondern Helm auf einem edeln, denkenden Haupt, Schild vor einer lebendigen Brust, und daß die Börse des umstrittenen europäischen Marktes nicht mehr gilt als das Herz, Euromarkt nicht mehr als Europa. Von der Verteidigung nämlich und vom wirtschaftlichen Zusammenschluß kann man nicht leben, und es muß Besorgnis erregen, daß diese Devise fast in der gesamten Presse des Westens an erster Stelle steht. Damit überläßt man an der wichtigsten Stelle die Führung dem, gegen den man sich verteidigen möchte und der, paradoxerweise, ich meine den sich technisierenden Osten, in der Forschung wie in der einseitigen philosophisch-soziologischen Dogmatik von uns geführt worden ist. Unser Leben, unser Dasein kann nur die innere Kontinuität europäischer Tradition sein. Wie eine europäische Einheitssprache der Tod wäre, wie die Herrschaft einer Weltsprache keineswegs zu wünschen ist – es sei denn das Latein kirchlicher Feier –, so würde auch mit dem Bewußtsein volkhafter Geistigkeit und Geschichte Europa untergehn. Denn Europa ist ein Bündel widerstreitender Kräfte. Freilich muß das fesselnde Band stärker sein als der Widerstreit. Aber immer wieder bedeutet Europa das Hervortreten Gottes aus dem Stier.

Ende des vorigen Jahrhunderts starb in Brügge, im Hause der Englischen Fräulein, der vlämische Dichter Guido Gezelle. Brügge war sein Geburtsort. Er war Priester. Auf dem greisen Gesicht haben sich sehr viel Kummer, Enttäuschung, Empfindsamkeit und doch Festigkeit ausgeprägt. Er ist eine der reinsten Gestalten des neueren gesamteuropäischen Schrifttums, dem er durchaus angehört. In seiner herzensreinen Sprache von kindhaft-männlicher Frömmigkeit, seinem Vlämisch, dankte er der Sonne, aber auch der Nebeldüsternis, in die er sich ergab. Er besang mit Vorliebe das Geringgeschätzte: die Distel, die Winden, das Hasenkraut, das Moos zwischen Steinplatten, die Knospen, die ihm lieber waren als Blüten und Früchte, die vom Menschen mißhandelten Bäume, die müden Tiere; das Rauschen des Korns und des Rieds waren sein Glück, Widerhall seiner Dankbarkeit und seiner Trauer, kurzum: er war ein Dichter, ein armer Gärtner in der Schöpfung; Franziskanisches war in ihm, umwölkt von nordischem Dämmer. Nach drei Jahrhunderten hat mit ihm die niederländische Dichtung noch einmal in Sprache, Formenreichtum und Innigkeit den Rang des goldenen Zeitalters [gouden eeuw] erreicht. »Ein altes Wort ist kostbarer als altes edles Gestein«, sagte er kurz vor seinem Tode – und dann dankte er noch einmal den Vögeln für ihren Gesang. »Ich habe die Vögel so gerne singen hören«, soll eines seiner letzten Worte gewesen sein. In seinem Nachlaß fanden sich 150 000 Zettel, auf denen er alte Wörter, den Kronschatz seines Volkes, rettete und erklärte. Aber als Lehrer im Seminar hatte er schon in jungen Jahren seine Schüler vertraut gemacht mit den Werken der norwegischen, englischen, italienischen, spanischen, deutschen Literatur: der bescheidene Mann hat gewiß den ganzen Westen überblickt und in ihm gelebt. Es versteht sich, daß er mit Homer und Aeschylus, mit Virgil und Horaz begann. Mit Dante und Tasso hatten Franziskus, Jacopone da Todi, Maria de Liguori sein Herz gewonnen.

Eigenständigkeit und Universalität sind komplementär. Wir können nicht gesamteuropäisch empfinden, wenn wir nicht eigenständig sind. Aber der Eigenständigkeit muß die Erfahrung der Universalität vorausgehen: die Basis zwischen Athen und Rom. Zwischen der Lehre des Parmenides vom Sein und der des Heraklit vom tragischen, sich erneuernden, in der Selbstverzehrung *stehenden* Feuer, vom Weg hinauf, der ein und derselbe ist wie der Weg hinab; zwischen dem Geisteskosmos des Pythagoras und dem atomaren Materialismus Demokrits über den Konflikt in der Realitätenfrage zwischen Platon und Aristoteles bis zur grausamen Fragelust der Sophisten und dem sittlichen Bewußtsein des Sokrates, das ihnen entgegentrat – in diesem Zwischen spielen alle wesentlichen Probleme.

Christus hat im europäischen Bewußtsein die ihm vorausgegangenen Frager und Entdecker keineswegs entmachtet, das in der Alten Welt in Erscheinung getretene tragische Verhältnis zwischen Geist und Geschichte, dem Denker und dem Mächtigen keineswegs aufgehoben. Das Scheitern Heraklits an Ephesos, Platos an dem Tyrannen von Syrakus, des Sokrates an der Polis, des Aristoteles an Alexander; der Zusammenstoß der Macht mit unabhängigem sittlichem Bewußtsein, der Ordnung mit dem Zweifel an der Erkennbarkeit einer Grundlage überhaupt, des Denkers mit dem Kult, der Justiz mit der Fragwürdigkeit eines jeglichen Urteils setzt sich, wie das Echo von Felswand zu Felswand, durch das ganze Gebirgstal europäischer Geschichte fort: Nero und Seneca, Theoderich und Boëthius verkleiden sich in die Kostüme aller Völker und Jahrhunderte – und die Konflikte sind nur ernster, nur schmerzhafter geworden, fester der Anspruch auf Freiheit, herber die Gefahr, seit die Stiftung Jesu Christi in der Geschichte steht. Denn nun ist die Verantwortung für das Seelenheil, vor geglaubter göttlicher Beauftragung, Autorität. Aber das Denken, das dieser Voraussetzung widerstreitet, ist von ungebrochener Tradition. Der zugleich fruchtbare und zerstörende Widerstreit intensiviert sich noch einmal mit der Aufspaltung der religiösen Autorität in Bekenntnisse, mit der Erneuerung der Konzeption des Kosmos um dieselbe Zeit. Das alles: Frage gegen Frage, sich immer höher aufbauend, Einsicht die Einsicht übersteigernd, Opfer das Opfer und Irrtum den Irrtum, ist in uns, und wenn es nicht in uns wäre, so wäre es nicht da. Wir haben die Freiheit, uns zu fragen, ob wir es wollen oder nicht; wollen wir aber Europa nicht in seiner eigentlichen Gestalt, so ist die Frage erlaubt: welchen Sinn hat die Bereitschaft, im Notfall und natürlich gegen unsern Willen, in den schaurigsten Totentanz einzutreten, den die Menschheit unter der Führung des Weltgeistes, dem Gesetz des Denkens und der Geschichte, jemals vorbereitet hat? Durch die ganze europäische Geschichte geht ein Drängen über sich selbst hinaus; eine Antwort kann in uns sein, im Glauben, der das heilige Soll ergreift, ohne eine Wirkung zu erwarten. Wer die Wirkung erwartet, gelangt schon an eine Stelle, wo die Geschichte ihn wahrscheinlich widerlegen wird, wo vor allem der Glaube sich selbst verlieren muß. Was in zweitausend Jahren auf dem nach der phönikischen Königstochter benannten Festland errichtet wurde, ist kein babylonischer Turm. Es sind Pfeiler, Mauern, ansetzende Gewölbebogen einer Kathedrale, nicht ein Denkmal der Empörung, sondern des Suchens über sich selbst hinaus. Und da dieses Suchen über sich selbst strebt, werden wir den Bau nicht vollenden. »Plus ultra«: das ist die Devise Karls V., Mittelschild der Ordenskette vom Goldenen Vlies in der Wiener Schatzkammer.

Dieses tragende Motiv erweist sich, wie in der Geistesgeschichte, in inneren und äußeren Spannungen des politisch-geschichtlichen Lebens. Ich erinnere nur an den Zusammenhang zwischen Tyrannis und Freiheit, Diktatur und Demokratie. Die Freiheitsidee der Griechen hätte sich schwerlich in der überlieferten Form ausgebildet und ausgewirkt, wenn sie nicht gegen die Tyrannei des sechsten Jahrhunderts hätte kämpfen müssen. Die weltpolitische Stellung Griechenlands wurde von einem Tyrannen, Peisistratos, vorbereitet, der zum Hellespont vordrang. Unter seiner Herrschaft erhob die Tragödie ihre Stimme. Der Überlieferung nach soll er die Homerischen Gesänge ordnend zusammengefügt haben. Bis zuletzt blieb die Tragödie in einer monarchisch-sakralen Ordnung beheimatet, während der Zweck des Staates, wie ihn Aristoteles formulierte, sittliche Lebensgemeinschaft war in Familien und Geschlechtern zur Verwirklichung eines in sich geschlossenen und selbständigen Daseins. Aber Platos Staat, in dem die Jugend zur Tragödie nicht zugelassen werden sollte, der die Frauen zum Wehrdienst verpflichten und ihnen die Kinder entreißen sollte, wäre ohne Zweifel die unbarmherzigste der Tyranneien gewesen.

Hätten die Römer nicht in Notzeiten einen Diktator ernannt, so hätten Staat und Kultur ihre Aufgabe in weit geringerem Grade erfüllt. Freiheit als geschichtliche Erscheinung kann sich nur in der Bindung an echte, entschiedene Herrschaftsformen behaupten; das heißt: Freiheit ist in einem wesentlichen, aber nicht abzugrenzenden Grade Freiheit des Opfers. Es gibt dafür kein Gesetz. Daß der Freiheitsanspruch die ordnende Macht gefährdet, daß diese den Freiheitsanspruch verletzt; daß hier, auf seiten der Freiheit, eine entweder bedenkenlose oder der Einsicht ermangelnde Subjektivität sich erhebt; von seiten der regierenden Macht aber ein zu großes Opfer an Freiheit verlangt wird, ist ganz unvermeidlich. Es ist ein Widerspruch, auf den die Geschichte, nach bisheriger Erfahrung, gar nicht verzichten kann, der ebenso tragisch wie fruchtbar war und die Entfaltung getragen hat. In diesem Bezirk ist alles offen, und das eben scheint mir kennzeichnend für unser Erbe und Wesen zu sein. Offen ist das Maß, dem Vermögen, der Einsicht, den Möglichkeiten überlassen; fest stehen die Werte als solche: die Herrschaft und die Freiheit.

Als sich die Athener zur Zeit des Krieges und der Pest gegen Perikles auflehnten, hat er diesen Widerspruch formuliert: »Mit dieser eurer Herrschaft ist es bereits dahin gekommen, daß sie der Gewalt eines Tyrannen ähnlich sieht; dabei scheint es ebenso ungerecht, sie an sich zu reißen, als es gefährlich ist, sich ihrer zu begeben.« Das komplizierte Ineinanderspiel der tragenden Instanzen der römischen Verfassung beruhte auf derselben Einsicht. Hans Delbrück nannte sie die wirksamste aller Verfassungen der Welt und hat den Grund dieser Einzigartigkeit darin gesehen, daß »sie aus lauter

Widersprüchen zusammengesetzt war«. Ein Konsul kann den andern hemmen, der Oberbefehl über das Heer ist geteilt, der Tribun kann alle Beschlüsse verhindern, sogar den Konsul verhaften, aber weder Konsul noch Senat können über den Tribun verfügen. Einem jeden Recht stand ein Recht gegenüber, die Möglichkeit einer Gegenwirkung, einer Korrektur.
Wenn Shakespeare echte Ordnung bezeichnen wollte, berief er sich auf Musik, die Harmonie der Gegensätze: der Bienenstaat, der Musik für ihn ist, organischer Widerstreit und Zusammenklang, ist sein Bild der Herrschaft. In Musik beruhigt sich die Macht, gelangt sie ins Gleichgewicht: das ist das Ziel der Geschichte, das freilich nur in der Erkenntnis erreicht wird, Stern, der leitet, ohne daß wir jemals zu ihm gelangen, die Weisheit des echten Herrschers und Staatsmanns. Was wir an modernen Verfassungen noch lieben oder bewundern, beruht auf demselben Prinzip; freilich wurde es in Rom, trotz aller Verwirrungen und Katastrophen, von einem Staatsvolk getragen, das sich zur Universalität berufen wußte. Auch dieser Gedanke – die Universalität – ist griechisch, vielleicht schon von Tyrannen konzipiert, von Perikles ausgesprochen, von Alexander nach Indien getragen, wo er nach Alexanders Tod unter dem Kaiser Asoka eine Art Reichsbildung mit bewirkte. Es wäre – nur im Vorübergehen gesagt – aufschlußreich für europäische Selbsterkenntnis, den toleranten Wohlfahrtsstaat des buddhistischen Kaisers, der selbst die Tiere in die Wohlfahrt einbezog, wie seine Säulenedikte verkünden, mit der Struktur des westlichen Imperiums zu vergleichen. Freilich sind wir noch immer in Gefahr, die volkhaften Machtzusammenhänge und Kulturen des Ostens im Licht unserer Vorstellungen zu sehen. Sie gleichen weit eher dem Bienenstaat als dem Machtstaat.
Aber das bleibt das Unerhörte: daß in Rom die universale Idee mit beispielloser Stärke den Streit der Gewalten zusammenhielt, aus ihm ihre Kraft nahm, aus ihm sich erneuerte; und, was die Welt von Rom empfing, diesem so oft ins Tra-

gische schreitenden Zusammenspiel zu danken hat. Alle europäischen Lebensformen, Machtgestaltungen waren und sind unvollendbar: sie tragen das Neue im Herzen, das ihnen den Tod bereiten wird. Gott ist Tag und Nacht, Licht und Finsternis für den Dunkeln von Ephesos wie für den Psalmisten. Und das Bild Gottes ist es ja, dem die Geschichte zu folgen sucht und das sich in ihr reflektiert. Das ist kein Plan, sondern Lebensnotwendigkeit oder Plan eines Andern, Entfaltung eines eingesenkten Keims. Und nichts widerspricht dieser Wesensart entschiedener als der Versuch, die Perspektive zu schließen, zu proklamieren, daß das Ziel erreicht sei, und statt des nach oben offenen Baues ein Kraftwerk zu errichten – für immer. In diesem können sich freilich Macht und Leistung auf unerhörte Weise verdichten, und es ist ja, wie ich es schon andeutete, keine Frage, daß auch dieses Kraftwerk und hinter seinen undurchsichtigen Wänden das Volk sich auf die Arbeit westeuropäischer Denker berufen können. Aber sie zweigten ab. Die Herzader der Überlieferung schlägt für das tragische Wagnis der Freiheit, für die nicht abschließbare Perspektive, für Aufgang und Untergang in ihrer Einheit. Erich Przywara hat den Satz des Heraklit vom Weg hinauf und hinab, der derselbe ist, für das Christentum gewonnen, womit der geheimnisvolle Satz natürlich nicht seinem Urheber genommen werden oder den von diesem ausgedrückten Sinn verlieren kann: daß aber die Aufnahme ins Christliche doch möglich ist, zeigt die Stärke der Kontinuität. Sie wäre nicht da ohne eine echte Beziehung zwischen Antike und Christentum.

Es ist gar nicht möglich, die Staatsbildungen, ihre Umwandlungen und Geschicke zu betrachten, ohne immer wieder zum Innern zurückzukehren, zur Seinsgestalt und zum geistigen Prozeß. Darin liegt die immense Schwierigkeit der Geschichtsdarstellung überhaupt. Ich maße mir wahrlich nicht an, die Akzente richtig gesetzt zu haben. Ich will, um eine Formel Federico Garcia Lorcas zu gebrauchen – des Andalusiers, der sich selbst den letzten Dichter der Welt nannte, und in einem gewissen Sinne mit Recht, lassen Sie mich noch einmal auf ihn zurückkommen –, ich will nicht definieren, sagte er, sondern nur unterstreichen.

Über der inneren Dynamik können wir die äußere geschichtlich-geographische nicht übersehen, weil ohne den Ansturm äußerer Mächte, immer neuer Kräfte in das Lebenszentrum die innere Gestalt sich so, wie wir sie sehen, nicht ausgebildet hätte. Es ist erschütternd, mit welcher Produktionskraft das antike wie das moderne Europa sich gegen die Völkerstürme einsetzte, die es zerstören wollten, selbst in scheinbar schon hoffnungsloser Lage, wie etwa unter Theodosius und Justinian. Man könnte es diesen Herrschern kaum verdenken, wenn sie sich Untergangspropheten gebeugt hätten, statt noch einmal das Imperium zu einen, es noch einmal auszubreiten über Italien, Afrika bis nach Spanien, noch einmal, nachdem die Völker längst in eine in dieser Epoche nicht mehr zu bannende Unruhe gekommen waren, der Welt Gesetze zu geben: das heißt, das Bild des Imperiums und das Gesetz zu hinterlassen. Nun, Sie wissen es längst: ich brauche nicht einzugehen auf das, was Europa seit den Perserkriegen der Griechen und Römer als Aufgabe, Forderung von seinen Feinden empfangen hat, auch nicht auf das, was es von ihnen übernahm. Denken wir an die Kultur der iberischen Halbinsel, an das mongolische Element des mittelalterlichen Rußland! Das Einheitsbewußtsein, seine Verstärkung, Intensivierung, Verinnerlichung ist das Geschenk solcher Gefahr. Zur europäischen Lebensform gehört ein positives Verhältnis zu den Feinden: positiv im Sinne des sich selbst Suchens und Findens, der Leistung, der Antwort, nicht als Nein, sondern als Gestalt, als höhere Form, wie sie uns Aeschylos auf unvergleichliche Weise in den »Persern« vorgebildet hat: Griechenland wäre nicht, was es ist und bleiben wird ohne sie.

Aus Vernichtungsstürmen haben sich immer wieder Formen erhoben, dank dem europäischen Gesetz, das sich im Vorbild

Roms auf einzigartige Weise als Einheit von Dynamik und Statik ausgedrückt hat. Es verbindet sich mit der tief eigentümlichen Erfahrung der Zeit, die den indogermanischen Völkern eigen ist: sie wissen vom Ende, von der Dämmerung der Mächte und Werte, von der Unmöglichkeit, das Irdische aus dem Irdischen zu befreien. Alles Göttliche verfällt, und in diese Verfallenheit tritt nun Gott ein einziges Mal, der Erlöser und Richter, mit dem die letzte Zeit beginnt. Er zieht den Lichtbogen über die Geschichte, der auf das Ziel weist, auf die Wiederkunft. Von nun an ist Geschichte Advent, Erwartung der Schrecken und des Heils. Von nun an ist es gewiß, daß ein einziges Volk, das jüdische, sicher sein kann, mit einer einzigen Person, der dieselbe Verheißung wurde: dem Nachfolger Petri, das Ende zu sehn. Die Worte vom wirbelnden Fall der Sterne, vom Kreuz am Himmel sind von so einzigartiger Wucht, daß sie auch heute noch, wo unbedingter Glaube soviel verloren, pragmatischer Glaube und Unglaube soviel gewonnen haben, in weiten außerchristlichen Bereichen in verworrenen Vorstellungen und Ängsten nachschwingen; die Seele, bewahrt sie noch, obgleich kein Glaube sie widertönt. Vergegenwärtigen wir uns, was Shakespeare in seinen Tragödien und Sonetten, Calderón in den Fronleichnamsspielen, Lorca im Drama und in der Lyrik von der Zeit gesagt haben!

Wann bricht die Dämmerung an
Aller Uhren?
Die Zeit hat schon
Horizonte.

Die Gefahr drängt zur Einheit; schwindet sie, so treten die Volkspersönlichkeiten wieder eigenmächtiger hervor. Das Drama zwischen Westen und Osten wird von dem zwischen Norden und Süden durchkreuzt. Es erscheint nun, im streng Geschichtlichen, als Lebensform eine Kreuzung der Ströme, das Kreuz. In den Kämpfen zwischen Kaiser und Papst stellten sich letzte Inhalte geschichtlichen Daseins dramatisch dar.

Das Problem des Verhältnisses zwischen Weltreich und Gottesreich, wahrscheinlich ein innerhalb des Geschichtlichen unlösbares Problem, wurde Geschichtsgehalt, Handlung. Der Kampf bildete im Süden wie im Norden Persönlichkeiten höchsten Ranges heran, die die Krone der Heiligkeit oder die Krone der Tragik erlangten, indem sie einander vernichteten. Darüber spielt das Drama des Geistes, ein Wesensunterschied nordischer und südlicher Frömmigkeit, des Denkens, der Forderung an die Welt, der ebenso schwer an Leid wie an Erkenntnis, an Selbstfindung und Selbstbehauptung ist. Ich erinnere nur an Birgitta von Schweden. Niemand hat Rom mit größerer Ehrfurcht betreten als sie. Wenige wurden so von Rom verletzt. Sie lebte hier von Jahrzehnt zu Jahrzehnt, wartend auf die Bestätigung ihrer Sendung, von Gesichten und düstern Ahnungen heimgesucht, im Geiste meist in der nordischen Welt, auf den Herrenhöfen Västergötlands, Prophetien sprechend, in den letzten Tagen selbst in die dunkle Nacht der Verlassenheit sinkend, aus der sie die Sterbestunde befreite. Sicherlich: Herrscherlich-Ungestümes lebte in der Frau aus schwedischem Königsblut, aber auch erschreckende Glut der Passionsmystik. Im Dezember 1373 führten Sohn und Tochter ihren Sarg auf einem Maultier durch die Porta del Popolo, nordwärts an den Vättersee, nach Vadstena. Dort stand eine kleine Kirche aus Holz zwischen unfertigen Gebäuden. Der Sohn trug den Sarg in das Heiligtum. In der Nähe lebte eine große Sünderin, die nicht an die Vergebung der Sünden glaubte. Nachts erschien ihr eine strahlend-schöne Frau und befahl: »Sage dem Teufel, daß Gottes Barmherzigkeit offen ist für alle, gehe hin und sündige nicht mehr!« – »Wer bist du, Frau?« – »Ich bin Birgitta, die heimgekommen ist von Rom.«

Shakespeares Weltdramatik spielt zwischen London und Rom. Cäsars Adler, von Süden aufflügelnd, entschwindet im Sonnenglanz des Westens. Am Ende, in »Cymbeline«, werden

die römische und die britische Fahne vereint dem nach London ziehenden Heere vorangetragen. Aber der Adler ist wieder auf dem Fluge – über den Sonnenuntergang hinaus. Er horstet nicht mehr auf dem Tower.
Sie werden mich, ich bitte Sie darum, verstehen. In solchen Szenen bekundet sich ganz Unaussprechliches, europäische Lebensform. Denken wir an den Schrecken, den Gustav Adolfs Zug gegen die Alpen am Hofe Urbans VIII., eines der großen Bauherrn Roms, erregte. Und was ist erschütternder als die Antwort: das Grab Christinens in der Krypta der Peterskirche und die Gräber der entthronten schottischen Könige. Noch immer suchen die Schweden nach ihrem Kriegsschiff »Wasa«, das vor mehr als dreihundert Jahren auf rätselhafte Weise in der Salzsee von Stockholm gesunken ist. Der Klang der Vinetaglocken verlorener Reiche geht den Völkern nicht aus den Ohren. Und welch seltsames Echo der Geschichte, daß August Strindberg auf dem Wege nach Damaskus das nackte Kreuz entdeckte, das Kreuz der Karmeliten!
Wer könnte es wagen, mit wenigen Sätzen das geheimnisvolle Leben ineinandergeschlungener europäischer Traditionen zu beschreiben! Ich will nicht von den großen Völkern sprechen, die heute eine fast verzweifelte Anstrengung machen, wieder Weltmacht zu werden. In den sogenannten kleinen Völkern, den Mächten, die ihre Kulmination überlebt haben und darüber weise geworden sind, ist heute das europäische Erbe klarer zu erkennen als in denen, die sich noch in der Mitte des Schwungrades festzuklammern suchen und sich unaufhaltsam amerikanisieren. Denken wir an die Dänen, Norweger, Schweden, Portugiesen, Holländer, deren Weisheit und Erfahrung sich oftmals in stolzer Selbstironie bekundet! Ich möchte somit erinnern an die Abwandlungen, die das Drama zwischen Herrschaft und Freiheit in diesen Geschichtsräumen erfahren hat: an den strengen Platz vor der weißen Kirche in Helsinki, wo sich – zugegeben oder nicht – Formen des zaristischen Empire mit an Potsdam erinnernden Formen und

einem ganz eigenen Raumgefühl verschmelzen; an die Rote Kathedrale auf einem der Schärenfelsen davor, wo die orthodoxe, die vertriebene Kirche noch immer den Glanz ihrer Mysterien enthüllt, die Beter erschüttert; wo sie Glauben bezeugt, dicht an der Grenze. Und ich möchte erinnern an die ungebrochene Eigenständigkeit, an das Selbstbewußtsein des finnischen Volkes und seine auf diese Eigenschaften gegründete Freiheit; an Sibelius in seinem Herbstwald, eine bis zuletzt aufrechte, fast herrscherliche Gestalt. Der Meister, dessen Lied über dem Lande schwebt als dieses Landes Lied, sprach von den sagenhaften Zeiten, aus denen er kam, von Moltke, den er noch in Berlin gesehen hatte. Als er die Güte hatte, mir durch einen Freund einen Gruß nach Lissabon bestellen zu lassen, sagte er: »Wer Finnland liebt wie er, der versteht das Herz Portugals.« Es ist eine Bemerkung, die von sensibelster Vertrautheit mit Volkspersönlichkeiten zeugt, von europäischer Universalität: sie verbindet Rand mit Rand, die Gegenstände in ihrer Einheit. Sie weist auf die Dimension, in der wir nachgerade alle leben sollten.

Sicherlich! Wir wissen das alles. Es ist in tausend und aber tausend Photographien, in Zeitschriften, in Büchern, auf der Leinwand, dem Fernsehschirm an uns vorübergeglitten. Und der ständige Druck dieses immerwährenden Gleitens hat unsere Sinne, unsere Seele mit einer Hornhaut überzogen – und das arme verhaltene Lied eines portugiesischen Straßensängers in einem Lissaboner Hinterhof, einer Holländerin an einer Amsterdamer Gracht, unter dem nassen Schnee, sagt uns nichts mehr von Völkern. Was wissen wir nicht! Und was können wir nicht nachschlagen! Blättern wir aber im Buch unseres Lebens und Bewußtseins: so fliegen die leeren Seiten vorüber. Länder seien Seiten im Buch der Natur, meinte der große Wanderer Paracelsus: man müsse sie »treten«, also nicht lesen, sondern erfahren und erleiden, in sein Leben nehmen: und so ist der Wanderarzt aus Einsiedeln, eine europäische Existenz wie Erasmus, »weiter gewandert gen Granada, gen Lissabon, durch Spanien, durch England, durch die Mark, durch Preußen, durch Litauen, durch Poland«. Er ist, wie vermutet wird, auch durch Stockholm und Upsala gestreift und wieder durch Ungarn, Rumänien, und überall hat er »fleißig nachgedacht und geforscht«; er hat die Seiten Europas »mit Füßen getreten«.

Europa ist kein Friedensreich gewesen. Es hat sich immerfort selbst zerstört, wie es die Griechen getan haben. Und es wurde immerfort wieder geboren. Das ist das Lebensgesetz der ersten Zelle, und die Zelle kann nur sich selbst wieder hervorbringen, wenn auch Mutationen eine gewisse Chance haben: sie sind aber eher Todes- als Lebenschancen. Griechenland war eine streitende Einheit – und selbst in der schlimmsten Gefahr waren nicht wenige auf seiten der Perser. Zwischen Kreta, Athen, Sparta, Korinth, Theben, Elea und Kroton, den kleinasiatischen und sizilischen Kolonien, endlich Makedonien spielte das Lebensdrama. Unser Geschichtsbewußtsein hat mit der Furchtbarkeit fast tödlicher Gegensätze zu rechnen. Der Kampf zwischen Westen und Osten – und ihr Zusammenwirken – haben so wenig eine Aussicht auf Versöhnung wie die Spannung zwischen Norden und Süden, Rom und dem Sturm, dem Löwen aus Mitternacht, die so lange europäische Dominante war. Und daraus bildet sich – vielleicht – ein Kreuz: Zeichen jeglichen Daseins und Wirkens, der Erscheinung Gottes, überrationaler europäischer Existenz, ausgetragen, wie sich versteht, nicht mehr mit innereuropäischen Kriegen, die absurd geworden sind, sondern im Seelenraum und auf den Schlachtfeldern des Glaubens und des Geistes. Unsere Aufgabe – unsere etwa mögliche Rettung – ist die Übertragung des Gesamtgeschichtlichen in unser Bewußtsein, seine Bergung und Verdichtung in beseelter Geistigkeit und Schicksalsbereitschaft. Unsere Bestimmung ist: das Gesamtgeschichtliche anwesend zu erhalten. Das ist die Voraussetzung der heute gebotenen Haltung.

Ich muß gestehen, daß ich in den letzten Tagen zum erstenmal mich nach Wien wagte, während fast alle andern Hauptstädte des Westens und Nordens mir vertraut sind. Wohl ist man gewöhnt, an Gräbern zu stehn, aber die wuchtige Platte, unter der Eugens Reste ruhn, des »größten Österreichers«, wie Hofmannsthal sagte, und die gewaltige Totenklage der Kaisergruft gehen weit über die mir mögliche Resistenz. Und doch fühlte ich mich getröstet, wie man eben nur in Österreich getröstet werden kann. Maria Theresia und ihr hoher Gemahl, einander anblickend über all dem Totengebein mit Augen der Liebe, thronend gleichsam in einem unendlichen Augenblick: dies ist das unvergängliche Bild der Einheit von Liebe und Macht, endgültige Lösung des Problems, um das Grillparzer, der ja in der Spiegelgasse, oben im vierten Stock, fast Nachbar der toten Kaiser war, in seinem letzten Werke gerungen hat. Das ist die höchste Form geschichtlicher Existenz, erreichbar wahrscheinlich nur im Kraftfeld der Reichsinsignien, die nicht Symbole, sondern Wirkkräfte sind und als solche verstanden wurden. Was will es sagen, daß ein deutscher Kaiser, Heinrich II., die Stadt Basel gab für die heilige Lanze! Daß diese Kräfte, die Insignien, wenn auch in höchst würdiger Aufstellung, am Strande liegen, dem Strom der Geschichte entzogen, bedeutet unermeßlichen Verlust an Geschichte bestimmender Substanz. Ich verbinde das nicht mit einer politischen Pragmatik, zu der ich gar nicht befugt bin, aber um die gesellschaftliche Existenz, die Lebensform steht es schlimm, wenn sie keine Zeichen mehr haben, deren Besitz Weihe ist, Zeichen, die notwendige Ordnung an das Ewige binden, die die Träger der Staatsmacht zur wahren Autorität erheben und ihnen zugleich sagen, daß sie nur Diener eines Andern sind. Nun aber, abseits der Geschichte, unter Glas strahlen sich die Insignien aus, die nur innerhalb der Geschichte, an ihrem Ort, im lebendigen Vollzug der Bestimmung, hätten bleiben können, was sie waren. Nicht die sorgfältigste Pflege, sondern einzig die Strömung des Völkergeschicks erhält Steine und Gold in der Kraft ihres Feuers, die Perlen in ihrem Glanz. *Unser* Amt ist bescheiden: wir können die Kleinodien nicht wieder der Geschichte übergeben: wir können nur versuchen, sie ins Herz zu nehmen als die höchsten, die unabdingbaren Zeichen des Abendlandes. Wie sehr aber hat sich der Tiefgang der europäischen Geschichte, hat sich ihr Lebensgehalt verringert, seit die Kleinodien am Strande liegen!

Die Stellung Österreichs ist, wie sie immer war, außer Vergleich, wie eben ein Geweihter nicht mit einem Ungeweihten verglichen werden kann. Das Problem der Macht hat hier einen durchaus eigenen Aspekt; sie kann hier gar nicht konzipiert werden ohne das Bewußtsein der Erlesenheit, ohne existentiellen Wert, so wie das Geschichtliche hier nicht ohne Stolz, mit dem sich liebenswerte Ironie vereint.

Alles – das fühlen wir wohl – steht auf dem Spiel. Wissen kann über Nacht umschlagen in Tod; dem Einbruch des Verbrechens ist die Geschichte jederzeit offen – aber auch dem Erscheinen einer tödlichen Notwendigkeit, des Weltgeistes selbst, der den Sturm wilder Völker und frischen Blutes aufrührte, Haß und Irrtum und die Gedanken des Todes, um die sich die Gedanken des Friedens schlingen, um sie festzuhalten. »Ich muß mitspielen«, sagte mir vor einem Jahr einer der bedeutendsten Staatsmänner des Westens. »Ich sehe die Fehler wohl, die meine Mitspieler machen. Aber ich vertrete keine große Macht. Ich vertrete ein kleines Volk, das ich liebe, und das ich bisher vor Krieg bewahren konnte. Ich muß mitspielen, unter Gefahren, auf die ich kaum wirken kann: nur die Freiheit meines Urteils, meiner Gedanken habe ich mir erhalten.« Nun, das ist keine exzeptionelle Situation, sondern eher die für viele Länder und Menschen kennzeichnende.

Vergegenwärtigen wir uns die geschichtliche Situation der Wissenschaft; sie ist die Situation des Geistes, Europas, der Welt. Es gab nie echte Philosophie ohne Stellung zum Kosmos, zu dem, was wir von ihm wissen, zu seinen Rätseln.

Auf jede Frage antwortet eine Frage, ja eine jede echte Frage schüttet wie eine reife Samenkapsel ihre Körner, eine Fülle von Fragen aus. »Jedes erlangte großes Verstehen«, sagte Philip Lenard mit Bezug auf Keplers Gesetze, »offenbart sofort ein neues großes Nichtverstehen.« Doch hat sich, etwa mit Nietzsche, eine Wandlung angezeigt in der Beziehung der Philosophie zur Naturwissenschaft: er sah die Naturwissenschaft in der Perspektive der Macht, also der Geschichte. Wahrscheinlich war er nicht der erste, der sie so sah, aber die Intensität seiner Einsicht war vielleicht neu: er wollte sich in die Schule der Wissenschaft geben und ihr zehn Jahre opfern. Und es bleibt freilich eine seltsame Vorstellung: Zarathustra als Student in Leipzig. Wenn es auch dazu nicht gekommen ist, so hat Nietzsche doch das Kardinalproblem richtig gesehen: den unzerreißbaren Zusammenhang von Macht, Wissen und Tod. »Denken hat dieselbe Macht wie Tun« nach Aristophanes. Denken, Denkkraft sind »Herzblut« nach den Fragmenten des Empedokles. Aber Tun des Menschen ist niemals eindeutig gut, und eine jede »Wohltat«, eine jede Entdeckung wirft ihren Schatten.

Die genialen Physiker und Chemiker des 16. bis 19. Jahrhunderts stellten sich, oft in gemieteten Zimmern, ihr Werkzeug und ihre Versuchsanordnungen her, und meist auf eigene Kosten: Leeuwenhoek [1632–1723] entdeckte mit von ihm selbstgeschliffenen Gläsern Bakterien, Protozoen, die menschlichen Spermatozoen, die er genau beschrieb und zeichnete; zunächst wurde er von den Herren der Royal Society in London für einen Narren gehalten. 247 Mikroskope und 172 Linsen sollen sich vorgefunden haben, als sich endlich die Tür seines Arbeitsraumes auftat, den er lebenslang verschlossen gehalten hatte. Liebig, Wöhler, Bunsen, Helmholtz, Robert Koch begannen nicht im staatlichen Laboratorium. Georg Simon Ohm, Erforscher des elektrischen Widerstandes, dessen Einheiten seinen Namen tragen [1787–1854], sah es als einen Vorzug an, »wenn man seine Instrumente selbst besorgen oder wohl gar machen muß«. Der junge Fraunhofer, dem sein Lehrherr das Studium untersagte, arbeitete in einer fensterlosen Kammer an seinen Gläsern, Bunsen schuf sich einen Photometer aus einem Papier, auf dem er einen Fettfleck anbrachte; Faraday untersuchte ein gewisses Verhalten des Sauerstoffs an Seifenblasen. Es ist ein humoristisches Element in dieser ursprünglichen Genialität, das nicht übersehen werden sollte. Eben das ist Freiheit.

Heute spielt sich folgendes ab: Naturwissenschaftliches Forschen ist Experimentieren, Tun, und zwar in diesem extremen Sinne, daß die theoretische Physik, wie Erwin Schrödinger gesagt hat, dem Experiment »nachhinkt«, nachdem sie ihm einst vorauseilte. Das Experiment aber ist nur möglich in Institutionen, die allein der Staat bestreiten kann: die Ergebnisse fallen also dem Staate zu, sind von Rechts wegen sein Eigentum. Der Staat wie der Forscher proklamieren die Freiheit der Forschung, als ob sie vorhanden sein könnte; beide sind ehrlich überzeugt, daß uneingeschränkte Freiheit allein Leben der Wissenschaft ist, und es ist gewiß richtig, daß der echte Forscher, der eigentlich geniale, absichtslos, kindhaft seine Versuche anstellt und seine bunten Muscheln aufliest wie Newton. Denn nur die Kinder, die fragen, ohne besitzen zu wollen, werden schauen.

Aber sofort muß es sich erweisen, daß Staat und Forschung in ihrer Wechselbeziehung sich nicht so verhalten können, wie sie erscheinen möchten: die Kinder finden verschüttete Granaten und liefern sie dem Staate ab. Der Staat kann sich die Machtchance, die das von ihm ermöglichte Wissen anbietet, nicht entgehen lassen; er würde sonst nicht für die Forschung aufkommen. Erkenntnis, die ihr eigene Gefahr und Problematik steigern einander. Schon Ernst Mach hat bemerkt, daß der »Schwerpunkt« unserer Kultur in den Bereich der »mathematisch-naturwissenschaftlichen Aufklärung« abgewandert ist. Die Naturwissenschaft baut der Geschichte die Straße: eine andere ist nicht zu ermitteln. Mit treffender

Ironie beginnt Weizsäcker seine Revision der Fakultäten in ihrer Beziehung zur Ära »von hinten«, nämlich mit den Naturwissenschaften, den Letzten, die die Ersten geworden sind. Mehr und mehr gleitet auch die Medizin in der Perspektive des Friedens wie des Krieges ab in die Abhängigkeit, den Machtkampf, in die Geschichte.

Der Forscher baut die Welt, in der der Staatsmann handeln soll. Es gibt keine andere. Im Grunde operieren Forschung und Staat mit Kräften, die sie nicht kennen, nicht anders als die Medizin: der Zwang der Geistesgeschichte, des Gestaltwandels der Macht hat dahin geführt. Auch wenn der Forscher nicht Techniker ist, arbeitet er doch für die Technik; eine Grenze zwischen Forschung und Technik ist kaum zu ziehen. Das Paradoxe ist: daß der Staat zugleich von ihnen abhängt und sie sich dienstbar macht – nach dem Gesetz. Das erinnert an das Kreisen der Gefangenen im Gefängnishof van Goghs. Wenn nicht das Fragen selbst schon Schuld ist – und Fragen ist Tun, ist Experimentieren, Verändern, Eingreifen, Zerstören –, so liegt doch eine eigentümliche Tragik über den größten Leistungen der neueren Zeit. Die Urheber der modernen Entwicklung sind, nach Schrödinger, »weit entfernt«, sie wirklich zu verstehn. Weizsäcker definiert unsere Zeit »als eine Zeit, die sich selbst nicht versteht«. Sie versteht sich nicht, aber die ganze Energie dieser Zeit ist gerichtet auf Umgestaltung, auf Vernichtung. Es mag bald kein Werkzeug, keine Kraft ohne »Atomspitze« geben. Ein jeder ist Gefangener dessen, der von ihm abhängt. Ein jeder sucht den andern mit der Qual zu belasten, die sein Gewissen nicht zu tragen vermag. Da die Verantwortungsbezirke einfach nicht abzugrenzen sind, hat die Katastrophe leichten Zugang. Wir haben auf diesen Gebieten kein kontemplatives Wissen mehr: diese von der Theologie geschätzte Vorstellung ist unhaltbar geworden: Wissen ist Tun und führt zum Tun. Auch Denken ist Tun: das Ganze unterliegt somit einer Ethik, die wohl noch in keiner Epoche schärfer formuliert worden ist, die, es ehrlich zu sagen, an das Unmögliche streift: sie ist ein tragisches Soll. Die *Daily Mail* hat in einer Titelzeile vortrefflich formuliert, was heute vor sich geht – sofern sich noch Macht bilden kann: Sir Atom joins Lord Power. Am Anfang aber steht der Geist. Und wenn von einem notwendig-schuldhaften Ursprung die Rede sein kann, so trifft den Gedanken der Vorwurf zuerst, wie das Kant, gerade in der Beziehung zur Geschichte, gelehrt hat: »Die Wurzel des Bösen geht als intelligible Tat vor aller Erfahrung vorher.« Die intelligiblen Taten sind die entscheidenden.

Uns bleibt im Augenblick nichts, als das Kreuz ererbten Widerspruchs zu erleben; leidenschaftlich zu sein, was wir sind, und leidenschaftlich einer Sünde an Menschheit, Kreatur, Schöpfung, am eigenen Selbst zu widerstreben, für die es kein Beispiel gibt: weil eben die unsere Zeit regierende Machtgestalt ohne Beispiel ist. Der Radarschirm ist unzuverlässig: die Bilder der einander entgegenfahrenden Schiffe schieben sich übereinander. Verläßlich noch immer ist das Gewissen, aber niemals unfehlbar. Vielleicht ist in unserer Epoche eine Lösung gar nicht möglich. Herder hat die geschichtliche Macht geistiger Veränderungen beschrieben, die in der Tat allen umwälzenden Veränderungen vorangehen; sie sind aber keineswegs die einzige wandelnde Macht. Eine Macht ist auch die des geschichtlichen Zusammenhangs, der Zeit inne gewordene, vor der Welt sich verantwortende Existenz; eine Macht ist, innerhalb des Glaubens, das Gebet. Der Glaube scheint, wie gesagt, Geschichte nicht zu führen. Die Frage ist, ob er je wirklich führend gewesen ist, außer vielleicht im Aufgang des Frankenreichs, erster westlicher Formation christlicher Herrschaft. Es kommt aber hier weniger auf Autorität an als auf Durchdringung von innen: die Beeinflussung der Wertwelt, die Wachheit des Gewissens, die Steigerung seiner Inhalte. Vielleicht hat der Glaube – im Widerspruch zu der von ihm ausgeübten Repräsentation – in fast jeder Epoche nur stellvertretende Rechte und Aufgaben gehabt. In der Stellvertretung sah ja Kierkegaard eine wesentlich christliche Idee. In jedem Fall bleibt, innerhalb des religiösen Sonderbereichs, die Hoffnung auf Gebet und Opfer, auf das Dasein der Unbekannten, die Fortwirkung der Gewesenen und ihrer Stiftungen, wenngleich sofort zugegeben werden muß, daß Gottes Gedanken nicht die unsern sind und er oftmals auf eine andere Weise erhört, als wir erhört werden wollen; daß unser Sieg so oft nicht Sieg nach seinem Sinn ist und also Niederlage. Er, nicht der Bittende, unterscheidet zwischen Stein und Brot. Aber der Entschluß zu stellvertretendem Opfer und Gebet ist ein Akt der Freiheit, der überhaupt nicht beeinträchtigt werden kann, und in sofern vielleicht die höchste menschliche Möglichkeit. Auch dürfte immerhin die Frage erlaubt sein, ob und wie lange politische Freiheit noch möglich ist, wenn die religiöse nicht vollzogen wird; ob die politische leben kann, wenn die religiöse sie nicht durchblutet.

Ein noch nicht ausgeschöpfter Trost ist die Überzeugung östlicher – in diesem Falle chinesischer – Überlieferung, von der Wirkkraft sittlicher Existenz: sie vereint himmlische Kräfte mit der Erde, schützt die Bahn der Gestirne, die Harmonie der Jahreszeiten, regelt den Gang der Ströme, macht, daß die Obern erleuchtet werden, die Untertanen gehorchen. Das »bloße Dasein« des Kaisers als der Verkörperung des Weltgesetzes, das verleiblichte Sittliche hat eine »ordnende Wirkung auf die Welt« [H. v. Glasenapp]. Unglück im Reiche rührt von sittlicher Unvollkommenheit des Kaisers her; er muß sich reinigen, wenn das Reich genesen soll. Mit dem Kaiser ist das welterhaltende Sittliche anwesend in seiner Beziehung zur Geschichte, die nur innerhalb des Kosmos und in Wechselwirkung mit ihm verstanden werden kann. – Das ist das Vermächtnis, das Claudel uns zurückgewann, es ist die Überzeugung, die Shakespeare im »Sommernachtstraum« und in den späten Romanzen, ja in seinem ganzen Werk ausgesprochen hat: immer ist das Sittliche im Zusammenhang mit dem Kosmos. – Mit Gesetzen, fährt der chinesische Weise fort, regiert man ein Land, mit List führt man Krieg. »Mit Nichttun gewinnt man das Reich«. – »Je mehr Waffen aber im Volk, desto unruhiger wird das Land.« Das ist die Macht des Heiligen: »Ich tue nichts, und das Volk wandelt sich von selbst ... Ich bin ohne Wunsch, und das Volk wird von selbst einfach.« Denn das Sein ist über dem Tun. Agere sequitur esse.

Keine Programme! Keine Thesen! Keine gewaltsamen Vereinfachungen! Das Nervengeflecht und sein Zusammenspiel mit allen andern Geweben ist viel zu kompliziert. Fragen wir unser tiefstes Selbst, was wir als weiterstrebende Überlieferung empfinden und erkennen; übertragen wir diese in unser Dasein, in sich steigernder Intensität! Wagen wir, die Zeit herauszufordern, ihr entgegen zu stehen, gerade mit den höchsten Werten, die immer widersprüchlich sind in sich selbst, Verheißung und Gefahr, Leben und Tod, doppeltgesichtige Notwendigkeit! Die Wahrheit nämlich wird Widerspruch im Medium der Geschichte. Das entspricht dem gleichzeitigen Alles und Nichts des heiligen Johannes vom Kreuz, der Lehre des Dunkeln von Ephesos, daß der Weg hinab und hinauf ein und derselbe ist. Daß die tragische Gesetzmäßigkeit europäischen Geschichtsverlaufs abbrechen wird, ist im höchsten Grade unwahrscheinlich – es stürbe denn Europa selbst, dessen edelste Geister zum Frieden emporblickten, ohne ihn stiften zu können. Und doch ist keine entmutigende Prophetie erlaubt – so wenig wie ein billiger oder oberflächlicher Trost. Wir haben nur diesen gegenwärtigen Augenblick und haben vor uns und in uns ein Erbe von unerhörter Fülle, nicht abgeschlossene, wahrscheinlich nicht abschließbare Geschichte, verhüllte Gegenwart des Kreuzes, tausend und aber tausend Zeichen im Menschen- und Völker- und Geistesgeschick in der Richtung auf ein jenseitiges Ziel. Immer wieder brechen die einander haltenden Widersprüche auseinander, und das Angewiesensein auf ein ganz anderes wird offenbar: das ist Europa. Wir sind nicht

Herr, auch die Lenker der mächtigsten Staaten sind es nicht: sie haben im besten Falle die Freiheit, das eben notwendig Gewordene zu tun. Aber im Widerspruch zu diesem Zwang, dieser Gefangenschaft, sind wir verantwortlich auf Leben und Tod. Eine jede Existenz beeinflußt das Klima der Zeit, das Klima des Geschehens, Wachstum oder Mißwachs der Taten und Verbrechen. Eine geschichtsbewußte Existenz ist in der Freiheit innerster Haltung, der Hoffnung und des Opfers, ein geschichtlicher Wert, wenn auch auf unerkennbare Weise. Geschichte als ausreichender Bericht vom tatsächlich Geschehenen und Gewesenen kann überhaupt nicht geschrieben werden. Aber jenen personalen Wert gilt es zu realisieren, zu verdichten, nicht mit überanstrengter Kraft, sondern als das in Ernst und innerer Freiheit ergriffene Gesetz unserer Art. Es ist der heilige Widerspruch, dem wir verdanken, was wir sind.

Brunnenstube gegenwärtiger europäischer Geschichte ist der Platz auf dem Kapitol, den Michelangelo gefaßt und der Stadt zugewendet hat. Man versteht ihn nur bei Nacht, wenn Marc Aurel, der erste unter den großen Toten Wiens, einsam reitet im gedämpften Licht, dessen von den Brunnen geworfener Widerschein über die Säulen rinnt. Ein winziges bißchen Gold der alten Zeit, des Friedensreiches, hängt noch an der Rüstung des Kaisers, aber es wächst, nach dem Glauben des römischen Volkes, und wenn es den Kaiser bedeckt, der sein Leben in Lagern, auf Zügen, in Schlachten verzehrte, so wird Friede sein: so ist Europa Gestalt geworden in dem Stadt und Welt segnenden und beschützenden Kaiser. Aber flüchten wir uns nicht in die Träume leidender Völker; das wäre nicht im Sinne Marc Aurels! »Wer das jetzt Vorhandene gesehen hat, der hat alles überschaut, was von jeher war und was in alle Ewigkeit sein wird.« Die Gegenwart also hat den Gehalt aller Geschichte, der Welt überhaupt. Und wenn Europa in uns ist, in der Fülle gegensätzlicher Vielfalt, unendlicher Aufgabe, so ist Europa jetzt da, als Schickung und Geschick; und wenn diese Gestalt nicht unser Innerstes ist, unseres Lebens Leben, unseres Herzens Herz, wie Hamlet zu Horatio sagt, so ist Europa nicht mehr da – und seine Erde ist nur noch Schlachtfeld ins Widermenschliche technisierter Gewalten.

Wien, im August 1957

BOTSCHAFT FÜR DAS »EUROPÄISCHE GESPRÄCH« DER GOETHE-VEREINIGUNG WETZLAR

Ein europäisches Gespräch kommt dann zustande, wenn die Teilnehmer sich ihrem Gewissen unterstellen. Das bedeutet, daß sie sich einem Gesetz unterwerfen, das nicht von Menschen geschaffen ist und unwidersprechlich zeugt für den Schöpfer und Herrn der Menschen und der Welt. So ist das Gewissen auch auf das Ganze der Welt gerichtet; es verpflichtet mit ehernem Ernste dem eigenen Volke, aber es bleibt bei dieser Verpflichtung nicht stehen und erkennt kein Recht des Volkes, das nicht dem Recht der Menschheit untergeordnet ist und erst kraft dieser Unterordnung lebt; kein Dasein im Volke, das nicht zur Hingabe der edelsten Kräfte des Volkes an die Menschheit aufruft. Gegenstand des Gewissens überhaupt ist der Mensch in seiner Unsterblichkeit, – unsterblich schon als Träger eines überpersönlichen, unveränderlichen Gesetzes –: aber mit dem Dasein des Menschen ist das aller Geschöpfe auf das Innigste verknüpft, und wie er bis zu einem gewissen Grade Herr der Naturkräfte ist, so erwartet die Natur, daß er sie in Gerechtigkeit und Ehrfurcht verwalte, das heißt einbeziehe in den Bereich des Gewissens.

Darf Europa den geschichtlichen Anspruch erheben, Heimat des Gewissens geworden zu sein? Wir wagen nicht zu antworten. Es hat Helden des Gehorsams gegen das Gewissen hervorgebracht, und es ist Schauplatz geworden unsäglicher Verbrechen an der leisen Stimme Gottes in unserer Brust.

Aber wir wissen mit Bestimmtheit, Europa kann allein bestehen, wirken, gestalten, wenn vom Menschen zum Menschen, vom Volke zum Volk die Leidenschaft für das Recht, eine Empfindlichkeit gegen das Unrecht sich fortpflanzen, die durch nichts sich beschwichtigen oder übertäuben lassen und uns keine Ruhe gönnen, es sei denn, es geschähe das Recht, es werde das Unrecht mit dem Einsatz des Lebens – oder der Ehre, deren Einsatz vielleicht noch schwerer ist – bestritten.

Die verpflichtenden Geister des Abendlandes waren einig in der Achtung des Gewissens. Heute aber ist die Stunde, da wir, mit von unendlichem Leid geschärften Sinnen, auf sein ernstestes Wort hören müssen: da es aller Menschen Gesetz ist, so gebietet es Friede unter den Menschen; es hört nicht auf, uns zu fragen, ob wir irgendein Recht finden zu töten oder die Verpflichtung zu töten einzugehen. Stellen wir uns dieser Frage und der Not, die sie über uns bringt! Wir können diese Not allein nicht tragen. Aber wir sind nicht allein. Die an die Macht des Friedens glauben, werden eins; und die eins sind, werden zu einer großen Macht: Anfang der Menschheit, die Gott gewollt hat und die noch nicht geboren wurde bis zu dieser Stunde. Daß wir den Frieden unbedingt tun, denken, reden eingedenk dessen, daß Gott der Friede ist – und damit ist der Friede auch die eigentliche Macht – das scheint uns die Forderung zu sein, die diese Stunde erhebt. Wir sprechen sie aus als Bekenntnis; aber wir dürfen nur bekennen, was wir sind. Es soll unser Anspruch und Recht, unser Stolz und unsere Würde sein, daß wir in das Grauen, die Gefahren, die tiefe Ratlosigkeit der gegenwärtigen Welt den Frieden tragen, der sie verwandeln muß.

Vielleicht bedarf es der Jugend für den Vollzug dieser Einsicht; fände sie sich dafür, die Jugend hätte nie Edleres gewagt. Den Abgrund im Menschen zu sehen und dennoch das Höchste von ihm zu erwarten; in dem Reiche der Lüge, das uneins ist, an das Reich zu glauben, das uns eint, nicht abzuirren von dem Gesetze der Gerechtigkeit in unseren Herzen und den Blick auf die Krone des Menschen zu heften in der tiefsten Erniedrigung durch Schuld und Not und sich fortsetzendes Unrecht: das ist das Zeugnis, das wir erbringen sollen, die einzigartige Bestimmung, in deren Erfüllung wir gerichtet werden von unser aller Gesetzgeber, dem Stifter unseres Gewissens.

Wenn das Gewissen aber zu schwanken beginnt im Widerstreit irdischer Verpflichtungen, wird es sicher werden vor Jesus Christus. An ihm ist das Abendland Gestalt geworden. Es sollte sich wohl nicht rühmen, ihn ergriffen zu haben oder jemals vollkommen gewesen zu sein vor ihm: auch Widerspruch und Abfall gehörten zum Wesen des Abendlandes und haben ihre unvertilgliche Spur gegraben in die Geschichte seiner Völker; der Widerspruch hat seine eigene schreckliche Geschichte, die schwerlich ohne Zukunft ist. Auch ist das Vermächtnis Christi nicht der Besitz des Abendlandes; es ist der Grund seiner Verpflichtung an die Welt. Sollte Europa noch einmal Konquistadoren aussenden dürfen, so müßten es die opfermutigen Träger und Vollzieher des Weltgewissens sein.

2. 6. 1949

ST. FRANZISKUS UND DAS ABENDLAND

Über den Trümmerfeldern des Krieges erscheint die Hoffnung auf das Abendland. Aber dieses Wort ist unbestimmt; es wurde von der Kulturphilosophie in die aufgewühlte Zeit geworfen; im wesentlichen scheint es ein geschichtliches Erbe zu vertreten, alles was Antike und Christentum zusammenwirkend uns zu geben haben, aufgenommen von den Kräften und Überlieferungen der Völker unseres Erdteils. Das Wort Abendland schließt offenbar auch die Geistesmächte ein, die sich in diesem Kraftfeld entfalteten und eine Neigung zeigen, sich von den Ursprüngen loszumachen; es ist und bleibt in Gefahr, das Gebiet einer Kultur zu bezeichnen, und diese ist als solche von Gegensätzen zerklüftet, die in der neueren Zeit immer schroffer geworden sind, während die Grenzen des Gebietes an vielen Stellen verfließen. Wir möchten hier das einfache Bekenntnis ablegen, daß uns das Wort »Abendland« als Losung im furchtbarsten Sturme nicht genügt; es sei denn, wir geben ihm eine feste, nicht von der Kulturphilosophie übernommene Bestimmung. Das arme Wort wird sehr bald zerfasert und abgenutzt sein, und die Menschen, die nach ihm gegriffen haben, werden wieder nicht wissen, was sie tun sollen. Es bedarf in dieser Stunde der eindeutigen Wirklichkeit, in der eine Verpflichtung, ein klares »Du sollst!« beschlossen ist. Nicht das »Abendland« als Kulturgebiet ist der Boden, der uns tragen wird; tragen wird uns aber abendländisches Christentum. Das Christentum ist gegen die Welt geöffnet, denn es hat ja die Welt zu verantworten; wer die Wahrheit hat, wird in jedem Falle zur Rechenschaft gezogen werden; insofern schließt das Christentum nicht aus. Es wird nicht aufhören dürfen, mit den Geistes-Mächten zu ringen, die sich von der Wahrheit loslösen oder losgelöst haben; es hat die heilige Verpflichtung, seinen Anteil zu fordern von der Finsternis der Stunde, die Schatten mitzutragen, die auf den Völkern lasten, dem Wissen vom Abgrund, das in diesen Jahren aufgebrochen ist, eine Antwort zu geben, den Zweiflern mit ruhiger Bestimmtheit ins Antlitz zu blicken und jede Not zu teilen, die um die Wahrheit gelitten wird.

Gerade darum muß es in sich selber bestimmt und sicher sein; es muß sich mit ganzer Kraft in die Zeit wenden können und jeder Versuchung, der Zeit, ihrem Leiden und Fragen und ihrer Empörung zu entfliehen, beharrlich widerstehen. Wir fragen nach der konkreten Gestalt des abendländischen Christentums, nach der Haltung, die es befähigt und ermutigt, mitten in die Zeit zu gehen. Und indem wir uns umschauen, machen wir die Erfahrung, daß es sehr frei geworden ist für den suchenden Blick. Allenthalben sind die Mauern gefallen; als Bettler befreien sich die Überlebenden aus den Kellern. Nachts hören wir den ruhelosen Schritt der Heimatlosen. Und wieder und wieder geschah es und geschieht es noch, daß Erben und Nachfahren, deren Gut noch verschont wurde, sich der Schar der Wandernden anschließen müssen und, als Bettler unter Bettlern, in ihr untergehn. Und wer noch in seiner Stube verweilt, kann in der nächsten Stunde schon von den Vorüberwandernden angerufen und mitgerissen werden – ähnlich wie im Mittelalter die Stimmen der Kreuzfahrer die Menschen aus den Häusern riefen. Freilich müssen wir fragen: Haben die heute Wandernden auch ein heiliges Ziel? Haben sie, die von der Not getrieben werden, das Herz, sich ein heiliges Ziel zu wählen und Jerusalem zu suchen, dessen Tore überall offen stehen, wo Menschen sich beugen vor ihrem König? – Aber auch viele, die schweres geistiges Gepäck trugen, sind arm geworden. Auf den Schlachtfeldern, in den Kerkern und Kellern haben sie gelernt, sich mit einem einzigen Buche, dem Evangelium, zu begnügen. Dann zeigte es sich, daß es auch des Buches nicht mehr bedarf; es kann ja ganzen Völkern genommen werden – und dennoch lebt Christus in den Völkern fort; es bedurfte nur des Lebens aus dem Wort, des lebendigen Evangeliums.

Und so meinen wir: die Welt hat jetzt erst die Stelle erreicht, wo sie dem Armen von Assisi nicht mehr ausweichen kann. Er könnte jetzt auf eine Weise verstanden werden, wie er noch nicht verstanden worden ist. Die Menschen liebten es, einen Schleier der Armut, der Lieblichkeit zu breiten über sein todernstes Antlitz; wir wollen die »Blümlein« nicht missen, aber gleichen sie nicht den Blumen, die aus dem Grabe der Gottesmutter sprossen, als ihr heiliger Leib in den Himmel erhoben ward? Die »Blümlein« des Armen von Assisi sprießen aus einem Grabe: sie umranken das Leben dessen, der in Christus hinübergestorben ist, und niemand wird ihre wahre Schönheit empfinden, der diesen Tod nicht kennt. Sie sind die Verklärung unerbittlichen Ernstes; je weiter wir zurückschreiten durch die Zeiten, je näher wir dem Heiligen kommen, um so strenger wird sein Antlitz; wir können es uns nicht verbergen: die Forderung, die er an uns stellt, hat etwas Schreckliches. Aber dies ist – wenn wir so sagen dürfen – die Schrecklichkeit des Evangeliums. Was ist wohl schrecklicher für uns, die wir im Fleische gefangen sind, als die Wahrheit und ihr Vollzug, als die Verpflichtung, die Wahrhaftigkeit Jesu Christi zu leben in unserem Leben; als die letzte Folgerichtigkeit in der Annahme des »Folget mir nach!«? Nur darum ist es dem Heiligen von Assisi gegangen; aber das Verlangen nach Wahrhaftigkeit im Vollzuge muß auf seiner Seele, seinem Fleische gebrannt haben wie Feuer. Ein jeder Schatten der Lüge in der Berufung auf den Herrn, der Schein eines Scheines, hat ihn gepeinigt. Darum bekannte er ihn öffentlich. Wenn er seines leidenden Körpers wegen die strengste Askese übertrat, ließ er, nachdem er endlich bewogen worden war, die kranken Organe mit einem Stück Fell zu erwärmen, auch außen auf die Kutte ein Stück Fell nähen. Die Menschen sollten ihm kein Opfer zutrauen, das er nicht brachte, und wäre es das geringste. Es ging ja nicht um das einzelne Opfer; es ging darum, den Makel der Unwahrhaftigkeit zu tilgen. Dieses Leben der Nachfolge sollte offen sein bis zum Tode – wenn es auch ein Übermaß von Schmerzen, Begnadungen, Beglückungen und guten Werken verschwiegen haben mag. Und so wurde dieses Leben als das eigentliche Vermächtnis des Heiligen ein allen offenstehendes Heiligtum. Aber da wir es betreten wollen, erschauern wir, und die es betreten haben, müssen sich verwandeln.

So wagen wir die Behauptung, daß unter denen, die aus der Schar des Erlösers sichtbar vor uns leuchten, dem Herrn wohl keiner nähergekommen sein dürfte als der Arme von Assisi. Franziskus ist zugleich der abendländische Christ, die lebendige, gestalthaft-verpflichtende Antwort auf die Frage nach dem Wesen des abendländischen Christentums. Er hat an furchtbar gefährlicher Wegbiegung der abendländischen Geschichte, im klaren, gnadenhaften Bewußtsein der geschichtlichen Stunde, das Evangelium ergriffen und gelebt und ist dadurch zum Retter geworden. Dies aber ist das wesentlich Abendländische: das Geschichtsbewußtsein des franziskanischen Christentums, die sich verzehrende Hingabe an die Zeit, eine Hingabe, die darum geschieht, weil die Zeit für Christus gewonnen werden muß. Als Innozenz III. im Traume die Kirche einstürzen sah, erfuhr er die tiefste Not der Stunde, und eben dies war die Stunde des Heiligen, der durchaus nichts wollte als ein Leben nach dem Evangelium und eben darum wirken sollte mit einer unerhörten Macht. Denn eine größere Macht vermag kein Mensch in die Zeit, in die Geschichte zu tragen als das Leben Jesu Christi. Wir wollen nicht vergessen, welche Geistesmächte auf Franziskus eingewirkt haben, Überlieferung ritterlicher und bürgerlicher Prägung, Vermächtnisse des Vaterlandes und Mutterlandes, und das Erbe der Kirche; und schwerlich würde es gelingen, den ganzen Bereich seiner Wirkung, die bis auf die höchsten Höhen des Geistes drang und alle Schichten des Lebens durchflutete und noch immer durchflutet, zu umschreiben. Hier geht es uns um das Innerste: die bedingungslose Entscheidung für Christus in der Zeit, das inbrünstige Ringen um die Wiederkehr Christi in die Geschichte.

Das Wissen von der Zeit und Zeitlichkeit bedeutet das Wissen vom Gericht, dem die Welt entgegeneilt; unter den Augen des Richters verzehrt sich die Welt, fliegen die Tage der Geschichte dahin: ein jeder ist unwiderbringlich, soll Christi Tag sein, wie eine jede Seele Sein werden soll und Sein allein. Dieser Entschluß, sich in den Strom der Zeit zu stellen, die Zeitlichkeit zu erfahren und in die Ewigkeit zu wenden; dieser Mut, mit der Geschichte zu ringen, erscheint uns als ein wesentlich franziskanischer, abendländischer Zug. Es kommt wahrlich nicht auf die Aufnahme des äußeren Geschehens an. Als der Kaiser in der Nähe von Assisi vorüberzog, beschränkte sich der Heilige darauf, ihm eine Mahnung zu schicken; er machte den kleinen Weg nicht und drängte sich nicht unter jene, die den vergänglichen Prunk, die flüchtige Kriegsmacht des Kaisers bestaunten. Franziskus trug ja Christus in die Zeit, das heißt, er wußte, wie krank die Welt war und daß nur *ein* Arzt ihr helfen konnte: der Arzt, der vom Himmel zu den Kranken gekommen ist, sie zu heilen.

Und wenn wir nun meinen, daß die Stunde des Heiligen wieder gekommen sei und vielleicht jetzt in einem noch höheren, eigentlicheren Sinne als damals: so ist es darum, weil das Reich der Armut gekommen ist, das auch das Reich Jesu Christi ist und das Reich, dessen Herold Franziskus war. Freilich liegt auch in der Armut eine gewaltige Versuchung wie in der Macht: es ist die Versuchung, Herr der Armen zu werden, welcher Versuchung ein Mensch erliegen könnte, der Steine statt Brot geben will. Das Reich der Armut ist da, aber es trägt noch kein Hoheitszeichen – oder es ist in großer Gefahr, von falschen Zeichen besetzt zu werden. Nun entscheidet sich alles daran, daß das Hoheitszeichen des echten Königs: das lebendige Kreuz, das auf franziskanische Weise gelebte Wort, errichtet wird. Die Wege sind bereitet, die Steige geebnet. Wehe uns, wenn sie nicht von Dem beschritten werden, für den sie offenbar bereitet sind, der den ganzen Ernst der Nachfolge erfahren und für sie sich frei gemacht hat von den Gütern, den Fesseln der Erde, der zugleich den Mut der Liebe hat, als Bettler unter Bettlern, in das große Dunkel zu gehen! Es ist dunkel um uns: die falschen Lichter sind alle erloschen; gebe Gott, daß nicht wieder falsche Lichter entzündet werden! Beten wir inständig darum! Jetzt müssen Menschen leuchten vom Lichte Jesu Christi; ein Widerschein des Mysteriums von Alverno muß auf sie fallen, war dieses Mysterium doch das letzte leuchtende Siegel der Nachfolge. Solche Menschen werden überzeugen durch die Predigt ihres Lebens. Falsche Propheten, solche, die es wohl meinen, und solche, die dem Feinde des Menschen dienen, stehen allenthalben am Wege. Wer sie überwinden will, muß die Wahrheit tun.

Die Erde ist mißhandelt, der Mensch entwürdigt worden wie noch nie zuvor. Und auch darum ist die Stunde des Heiligen von Assisi, der vor den Frauen die Augen niederschlug, weil er die Braut Jesu Christ ehrte in einer jeden und bewußt auf der von Christus geweihten Erde ging. Er fürchtete noch, das Wasser zu kränken, wenn er es verschüttete, und liebte die Steine, weil der Erlöser auf ihnen gekniet; er nahm sich eines jeden beschriebenen Blattes an aus Achtung vor dem Buchstaben und dem Wort, die uns das Heil vermittelt haben. Wie sehr müßten wir diese Ehrfurcht vor dem Buchstaben, dem Wort wieder lernen! Sie wird erst dann wieder unerschütterlich gegründet sein, wenn sie Christus gilt, von dem uns Wort und Schrift berichten. Denn dann wäre für uns das Wort unbedingt der Wahrheit unterworfen, und wir würden uns langsam zurücklenken vom Mißbrauch des Worts, von der Lüge, deren gewaltige Macht nur zu einem Teil auf der offenbaren Unwahrheit, zum andern aber auf der halben Wahrheit, den falschen Tönen, der Übertreibung und Ungenauigkeit, dem unnützlichen Gebrauche des Wortes gegründet ist.

Seltsam! Wenn eine Gestalt leicht, frei, mutig und sicher genug ist, durch die Trümmer und die Finsternis dieser Jahre zu führen, so ist es der Arme von Assisi. Aber wir würden ihn nicht auf die rechte Weise fragen, wenn wir ihn fragen wollten: Was sollen wir morgen und übermorgen und in dieser und jener Sache tun? Wir fragen ihn am besten, indem wir ihm nachzuleben suchen jetzt und hier, an ganz bestimmter Stelle, vor ganz bestimmten Aufgaben. Wir müssen zu tun versuchen, was er getan hätte: so gelangen wir weiter, tief in die Zeit – und durch sie hindurch. Und indem wir ihm folgen – wirklich und wahrhaftig –, wird sich die Erde verklären. Er beugt sich über die Ärmsten als seinesgleichen und achtet die Würde in ihnen, die ihnen Christus errungen hat. Er bedeutet uns, stille zu werden, daß wir den Lobgesang der

Geschöpfe vernehmen, eine gewaltige, nicht von Menschen ersonnene Melodie. Auf eine geheimnisvolle Weise strömten ihm die Kräfte der Schöpfung, der Menschen und Tiere, der Pflanzen und Steine, zu; er nimmt sie in demütiger Ehrfurcht auf, um des Herrn willen, der in die Schöpfung getreten; und auf eine neue wunderbare Art leitet der Heilige diese Kräfte zum Herrn zurück. Wo er vorübergeht, gelangen die Menschen und Dinge in eine neue Beziehung zu Christus: diese Beziehung erst wird sie retten und bewahren. Denn wie der Mensch, so hatte in des Menschen Augen auch das Geschaffene seine Würde eingebüßt: darum ist es Zeit, daß der »Herold des großen Königs« kommt. Es ist der Bettler in Herrlichkeit.

So ist es uns vielleicht erlaubt, von einer neuen abendländischen Sendung des heiligen Franziskus zu sprechen. Vielleicht hat er auf die Armut gewartet; vielleicht auch auf die Entfaltung scheinbarer Übermacht der Geschichte. Der den Mut hatte, die Schultern unter die zusammenbrechenden Mauern der Kirche zu schieben, hat auch den Mut, in die von frierenden Völkern erfüllte Finsternis zu gehen, die uns umgibt. Alles, was unveräußerlich ist, trägt der Arme von Assisi. Und wir dürfen gewiß sein: wir werden nicht in der Fremde sein, wo wir ihm begegnen. Er hat Zeit und Welt erfahren wie wir in ihrem Todesernste und ihrer Flüchtigkeit; er hat alles Leid und alle Gnade der Armut getragen; er war von einer Liebe durchglüht, die über Menschen und Tiere bis zum Feuer und Wasser reichte, bis zu allen seinen Schmerzen und zum Bruder Tod, und er hat damit die Erde im Lichte einer Herrlichkeit gesehen, die sich uns noch nicht erschlossen hat. Er stand als Wissender im Streite mit den Dämonen und ließ sich von ihnen die heilige Freude seiner Wanderschaft und Heimkehr nicht rauben. Was wir heute retten müssen, das ist im Grunde sein Besitz, das Gut des Bettlers, der Christus nachfolgte in Wahrhaftigkeit, indem er sich Christus stellte in der Zeit – und wir werden es ohne Zweifel retten, wenn wir uns zu ihm bekennen, das heißt: wenn wir in Wahrhaftigkeit danach trachten, im Wissen von der letzten Not der Zeit und als Antwort auf diese Not sein Leben wieder zu vollziehen. Würde dieser Entschluß gefaßt und sich ausbreiten, so wäre ein neuer Anfang der Einigung des Abendlandes gemacht; einigen wird es allein der abendländische Christ, und unter einem solchen Entschlusse und der von ihm ausgehenden Erschütterung würde das Abendland vielleicht auch wieder zu sprechen beginnen in den großen, ihm heute verlorenen Sprachen des Glaubens, des Denkens, der Kunst, mit denen Gott der Herr einstmals die Völker des Abendlandes zur Verherrlichung seines Namens begnadet hat.

(1946)

WELTANGST UND WELTFRIEDE

Wenn wir die Menschen dieser Zeit nach der Empfindung befragen könnten, die bezeichnend für sie ist, so würden wir auf die Angst treffen; es ist die Angst vor dem Kommenden, der Not, den nicht zu berechnenden Ereignissen des nächsten Tages; die Angst vor dem Mitmenschen, einer Schicht oder Klasse, vor dem Staat und denen, die in ihm mächtig sind. Und hinter dieser alltäglichen Angst gähnt eine andere, weit schlimmere, aufgebrochen vom Bewußtsein der Unsicherheit alles Bestehenden: die Angst vor den Welträumen, deren Unermeßlichkeit die Forschung zu entschleiern wagte, die Angst vor den unbekannten, entfesselten, oder einen jeden Augenblick mit Entfesselung drohenden Kräften des Kosmos, aber auch die Angst vor dem Abgrund in der eigenen Seele, der in immer größere Tiefe zu fallen scheint, je länger wir in ihn hinabblicken.

Von allen Seiten, von außen, von innen, scheint das Nichts zu drohen, die kalte, lebensfremde Leere, das Unheimliche, Unbenennbare, Ungestaltete, Unbewältigte: Angst vor dem Leben und Angst vor dem Tode, vor dem Schweigen, dem

Alleinsein, dem eigenen Ich; das Bewußtsein, immer und überall einem Unbekannten gegenüber zu stehen, das mächtig ist; das Gefühl des Ausgeliefertseins, des Fortgerissenwerdens versetzt uns gleichsam in die Lage eines Reisenden in einem entgleisten Zuge, eines Fliegers in stürzender Maschine. Nichts ist mehr fest, verläßlich; alles – und immer gerade das Schreckliche – ist möglich; jeder ist eines jeden Feind; die Natur ist unser Feind, obgleich wir den Anspruch unbegrenzter Herrschaft über sie stellen.

Unser Denken und Forschen hat gleichsam den Weltraum durchlöchert und Schächte aufgewühlt, die eine eigentümlich schreckliche Anziehungskraft haben. Wir strudeln in sie hinein, und indem wir uns vergeblich zu wehren suchen, täuschen wir uns Sicherheiten vor, flüchten wir uns in den Lärm der Rede – hinter dem doch ein grausiges Schweigen klafft – oder in ein Gedränge von Bildern, die filmhaft wesenlos an uns vorüberfliehen. Kein Geschlecht ist in solchem Maße von Bildern der Welt überstürmt, überwältigt wie das unsere. Aber die Bilder erschlagen einander. Es gelingt uns nicht, vor einem einzelnen zu verweilen, so wenig wie vor einem einzelnen, starken, helfenden Wort. Der Welteindruck ist zum hastenden Bildstreifen geworden, der unablässig angestückt wird, sobald er zu enden droht. Es fehlt das Bild der Welt. Ähnlich verhält es sich mit den Gedanken. Die aufgeworfenen Probleme jagen einander und finden keine Lösung. Ja, es erscheint als höchstes Ziel und Verdienst, zu fragen, Unsicherheiten zu schaffen. Das Fragen um des Fragens willen gleicht einem Stein, der in einen grundlosen Brunnen geworfen wurde. Wir beugen uns über den Rand und warten – aber wir vernehmen keinen Aufschlag.

Und diese Angst ist, wie über den Einzelnen, über die Völker gekommen und hat sie unruhig gemacht; sie sind Wanderdünen, deren sich der Sturm bemächtigt, ausgesetzt einem jeden entschlossenen Willen, gleichgültig welcher Richtung, eine fast sichere Beute böser Kräfte. Denn daß solche in der

Welt am Werke sind, bezweifeln die modernen Menschen nicht – so viel sie auch sonst bezweifeln. Das Böse haben sie erfahren als Abgründigkeit, als Zug zum Tode, als das immer Mögliche, gänzlich Unberechenbare, als die geheime Strömung, die das zertrümmerte Fahrzeug unseres Daseins hinunterstößt in das Bodenlose.

So wird die Weltangst zur Weltgefahr. Völker lösen sich in verängstigte Massen auf; verängstigte Massen lassen sich wohl leicht beherrschen, aber nicht regieren; sie wollen einen Befehl, der sie schützt vor der Sinnlosigkeit ihres Seins und Treibens. Der Befehl ist aber kein Gesetz: dieses ordnet aus der Kraft des Rechtes; hier aber steht auch das Recht in Frage; Sicherheit ist nur noch im Zwang, in der Tyrannis, in dem, was einfach vollzogen werden muß, ohne jede Rücksicht auf seine Folgen, ohne Achtung vor dem Menschen, dem Geschöpf, der Natur, der Wirklichkeit, an denen der Befehl vollzogen wird.

Je größer die Angst, um so drückender, unbarmherziger ist die Gewalt. Es zeigte sich, daß Völker aus Angst vor dem Leben wie dem Tode sich lieber in den Tod werfen lassen, als daß sie versuchen, die Unheimlichkeit des Daseins zu bestehen. Denn die Angst hat das Eigentümliche, daß sie sich nicht summieren läßt, vielmehr sich verdoppelt, verdreifacht, verhundertfacht, sobald Geängstigte zusammenkommen; sie steigert sich fast unabwendbar zur Panik – und eine ihr unterworfene Welt und Menschheit scheinen allerdings nicht mehr zu retten zu sein.

Wer sich zu Jesus Christus bekennt, weiß, daß das Zeitalter, in dem er steht, mit den Worten »Fürchtet euch nicht« und der Ankündigung großer Freude begonnen hat. Aber auch ein solcher ist keineswegs ohne Angst; denn der Glaube steht in der Anfechtung, und wenn die ganze Wucht der Unsicherheit, der aufgeschreckten Gefahren, der nicht zu beschwichtigenden Sorgen über ihn hereinbricht, so wird der Glaube schwach; er nimmt bald teil an der Angst aller und hat jeden

Augenblick den großen Deichbruch zu befürchten, der vielleicht nicht mehr auszubessern ist. Wohl sucht er sich zu vergegenwärtigen: Gott hat die Erde betreten und hat sie dadurch erst fest gemacht; Er ist da und Er wird wiederkommen. Die Zeit der Erde ist auf das genaueste bemessen; der Globus ist gleichsam eingepaßt in den unzerbrechlichen Rahmen des göttlichen Weltplans und kann nicht einfach zum Spielball rätselhafter oder tückischer Gewalten werden.

Aber dann kommen Nächte, da der Glaube in die grundlosen Räume blickt, da die Not der aufgepeitschten Völker, das Grauen vor dem Morgen ihn angreifen; er braucht Hilfe von den Menschen – nicht allein von Gott – ein Wort eines Gläubigen, der sich bewährte; er sucht und irrt nach erprobter Festigkeit und entdeckt allenthalben die Angst, die ihn selber umhertreibt. Ist das Weltgefüge gleichsam im Zerbrechen, das Leben aus allen Zusammenhängen und Ordnungen gerissen, so hat es der Glaube unsäglich schwer, nicht zu versagen. Damit ist nichts gegen die Macht der Wahrheit gesagt. Aber der Mensch ist angewiesen auf den Menschen, und er gerät in unsägliche Herzens- und Seelennot, wenn ihn kein Zuspruch erreicht, ihm kein Beistand vom Menschen kommt.

Aber hier erreichen wir vielleicht doch einen festen Ort in der heillosen Flucht der Bilder, Dinge, Ereignisse. Die Not in uns ist auch die Not im Nächsten. Sollten wir einander nicht ins Auge blicken, an der Hand fassen? Und wenn nur zwei entschlossen sind, einander zu helfen, niemals zu verlassen, gemeinsam zu tragen, was ihnen begegnet ist: ist dann nicht etwas sicher geworden in der verzehrenden Unsicherheit? Es gibt einen Willen, eine Treue, die sich nicht zerreißen lassen; eine Entscheidung des Herzens, die nicht mehr aufgehoben werden muß. Wo sie sich einmal ereignet haben, ist ein Gesetz da, statt des Befehls. Noch immer gilt das Wort des alten ostpreußischen Dichters, daß dem Menschen nichts so eigen ist und nichts so ansteht, als daß er Treue erzeigen und Freundschaft halten kann.

Dies ist ohne Zweifel das Menschlichste; und wo es erscheint, da erscheint eine Zuordnung, der Anfang einer Ordnung überhaupt. Und nun wird es sich auch zeigen, daß in der Treue, der Hingabe, der Liebe ein Gesetz der Steigerung ist, ganz ähnlich wie in der Angst, aber ein viel mächtigeres, das bis zu dieser Stunde als erhaltende Macht die Welt beschützte vor dem Siege des Ungewissen oder des Bösen. Liebe will sich vervielfachen, sie kann nicht bei einem Menschen verharren; sie will, vermehrt um dessen Kraft, in größere Zusammenhänge; sie drängt zur Familie, zum Volk, zur Menschheit.

Denn die Menschheit ist ein Ganzes: das ist vielleicht die Erfahrung, zu der die Angst uns führen soll. Darum wollen wir die Angst nicht schelten, ihre Sprecher nicht überhören oder mit abgebrauchten Worten und Vorstellungen beantworten. Wir wollen die Angst bekennen und sehr ernst nehmen; vielleicht begreifen wir sie dann als die Folge unseres Losgerissenseins, einer Ichsucht, die kein Gesetz erkennt und darum versklavt wird vom Befehl oder vom Schrecken ohne Ende.

Wir kennen die Heimsuchungen nicht, die uns bevorstehen, nicht die Mächte, die sich diese Erde zum Schauplatz ihrer Kämpfe wählen können. Das aber wissen wir, daß fortschreitend von Ordnung zu Ordnung, von der Familie zum Volk, vom Volk zu den Völkern, der Entschluß zur Menschheit möglich ist in einem jeden von uns. Wenn die Not, die Bedrohung noch niemals so groß gewesen sein sollten wie in dieser Stunde – wir behaupten es nicht, wir wollen es aber auch nicht bestreiten – so ist die Forderung nach der Einswerdung aller noch nie so unabweislich, so einsichtig gewesen. Nicht als einzelne, nicht als Klasse, nicht als Volk, wohl aber als Menschheit werden wir das Erdgeschick zu tragen vermögen. Würden wir Menschheit werden, welch eine Wucht von Furcht fiele von uns ab, welch eine Fülle von Gefahren, die uns heute schrecken!

Einheit der Menschheit aber ist kein Traum; sie ist sogar das nächste Wirkliche, das sich unmittelbar ergibt aus unserer Beziehung zum Nächsten. Haben wir nur einmal Liebe gefühlt, einmal einem Menschen zur Treue und Gemeinschaft uns von Herzen verpflichtet, so müssen wir auch das Gesetz entdecken, das die Menschheit als ein Ganzes meint.

Und wir können – an dieser Stelle sei ein klares Bekenntnis erlaubt – dieses Gesetz nicht erfahren, ohne Gott zu begegnen, der es in den Menschen gepflanzt hat. Es ist die verbindende Sitte, die von allen erlesenen, uns einfordernden Geistern als göttlich verehrt worden ist. Die Wendung zu ihr ist angelegt in einem jeden von uns; Gottes Bild leuchtet in einem jeden. Es ist die tiefere Wirklichkeit unter den Nebelschleiern, den Wolkenfluchten der Angst. Wer sich zur echten Hingabe, zur Loslösung vom Selbst für das Ganze entscheidet, wird es erkennen.

Menschheit als Ganzes ist nur vor Gott, der sie als Ganzes gedacht hat. Von dieser Gewißheit her kommt Friede in unser Leben und Trachten, Friede in die Welt. Wir wissen sie in äußerster Gefahr. Aber ein Inneres ist fest, und es kann nicht sein, daß das Gestaltlose, Zerstörende siegen wird über Den, der gestaltet hat, und über Sein Werk. Denn der Abfall, die Empörung setzt den Schöpfer voraus, der den Dingen ihre Gestalt, der Welt ihr Gesetz gegeben. Friede ist eine gewaltige, noch nicht eingesetzte Macht; er ist mächtig der Angst – sowie der Glaube sich der Sinnlosigkeit des Daseins entgegensetzt und, immerfort angegriffen und erschüttert, sie überwältigt.

Dieses Innerste, der Weg vom Menschen zum Menschen, der aufsteigt in den Weg zu Gott, kann nicht in Frage gestellt werden. Freilich bedarf es der Herzenskraft, ihn zu beschreiten. Aber diese ineinander zu erwecken, zu bestärken, sind wir da. Allein vermögen wir nichts; werfen wir uns in die Wirklichkeit des Ganzen, frei von uns selbst – statt in den Abgrund der Angst – so gelangen wir auf festen Grund. Und von dieser Stunde an wird die Angst zurückfluten, und wir werden die festen Formen wieder schauen, in denen die Welt besteht heute und morgen nach dem ihr beschlossenen Gesetz. Die Stunde, in der die Angst gebrochen werden muß, ist jetzt; denn sie ist zur Weltangst angewachsen, die die Welt zu verschlingen droht. In dieser Stunde muß die Angst beantwortet werden. Und es gibt keine andere Antwort auf sie, als ein Tun: Hingabe an das Außerpersönliche, das Göttliche in uns, das Gesetz der Sitte und Liebe, das die Menschheit schafft und die Menschheit stellt in die tausendfach bedrohte, aber ungebrochene Ordnung der Welt.

(1949)

NACHWORT

Rein äußerlich gesehen fügt sich die Neuentdeckung des badischen Dichters, Geschichtsphilosophen, Kulturkritikers und Theologen Reinhold Schneider in das allgemein zu verzeichnende brennende Interesse am Frieden der Welt. Am 6. April 1978 jährt sich sein Todestag zum zwanzigsten Mal. Es lohnt sich, in den Jahren rund um dieses Jubiläum seiner zu gedenken, gehört er doch zu den großen Geistern abendländischer Kultur, in die vorderste Reihe der modernen Friedenskämpfer.
Reinhold Schneider ist 1956 mit dem Friedenspreis des deutschen Buchhandels ausgezeichnet worden. Sein Leben umfaßt die beiden Weltkriege; sie, die Auseinandersetzung mit dem Nationalsozialismus und die Probleme des beginnenden Atomzeitalters prägten weitgehend sein Leben und Schaffen.
Wenn hier der Versuch gewagt wird, eine Auslese seiner wichtigsten Schriften über die Themata Macht und Frieden in einem Band zusammenzufassen, so geschieht es in dem Bestreben, die kurze Zeitspanne seit dem Ableben des Dichters in jene geistige Distanz zu rücken, die das Einzelne zum Ganzen ordnet und einen Überblick gestattet. – Jede Auslese und jede Gruppierung wird durch den Geschmack, das Urteil, den Gesichtspunkt des Ordnenden und Wählenden bestimmt. Ohne Zweifel aber hat niemand einen höheren Anspruch darauf, seine Entscheidungen anerkannt zu sehen als der Dichter selber. In seinem Aufsatz »Theologie des Dramas« schreibt Reinhold Schneider im Jahr 1952:
»Im Zusammenstoß des Christen mit der Welt herrschen zwei Probleme vor: die Wahrhaftigkeit, d. h. der radikale Vollzug der Wahrheit und die Verwaltung der Macht.«

Unsere Einteilung in vier Kapitel beruht, wie schon ein flüchtiger Überblick auf den Inhalt des vorliegenden Bandes zeigt, auf den sich wandelnden Gestaltungen der eben erwähnten Thematik. Das Werk selber sollte gelesen werden im Lichte dieser Aussage.

Die in der *EINLEITUNG* dieses Buches enthaltenen beiden Essays zeigen die wachsende Energie, mit der sich eine menschliche und künstlerische Befreiung vollzogen hat. – Befreiung bedeutet Öffnung, Durchbruch, Weite des Horizontes. Im autobiographischen Aufsatz »Die Heiligtümer im Herzen« empfindet Reinhold Schneider schon als Knabe, der er war, die Einheit Europas, der Welt: Die Fahnen aller großen Nationen wehten vor seinem Elternhause, einem Hotel in Baden-Baden, zur Zeit der großen Pferderennen. Vor diesen flatternden Fahnen, den offenen Grenzen des alten Gasthauses klingt das Werk eines Dichters an, das sich dem Frieden weiht. –

Im zweiten Aufsatz bewegen den Leser die weiten Dimensionen einer Berglandschaft. Das Licht der Berge erscheint hier u. a. als Symbol des Grenzenlosen, des friedvoll Vereinenden. Was der Mensch dort oben durch Entspannung und gleichzeitige Steigerung erreichen soll, den Frieden, die innere Überwindung, das teilt sich ihm fast körperhaft mit durch das Naturschauspiel des Lichtes, das keine Grenzen kennt.

I. Im ersten Hauptteil »MACHT« begegnen wir dem Kernproblem, um das Reinhold Schneiders Denken kreist. Die Reihenfolge der neun Aufsätze über dieses Thema folgt chronologisch dem geistigen Werdegang des Dichters, dem Wandel seiner Geisteshaltung und dem damit verbundenen Wechsel der Sichtweise des Problems. Einzig der Aufsatz »Gottesreich in der Zeit«, welcher Reinhold Schneiders Friedensarbeit während des 2. Weltkrieges, seinen Kampf gegen die falsche Macht des Nationalsozialismus rückblickend schildert, wurde der Klarheit und Vollständigkeit halber zwischen die beiden Aufsätze von 1936 und 1945 eingeschoben.

Es kann sich hier nicht darum handeln, die vielseitigen Essays über das Thema »Macht« in ihrer inhaltlichen Gestaltung zu würdigen. Viel einleuchtender ist es, entscheidend wichtige Ansatzpunkte der Geschichtskonzeption des Dichters kurz hervorzuheben, um gewisse Grundgedanken über die Macht an diesen Ausführungen zu prüfen.

Vergangenheit, Gegenwart und Zukunft stehen im Geiste Reinhold Schneiders in einem engen Zusammenhang. Geschichte ist eines der Mittel, um Welt und Gegenwart zu verstehen, um die großen treibenden Kräfte zu erkennen, die von der Vergangenheit über die Gegenwart in die Zukunft dringen. In »Erbe und Freiheit« betrachtet er Geschichte als einen *»Weg«*, der im Bewußtsein, im *»handelnden, leidenden Vollbringen der großen Werte« gegangen wird* .

Worin bestehen Sinn und Ziel dieses Weges? Die Beantwortung dieser Frage hängt eng zusammen mit dem inneren Werdegang des Dichters. Sein Schaffen zerfällt deutlich in einen frühen, einen mittleren und einen späten Zeitraum. Die wichtige Zäsur in seinem Leben, die plötzliche Rückkehr zum katholischen Glauben in der Mitte der dreißiger Jahre, leitet die breite mittlere Schaffensperiode ein. Alle Aufsätze des hier vorliegenden Bandes sind diesem zweiten – und dem darauffolgenden Spätabschnitt der Entwicklung seines Denkens – verpflichtet. – Trotz der Differenziertheit und inneren Spannung zwischen den beiden eben erwähnten Etappen heben sich gemeinsame Grundrichtungen ab. Der Vorwurf gegen den Versuch einer Aufstellung von einheitlichen Grundlinien in Reinhold Schneiders Geschichtsdenken wird dort seine Stringenz verlieren, wo man die Verschiedenheit seiner Aussagen – die an ihrem Ort natürlich sorgfältig zu berücksichtigen sind – nicht als eine Diskontinuität deutet, sondern als die im Innersten zusammenstimmende Wahrnehmung einer komplexen Wirklichkeit von verschiedenen Seiten her.

Hier einige Richtlinien:

1) Christliches Geschichtsdenken lebt für den gläubigen Reinhold Schneider innerhalb fest umschlossener, objektiv gesicherter Grenzen, ist befestigt zwischen Schöpfung, Sündenfall, Erlösung und Endgericht.

2) Die allgemeine Grundform des Augustinischen, dualistischen Geschichtsdenkens erfährt im Werk des Dichters eine fruchtbare Wiederbelebung. Seine Ausführungen beruhen auf der Polarität der Vorstellung von den zwei Reichen. Das Ganze des Weltablaufs wird gesehen als die gleichzeitige Geschichte der beständigen civitas Dei und der zerfallenen civitas terrena oder civitas diaboli. Das Neben- und Gegeneinander, die Vereinigung und Spaltung dieser beiden Reiche sind die Anschauungsformen, womit der ganze Stoff der Menschheitsgeschichte zusammengesehen wird. Nach der Augustinischen, von Goethe wieder aufgenommenen Definition wird Geschichte demnach definiert als »Kampf zwischen Glaube und Unglaube«.

3) Reinhold Schneider geht es nie darum, lediglich Aufgang oder Niedergang der Staaten zu schildern, irgendwelche Traditionen einfach wiederzugeben. – Geschichte ist Heilsgeschichte für ihn, ist der festumgrenzte, von Anfang bis zum Ende bestimmte Entwicklungsraum des Gottesreiches, seiner Kämpfe und Siege. Sie ist »das Wirken der Wahrheit unter den Menschen und das Wirken der Wahrheit gegen ihre Widersacher und der Widersacher gegen die Wahrheit«.

4) Vor seiner Hinwendung zum Christentum sieht der Dichter den letzten Sinn der Geschichte im Tragischen. – Auch als christlicher Dichter bleibt Reinhold Schneider der tragischen Perspektive treu, nur ist es nicht mehr »absolute Tragik«, sondern »Tragik unter der Gnade«, Tragik, die unter dem Kreuz Antwort und Lösung findet. Auch hier scheitert der Mensch, aber er wird der jenseitigen Welt, der »Vollendung in der Transzendenz« inne.

5) Reinhold Schneider sieht die ganze Heilsgeschichte auf ihre

eschatologische Vollendung hin angelegt. Alles Geschichtliche hat prognostischen Sinn, soll einst zu seiner vollen und endgültigen Entfaltung kommen im Bereich endgültiger Wahrheit, hat Bezug auf das Endheil. Die Parusie des wiederkehrenden Herrn erscheint als das Ende der Zeit, als der absolute Grundbezug jedes geschichtlichen Maßstabes.

Im Problem der *Macht* erblickt der Dichter das brennendste Problem der christlich-geschichtlichen Existenz. Der Aufweis einer durchgehenden Einheitslinie ist erkennbar von seinen Äußerungen über Geschichte zu den Zeugnissen über das Thema Macht.

– Entsprechend seinem dualistischen Geschichtsbild zeichnet sich in Reinhold Schneiders Werk das Drama der Gegenüberstellung der Mächte »von oben und unten« ab, einer Front, die mit feuriger Unerbittlichkeit gezogen wird: Der Allmacht Gottes steht während der Geschichtszeit die satanische Gegenmacht gegenüber. Der Mensch muß sich in seiner Freiheit für eines der beiden Kraftfelder entscheiden. Von dieser Warte definiert der Dichter Macht als »Versuchung, Herrschaft, Heimfall an den Widersacher, den Menschenmörder von Anfang, die dämonische Lüge« – oder »Ausübung der Macht als genau begrenzte Partizipation an der Weltregierung dessen, der allein mächtig ist«. – Irdische Macht als Abbild der ewigen ist demnach keineswegs *»Eigentum«*, sondern *»Lehen«* und *»Prüfstein«*.

»Das ist das Geheimnis«, schreibt er im Jahr 1946, »Macht kann nicht besessen, nur verwaltet werden.«

Jede Verabsolutierung der Macht aber, jede Macht aus eigenem Recht, in Autonomie, überschreitet die Grenzen, die ihr gesetzt sind: Die Konturen der Zeit unseliger Machtvergötzung im Dritten Reich erscheinen hinter diesen Zeilen, jener *»gewaltigen Zusammenballung der Macht, die wie ein stürzender Weltkörper aus dem sittlichen Gefüge des Daseins gebrochen war«*.

– Nach der weiter oben erwähnten heilsgeschichtlichen Perspektive Reinhold Schneiders ist jeder Mächtige dazu erlesen, Träger der Geschichte im höchsten Sinn zu werden, mitzuwirken an der Wiederherstellung des Gottesreiches. Mit Vorliebe beleuchtet er immer wieder Menschen, Könige, Heilige, in denen er das Unveränderliche entdeckt: sie stehen für ihn an der Kreuzung zwischen Geschichte und Ewigkeit.
– Irdische Macht kann trotz des Glanzes – mit dem sie sich umgibt, nur vorläufig sein. Reinhold Schneiders Gedankenwelt mündet ins Vermächtnis Calderons ein, wenn er uns mahnt, *»daß wir die Macht verwalten sollen eingedenk dessen, daß wir Träumende sind, die einen jeden Augenblick erwachen können unter der Posaune des Gerichts«*. Der Dichter versteht die Idee des Gerichtes als dynamischen Aufruf zur Tat, zum Mitwirken am Heil durch stete Entscheidung und Bewährung.
– Wenn Reinhold Schneider sein Geschichts- und Friedensverständnis im Rahmen der christlichen Eschatologie wertet, so ist er sich im Lichte seiner dualistischen Geschichtsauffassung bewußt, daß die Welt nicht nur diesem Ziel, sondern der gesamten christlichen Wahrheitsverkündigung mit Gewalt entgegentreten wird. Das Paradoxon wird sichtbar, daß die Wahrheit in einer Welt vertreten werden muß, wo sie nicht rein vertreten werden kann: Über dem Werden des Gottesreiches, das die Geschichte beenden soll, steht das Kreuz, Sieg in der Niederlage, als eigentliche Gestalt der christlichen Macht.

In seiner späten Schaffensperiode entwirft Reinhold Schneider das vom Atomzeitalter geprägte stark verdüsterte Weltbild als Grundlage neuer Machtverhältnisse. Kainszeichen der neuen Ära ist die *»unaufhaltsame Satanisierung der Macht, welche sich ernährt von der Bereitschaft zu unausdenkbaren Verbrechen«*. Die Erkenntnis des Dichters, daß die modernen Probleme der Macht und ihrer Verwaltung weder bewältigt noch beschwichtigt werden können, tritt in diesen Schriften in aller Klarheit zutage.

Das Unheimlich-Unbewältigte der Situation liegt für ihn vor allem im totalen Mangel an Gleichgewicht zwischen der Macht, d. h. der mit Überschallgeschwindigkeit voranbrausenden Wissenschaft und dem immer weiter zurückbleibenden sittlichen Bewußtsein. – Angesichts des ungeheuren Ernstes der Frage nach Wesen und Verwaltung der Macht sucht Reinhold Schneider in seinem Vortrag gleichen Namens (1954) nach einer christlichen Antwort. Er findet sie schließlich in der *gelebten Gegenwart des Reiches:* sie ist für ihn die einzige, die unbegreifliche Lösung. Deren innerster Kern ist das *Opfer,* welchem der Dichter angesichts der modernen, technisierten und deshalb versklavten Macht mehr als eine ergänzende Funktion zuschreibt. Im Opfer erblickt er die letzte Kraft der untergehenden alten und der in ihrem Untergang entstehenden neuen Welt. Reinhold Schneider geht hier – mitten im Zeitalter einer einseitig vergötzten ratio – den Weg einer neuen Daseinsverkündigung: Er ruft den Menschen auf, Macht auszuüben über die eigene Macht, um die Welt, von hier aus, zu verwandeln in Richtung auf den Frieden.

Aus all dem Gesagten geht deutlich hervor, daß es Reinhold Schneider nicht nur um Ereignisse geht in der Geschichte, sondern *»um alle Bewegungen und Strömungen der inneren Welt«;* nicht um politische Geschichte, sondern *»um die Seelen- und Geistesgeschichte, die sich unter der politischen ereignet und mit dieser in enger Wechselwirkung steht.«* Von hier aus verstehen wir die Geschichtsdefinition des Dichters aus dem Jahr 1955. Er erfaßt Geschichte als *»Auswirkung innerer Kräfte unter der Einwirkung äußerer Mächte, der politischen und wirtschaftlichen«.*

II. Verantwortlichkeit des Geistes.

Die im 2. Kapitel dieses Buches zusammengestellten direkten oder indirekten Beiträge zum Zeitgeschehen stehen in einem engen gedanklichen Zusammenhang mit dem ersten. Die Essays über das Thema »Macht« aus der mittleren Schaffensperiode liefern gleichsam die theoretische Grundlage zu Reinhold Schneiders Aufsätzen und Kommentaren zu der Wirklichkeit der Gegenwart von 1945.

Einer der sichtbarsten Akzente in diesen Schriften konzentriert sich vor allem auf die Frage von der *Verantwortlichkeit* des *Geistes.* Diese Einsicht entwickelt sich an zwei sich gegenüberstehenden und sich ergänzenden Thesen. Die erste Grunderfahrung ist jene von der *Schuldhaftigkeit* des Geistes. Sie führt den Dichter zu seinem eigentlichen großen Friedensanliegen nach dem Zusammenbruch: zu der Gewissenserforschung der Deutschen – als Anfang der Gewissenserforschung der Welt. Reinhold Schneider, der die *Versuchung* durch die *Macht* in Deutschland und die darauffolgende weltweite Katastrophe als Ausdruck einer tiefgreifenden, schon lang vorbereiteten Krise in seinem Nachkriegswerk schildert, stellt uns vor die unausweichliche Realität: Der Geist, welcher zur Herrschaft durchbrach, war von einem falschen Verhältnis zu *Wahrheit* und Wirklichkeit der Welt bestimmt.

Das Beispiel »Wallensteins Verrat« dient als Veranschaulichung in dieser Hinsicht: Hier wird das literarische Erbe geprüft in seinem Verhältnis zu Wahrheit und Wirklichkeit. Aus dieser Besinnung ergibt sich ein fester Zusammenhang zwischen Schuld und Geistesgeschichte.

Der zweite Grundsatz ist das Prinzip von der *Selbstgewißheit* des Geistes, welcher sich dem Chaos entgegenstellen soll. Aus der inneren Wandlung, die sie voraussetzt, ruht die Hoffnung Reinhold Schneiders nach dem 2. Weltkrieg. Der eigentliche Sinn der Wende aber liegt für ihn in der Heimkehr zur *Wahrheit.* – Der Glaube an den Geist und die ihm überantwortete Wahrheit sind es, welche den Dichter zu dem Versuch anspornen, den Untergang fruchtbar zu machen.

III. Friede

Die wichtigsten Beiträge des Buches sind im dritten Kapitel zu finden. Die einzelnen Essays sind hier nicht chronologisch geordnet, sondern folgen Gesetzmäßigkeiten, die dem Thema immanent sind. »Gedanken des Friedens«, so heißt Reinhold Schneiders erstes nach dem 2. Weltkrieg veröffentlichtes Werk. Der Titel weist auf eine zentrale Erkenntnis des Dichters: hier geht es um die elementare Wichtigkeit des positiven verantwortlichen Denkens und seiner geschichtsbildenden Macht. Die zur Besinnung aufrufende, tiefschürfende Frage, die sich im Vorwort zur zweiten unveränderten und erweiterten Auflage des Buches im Jahr 1956 findet, läßt den Leser aufhorchen:

Wenn die Gedanken nicht aufbrechen, da die Trümmer noch rauchen, die Toten unbegraben liegen, der Haß wieder aufglüht: woher soll Friede kommen?«

Das Thema ist symptomatisch für Reinhold Schneiders gesamtes Friedensdenken: Der Friede erscheint bei ihm nicht zuerst an fernem Horizont, sondern schon als Ausgangspunkt. Im *Gedanken* als dem Ersten und Nächsten soll sich die Wahrheit des Friedens von innen her ankündigen, in wesensprägender Weise.

Aus dem eben Gesagten ergibt sich ferner ohne weitere Begründung, daß der Friede im großen Werk des Dichters nicht nur dort verkündet wird, wo sich das Wort findet. Er durchfließt als Grundströmung das Gesamtwerk. –

Trotzdem existieren eine ganze Anzahl mehr theoretischer Schriften, in denen sich der Dichter mit großem Ernst über das Friedensproblem beugt. So schließt die im Jahr 1956 abgeschlossene Sammlung von sechs Essays »Der Friede der Welt« (Wiesbaden), der Auftakt zu den großen Friedensreden von Frankfurt und Düsseldorf, ein einziges Anliegen zusammen: *»das Wort Friede so ernst zu nehmen wie irgend möglich«*. Von hier aus lassen sich Reinhold Schneiders Auffassungen über den Frieden – wenn nicht in ihrer Quintes-

senz – so doch gebietsweise – wie von einer Warte übersehen, und zwar von ihrer Erstreckung vom »Leiden des Camoes« bis zu den Spätwerken.
In diesen Aufsätzen distanziert sich der Dichter nicht nur vom lügnerischen Gebrauch des Wortes Friede, von seiner schillernden Vieldeutigkeit; er reißt auch die Maske vom Gesicht des so oft verherrlichten Krieges und entlarvt ihn in seiner ganzen Häßlichkeit. Reinhold Schneider erscheint allerdings keineswegs als einfacher und spannungsfreier Kriegsgegner. Der Wert echten Soldatentums kommt in seiner vollen Würde zur Sprache in seinem Gesamtwerk. Der Krieg selber aber wird lediglich als Erscheinung der Vergangenheit gewürdigt und erfährt damit nicht mehr als eine historische Rechtfertigung.
– Reinhold Schneiders Buch »Der Friede der Welt« stützt sich größtenteils auf die im Jahr 1953 erschienene Schrift Kurt von Raumers: »Ewiger Friede. Friedensrufe und Friedenspläne seit der Renaissance«. Der Dichter folgt dem schwierigen Weg des Friedens durch die europäische Geschichte und beleuchtet kritisch Stellung, Entwicklung und Los der vorgelegten Friedenspläne und -konzeptionen. Unter ihnen interessiert ihn vor allem Kants Schrift »Zum Ewigen Frieden« (1795); sie nimmt nach ihm eine entschiedene Schlüsselstellung ein, wegen *»ihres unerbittlichen Realismus im Sittlichen wie im Historischen«*.
Der umfassende Grundbegriff des Friedensschlusses des Königsberger Philosophen erscheint als die Plattform, von der aus Reinhold Schneider den Essay »Zum Ewigen Frieden« beleuchtet. Er geht demnach aus von der heute geltenden Hauptbedeutung des Wortes Friede, nämlich vom völkerrechtlichen Friedensvertrag. – Friede wird geschlossen, d. h. formal in einem Vertrag niedergelegt und bekräftigt. Der Vorteil des Friedensschluß-Ansatzes liegt darin, daß er objektiver Prüfung zugänglich ist: hier kann mit der Lehre vom Frieden ein Anfang gemacht werden.

In der totalen Vernichtung aller Ursachen zu einem künftigen Kriege zwischen den Vertragsschließenden, in der aufrichtigen Versöhnung, nach der kein Streit mehr sein kann, im »Ende aller Hostilitäten« erblickt Reinhold Schneider Kants Definition eines Friedensschlusses. – Der Dichter hält sich an dessen negative Beurteilung der bisherigen historischen Friedensschlüsse; er pflichtet dem Philosophen bei, *»daß die Weltgeschichte im Ganzen bisher nur Waffenstillstände, aber keinen Friedensschluß kenne, nur Friedenslügen, Verträge Erschöpfter, Besiegter, zur Einsicht Gelangter, die sich zum Aufschub der Feindseligkeiten entschließen ...«*

In Anschluß an diese Gedankengänge geht Reinhold Schneider so weit, die Menschheitsfrage an und für sich darin zu sehen, »ob wir aus dem Zeitalter der Waffenstillstände in das des Friedensschlusses übergehen«. Der Friedensschluß im Sinne Kants, welcher den Ewigen Frieden garantieren soll, steht und fällt aber mit der Beachtung der Vorbedingung: der *Wahrhaftigkeit*, einem gewissen Vertrauen auf die Denkungsart des Feindes während des letzten Krieges. Hinter der Nicht-Beachtung dräut der »Ausrottungskrieg«, der Todeskampf der Kontinente.

Die Zukunft aller hängt also nach dem Dichter von der Frage ab, ob und wieweit der Vollzug der *Wahrheit* den Krieg zu beenden vermag. Sein eigenes Ziel besteht in der Vorbereitung des Friedens mitten im Kriege; in der Herstellung des Friedens von Mensch zu Mensch, als Voraussetzung und Ausgangspunkt für die künftige Friedensstiftung im Felde der Diplomatie und der Politik. – In Kants Aufruf zur Wahrhaftigkeit, in Reinhold Schneiders eigener Einsicht über die Dringlichkeit des vom Einzelnen ausgehenden Tuns der Wahrheit liegt die eigentlich brennende Stelle der Friedensschriften von 1956.

»Friede ist nämlich Herrschaft der Wahrheit«, so lautet seine eigene Friedensdefinition.

Über Inhalt und Herkunft von Wahrheit und Wahrhaftigkeit scheiden sich allerdings die Geister: sie trennen sich bei der zentralen Frage von Vernunft und Gnade. – Wenn Kant die Herstellung des Ewigen Friedens aus der praktischen Vernunft, den Maximen allgemein gültiger Sittlichkeit folgert, so umkreist Reinhold Schneiders Denken die Bedeutung der Offenbarung für das sittliche Handeln des Menschen. Für ihn gehört der Friede in den Bereich dessen, der Macht hat, die Quellen der Wahrhaftigkeit, der Liebe, der Versöhnung in Bewegung zu setzen und über die Bestimmung des Menschen zu sprechen. Der Friede gehört für ihn in den Bereich Gottes.

Das große Ereignis der Weltgeschichte, die Gestaltwerdung der »Macht der Gnade«, geht Reinhold Schneider vor allem auf unter dem Aspekt der *Wahrheit*:

»Für den Christen ward die Wahrheit Gestalt, Fleisch und Blut.« Das Christuswort: »Ich bin die Wahrheit« hat für ihn einen Realitätsgrad, einen Ernst, der nicht zu überbieten ist. Nichts ist für ihn erfüllender als diese Aussage, in der er zugleich eine Urformel des Friedens entdeckt.

In seinem Buch »Der Friede der Welt«, in »Schwert und Friede« und in manchen anderen Aufsätzen konfrontiert Reinhold Schneider den Frieden Christi mit dem Frieden der Welt. – Er anerkennt vorerst grundsätzlich die unerläßliche Notwendigkeit, im irdischen Bereich mit irdisch politischen Mitteln Frieden zu stiften. Neben dieser positiven Bewertung jedes ehrlichen weltlichen Friedensstrebens, welches der Dichter in der Perspektive eines unbewußten Einverständnisses spezifisch christlichen Gedankengutes erblickt, melden sich bei ihm Bedenken, die sich auf die greifbare Notlage seiner Zeit beziehen. Die Welt, so argumentiert er, gibt Frieden auf eigene Weise, *»Dauer vortäuschend, wo nichts dauert, tröstend mit einem Troste, der kaum hinreicht, die Anzeichen neuen, noch schrecklicheren Unheils zu verbergen ...«*

Wenn die Elemente der Wahrheit und der Dauer als grundlegende Elemente jeglichen wahren Friedens anerkannt werden, verstehen wir, warum Reinhold Schneider in seinem Buch »Der Friede der Welt« vom Jahr 1956 den auf der Wahrheit gründenden, unzerstörbaren Frieden Christi dem schadhaften Werk der Menschen gegenüberstellt. Er schreibt dort:

»Den Friedensschlüssen der Welt, die nach Kant nur Friedenslügen waren, Verträge zwischen zum Vertragsbruch bereiten Partnern, steht der Friede Christi gegenüber, der Friede gibt, nicht wie die Welt gibt (Jo 14, 27), durchaus unzerstörbaren, weil Christus die lebendige Wahrheit ist, und Wahrheit und Friede zusammenfallen, die Lüge aber, noch einmal nach Kant, das Prinzip des Krieges ist.«

Der Friede im Sinne Reinhold Schneiders entspringt also nicht dem geschichtlichen Dasein als eines einseitigen Ergebnisses menschlicher Bemühungen, als dem *»Ringen der Menschen und Völker mit sich selbst«*. Der Ursprung der Einswerdung aller liegt vielmehr in der Herabkunft des Friedens Christi als der einzig verläßlichen Grundfeste des Friedens der Welt.

Im bisher unveröffentlichten Aufsatz »Friede auf Erden« wird der christliche Friede charakterisiert als *innerer* Friede, als lebendiger *streitbarer* Friede, als *tragischer* Friede, der sich dem Menschen eröffnet als Leiden. – Schon aus dieser letzteren Bezeichnung geht hervor, daß bei Reinhold Schneider alles andere als eine triumphalistisch utopische Hochstimmung aufkommt, wenn er vom christlichen Frieden spricht. – Er läßt seine Friedensforderung auch nicht vom Maß menschlicher Erfüllbarkeit bestimmen, sondern leitet sie allein aus dem übernatürlichen Grund des göttlichen Gebotes ab. In einer seltenen Stelle aus dem Essay »Schwert und Friede« ruft Reinhold Schneider nach Rückkehr auf das eben erwähnte Gebot beschwörend aus:

»Es geht nicht um den Sieg des Friedens; es geht darum, daß wir ihn haben und tragen und stark wie Schwerter sind in der Bewahrung des Friedens.«

IV. Das Thema *Europa und die Welt* steht im letzten und vierten Kapitel im Mittelpunkt der Darstellung.

Im Vortrag »Europa als Lebensform« geht Reinhold Schneiders Absicht dahin, die Geistesgestalt Europas zu umreißen, von der Staatsidee überzugreifen zur Wirkung der Außenmächte, auf das Leben gewisser Traditionen in der Gegenwart, und weiter zur Gefahr der Stunde und der sie aufnehmenden Haltung. – Ein reiches Erfahrungsmaterial von konkreten Beispielen, mehrere kurze vertikale Schnitte durch einen weltgeschichtlich bewegten Zeitraum gestatten ihm, möglichst viele lebensfähige Elemente des europäischen Erbes zu mobilisieren; sie sollen dem geistigen, politischen, wirtschaftlichen, technischen Aufbau in einer Weise dienen, die den Bedürfnissen einer veränderten Lage Rechnung trägt, ohne die Kontinuität zu zerstören. – Dem Vortrag wie dem darauffolgenden Aufsatz »Botschaft für das Europäische Gespräch« liegt das Bestreben zugrunde, Gewissen und Verantwortung der Zeitgenossen wachzurütteln.

Im Essay »St. Franziskus und das Abendland« tritt dem Leser der Arme von Assisi entgegen als *der* abendländische Christ, als *»lebendige, gestalthaft verpflichtende Antwort auf die Frage nach dem Wesen des abendländischen Christentums«*. Reinhold Schneider ruft auf zu einer neuen, abendländischen Willensbestimmung zu franziskanischer Geistigkeit; das Abendland würde unter einem solchen Entschlusse wieder zu sprechen beginnen *»in den großen, ihm heute verloren gegangenen Sprachen des Glaubens, des Denkens, der Kunst«*.

In der Möglichkeit der Verpflichtung eines jeden aber zum Frieden erblickt Reinhold Schneider neue Quellen des Lebens, ungeahnte Kräfte. Im Essay »Weltangst und Weltfriede« bezeichnet der Dichter den Frieden als eine *»gewaltige, noch nicht eingesetzte Macht«*.

Nicht nur in diesem Aufsatz, sondern aus allen hier gesammelten Essays und Reden Reinhold Schneiders geht deutlich hervor, daß Friede mehr ist als Hoffnung, als Sehnsucht, als eine endzeitliche Gabe. Im Moment vor allem, wo nur noch die Wahl offen steht zwischen letzten Alternativen, zwischen Sein und Nichtsein, zwischen dem Ende *»im Feuer oder im Frieden«*, zwischen dem *»Ewigen Frieden oder dem letzten Krieg«*, erwartet der Dichter den Frieden hic et nunc, in dieser Welt, in der Geschichte. Ihr bereitet er den Weg. Er legt dem Leser keine fertigen Friedensprogramme vor, sondern macht Initiativen frei, aus denen ein fruchtbares Tun des Friedens hervorgehen kann.

In inhaltlicher und vor allem in sprachlicher Hinsicht sind die hier gesammelten Schriften von sehr unterschiedlichem Niveau. Sie reichen vom wohlausgefeilten geschichtsphilosophischen Vortrag zum raschen Wort der Stunde, das als Samariterdienst in Notsituationen gedacht und aufzufassen ist.

Allen Aufsätzen gemeinsam ist ein gespanntes Wachsein für die Zeichen der Stunde: es reicht an Auseinandersetzungen, die noch heute in vollem Gange sind. Das Werk unseres Schriftstellers erlangt deshalb eine eigenartige Bedeutung für unsere Ära. – Die Jugend vor allem wird sich angerufen fühlen von der Zuversicht, die auf der Reinheit des Innern, auf Gewissen und Verantwortung gegründet ist und Welt und Geschichte umfaßt; vom Wort Reinhold Schneiders, in welchem sich unsere Zeit ereignet.

Rita Meile

Hinweis: Auf längere und platzraubende »Anmerkungen« wurde in diesem Band bewußt verzichtet. Als Hilfeleistung sei verwiesen auf die Bibliographie v. Dr. Bruno Scherer in »Reinhold Schneider. Leben und Werk im Bild«. insel taschenbuch 318. 1977, sowie auf meine Dissertation: »Der Friede als Grundmotiv in Reinhold Schneiders Werk«. Bern und Stuttgart, Paul Haupt 1977.

QUELLENNACHWEIS

Die Heiligtümer im Herzen (30. 5. 56). In: Der Christl. Sonntag 8, Freiburg i. Br. 1956; in: Erfüllte Einsamkeit, Freiburg–Basel–Wien 1963, 27–31

Das Licht (4. 4. 1938). In: Dt. Allg. Ztg/Osterbeilage 1938; in: Macht und Gnade. Gestalten, Bilder und Werte in der Geschichte. Wiesbaden ^{3}1946, 196–200

Die Rechtfertigung der Macht (30. 9. 1934). In: Europ. Revue 11 (1935) 35–42; in: Macht und Gnade ^{3}1946, 7–17

Das Schweigen (29. 6. 1936). Als Beitrag (233–242) in: Die Stunde des Christentums. Hrsg. v. K. Ihlenfeld. Berlin 1937; in: Macht u. Gnade ^{3}1946, 77–86

Gottesreich in der Zeit (24. 8. 1952). In: Erfüllte Einsamkeit 1963, 31–35

Die Verwaltung der Macht. – Freiburg i. Br. 1945 – In: Gedanken des Friedens. Gesammelte kleine Schriften. Freiburg 1946, 103–117

Weltreich und Gottesreich. Drei Vorträge. München 1946

Die Macht des Bösen und die gute Macht (15. 11. 1946). In: Die Nacht des Heils. Zürich 1947, 9–21; in: Gelebtes Wort. Hrsg. v. Curt Winterhalter. Freiburg–Basel–Wien 1961, 49–59

Verantwortung. Vortrag gehalten im Studio Bern (8. 10. 1952). In: Schweizer Rundschau 52 (1952/53) 481–489

Wesen und Verwaltung der Macht (2. 3. 1954). Vortrag Institut für Europ. Geschichte Mainz. Wiesbaden 1954

Macht und Herrschaft in der Geschichte. Vortrag in Stuttgart 12. 11. 1957, 2. 11. 1957. In: Begegnung und Bekenntnis. Hrsg. v. Curt Winterhalter. Freiburg–Basel–Wien 1963, 237–264

Der Mensch vor dem Gericht der Geschichte. Vortrag in Baden-Baden 13. 3. 1946, 20. 11. 1946. Baden-Baden 1946. In: Neues Abendland 1 (1946) März 46, 12–20; in: Schriften zur Zeit. Baden-Baden 1948, 5–42

Schuld und Sühne (5. 8. 1946). In: Neues Abendland 1 (1946) Okt. 8–12; in: Die Nacht des Heils 1947, 43–58

Dämonie und Verklärung. Vaduz 1947

Im Schatten Mephistos. Drei Essays. Stuttgart 1947; Der erste Aufsatz: »Um die Wahrheit vom Bösen« wurde aus Platzgründen weggelassen (Wallensteins Verrat 13–33; Und vergib uns unsere Schuld 33–44)

Die Macht der Friedfertigen (1945). Freiburg 1945. In: Gedanken des Friedens 1946, 11–24

Die Jugend und das Kreuz (1946). In: Das Erbe im Feuer. Betrachtungen u. Rufe. Freiburg 1946, 79–85

Der Dichter vor der heraufziehenden Zeit (18. 3. 1946). In: Deutsche Rundschau 69 (1946) 41–50. Freiburg 1947

Theologie des Dramas (13. 6. 1952). In: Die neue Furche/Stuttgart 6 (1952), 734–738; in: Über Dichter und Dichtung. Bd. 3 der Ausgew. Werke. Köln–Olten 1953, 338–344

Gedanken des Friedens (Vorwort datiert 16. 11. 1945). Freiburg i. Br. 1946

Gedanken des Friedens (Vorwort v. 5. 6. 1956). Freiburg i. Br. ²1956

Versöhnung der Gläubigen. Daß alle eins werden (15. 7. 1945). Freiburg 1945. In: Gedanken des Friedens 1946, 75–86

Der Friede der Welt. Wiesbaden 1956

Der Friede der Welt (Rede RS's bei der Verleihung des Friedenspreises des Deutschen Buchhandels in Frankfurt, am 23. 9. 1956). In: Friedenspreis des Dt. Buchhandels. Reden u. Würdigungen 1951–60. Börsenverein des Dt. Buchhandels. Frankfurt a. M. 1961; in: Erfüllte Einsamkeit 1963, 75–96

Der Friede der Welt. (Rede RS's nach der Verleihung des Friedenspreises des Dt. Buchhandels, in Düsseldorf, Robert Schumann-Saal, 27. 9. 1956)

Schwert und Friede (1944). In: Gedanken des Friedens, Freiburg i. Br. ²1956, 111–119

Der Friede Jesu Christi (19./20. 10. 1951). In: Gelebtes Wort 1961, 77–80

Friede auf Erden (30. 12. 1950). Manuskript Badische Landesbibliothek Karlsruhe

Europa als Lebensform (Vortrag RS's im August 1957 im Forum Hohensalzburg). Köln–Olten 1957

Botschaft Reinhold Schneiders für das »Europäische Gespräch« der Goethe-Vereinigung Wetzlar (2. 6. 1949). Separatdruck Klose, Wetzlar

St. Franziskus und das Abendland (1946). In: Das Erbe im Feuer 1946, 150–161

Weltangst und Weltfriede (1949). In: Caritas 50 (1949) Nr. 3/4, 49–52